¡Ya verás!

Segundo nivel

Heinle & Heinle Publishers
A Division of Wadsworth, Inc.
Boston, Massachusetts 02116
HH

John R. Gutiérrez
The Pennsylvania State University
Harry Rosser
Boston College

¡Ya verás!

Segundo nivel

TEXT PERMISSIONS

We wish to thank the authors, publishers, and holders of copyright for their permission to reprint the following:

p. 4 and 15 RENFE brochure; **26** map from the Michelin Green Guide México, 1a edición, Pneu Michelin, Services de Tourisme; **31, 40 and 50** (center only) El Corte Inglés maps and brochures; **135, 136, 138, 144 and 146** hotel listings from Michelin Red Guide España/Portugal, 1990, Pneu Michelin, Services de Tourisme; **153** RENFE brochure; **177** "Programación" from Diario 16, Información y prensa, S.A., © 1990 INPRESA; **193** RENFE brochure; **248** brochure from El Parque Nacional Volcán Poás, Costa Rica; **255-256** map, article adapted from "Alpamayo: En la cima" by Diana Zileri, CARETAS, 1987; **263** RENFE brochure; **305** "Más recomendado" from Más Magazine, Univision Publications, 1989; **317** illustration, article adapted from "Acerca de los dolores musculares" by Robert P. Sheldon, El Regional, 1990; **325** "Algunos tipos de cáncer" from American Cancer Society; **341** map and illustration, and **343-344** article (adapted) from the Michelin Green Guide México, 1a edición, Pneu Michelin, Services de Tourisme; **366-367** "El Zorro más sabio" from "La oveja negra y demás fábulas" by Augusto Monterroso, 3rd edition, Editorial Era, 1973.

PHOTO CREDITS

Stuart Cohen: p. 3, 13 *top,* 20, 21 *top*, 30, 43 *top,* 44, 52, 111 *bottom right*, 131, 132, 134, 141, 144, 151, 156, 162, 165, 174, 179, 202, 206, 215, 227, 229, 250, 264, 266, 272, 288, 294, 302.

Beryl Goldberg: p. 2, 3 *bottom*, 13 *bottom*, 18, 21 *bottom*, 30 *bottom*, 42, 43 *bottom*, 53, 66, 82, 99, 100 *top left and right*, 106, 111 *top right, top and bottom left,* 118, 129, 182, 199, 273, 291, 326, 328, 335, 338, 340, 343, 383.

p. 64 **Consulate of Chile in Boston**; p. 88 **Comstock, Inc./Stuart Cohen**; p. 100 *bottom* **Consulate of Chile in Boston**; p. 196 **Comstock, Inc./Georg Gerster**; p. 198 **The Image Works, Inc./ Mario Algaze**; p. 222 **Comstock, Inc./Stuart Cohen**; p. 240 **The Image Works, Inc./ Mario Algaze**; p. 241 **Colombia Information Service**; p. 242 **The Image Works, Inc./Mark Antman**; p. 274 **The Image works, Inc./Mark Antman**; p. 309 **W. D. Morgan**; p. 315 **Margot K. Jones**; p. 333 **Comstock, Inc./Stuart Cohen**; p. 336 **Scott D. Inglis**; p. 342 **R. Grimm**; p. 352 **Margot K. Jones;** p. 354 **The Image Works, Inc./Bob Daemmrich**; p. 357 **W. D. Morgan**; p. 360 *left* **Harry Rosser**; p. 360 *right* **The Image Works, Inc./ J. Y. Rabeuf**; p. 363 **W. D. Morgan**; p. 370 **Comstock, Inc./Georg Gerster**; p. 373 and 377 **Comstock, Inc./Stuart Cohen**; p. 378 **consulate of Chile in Boston**; p. 380 **Comstock, Inc./Stuart Cohen**; p. 381 *top* **Comstock, Inc./George D. Lepp**; p. 381 *bottom* **Comstock, Inc./Stuart Cohen**; p. 388 **Colombia Information Service**; p. 390 **Comstock, Inc./Stuart Cohen**; p. 393 and 400 **W. D. Morgan**.

Maps on pp. xiv–xvi, 329, 353, and 371 by **Deborah Perugi**.

Publisher: Stanley J. Galek
Editorial Director: Janet L. Dracksdorf
Project Manager: Judy Keith
Art Editor / Copyeditor: Kris Swanson
Associate Editor: Sharon Buzzell
Production Supervisor: Patricia Jalbert
Manufacturing Coordinator: Lisa McLaughlin
Composition: NovoMac Enterprises
Text Design: Sue Gerould/Perspectives
Cover Design: Jean Duvoisin/Duvoisin Design Associates
Illustrator: Jane O'Conor
Illustration Coordinator: Len Shalansky

Heinle & Heinle Publishers is a division of Wadsworth, Inc.

Manufactured in the United States of America

ISBN 0-8384-2012-5 (Student Edition)
ISBN 0-8384-2045-1 (Teacher's Edition)

10 9 8 7 6 5 4 3 2 1

To the Student

As you continue your study of Spanish, you will not only discover how much you can already do with the language, but you will also learn to build on what you know. By now, you know how to talk about yourself, your family, and your friends; you can get around towns, use the subway in Madrid, and give directions; you are able to make purchases in a variety of stores; you can talk about the diversity of the Spanish-speaking world, including parts of the United States; and you have learned to use appropriate language in a variety of social interactions.

As you move forward, your cultural knowledge will expand as you take a closer look at parts of the Spanish-speaking world, with its varied customs, traditions, landscapes, and points of interest. You will learn to describe people and things, know how to talk about your residence and be able to get lodging (in a hotel or hostel), interact with others about your leisure-time and vacation activities, and talk about health concerns. *Remember that the most important task ahead of you is NOT to accumulate a large quantity of knowledge about Spanish grammar and vocabulary, but rather to USE what you do know as effectively and creatively as you can.*

Communication in a foreign language means understanding what others say and transmitting your own messages in ways that avoid misunderstandings. As you learn to do this, you will make the kinds of errors that are necessary to language learning. DO NOT BE AFRAID TO MAKE MISTAKES! Instead, try to see errors as positive steps toward effective communication. They don't hold you back; they advance you in your efforts.

¡Ya verás! has been written with your needs in mind. It places you in situations that you (as a young person) might really encounter in a Spanish-speaking environment. Whether you are working with vocabulary or grammar, it leads you from controlled exercises (that show you just how a word or structure is used) to bridging exercises (that allow you to introduce your own personal context into what you are saying or writing) to open-ended exercises (in which you are asked to handle a situation much as you might in actual experience). These situations are intended to give you the freedom to be creative and express yourself without fear or anxiety. They are the real test of what you can DO with the Spanish you have learned.

Learning a language is hard work, but it can also be lots of fun. We hope that you find your experience with **¡Ya verás!** both rewarding and enjoyable.

Contents

I Descripciones 64

2 Vamos a instalarnos 132

3 Nuestro día 196

Acknowledgments

Creating a secondary language program is a long, complicated, and difficult process. First of all, we must express our deepest and most heartfelt thanks to our Editorial Director, Janet Dracksdorf, who strongly yet with great sensitivity and support, guided the project from its inception through its realization. Our Associate Editor, Sharon Buzzell, has been very helpful to us during the developmental and production stages. Our Project Editor, Judy Keith, has managed the many facets of the production process with skill and good humor. Kris Swanson copyedited the manuscript and we thank her for her poignant comments and excellent suggestions at every phase of the process. We would like to thank many other people who played a role in the production of the program: Pat Jalbert, Production Supervisor; Sue Gerould, Designer; Jean Duvoisin, Cover Designer; Jane O'Conor, Illustrator; Stuart Cohen, Photographer; Vivian Novo-MacDonald, Compositor; Sara Geoffrion, native Spanish-speaking reviewer; and Nancy Siddens and Camilla Ayers for their editorial assistance.

Our thanks also go to others at Heinle & Heinle who helped make this project possible: Charles Heinle, Stan Galek, José Wehnes, Erek Smith, and, of course, to Jeannette Bragger and Donald Rice, the authors of ***On y va!***. We also wish to express our appreciation to the people responsible for the fine set of ancillary materials available with the ***¡Ya verás!*** program: Stephen J. Collins, Workbook; José M. Díaz, Testing Program; Douglas Morgenstern, Laboratory Tape Program; Bernard Petit and Frank Rossi, Video Program; and Roby Ariew, Software Program.

Finally, a very special word of acknowledgment goes to the authors' children:

—to Mía and Stevan Gutiérrez, who are always on their daddy's mind and who he hopes will learn Spanish with *¡Ya verás!* in high school

—to Susan, Elizabeth, and Rebecca Rosser, whose enthusiasm and increasing interest in Spanish inspired their father to take part in this endeavor.

John R. Gutiérrez and Harry L. Rosser

The publisher and authors wish to thank the following teachers who pilot-tested parts or all of the ***¡Ya verás!*** program. They used the materials with their classes and made invaluable suggestions as our work progressed. Their feedback benefits all who use this final product. We are grateful to each one of them for their dedication and commitment to teaching with the program in a prepublication format.

Nola Baysore
Muncy JHS
Muncy, PA

Barbara Connell
Cape Elizabeth Middle School
Cape Elizabeth, ME

Frank Droney
Susan Digiandomenico
Wellesley Middle School
Wellesley, MA

Michael Dock
Shikellamy HS
Sunbury, PA

Jane Flood Clare
Somers HS
Lincolndale, NY

Nancy McMahon
Somers Middle School
Lincolndale, NY

Rebecca Gurnish
Ellet HS
Akron, OH

Peter Haggerty
Wellesley HS
Wellesley, MA

José M. Díaz
Hunter College HS
New York, NY

Claude Hawkins
Flora Mazzucco
Jerie Milici
Elena Fienga
Bohdan Kodiak
Greenwich HS
Greenwich, CT

Wally Lishkoff
Tomás Travieso
Carver Middle School
Miami, FL

Manuel M. Manderine
Canton McKinley HS
Canton, OH

Grace Angel Marion
South JHS
Lawrence, KS

Jean Barrett
St. Ignatius HS
Cleveland, OH

Gary Osman
McFarland HS
McFarland, WI

Deborah Decker
Honeoye Falls-Lima HS
Honeoye Falls, NY

Carrie Piepho
Arden JHS
Sacramento, CA

Rhonda Barley
Marshall JHS
Marshall, VA

Germana Shirmer
W. Springfield HS
Springfield, VA

John Boehner
Gibson City HS
Gibson City, IL

Margaret J. Hutchison
John H. Linton JHS
Penn Hills, PA

Edward G. Stafford
St. Andrew's-Sewanee School
St. Andrew's, TN

Irene Prendergast
Wayzata East JHS
Plymouth, MN

Tony DeLuca
Cranston West HS
Cranston, RI

Joe Wild-Crea
Wayzata Senior High School
Plymouth, MN

Katy Armagost
Manhattan HS
Manhattan, KS

William Lanza
Osbourn Park HS
Manassas, VA

Linda Kelley
Hopkinton HS
Contoocook, NH

John LeCuyer
Belleville HS West
Belleville, IL

Sue Bell
South Boston HS
Boston, MA

Wayne Murri
Mountain Crest HS
Hyrum, UT

Barbara Flynn
Summerfield Waldorf School
Santa Rosa, CA

The publisher and authors would also like to thank the following people who reviewed the ***¡Ya verás!*** program at various stages of development. Their comments on the presentation of the content were much appreciated.

Lee Benedetti (Springfield Central HS, Springfield, MA); Patty Bohannon (Dewey HS, Dewey, OK); Maria Luisa Castillo (San Francisco University HS, San Francisco, CA); Diana Chase (Howell HS, Farmingdale, NJ); C. Ben Christensen (San Diego State University, San Diego, CA); Marty Clark (Peters Township HS, Canonsburg, PA); Stephen Collins (Boston College HS, Dorchester, MA), Wendy Condrat (Judge Memorial HS, Salt Lake City, UT); José M. Díaz (Hunter College HS, New York, NY); Johnny Eng (Alamo Heights HS, San Antonio, TX); Helen Ens (Hillsboro HS, Hillsboro, KS); Joe Harris (Poudre School District, Fort Collins, CO); Martha Hatcher (Wayzata West JHS, Wayzata, MN); Brooke Heidenreich (Issequah HS, Issequah, WA); Marty Hogan (Brandon Valley HS, Brandon, SD); Helen V. Jones (Supervisor of Foreign Languages, ESL and Bilingual Education, Department of Education, Richmond, VA); Nancy Landmesser (Tom's River HS South, Tom's River, NJ); Sue Lashinsky (George Washington HS, Lakewood, CO); Lois C. Leppert (Heritage HS, Littleton, CO); Manuel M. Manderine (Canton McKinley HS, Canton, OH); Leslie Martineau (Middletown HS, Middletown, MD); Douglas Morgenstern (Massachusetts Institute of Technology, Cambridge, MA); Edith Moritz (Westminster School, Atlanta, GA); Isolina Núñez (Western Albemarle HS, Croyet, VA); Elizabeth Pitt (Charlottesville HS, Charlottesville, VA); Mary Jo Renzi (Santa Rosa HS, Santa Rosa, CA); Connie Rossi (Annie Wright School, Tacoma, WA); Richard Seibert (San Mateo HS, San Mateo, CA); Maria Soares (Columbia Grammar and Preparatory School, New York, NY); Phil Stone (Lake Forest HS, Lake Forest, IL); Margaret Sullivan (Duggin JHS, Springfield, MA)

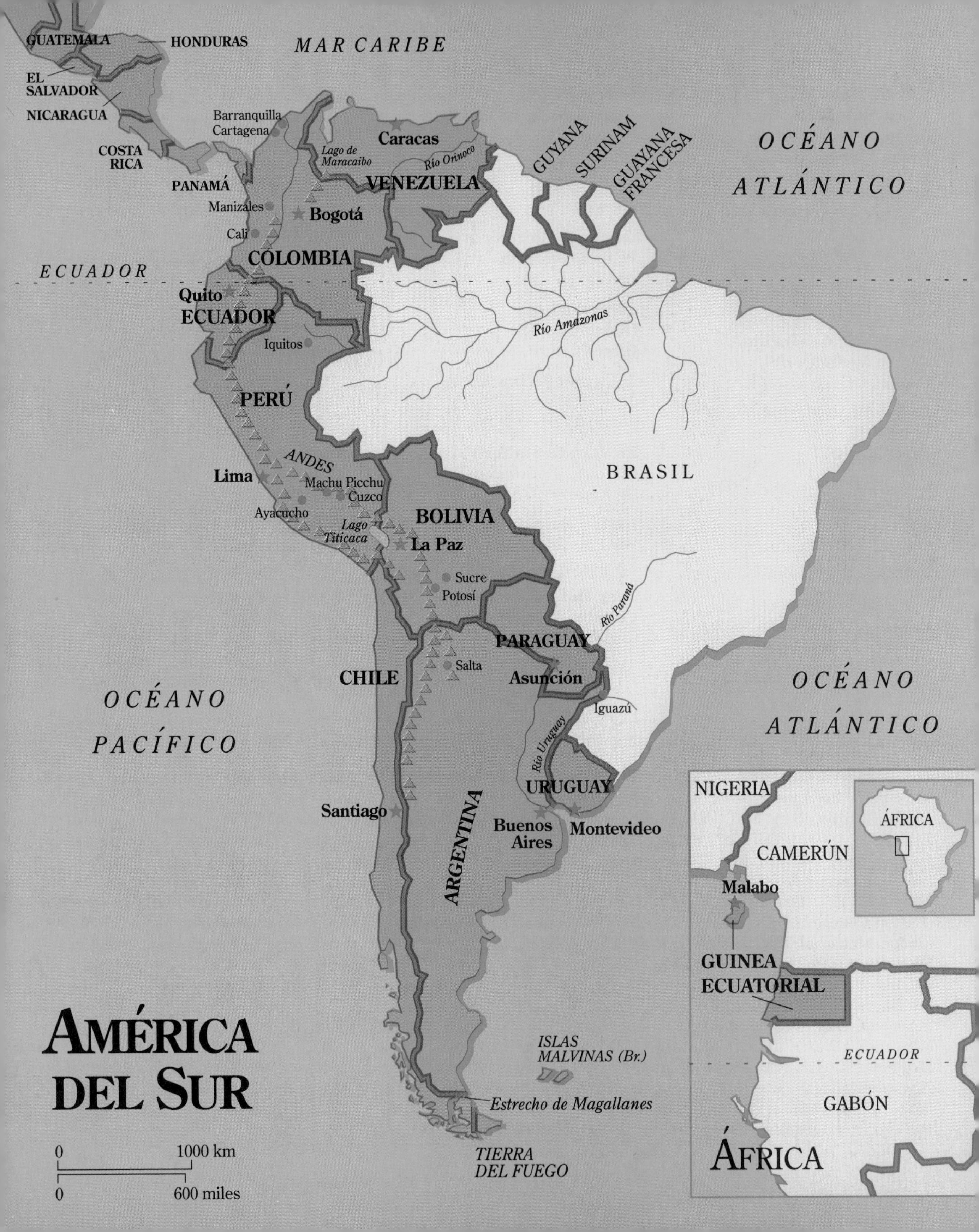

AMÉRICA DEL SUR
GUATEMALA
HONDURAS
MAR CARIBE
EL SALVADOR
NICARAGUA
COSTA RICA
PANAMÁ
Barranquilla
Cartagena
Caracas
Lago de Maracaibo
Río Orinoco
VENEZUELA
GUYANA
SURINAM
GUAYANA FRANCESA
OCÉANO ATLÁNTICO
Manizales
Bogotá
Cali
COLOMBIA
ECUADOR
Quito
ECUADOR
Iquitos
Río Amazonas
PERÚ
ANDES
BRASIL
Lima
Machu Picchu
Cuzco
Ayacucho
Lago Titicaca
BOLIVIA
La Paz
Sucre
Potosí
Río Paraná
PARAGUAY
Asunción
Salta
CHILE
OCÉANO PACÍFICO
Iguazú
Río Uruguay
OCÉANO ATLÁNTICO
URUGUAY
Santiago
ARGENTINA
Buenos Aires
Montevideo
ISLAS MALVINAS (Br.)
Estrecho de Magallanes
TIERRA DEL FUEGO
0
1000 km
0
600 miles
NIGERIA
ÁFRICA
CAMERÚN
Malabo
GUINEA ECUATORIAL
ECUADOR
GABÓN
ÁFRICA

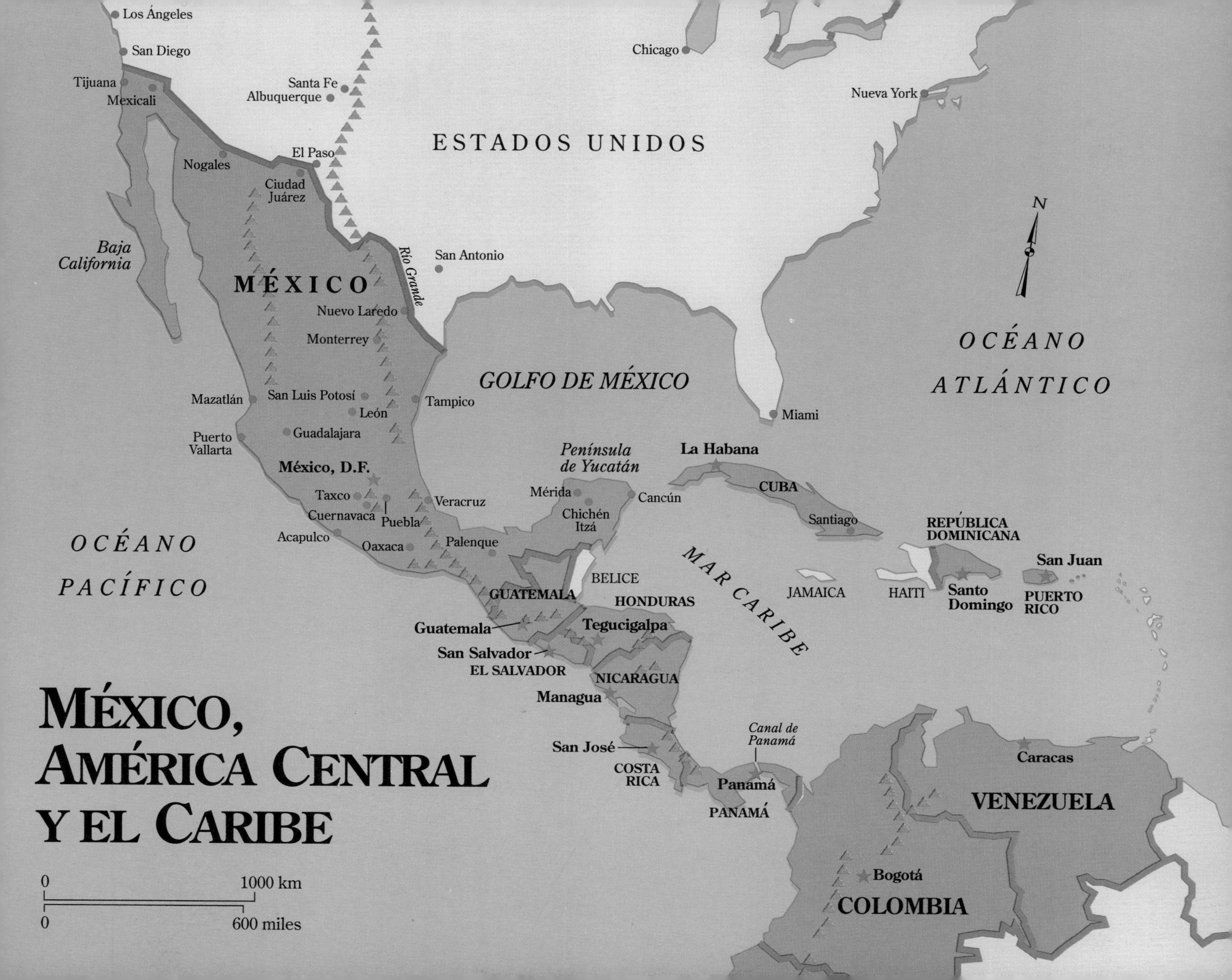
MÉXICO, AMÉRICA CENTRAL Y EL CARIBE
Los Ángeles
San Diego
Tijuana
Mexicali
Santa Fe
Albuquerque
Chicago
Nueva York
ESTADOS UNIDOS
El Paso
Nogales
Ciudad Juárez
Baja California
Río Grande
San Antonio
N
MÉXICO
Nuevo Laredo
Monterrey
OCÉANO ATLÁNTICO
GOLFO DE MÉXICO
Mazatlán
San Luis Potosí
León
Tampico
Miami
Puerto Vallarta
Guadalajara
Península de Yucatán
La Habana
México, D.F.
Mérida
Cancún
CUBA
Taxco
Veracruz
Cuernavaca
Puebla
Chichén Itzá
Santiago
REPÚBLICA DOMINICANA
OCÉANO PACÍFICO
Acapulco
Oaxaca
Palenque
MAR CARIBE
San Juan
BELICE
JAMAICA
HAITI
Santo Domingo
PUERTO RICO
GUATEMALA
HONDURAS
Guatemala
Tegucigalpa
San Salvador
EL SALVADOR
NICARAGUA
Managua
Canal de Panamá
San José
COSTA RICA
Caracas
Panamá
PANAMÁ
VENEZUELA
Bogotá
COLOMBIA
0
1000 km
0
600 miles

ESPAÑA
OCÉANO ATLÁNTICO
MAR CANTÁBRICO
FRANCIA
ASTURIAS
Santiago
GALICIA
CASTILLA
Y LEÓN
Santander
CANTABRIA
Bilbao
EUSKADI
Pamplona
NAVARRA
PIRINEOS
ANDORRA
Río Ebro
LA RIOJA
Zaragoza
ARAGÓN
CATALUÑA
Gerona
Barcelona
Costa
Brava
Valladolid
Segovia
Salamanca
Río Tajo
MADRID
Madrid
Toledo
EXTREMADURA
CASTILLA-LA MANCHA
VALENCIA
Valencia
PORTUGAL
Ciudad Real
MURCIA
Alicante
Murcia
Río Guadalquivir
Córdoba
ANDALUCÍA
Sevilla
Granada
Málaga
Cádiz
Costa del Sol
Estrecho de
Gibraltar
Gibraltar (Br.)
Ceuta (Sp.)
Melilla (Sp.)
MARRUECOS
MENORCA
MALLORCA
IBIZA
ISLAS
BALEARES
MAR MEDITERRÁNEO
ISLAS CANARIAS
TENERIFE
GRAN CANARIA
0
100 km.
0
100 m.
0
150 km.
0
100 miles

¡Ya verás!

Segundo nivel

CAPÍTULO PRELIMINAR A

¿Quién soy yo?

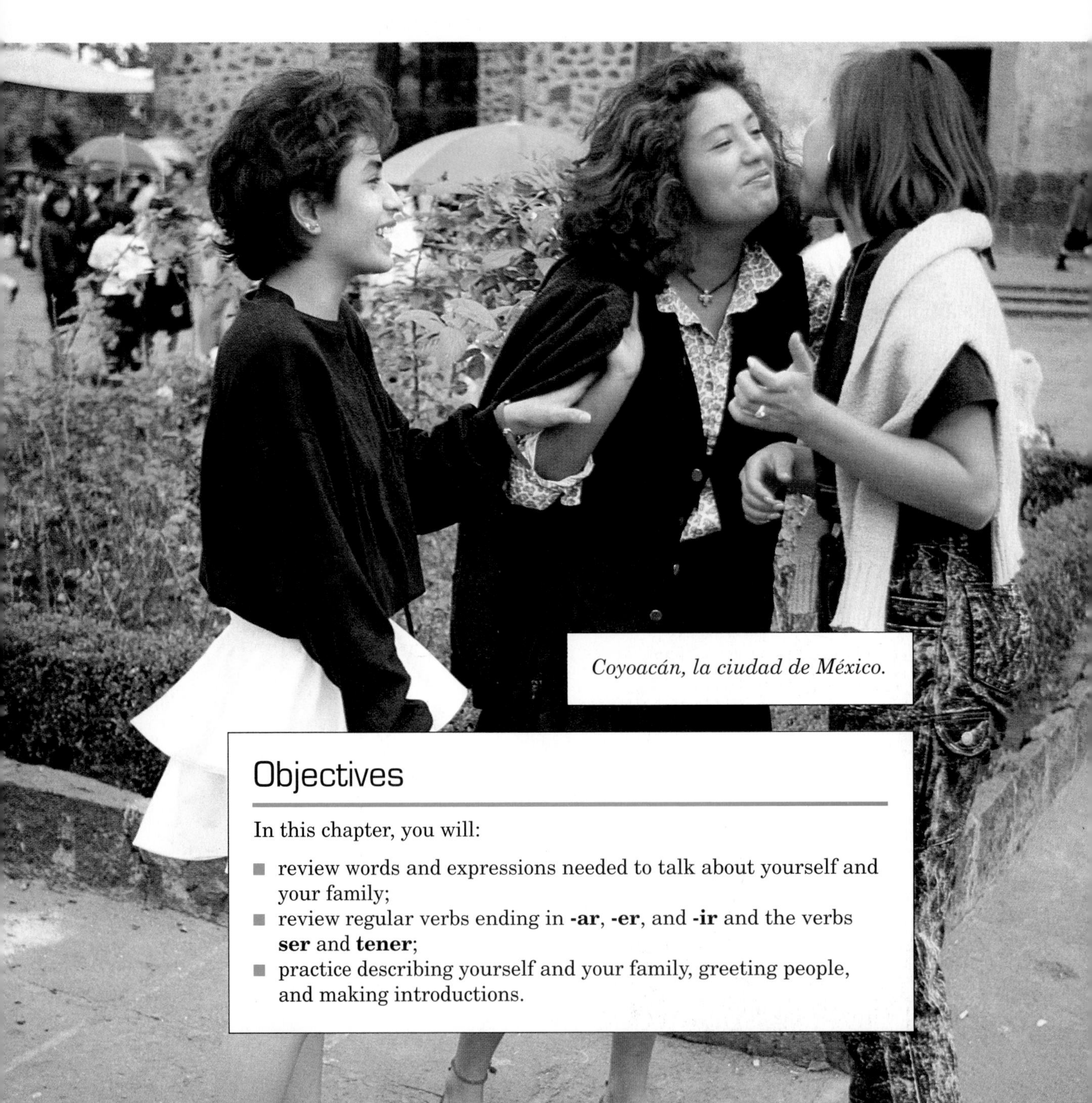

Coyoacán, la ciudad de México.

Objectives

In this chapter, you will:

- review words and expressions needed to talk about yourself and your family;
- review regular verbs ending in **-ar**, **-er**, and **-ir** and the verbs **ser** and **tener**;
- practice describing yourself and your family, greeting people, and making introductions.

Primera etapa

Yo me llamo...

Yo me llamo María Catarina Gutiérrez. Tengo dieciséis años. Soy española. Vivo en un apartamento en Madrid con mi padre y hermano. Me gustan los deportes de invierno — especialmente el esquí. También me gusta escuchar la radio. Me gusta mucho la música popular norteamericana.

María

Yo me llamo Esteban Méndez. Tengo quince años. Soy mexicano. Mi familia y yo vivimos en Guadalajara, la capital del estado de Jalisco. Tenemos una casa grande en las afueras de la ciudad. Me gusta mucho la música: toco el piano y la trompeta. También me gusta ir al cine con mis amigos.

Esteban

Comprensión

A. **María y Esteban en los Estados Unidos** Imagine that María and Esteban are delegates to an international meeting of young people being held in your region of the United States. You have met them both and would like to introduce them to your teacher. Prepare your introductions of both María and Esteban by answering the following questions. *¿Cómo se llama? ¿Cuál es su nacionalidad? ¿Cuántos años tiene él (ella)? ¿Dónde vive? ¿Con quién? ¿Vive en una casa o en un apartamento? ¿Qué hace en su tiempo libre?* Begin by saying, **"Señora (Señor), quiero presentarle a... Él (Ella) es..."**

Regular verbs ending in -ar, -er, and -ir

To conjugate regular **-ar** verbs in the present tense, drop the **-ar** from the infinitive and add the appropriate ending: **-o**, **-as**, **-a**, **-amos**, **-áis**, or **-an**.

yo	habl**o**	nosotros	habl**amos**
tú	habl**as**	vosotros	habl**áis**
él / ella / Ud.	habl**a**	ellos / ellas / Uds.	habl**an**

B. Replace the words in italics with those in parentheses and make the necessary changes.

1. *Ella* trabaja mucho. (nosotros / yo / él / tú / ellos / vosotros)
2. ¿Habla *él* francés también? (tú / Uds. / ella / ellos / vosotros)
3. *Ellos* viajan todos los años. (ella / nosotras / yo / él / ellas / vosotras)

RENFE

RENFE
Solicitud de Tarjeta Joven
Tarjeta Nº
Nombre
Apellidos
Domicilio (Calle o Plaza) Nº
Ciudad D.P.
Prov. Teléfono
Fecha de nacimiento DNI
Solicitud de Tarjeta Joven para utilización: NACIONAL ITALIA FRANCIA ALEMANIA PORTUGAL MARRUECOS
(Marca con X lo que proceda)
joven

To conjugate regular **-er** verbs in the present tense, drop the **-er** from the infinitive and add the appropriate ending: **-o**, **-es**, **-e**, **-emos**, **-éis**, or **-en**.

yo	corr**o**	nosotros	corr**emos**
tú	corr**es**	vosotros	corr**éis**
él / ella / Ud.	corr**e**	ellos / ellas / Uds.	corr**en**

C. Replace the words in italics with those in parentheses and make the necessary changes.

1. *Yo* corro dos millas todos los días. (tú / ella / José y Roberta / nosotros / Uds. / vosotras)
2. *Ella* no bebe leche. (yo / él / Ud. / nosotras / tú / vosotros)
3. ¿Lee *él* el periódico *(newspaper)* todas las mañanas? (tú / Ud. / Uds. / ellos / tu papá / vosotros)

To conjugate regular **-ir** verbs in the present tense, drop the **-ir** from the infinitive and add the appropriate ending: **-o**, **-es**, **-e**, **-imos**, **-ís**, or **-en**.

yo	escrib**o**	nosotros	escrib**imos**
tú	escrib**es**	vosotros	escrib**ís**
él / ella / Ud.	escrib**e**	ellos / ellas / Uds.	escrib**en**

D. Replace the words in italics with those in parentheses and make the necessary changes.

1. *Ellos* viven en un apartamento en el centro. (yo / ella / tú / nosotras / Ud. / vosotros)
2. *Él* no asiste a la escuela los sábados. (nosotros / ellos / Uds. / Ud. / tú / vosotras)
3. ¿Escriben *ellas* la composición ahora? (tú / ella / Ud. / Uds. / vosotros)

¿Recuerdan?

1. In order to express in Spanish what activities we like and do not like, the following structure is used:

   gustar + *infinitive*

   Me gusta estudiar, pero no **me gusta** trabajar.
   ¿Te gusta cantar o **te gusta** escuchar música?
   A Juan le gusta estudiar, pero **a Elena le gusta** hablar por teléfono.
   A nosotros nos gusta nadar, pero **a Uds. les gusta** correr.

2. This structure may also be used with singular and plural nouns:

   Me gusta la biología, pero no **me gusta** la física.
   Te gustan las ciencias, pero no **te gustan** las lenguas.
   A Marisol le gusta la música, pero **a Julia le gustan** los deportes.
   Nos gustan las clases, pero **a ellos les gustan** los profesores.

3. Remember that **gusta** is used with singular nouns and infinitives and **gustan** is used with plural nouns.

4. The definite articles in Spanish are: **el**, **la**, **los**, and **las**. They are often used after the verb **gustar** to indicate a general like or dislike of something:

   Sí, me gustan **los** deportes.
   ¿Te gusta **la** historia?
   No me gustan **las** ciencias.
   ¿Te gusta **el** fútbol?

E. Find out about your classmates by asking the following questions about them and their families and friends.

1. Ask your classmate: **¿Te gusta escuchar la radio? ¿Qué tipo de música te gusta — el jazz, la música clásica, el rock? ¿Tocas un instrumento? ¿Te gusta cantar? ¿Cantas bien o cantas mal?**
2. Ask about your classmate's father and mother: **¿Trabajan tus padres? ¿Dónde trabajan ellos? ¿Viajan mucho?**
3. Ask about your classmate's cousin: **¿Dónde vive tu primo(a)? ¿Vive en una casa o en un apartamento? ¿Habla una lengua extranjera?**
4. Ask about your classmate and his or her friends: **¿Estudian tú y tus amigos mucho (poco, bastante)? ¿Comen en un restaurante de vez en cuando? ¿Comen mucho?**

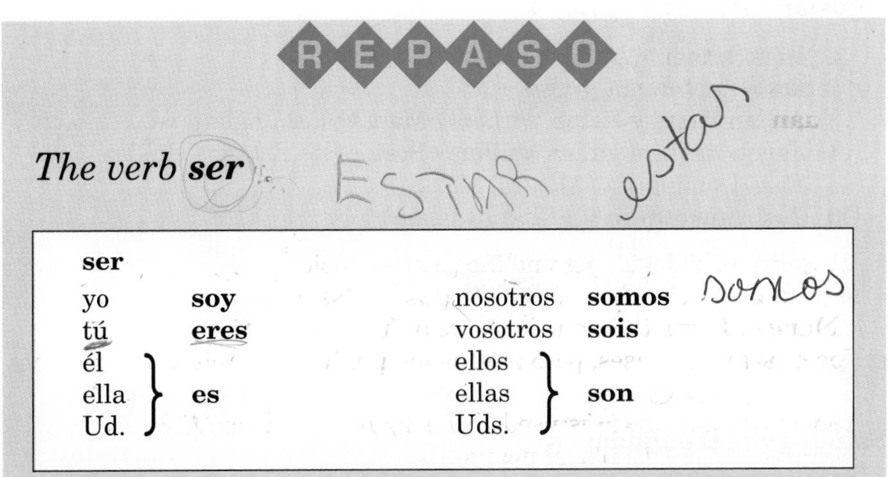

REPASO

The verb ***ser***

ser			
yo	**soy**	nosotros	**somos**
tú	**eres**	vosotros	**sois**
él / ella / Ud.	**es**	ellos / ellas / Uds.	**son**

1. When **ser** is followed by an adjective (such as a description of nationality), the adjective must agree in gender (masculine or feminine) and number (singular or plural) with the subject of **ser**:

   Él es **mexicano**; **ellos** son **mexicanos**.
   Ella es **argentina**; **ellas** son **argentinas**.

2. Remember that **ser + de** can be used to express origin.

   Él **es de** México, pero ellas **son de** España.
   Nosotros **somos de** los Estados Unidos, pero tú **eres de** Francia.

F. Replace the words in italics with those in parentheses and make the necessary changes.

1. *Él* es de Argentina. (ella / nosotros / yo / ellos / tú / vosotros)
2. ¿Es *ella* rusa? (él / Uds. / tú / ellos / vosotros)
3. *Ellos* no son de aquí. (ella / yo / Ud. / tú / ellas / vosotros)
4. *Ellas* son españolas, ¿verdad? (Uds. / él / tú / ellas / ellos / vosotros)

G. **Los delegados** At a reception being held as part of the international student congress, you point out some of the delegates, indicate their nationalities, and tell what cities they are from.

MODELO: Justo Alarcón / Guadalajara, México
Allí está Justo. Él es mexicano. Es de Guadalajara.
Linda Martín y Claudia González / Buenos Aires, Argentina
Allí están Linda y Claudia. Ellas son argentinas. Son de Buenos Aires.

1. Inge Schnepf / Munich, Alemania
2. Joel Rini / Roma, Italia
3. Julian Weiss y Ralph Withers / Manchester, Inglaterra
4. Janet Maguire y Lisa Mullins / Boston, los Estados Unidos
5. Rosa Domínguez / México, México
6. Tashi Yokoshura (f.) / Tokio, Japón
7. Anne-Marie Pelliser y Jean Firmin / Ginebra, Suiza
8. Ivan Medchenko / Moscú / la Unión Soviética

Situaciones

Saludos y presentaciones

a) **En la calle**
—Buenos días, señora.
—Buenos días, señor. ¿Cómo está?
—Muy bien, gracias. ¿Y Ud.?
—Bastante bien, gracias. ¿Va Ud. al centro?
—No, yo voy a casa.
—Bien. Hasta luego, señor.
—Hasta luego, señora.

b) **En el centro**
—¡Hola, María!
—¡Hola, Linda! ¿Qué tal?
—Muy bien. ¿Y tú?
—Así, así. Estoy muy cansada. Mira, quiero presentarte a mi amiga, Isabel.

—Mucho gusto, Isabel.
—Encantada, Linda.
—¿Uds. van al centro?
—Sí. ¿Tú también? ¿Vamos juntas?
—De acuerdo. Vamos.

c) **En casa de Juan Pablo**
—Mamá, papá, quisiera presentarles al Sr. Lima. Es el padre de Francisco.
—Ah, sí. Buenos días, señor. Mucho gusto en conocerle.
—Igualmente. Francisco me habló mucho de Ud. y de su esposa. Encantado, señora.
—Mucho gusto, señor.

d) **En la calle**
—¡Martín! ¡Martín!
—¡Hola, Patricio! ¿Qué tal?
—Muy, muy bien. ¿Y tú?
—Muy bien. ¿Vas a la escuela?
—Ahora no. Tengo que hacer un mandado.
—¡Cuídate! Hasta luego.
—De acuerdo. Chao.

¡Aquí te toca a ti!

H. Match the preceding four conversations with the following drawings

1.

2.

3.

4.

I. **Presentaciones y saludos** What would you say to accomplish each of the following everyday tasks?

1. Greet your teacher, whom you have just met while downtown.
2. Introduce a new classmate to your teacher. Imagine that it is the first time they have met.
3. Greet a classmate in the street.
4. Introduce a friend to your parents.
5. Introduce a friend's mother or father to your parents.

Actividades

J. Introduce yourself to the class. Tell where you are from, where you live and with whom, and what you like and do not like to do.

K. Introduce yourself to one of your classmates, giving some of the information suggested in Exercise J. Your classmate will give you similar information. Then the two of you will introduce each other to two additional classmates.

◆ Tarjetas de vocabulario ◆

Para identificarte

Yo me llamo...
Mi nombre (apellido) es...

Para hablar de tu origen y tu nacionalidad

Yo soy de... (ciudad o país).
Yo soy alemán (alemana).
americano(a).
chino(a).
español(a).
francés (francesa).
inglés (inglesa).
italiano(a).
japonés (japonesa).
mexicano(a).
ruso(a).
Yo soy de origen alemán (español, americano, mexicano, argentino, etc.).

Para indicar dónde vives

Yo vivo en… (ciudad o país).
Yo vivo en un apartamento.
una casa.

Para hablar de tus actividades

Me gusta (mucho) bailar.
cantar.
ir de compras.
mirar la televisión.
nadar.
pasar tiempo con mis amigos.
tocar el piano.
la trompeta.
la guitarra.
la flauta.
el violín.
comprar discos.
dar un paseo.
trabajar.

No me gusta descansar.
viajar.
esquiar.
aprender español.
estudiar.
correr.
leer.
asistir a la escuela.
a un concierto.

También me gusta el arte.
la naturaleza.
la política.
la escultura.
la historia.
la literatura.
la música clásica.
el jazz.
la pintura.
el rock.
el teatro.

No me gustan las películas.
los animales.
las ciencias.
las matemáticas.
las lenguas.
los deportes.

Para saludar

Buenos días, señor (señora, señorita).
¡Hola!
¿Cómo está? (¿Cómo estás?)
¿Qué tal?
Muy bien, gracias. ¿Y Ud.? (¿Y tú?)

Para hacer una presentación

Quiero presentarte a… (Quiero presentarle a…).
Quisiera presentarte a… (Quisiera presentarle a…).
Te presento a… (Le presento a…).
Mucho gusto.
Encantado(a).
Igualmente.

Para despedirte

Cuídate. (Cuídese.) Hasta luego.
Adiós.
Chao.

Segunda etapa

Mi familia

Mi mamá murió hace cinco años. Mi padre, mi hermano y yo vivimos en un apartamento en Madrid. Mi padre tiene cuarenta y cuatro años y trabaja en un banco. Mi hermano tiene ocho años y asiste a la escuela primaria. Yo soy estudiante de la escuela secundaria. Mi padre tiene un coche — es un Seat. Yo tengo una bicicleta. Nosotros tenemos un televisor y un estéreo. También tenemos un perro; se llama Chomsky.

Mi padre es abogado. Él trabaja en Guadalajara. Mi mamá no trabaja fuera de casa. Ella cuida a mi hermana que tiene tres años. Mis otras dos hermanas y yo somos estudiantes del Colegio Juárez. Mi hermano tiene veinticinco años y está casado. Él vive en la ciudad de México.

Mis padres tienen dos coches. Yo tengo una motocicleta. En casa nosotros tenemos una computadora y un vídeo. Mis hermanas y yo miramos la televisión todas las noches. También tenemos dos gatos.

Esteban

Comprensión

A. **¿Quiénes son?** Based on the comments made by María and Esteban, identify the following people or animals.

MODELO: *Es la hermana de Esteban.*

1. *2.* *3.* *4.* *5.* *6.*

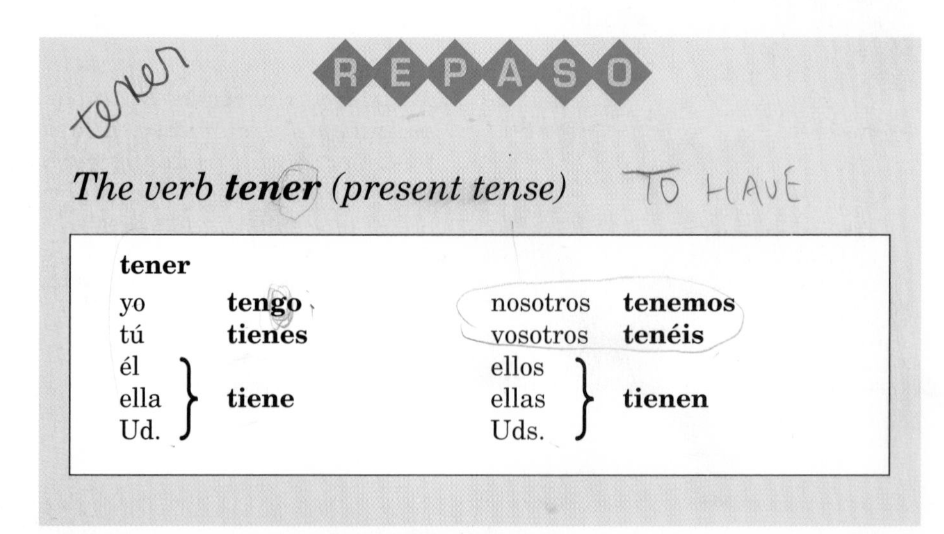

REPASO

*The verb **tener** (present tense)*

tener

yo	**tengo**	nosotros	**tenemos**
tú	**tienes**	vosotros	**tenéis**
él / ella / Ud.	**tiene**	ellos / ellas / Uds.	**tienen**

B. Replace the words in italics with those in parentheses and make the necessary changes.

1. *Ella* tiene un perro y dos gatos. (ellos / nosotros / Uds. / yo / él / vosotros)
2. ¿Tienen *ellos* un coche? (tú / Ud. / Uds. / ellas / ella / vosotras)
3. *Él* no tiene un hermano. (ella / yo / Ud. / nosotras / ellos / tú / vosotros)

C. **¿Qué tienen? ¿Qué no tienen?** Indicate what each person has or does not have.

MODELO: tu hermana
Mi hermana tiene una bicicleta, una computadora, unos libros y un radio despertador. Ella no tiene calculadora y no tiene estéreo.

1. tú
2. tu mamá
3. tus abuelos
4. tú y tus hermanos (y tus hermanas y tus amigos)
5. tu vecino(a) *(neighbor, person sitting next to you)*

Possessive adjectives

Possessive adjectives in Spanish agree with the object possessed (not with the person who is the possessor). Here are the forms of the possessive adjectives:

Subject	Possessive adjective	English equivalent
yo	**mi, mis**	*my*
tú	**tu, tus**	*your*
él, ella, Ud.	**su, sus**	*his, her, your*
nosotros	**nuestro, nuestra, nuestros, nuestras**	*our*
ellos, ellas, Uds.	**su, sus**	*their, your*

D. Replace the words in italics with those in parentheses and make the necessary changes.

1. Es mi *libro.* (lápiz / cintas / bolígrafo / llaves)
2. ¿Son tus *discos*? (calculadora / amigas / cuadernos / máquina de escribir)
3. Es nuestro *amigo.* (llaves / libros / casa / apartamento)
4. No es su *casa.* (libros / mochilas / cámara / apartamento)

¿Recuerdan?

Question words may be used to ask for specific information. Among the question words you know are:

dónde ¿**Dónde** vive tu amigo?
cuántos ¿**Cuántos** libros hay en la mesa?
cuántas ¿**Cuántas** muchachas hay en la clase?
quién ¿**Quién** vive en la casa blanca?
qué ¿**Qué** estudias?
por qué ¿**Por qué** comes pizza?

E. **La curiosidad** As your friends talk about themselves and their families, you are very curious and ask for additional information. Follow the model, making sure to use the appropriate possessive adjective in each case.

MODELO: ¿Cuántos años...?
a. Tengo un hermano.
¿Cuántos años tiene tu hermano?
b. Él está casado.
¿Cuántos años tiene su esposa?
c. Ellos tienen un hijo.
¿Cuántos años tiene su hijo?

1. ¿Cómo se llama...?
   a. Tengo una hermana.
   b. Ella está casada.
   c. Ellos tienen un hijo.
2. ¿Dónde trabaja...?
   a. Tengo un tío.
   b. Él tiene dos hijos.
   c. Los dos hijos están casados.
3. ¿Cuántos años tiene...?
   a. Tenemos un hermano.
   b. Él tiene tres hijos.
   c. Ellos tienen una niñera *(babysitter).*
4. ¿Cuántos años tiene...?
   a. Tenemos tres amigos.
   b. Ellos tienen una prima.
   c. Ella tiene un abuelo.

Presentaciones

La familia

a) Yo me llamo Cristina Sáenz. Tengo una familia tradicional. Vivo con mis padres y mi hermano Raúl.
b) Me llamo Enrique Cuervo. Mi familia no es tradicional. Hace cinco años que mis padres se divorciaron. Mi madre se casó otra vez y vivo con mi madre, mi padrastro y su hijo.
c) Mi nombre es Pablo González. Soy de una familia grande. Vivo con mis padres. Tengo dos hermanos y cuatro hermanas. Mis abuelos, los padres de mi madre, también viven con nosotros.
d) Mi nombre es Catarina Landa. Soy hija única, es decir, yo no tengo hermanos. Vivo con mis padres.

¡Aquí te toca a ti!

F. **¿La familia de quién?** Match the preceding four descriptions with the following family portraits.

1. *2.* *3.* *4.*

G. **¿Y tu familia?** Ask a classmate the following questions about his or her family.

1. ¿Tienes una familia tradicional? ¿Tienes una familia grande? ¿Eres hijo(a) único(a)?
2. ¿Cuántos hermanos tienes? ¿Cómo se llaman? ¿Cuántos años tienen?
3. ¿Tienes abuelos? ¿Son los padres de tu madre o de tu padre?
4. ¿Tiene tu madre una familia grande? ¿Cuántos tíos tienes del lado *(side)* de tu madre? ¿Del lado de tu padre? ¿Tienes muchos primos también?

Actividades

H. **Mi amigo(a)** Tell your classmates about one of your friends. Describe his or her family, where he or she lives, what he or she likes to do, and what things he or she owns and does not own.

I. **Mi familia** Tell a classmate about your family. Describe both your immediate family (those you live with) and some of your other relatives (grandparents, aunts, uncles, and cousins). Your classmate will try to find out additional information about each family member, such as how old he or she is, where he or she lives, where he or she works, and what he or she likes to do.

◆ Tarjetas de vocabulario ◆

Para hablar de tu edad

¿Cuántos años tienes?
Yo tengo… años.

Para hablar de tu familia

Yo soy de una familia pequeña.
grande.
tradicional.
Yo no soy de una familia tradicional.
Yo soy hijo(a) único(a).

Yo tengo padre.
madre.
un padrastro *(stepfather).*
una madrastra (*stepmother*).
un hermano.
una hermana.

Del lado de mi padre (mi madre), yo tengo un abuelo.
una abuela.
un tío.
una tía.
un primo.
una prima.

Mi padre (mi madre) se llama…
Mi hermano(a) está casado(a).
divorciado(a).
Mi abuelo(a) está muerto(a).
Mi tío y mi tía tienen una hija.
un hijo.
no tienen hijos.

Para hablar de tus posesiones

Cuando voy a la escuela, llevo un bolígrafo.
un borrador.
una cartera.
un cuaderno.
una calculadora.
un lápiz.
un libro.
una llave.
una mochila.
un portafolio.
un sacapuntas.

En mi cuarto, yo tengo una alfombra.
una cama.
una cinta.
una cómoda.
una computadora.
un disco.
un escritorio.
un estéreo.
una grabadora.
una máquina de escribir.
una planta.
un póster.
un radio despertador.
una silla.
un televisor.
un vídeo.

Voy al centro en coche.
en bicicleta.
en motocicleta.

CAPÍTULO PRELIMINAR B

¿Adónde vamos?

Puerta de Alcalá, Madrid

Objectives

In this chapter, you will:

- review words and expressions needed to talk about your town or city;
- review formal and informal commands;
- review the verbs **ir**, **estar**, **pensar**, **querer**, and **preferir**;
- practice describing where places are located.

Primera etapa

Mi ciudad

Yo soy de Madrid, la capital de España. Madrid tiene aproximadamente tres millones de habitantes. Está situada en el centro del país. La parte central de la ciudad es la parte antigua. Allí está la Plaza Mayor, la Iglesia de San Pedro y el Palacio Real. Esta parte antigua está rodeada de barrios residenciales con edificios modernos y avenidas anchas. La avenida más animada es la Gran Vía. Allí hay muchos bancos, tiendas, restaurantes, hoteles, discotecas y cines.

María

Yo soy de Guadalajara, una ciudad donde viven más de 1.800.000 habitantes. Es la segunda ciudad más grande de México. En el centro de esta linda ciudad hay cuatro plazas que forman una cruz. Éstas son: la Plaza de los Laureles, la Plaza de Armas, la Plaza de los Hijos Ilustres y la Plaza de la Liberación. En el centro de estas plazas está nuestra hermosa catedral. Cerca de aquí también están el Museo Regional de Guadalajara y el Palacio de Gobierno donde hay unos murales que pintó el artista mexicano José Clemente Orozco. Generalmente voy al centro para ir de compras o para visitar a amigos.

Esteban

Comprensión

A. Name three major sights in Madrid and three major sights in Guadalajara.

B. Answer the following questions about the city or town where you live.

1. ¿Es tu ciudad (pueblo) grande (bastante grande, pequeña, muy pequeña)?
2. ¿Cuántos habitantes tiene?
3. ¿Está en el norte (el sur, el este, el oeste, el centro) de los Estados Unidos?
4. ¿Está cerca de una ciudad grande? ¿A cuántas millas está de esta ciudad?
5. ¿En tu ciudad, hay un hotel? ¿Cuántos hoteles hay? ¿Hay restaurantes de servicio rápido? ¿un café? ¿una iglesia? ¿un estadio? ¿una piscina? ¿una escuela? ¿un museo? ¿un teatro? ¿una biblioteca? ¿una tienda de discos? ¿una panadería? ¿un supermercado? ¿una estación de trenes? ¿un aeropuerto?

The verb ***ir*** *(present tense)*

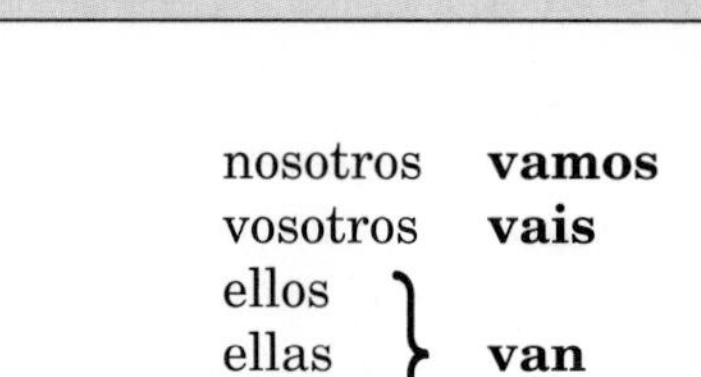

ir

yo	**voy**	nosotros	**vamos**
tú	**vas**	vosotros	**vais**
él / ella / Ud.	**va**	ellos / ellas / Uds.	**van**

The verb **ir** is often used with adverbs such as **siempre**, **frecuentemente**, **de vez en cuando**, **a veces**, **raramente**, and **nunca**.

¿Recuerdan?

The preposition **a** combines with the article **el** to form **al**. There is no contraction between **a** and the articles **la**, **las**, and **los**.

> Yo voy **al** banco y después voy **a la** tienda de discos.
> Nosotros vamos **a la** escuela y después vamos **al** centro.

C. **¿Adónde vas?** You have been conducting a survey to find out where your classmates go after class, in the evening, and on weekends. Based on the following cues, report the results of your survey.

MODELO: frecuentemente
Julián / al centro
Julián va al centro frecuentemente.

1. frecuentemente
   a. María Isabel y Luisa / a la biblioteca
   b. nosotros / al cine
   c. Uds. / al supermercado

MODELO: de vez en cuando
Jorge y sus padres / a un restaurante
De vez en cuando, Jorge y sus padres van a un restaurante.

2. de vez en cuando
   a. tú / al banco
   b. Susana / al museo
   c. yo / a la biblioteca

MODELO: rara vez
Antonio / al correo
Antonio rara vez va al correo.

3. rara vez
   a. yo / al estadio
   b. Marcos y su hermana / al teatro
   c. nosotros / a la estación de trenes

MODELO: nunca
Elena y Juliana / a la piscina
Elena y Juliana nunca van a la piscina.

4. nunca
   a. Uds. / al hospital
   b. Roberto / a la biblioteca
   c. tú / al aeropuerto

D. **¿Y tú?** Indicate with what frequency you go to the following places.

MODELO: a la biblioteca
Voy a la biblioteca frecuentemente. o:
De vez en cuando voy a la biblioteca. o:
Rara vez voy a la biblioteca. o:
Nunca voy a la biblioteca.

1. al cine
2. al centro
3. al museo
4. a la piscina
5. al aeropuerto
6. al estadio
7. al teatro
8. a la iglesia
9. al supermercado
10. a la panadería

¿Recuerdan?

The phrase **ir** + **a** + *infinitive* is used to indicate the immediate future — that is, what *is going to happen soon*:

Esta noche yo **voy a hablar** con Linda.
Mis padres **no van a comer** en un restaurante mañana.
El domingo Marirrosa **va a cenar** con nosotros.

Esperar + *infinitive* may also be used to talk about the immediate future:

Yo **espero ir** al centro esta tarde.
Mi amigo y yo **esperamos caminar** al centro mañana.

E. **Este fin de semana** Miguel is talking to his sister Verónica about what she and her friends are planning to do this weekend. Based on the drawings, give Verónica's answers to her brother's questions.

MODELO: ¿Va a estudiar Miguel?
No, él va a mirar la TV.

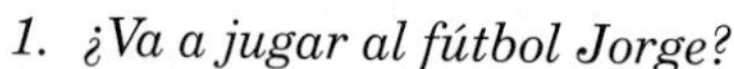

1. ¿Va a jugar al fútbol Jorge?

2. ¿Va a cenar en casa Isabel?

3. *¿Va a jugar al básquetbol Federico?*

4. *¿Va a tocar la trompeta Juan?*

5. *Verónica, ¿vas a trabajar en la computadora?*

6. *¿Van a asistir al concierto Micaela y Teresa?*

The verb ***estar***

estar			
yo	**estoy**	nosotros	**estamos**
tú	**estás**	vosotros	**estáis**
él / ella / Ud.	**está**	ellos / ellas / Uds.	**están**

The verb **estar** is used in Spanish to express the location of something or someone.

¿Dónde **está** Boston?
Boston **está** en Massachusetts.

¿Dónde **están** Marcos y Elena?
Están en la biblioteca.

¿Dónde **está** el restaurante?
Está detrás de la biblioteca.

¿Recuerdan?

The preposition **de** combines with the article **el** to form **del**. There is no contraction between **de** and the articles **la**, **las**, and **los.**

El hotel está al lado **del** banco.
El restaurante está cerca **de la** iglesia.

F. Esteban is trying to help you find your way around Guadalajara. Using the map, play the role of Esteban and precisely describe the location of the following places.

1. Mercado Libertad
2. Plaza Tapatía
3. Antigua Universidad
4. Parque Morelos

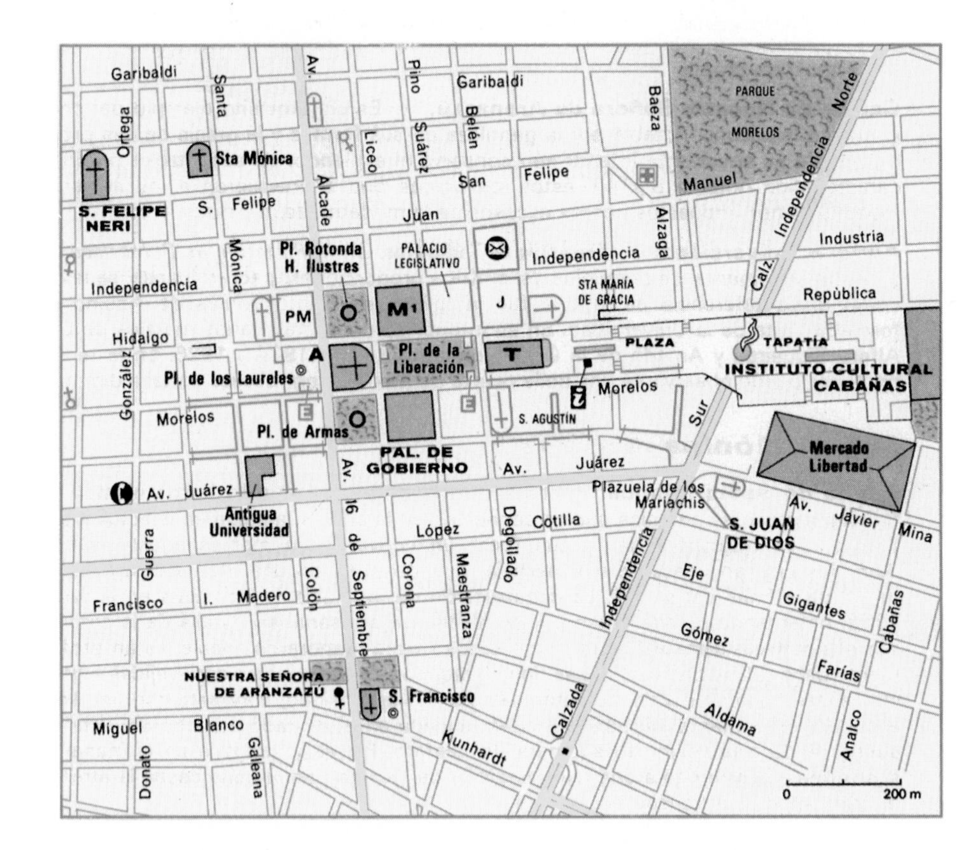

Situaciones

¿Dónde está...?

a) **En el centro**

—Perdón, señora. ¿Hay un banco cerca de aquí?
—Sí, señor, en la esquina de la Calle Galdós y la Avenida Meléndez.
—Muchas gracias, señora.
—De nada, señor.

b) **En la calle**

—¿Vas a la fiesta en casa de María esta noche?
—Sí, pero no sé dónde vive. ¿Sabes tú? Su casa está cerca del hospital en la Calle Chapultepec, ¿no?
—Sí, está en la Calle Chapultepec, pero no está cerca del hospital. Tienes que caminar por la Calle Chapultepec hasta el parque. Su casa está allí, cerca de la panadería.

c) **En la esquina**

—Perdón, señor. ¿Está el Hotel Juárez cerca de aquí?
—No, señora. Está al otro lado de la ciudad. Ud. tiene que tomar el autobús número 28 y bajar en la Plaza Juárez. Allí, al otro lado de la plaza, está el Hotel Juárez. Hay una estatua del Presidente Juárez delante del hotel.

d) **Delante del banco**

—¿Necesita otra cosa?
—Sí. Quisiera comprar un periódico.
—Bueno. Hay un quiosco en la Calle Colón, justo al lado del banco.
—Muy bien. Gracias.

¡Aquí te toca a ti!

G. Match the preceding conversations with the following drawings.

1.

2.

3. 4.

H. **Un peruano en...** Play the role of a Peruvian foreign exchange student who has just arrived in your city or town. Ask one of your classmates where you can find certain items in your town (for example, **¿Dónde podemos comprar pizza en Richmond?**) and where certain places are located (for instance, **¿Dónde hay un banco?**). Your classmate will answer your questions.

Actividades

Tu pueblo o ciudad

I. Describe to a classmate, in as much detail as possible, the section of town where you live. Give the names of the main streets, point out the major landmarks, and locate your house.

Otro pueblo o ciudad

J. Choose a town or city other than your own (for example, a place where you used to live or the town where your grandparents live). Briefly describe this town or city in the same way that María Catarina describes Madrid and Esteban describes Guadalajara.

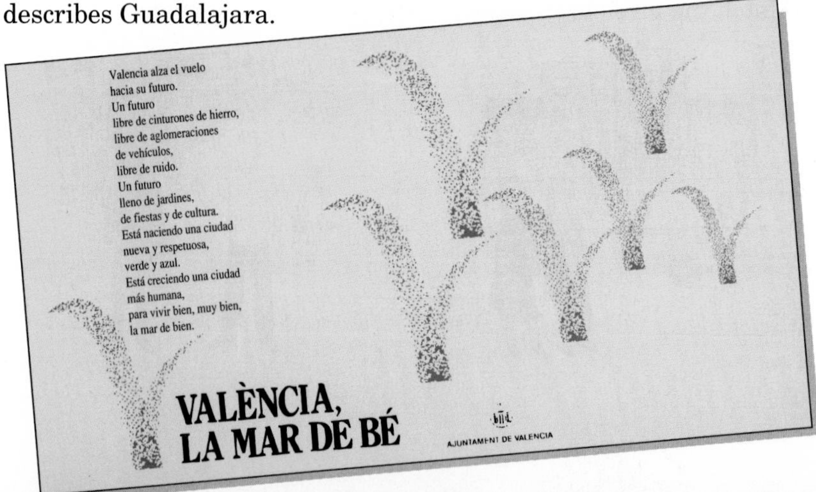

Valencia alza el vuelo
hacia su futuro.
Un futuro
libre de cinturones de hierro,
libre de aglomeraciones
de vehículos,
libre de ruido.
Un futuro
lleno de jardines,
de fiestas y de cultura.
Está naciendo una ciudad
nueva y respetuosa,
verde y azul.
Está creciendo una ciudad
más humana,
para vivir bien, muy bien,
la mar de bien.
VALÈNCIA,
LA MAR DE BÉ
AJUNTAMENT DE VALENCIA

Tarjetas de vocabulario

Para hablar de tu ciudad

Mi ciudad es (muy, bastante) grande.
pequeña.
Está situada en el norte de los Estados Unidos.
el sur
el oeste
el este
el centro
En mi ciudad hay un aeropuerto.
un banco.
una biblioteca.
una catedral.
una discoteca.
una escuela.
una farmacia.
una iglesia.
un hospital.
un hotel.
una librería.
un museo.
un parque.
un restaurante.
un estadio.
un teatro.
una universidad.

Para localizar

Está al final de…
al lado de…
cerca de…
delante de…
detrás de…
en…
en frente de…
en la esquina de… y…
entre… y…
lejos de…

Para indicar adónde vas

Yo voy a (al, a la)… frecuentemente.
rara vez.
de vez en cuando.
A veces voy a (al, a la)…
Nunca

Segunda etapa

Vamos al centro

Yo vivo cerca de la universidad de Madrid. Cuando quiero ir al centro, generalmente tomo el metro. Es muy fácil. Camino a la estación Moncloa que no está lejos de nuestro apartamento. Normalmente compro un billete de 10 viajes que cuesta 450 pesetas. Entonces tomo la dirección Legazpi y en 15 minutos estoy en Sol. Aquí es donde bajo si voy al Corte Inglés para ir de compras. O si quiero dar un paseo por el Parque del Retiro, cambio de trenes en Sol, dirección Ventas, y bajo en la estación Retiro.

María

Nuestra casa está cerca del Estadio Jalisco en la ciudad de Guadalajara. La escuela donde soy estudiante está en el centro. Para ir allí, tomo un autobús. Tarda media hora para llegar a la escuela. A veces, cuando tiene tiempo, mi papá nos lleva a la escuela en su coche. En esos días, tarda solamente cinco minutos para llegar de nuestra casa a la escuela. Durante el fin de semana, nos gusta dar paseos a pie por la ciudad.

Esteban

Comprensión

A. **¡Vamos en el metro!** You have been staying in Madrid for some time and know the subway system very well. A friend of yours arrives from the U.S. and needs to go to the places listed below. Explain to her how to get to these places on the **metro.** Your friend is staying near the Plaza Castilla Station.

MODELO: Museo del Prado (Atocha)
Para ir al Museo del Prado, tomas la dirección Portazgo. Cambias de tren en Sol, dirección Ventas. Y bajas en la estación Atocha.

1. Parque del Retiro 2. Plaza de España 3. Moncloa

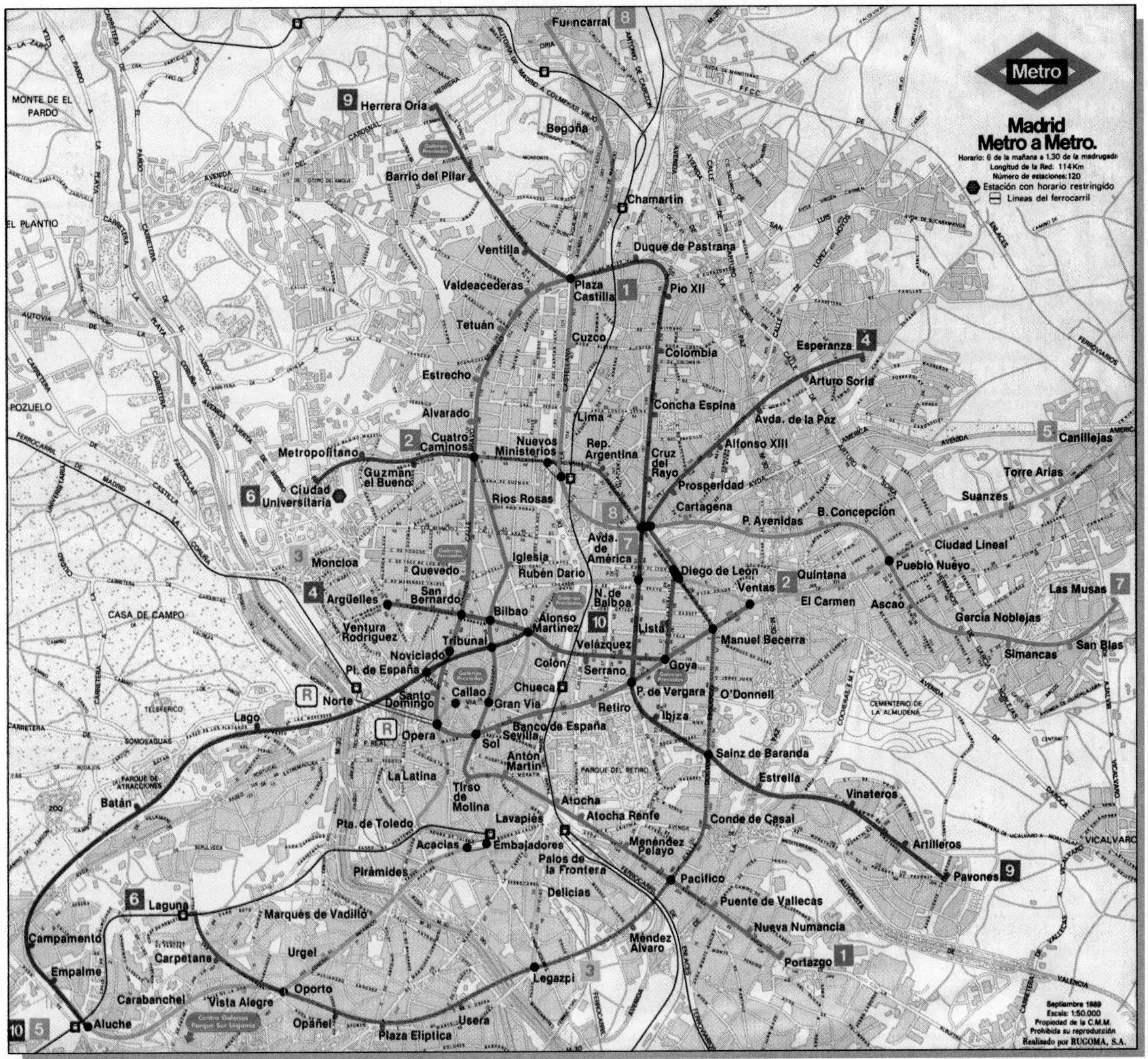

Now a family from Mexico is visiting Madrid. They are interested in seeing some of the sights. Explain to this family how to get to the following places. Remember to use **Uds.** when talking to the whole family. They are staying near the Plaza del Cuzco.

4. Puerta del Sol
5. Ciudad Universitaria

B. **¿Y tú?** Answer these questions about yourself and your family.

1. ¿Cómo vas a la escuela? ¿Vas a pie? ¿en el coche de tus padres? ¿Vas en tu bicicleta? ¿en el autobús?
2. ¿Tienen tus padres un coche? ¿Qué tipo de coche? ¿Van al trabajo en el coche? Si no van al trabajo en el coche, ¿cómo van?
3. ¿Tienes una bicicleta? ¿Adónde vas en tu bicicleta? ¿A la escuela? ¿Al centro?
4. Cuando vas a casa de tus abuelos, ¿cómo vas? ¿A pie? ¿En coche? ¿Vas en tren? ¿en avión?

Placing events in time

Days of the week

lunes martes miércoles jueves viernes sábado domingo

Remember that the definite article is often used with the days of the week:

el lunes = Monday, the upcoming Monday
los lunes = on Mondays, indicates a customary action on a specific day of the week
El viernes voy a una fiesta en casa de Jaime.
Los lunes voy a la escuela.

Time of day

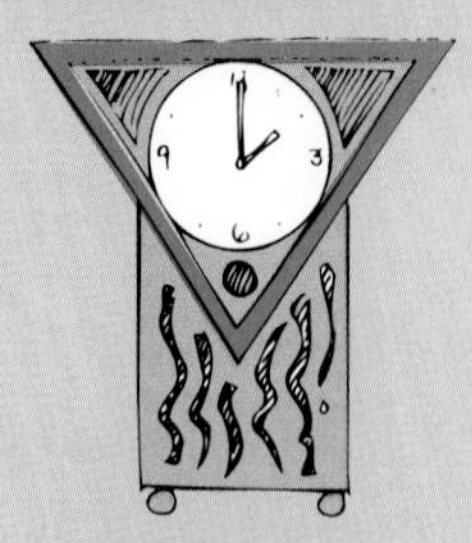

Son las dos.

Son las dos y diez.

Son las dos y cuarto.

Son las dos y media.

Son las tres menos veinte.

Son las tres menos cuarto.

Twelve o'clock noon is **mediodía**; twelve o'clock midnight is **medianoche**. To indicate A.M. and P.M. with other times, add **de la mañana**, **de la tarde**, or **de la noche.**

C. **¿Dónde está Patricio?** Study the daily schedule of Patricio Fernández below; then answer the questions.

	lunes	**martes**	**miércoles**	**jueves**	**viernes**	**sábado**
9:30–10:25	historia	historia		historia	historia	historia
10:40–11:35	francés	francés	no	el estadio	francés	
11:40–12:35	matemáticas	arte	hay	el estadio	matemáticas	matemáticas
2:00–2:55	inglés	inglés	clases	inglés	inglés	inglés
3:00–3:55	biología	biología		biología	arte	
4:10–5:05	español	español		español	español	

1. ¿Qué días tiene Patricio su clase de francés?
2. ¿Qué días tiene su clase de matemáticas?
3. ¿Qué clases tiene Patricio por la tarde?
4. ¿A qué hora es su clase de biología?
5. ¿A qué hora es su clase de francés?
6. ¿Dónde está Patricio a las 11:00 de la mañana el jueves?
7. ¿A qué hora llega a la escuela si de costumbre él llega 15 minutos antes de su primera clase?
8. De costumbre, ¿a qué hora almuerza Patricio?

D. **¿Cómo pasas el tiempo?** Explain to a classmate what a typical school day is like for you. Talk about when you arrive at school, your morning classes, when you eat lunch, your afternoon classes, what time you leave school, and what time you get home. Begin: **De costumbre, yo llego a la escuela a...**

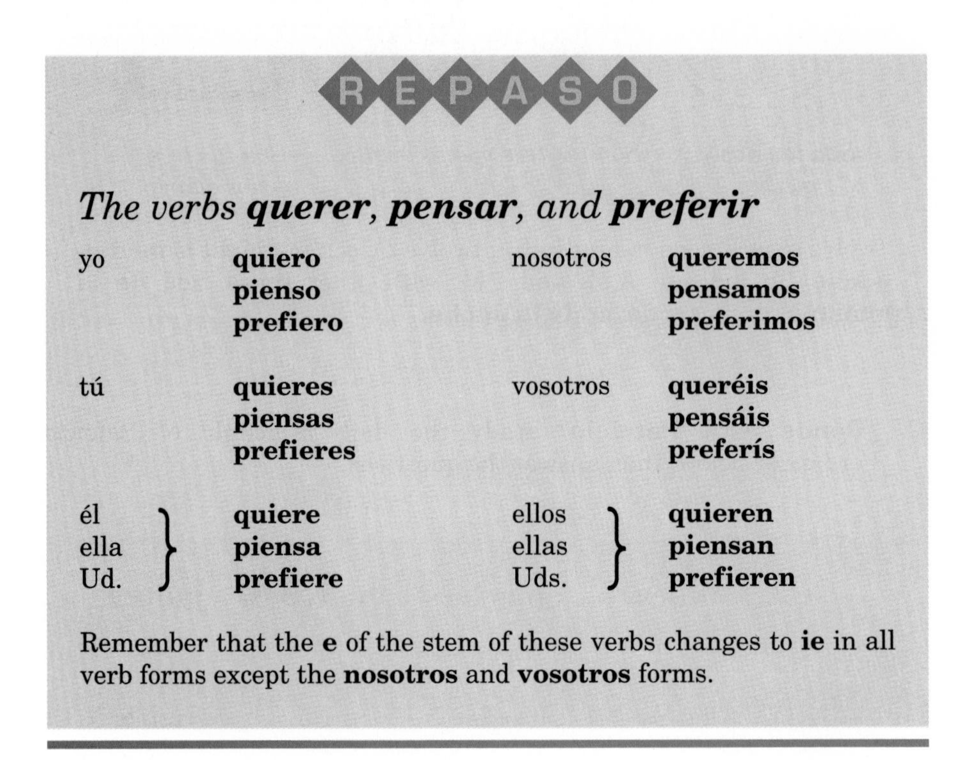

REPASO

*The verbs **querer, pensar,** and **preferir***

yo	**quiero** **pienso** **prefiero**	nosotros	**queremos** **pensamos** **preferimos**
tú	**quieres** **piensas** **prefieres**	vosotros	**queréis** **pensáis** **preferís**
él ella Ud.	**quiere** **piensa** **prefiere**	ellos ellas Uds.	**quieren** **piensan** **prefieren**

Remember that the **e** of the stem of these verbs changes to **ie** in all verb forms except the **nosotros** and **vosotros** forms.

E. Replace the words in italics with those in parentheses and make the necessary changes.

1. *Yo* no quiero ir al centro ahora. (Juan / tú / Elena y Marta / Marirrosa y yo / Uds. / vosotros)
2. ¿Qué prefieren hacer *Uds.* esta noche? (tú / Julián / Ester y Roberto / ellas / Ud. / vosotros)
3. *Ella* no piensa ir a España el año próximo. (nosotros / tú / Marisol / Mari y Esteban / Uds. / vosotras)

Formal commands

1. Formal commands in Spanish are created by dropping the **-o** of the **yo** form of the verb and adding an **-e** or an **-en** for **-ar** verbs and an **-a** or an **-an** for **-er** and **-ir** verbs.

cantar	**comer**	**escribir**
cant**o**	com**o**	escrib**o**
cant**e**	com**a**	escrib**a**
cant**en**	com**an**	escrib**an**

2. Verbs ending in **-car** change the **c** to **qu**. Those ending in **-gar** change the **g** to **gu**. Those ending in **-zar** change the **z** to **c**.

buscar	**llegar**	**cruzar**
bus**c**o	lle**g**o	cru**z**o
bus**qu**e	lle**gu**e	cru**c**e
bus**qu**en	lle**gu**en	cru**c**en

3. Some other common verbs with irregular formal commands are:

ir	**vaya**	**vayan**
ser	**sea**	**sean**

F. Give both the singular and plural formal command forms for the following verbs.

1. estudiar
2. bailar
3. aprender español
4. correr 20 minutos
5. doblar a la izquierda
6. tener paciencia
7. no comer mucho
8. leer todos los días
9. cruzar la calle
10. buscar las llaves

Informal commands

1. The informal command is used to address anyone whom you know well, such as friends and family members, and to address children. Unlike formal commands, the informal command has one form for the affirmative and a different form for the negative.

   To form the affirmative informal command, drop the **o** from the **yo** form and add **-a** for **-ar** verbs and **-e** for **-er** and **-ir** verbs.

dobl**o**	→	dobl**a**
corr**o**	→	corr**e**
escrib**o**	→	escrib**e**

2. To form the negative informal command, drop the **o** from the **yo** form and add **-es** for **-ar** verbs and **-as** for **-er** and **-ir** verbs.

dobl**o**	→	no dobl**es**
corr**o**	→	no corr**as**
escrib**o**	→	no escrib**as**

3. In the negative command, verbs that end in **-car** change the **c** to **qu**. Those that end in -**gar** change the **g** to **gu**. Those that end in **-zar** change the **z** to **c:**

bus**car**	busco	no bus**ques**
lle**gar**	llego	no lle**gues**
cru**zar**	cruzo	no cru**ces**

   However, none of these verbs change their spellings in the affirmative command:

bus**car**	bus**ca**
lle**gar**	lle**ga**
cru**zar**	cru**za**

4. Other common verbs you know that have irregular informal commands are:

decir	**di**	no **digas**
hacer	**haz**	no **hagas**
ir	**ve**	no **vayas**
poner	**pon**	no **pongas**
salir	**sal**	no **salgas**
ser	**sé**	no **seas**
tener	**ten**	no **tengas**
venir	**ven**	no **vengas**

G. Give familiar command forms for the following verbs.

1. hacer las maletas
2. tener paciencia
3. no doblar a la derecha
4. escribir tu lección
5. no vender tu bicicleta
6. no ir al centro
7. buscar tus libros
8. seguir derecho
9. beber leche
10. no hablar por teléfono

Hazte socio
de la Cruz Roja.
No te cruces
de brazos.
Para contactar con nosotros llama al teléfono (91) 419 73 50. Madrid.
Cruz Roja Española

Situaciones

Direcciones

a) **A pie al banco**

—Perdón, señora, ¿dónde está el banco?

—¿El banco? Está cerca de aquí, señor. Camine Ud. por la Calle Bolívar hasta la Avenida de la Paz. Doble a la derecha y camine tres cuadras y allí está la Plaza de la Revolución. Cruce la plaza y allí en la Calle Colón está el banco.

—Muchísimas gracias, señora.

—De nada, señor.

b) **En coche en Valencia**

—¿Hay un sitio para estacionar el coche en el centro?

—Sí, sí. Es muy fácil. Escucha. Toma la Calle San Vicente Mártir y dobla a la derecha en la Calle Xátiva. Sigue derecho dos cuadras y dobla a la izquierda en la Avenida Marqués de Sotelo. Pasa por delante de la Plaza del País Valenciano y sigue derecho tres cuadras más. Allí a la derecha hay un sitio para estacionar el coche. ¿De acuerdo?

—De acuerdo.

c) **En coche al Alcázar de Segovia**

—Perdón, señor, ¿dónde está la Calle Velarde? Queremos ir al Alcázar.

—Bien, siguen derecho por esta calle — la Calle Agustín. Pasen por delante de la Iglesia de San Esteban y después de una cuadra doblen a la izquierda. Allí está la Calle Velarde. Siguen la Calle Velarde derecho por más o menos diez cuadras. Allí van a ver Uds. el Alcázar.

—Muchas gracias, señor.

—De nada.

d) **A pie a la farmacia**

—¡Hola, Marirrosa! ¿Qué haces por aquí?

—Leira, yo estoy buscando una farmacia. ¿Hay una cerca de aquí?

—Sí, claro que sí. Hay una farmacia en la Calle Miramonte.

—¿La Calle Miramonte? ¿Dónde está? No conozco muy bien este barrio.

—Es muy fácil. Sigue esta calle — Calle Juárez — una cuadra hasta la esquina y dobla a la derecha.

—¿No es a la izquierda?

—No, no. A la izquierda está la Calle Cholula. Tú quieres la Calle Rivera. Sigue derecho y a la derecha vas a ver una plaza grande.

Es la Plaza de Armas. Cruza la plaza y allí está la Calle Miramonte. ¿Comprendes?

—Sí, sí. Comprendo. Muchísimas gracias. Hasta luego.

—Hasta luego, Marirrosa.

¡Aquí te toca a ti!

H. Match the preceding conversations with the following drawings.

1.

2.

3.

4.

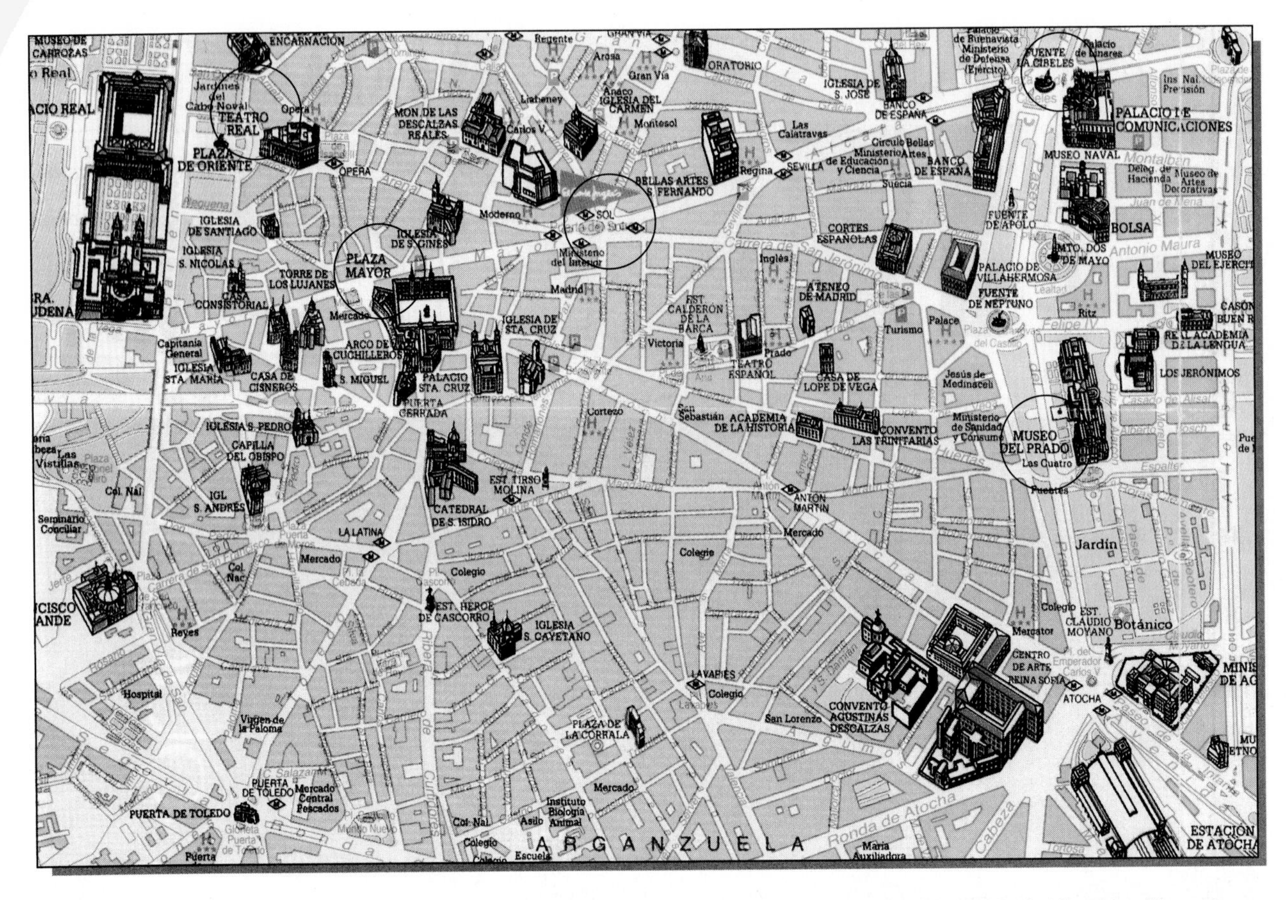

I. **Por las calles de Madrid** Using the map of Madrid, give directions for each of the following situations. Pay attention to where you are, where the other person wishes to go, and whether this person is someone with whom you would use **tú** or **Ud.**

You are at the	**You are speaking to**	**He or she wishes to go to**
1. Fuente la Cibeles	older man	Puerta del Sol
2. Puerta del Sol	person your age	Museo del Prado
3. Plaza Mayor	person your age	Teatro Real
4. Teatro Real	older woman	Museo del Prado

Actividad

J. **En tu ciudad** Tell a Hispanic exchange student in your school how to get to various places in your town or city. For example, explain how to go from school to your house, from your house to downtown, from your house to the movie theater or to a fast food restaurant, and so forth.

Tarjetas de vocabulario

Para dar direcciones ____________________________

Doble (Dobla) a la derecha.
a la izquierda.
Siga (Sigue) derecho hasta…
Tome (Toma) la calle (la avenida)…
Cruce (Cruza) la calle (la avenida, la plaza).

Para indicar cómo vamos ____________________________

Yo tomo el autobús.
el metro.
el tren.

Yo voy a pie.
en bicicleta.
en autobús.
en coche.
en metro.
en tren.

Para hablar del tiempo que tarda en llegar ________________

Tarda… minutos para ir a pie (en coche, etc.).
horas
días

Para indicar qué día es ____________________________

¿Qué día es hoy?
Hoy es lunes.
martes.
miércoles.
jueves.
viernes.
sábado.
domingo.

Para indicar la hora ____________________________

¿Qué hora es?
Es la una.
una y cuarto.
una y media.
Son las dos menos cuarto.
¿A qué hora vienes?
Vengo a las diez y veinte de la mañana (10:20 a.m.).
de la noche (10:20 p.m.).

CAPÍTULO PRELIMINAR C

¿Qué hacemos?

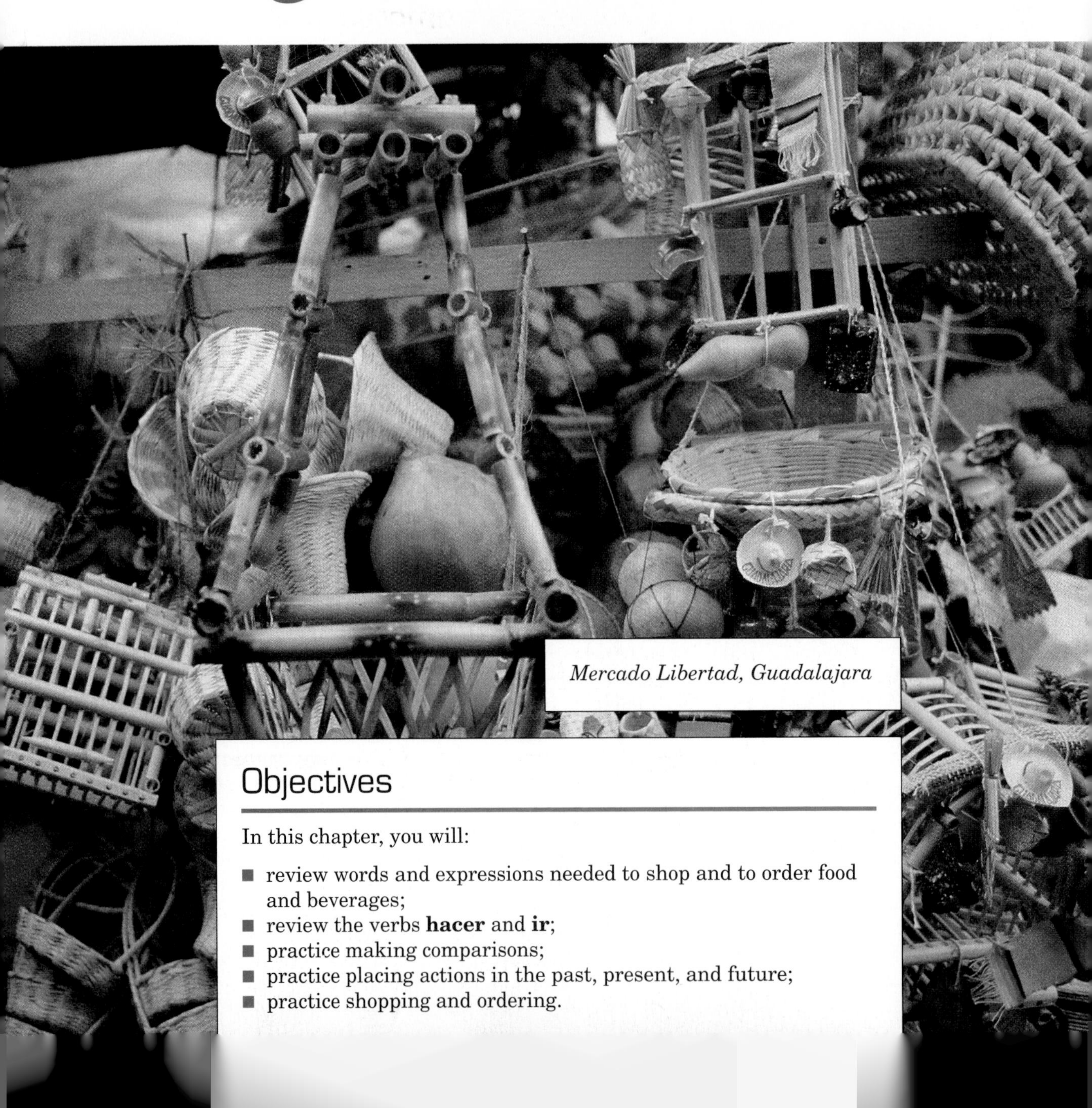

Mercado Libertad, Guadalajara

Objectives

In this chapter, you will:

- review words and expressions needed to shop and to order food and beverages;
- review the verbs **hacer** and **ir**;
- practice making comparisons;
- practice placing actions in the past, present, and future;
- practice shopping and ordering.

Primera etapa

Vamos de compras

En Madrid, como en cualquier ciudad grande, hay muchos sitios para ir de compras. Hay tiendas pequeñas que se especializan en un sólo producto: zapaterías, joyerías, librerías, etc. También hay grandes almacenes donde hay de todo. Mi favorito es un almacén grande que se llama El Corte Inglés. Es una tienda donde puedes comprar cualquier cosa. Por ejemplo, en un piso venden comida, en otro venden ropa y aun en otro venden libros. También hay una joyería donde me gusta ir a ver los diamantes y las perlas. En otra sección de la tienda venden discos y cintas. Allí es donde vamos mis amigas y yo cuando queremos comprar el disco más reciente de Gloria Estefan o Phil Collins porque tienen una selección buena.

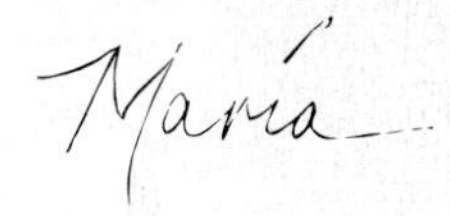

En Guadalajara hay muchas tiendas y supermercados modernos, pero para ir de compras a veces vamos al Mercado Libertad. Éste es el mercado más grande del Hemisferio Occidental y allí puedes comprar cualquier producto imaginable. En una sección puedes comprar fruta fresca como sandías, melones, mangos, naranjas, limones y manzanas o vegetales como zanahorias, pepinos, chiles, aguacates, cebollas y tomates. En otra parte venden todo tipo de carne — res, puerco y pollo — y varios tipos de queso. En otra sección compramos tortillas de maíz o pan dulce. Después de hacer las compras, puedes pasar a otra parte del mercado donde hay muchos restaurantes pequeños. Allí puedes comer muchos de los platos típicos de esta región de México como el pozole, la birria, el cabrito asado o pollo en mole.

Esteban

Comprensión

A. **¿Cierto o falso?** Based on the preceding comments, indicate whether the following statements are true, false, or if there is not enough information to answer.

1. El Corte Inglés is a large open-air market.
2. María likes to shop at the specialty shops scattered throughout Madrid.
3. She and her friends buy albums and tapes at a store near El Corte Inglés.
4. You can buy clothes at El Corte Inglés, but not jewelry.
5. Guadalajara has several open-air markets.
6. El Mercado Libertad is a huge department store.
7. You can get a good meal at El Mercado Libertad.
8. Along with fruits and vegetables, you can also buy meat at El Mercado Libertad.

B. **¿Tienes algo que hacer?** Ask a classmate the following questions about his or her shopping habits and those of his or her family.

1. ¿Hay un centro comercial cerca de tu casa? ¿Vas allí de vez en cuando?
2. ¿Prefieres comprar algo o solamente vas a mirar?
3. ¿Qué compras en el centro comercial? ¿En qué tienda?
4. ¿Quién hace las compras en tu casa?
5. ¿Cuándo hace él (ella) las compras? ¿Todos los días? ¿Dos o tres veces por semana? ¿Una vez por semana?
6. ¿Adónde va él (ella) a comprar las frutas y vegetales? ¿a comprar carne?
7. ¿Vas tú con un(a) amigo(a) a hacer las compras de vez en cuando?

The verb ***hacer***

hacer			
yo	**hago**	nosotros	**hacemos**
tú	**haces**	vosotros	**hacéis**
él / ella / Ud.	**hace**	ellos / ellas / Uds.	**hacen**

1. When the verb **hacer** is used in a question, the answer often requires a verb other than **hacer**, usually a form of a verb that expresses what you do.

   —¿Qué **haces** tú los sábados por la mañana?
   —Yo **juego** al fútbol con mis amigos.
   —¿Qué **van a hacer** ellos el sábado por la noche?
   —Ellos **van a ver** una película.

2. Expressions with **hacer**:

hacer las compras	*to do the shopping*
hacer un mandado	*to run an errand*
hacer las maletas	*to pack*
hacer la cama	*to make the bed*
hacer un viaje	*to take a trip*

C. Replace the words in italics with those in parentheses and make the necessary changes.

1. ¿Qué hace *Juan* los viernes por la noche? (ella / tú / Ud. / Uds. / vosotros)
2. *Yo* no hago nada los domingos por la tarde. (tú / Uds. / ellos / ella / nosotros / vosotras)

D. **La familia Lamas** Tell your parents about a Hispanic family's weekly routine. Based on the drawings, answer your parents' questions.

MODELO: ¿Qué hace Miguel los lunes por la mañana?
Él va a la escuela.

1. ¿Qué hace Marirrosa los martes por la tarde?
2. ¿Qué hacen la Sra. y el Sr. Lamas los lunes por la mañana?
3. ¿Qué hace Miguel los viernes por la noche?
4. ¿Qué hacen la Sra. y el Sr. Lamas los sábados por la noche?
5. ¿Qué hace Miguel los domingos por la tarde?
6. ¿Qué hace Marirrosa los viernes por la tarde?

E. **¿Y tú?** Answer the following questions about you and your family.

1. ¿Qué haces los viernes por la noche?
2. ¿Qué hacen tus padres?
3. ¿Qué hacen Uds. los sábados por la tarde?

4. Y tu hermano(a), ¿qué hace?
5. ¿Qué van a hacer Uds. esta noche?
6. ¿Qué van a hacer Uds. mañana?
7. ¿Qué van a hacer Uds. el viernes por la noche?
8. ¿Qué van a hacer Uds. el sábado por la tarde?

Expressing quantity and making comparisons

Some expressions of quantity in Spanish are:

Quantities	Comparisons	Equality
un kilo de	**más...que**	**tan** + adjective + **como**
medio kilo de	**menos...que**	**tanto(a)** + noun + **como**
una libra de		
50 gramos de	**bien → mejor(es)**	**tantos(as)** + nouns + **como**
un litro de	**mal → peor(es)**	
un atado de	**joven → menor(es)**	
una botella de	**viejo → mayor(es)**	
una docena de		
una lata de		
un paquete de		
un pedazo de		

F. **¿Qué necesita?** Based on the drawings, indicate how much of each item the following people need to buy.

1. Luisa

2. Roberto

3. mi mamá

4. Alicia

5. Marisol

¿Recuerdan?

The demonstrative adjective is used to point out specific things. Its forms in Spanish are:

close to speaker	close to listener	far from both
este	**ese**	**aquel**
esta	**esa**	**aquella**
estos	**esos**	**aquellos**
estas	**esas**	**aquellas**

G. **Las frutas y los vegetales** You are in an open-air market. As you choose some fruit or vegetables that you like, your friend always points out others that are better.

MODELO: —*Quiero estas manzanas.*
—*Pero ésas son mejores.* o:
—*Aquéllas son mejores.*

1. fresas
2. maíz
3. limones
4. peras
5. lechuga
6. cebollas
7. naranjas
8. zanahorias

Situaciones

Las compras

a) —Buenos días, señor.
—Buenos días. Mi hijo va a comenzar la escuela mañana y necesita varias cosas. ¿Dónde están los lápices y bolígrafos?
—Están por aquí. ¿Cuántos quiere?
—Quiero seis lápices y dos bolígrafos.
—¿Necesita algo más?
—Sí, necesito papel, también.
—El papel está allí.
—Bien, voy a llevar tres cuadernos.
—¿Algo más?
—Sí, busco una mochila buena.

—Las mochilas están por aquí.
—Muy bien, quiero esa mochila azul.
—¿Es todo?
—Sí, es todo. ¿Cuánto es?
—Dos mil seiscientas setenta y ocho pesetas.
—Aquí tiene, señor.
—Muchísimas gracias. Hasta luego.

b) —¿En qué puedo servirle, señora?
—Busco un regalo para mi hijo. ¿Me puede sugerir algo?
—¿Qué deportes le gustan?
—¡Le gustan todos los deportes!
—Aquí están las raquetas de tenis.
—No, ya tiene una raqueta.
—Allí están las pelotas de fútbol.
—No, también tiene una pelota de fútbol y de básquetbol y de fútbol americano.
—¿Por qué no compra unos zapatos de tenis? ¡Estos aquí están muy de moda!
—¡Estupenda idea! ¿Tiene ésos de allí, de color rojo, azul y blanco de tamaño 42?
—Voy a ver. Creo que sí. Sí, aquí están. ¿Va a pagar en efectivo o con tarjeta de crédito?
—En efectivo. ¿Cuánto es?
—Dos mil quinientas pesetas.
—Aquí tiene.
—Muchísimas gracias.
—¡Gracias a Ud. por la magnífica sugerencia!

c) —Señores, señoras. Compren vegetales… fruta… tomates, guisantes, naranjas, manzanas, bananas… ¿Señora, qué va a llevar?
—Quiero un kilo de tomates, por favor.
—¿Estos tomates?
—No, quiero esos tomates grandes de allí.
—Muy bien. ¿Qué más?
—Tres kilos de bananas. Es todo.
—Bien, vamos a ver… un kilo de tomates a treinta pesetas el kilo y tres kilos de plátanos a quince pesetas el kilo… sesenta pesetas por favor.
—¿Tiene cambio de quinientas pesetas?
—Sí, claro. Aquí tiene el cambio.
—Señores, señoras. Compren vegetales… fruta…

d) —¿Vas a comprar alguna cosa?
—Creo que sí. Si tengo suficiente dinero, voy a comprar un disco.
—¿Qué disco?
—Quisiera comprar el nuevo disco compacto de Madonna.

—Ah, sí, dicen que es excelente.
—Te gusta la música de Miami Sound Machine, ¿verdad?
—Sí, me gusta muchísimo. ¿Sabes que tienen un disco nuevo?
—Sí, pero no tengo suficiente dinero para comprar el disco.
—Puedes comprar la cinta.
—Tienes razón. Voy a preguntar si tienen la nueva cinta de Miami Sound Machine aquí.

¡Aquí te toca a ti!

H. **¿Dónde están?** Indicate where each of the preceding conversations took place. Possible locations: **la panadería**, **la papelería**, **la tienda de deportes**, **la tienda de discos, el mercado**, **la carnicería**, **la tienda de ropa**, **el supermercado**.

Actividades

I. **La ensalada** You are in charge of making a salad for a big family meal. Go to the market and buy the ingredients.

1. Greet the salesperson at the market.
2. Decide what vegetables you want to buy.
3. Ask how much the different vegetables cost.
4. Pick out the ones you want.
5. Pay, thank the salesperson, and say good-bye.

J. When you receive an activity card, go to the appropriate store and buy what is necessary to complete your task. Remember that there are several ways to indicate what you would like to buy: **Yo quisiera...**, but also **yo necesito...**, **¿Tiene Ud...?**, and **Yo voy a llevar....** Each time you go to a store, try to vary the expressions.

Tarjetas de vocabulario

Para hablar de lo que hacemos en el centro ____________

Yo voy al centro para ir al cine.
ir de compras.
hacer un mandado.
ver a mis amigos.

Para comprar alguna cosa ____________

Yo quisiera...
¿Tiene Ud....?
Aquí tiene...
¿Tiene Ud. cambio *(change)* de 500 pesetas?
Es todo.
¿Cuánto cuesta?
Un(a)...por favor.

Para indicar la cantidad ____________

un kilo de
medio kilo de
una libra de
50 gramos de
un litro de
un atado de
una botella de
una docena de
una lata de
un paquete de
un pedazo de

En el mercado yo compré bananas.
el supermercado fresas.
limones.
manzanas.
melones.
naranjas.
peras.
uvas.
guisantes.
cebollas.
lechuga.
maíz.
papas.
tomates.
zanahorias.

En la papelería yo compré una hoja de papel para escribir a máquina.
papel de avión.
un sobre.
una tarjeta de cumpleaños.
del Día de las Madres.
del Día de los Padres.

Segunda etapa

Vamos a comer algo

Cuando mi padre tiene hambre, le gusta comer en un buen restaurante. En Madrid hay muchísimos restaurantes, y el domingo pasado mi padre y un amigo fueron a cenar en un restaurante que se llama El Rincón Gallego. Allí se especializan en platos típicos de Galicia. A mi papá le gusta la comida gallega y dice que es la más sabrosa de toda la comida española. Mi hermano y yo preferimos los restaurantes pequeños donde podemos comer bocadillos. Nos gustan los bocadillos de todo tipo. A veces comemos bocadillos de chorizo o bocadillos de jamón con queso y muchas veces comemos mi favorito: un bocadillo de calamares fritos.

María

EL FAROL
RESTAURANT

ESPECIALIDADES:
·CARNE ASADA·
·FILETE DELGADO·
·FILETE GRUESO·
·PUNTAS DE FILETE·
·MILANESAS·
·LOMO ADOBADO·
·CHULETAS·
·CARNITAS·
·CONSOME DE POLLO·
·POLLO A LA PARRILLA·
·POLLO CON MOLE POBLANO, PEPIAN VERDE ó ADOBO.·
·QUESO FUNDIDO·QUESADILLAS·
·CHILES RELLENOS·
·SALCHICHAS·
·HAMBURGUESAS·
TACOS SURTIDOS
ANTOJITOS
·TAMALES CON ATOLE·SOPES SURTIDOS·ENCHILADAS·GUACAMOLE·
DESAYUNOS
·CHILAQUILES·HUEVOS AL GUSTO·
·FRIJOLES REFRITOS·SANDWICHS·
·CAFE·NESCAFE·TE·
·VASO DE LECHE·CHOCOLATE·
·CHOCOMILK·MALTEADAS·
JUGOS NATURALES:·NARANJA·
·TORONJA·LIMA·ZANAHORIA·TOMATE·
PREPARADOS DE FRUTAS:
·ORDEN DE PAPAYA·FRESAS CON CREMA·
·COCTEL DE FRUTAS·
·VARIEDAD EN POSTRES·
·REFRESCOS Y CERVEZAS·

El sábado por la tarde, como no hay escuela, normalmente voy con mis amigos al centro. Allí conversamos con otros amigos, y, de costumbre, vamos a comer en nuestro restaurante favorito: El Farol. El Farol es una taquería donde puedes comer tacos de todo tipo: de carne o de pollo. También nos gustan las quesadillas. Tienen la mejor ensalada de guacamole de toda Guadalajara y también tienen varias salsas — unas picantes y otras que no son tan picantes. Para tomar hay limonada y varios tipos de licuados — de mango, melón y fresas. Después de comer allí, generalmente vamos al cine o damos un paseo por el parque.

Esteban

Comprensión

A. **¿Cierto o falso?** Based on the preceding comments, indicate whether the following statements are true or false, or if there is not enough information to answer.

1. Maria's father likes to eat at home when he's hungry.
2. Maria's father likes food from Galicia.
3. Maria and her brother like elegant restaurants.
4. Maria's favorite sandwich is made with clams.
5. On Saturdays Esteban and his friends usually go to the movies.
6. El Farol is a large, elegant restaurant.
7. El Farol serves only "hot" salsa.
8. Esteban usually goes to El Farol on Saturdays.

REPASO

The preterite of ***-ar, -er,*** *and* ***-ir*** *verbs*

hablar, comer, escribir

yo	habl**é** com**í** escrib**í**	nosotros	habl**amos** com**imos** escrib**imos**
tú	habl**aste** com**iste** escrib**iste**	vosotros	habl**asteis** com**isteis** escrib**isteis**
él ella Ud.	habl**ó** com**ió** escrib**ió**	ellos ellas Uds.	habl**aron** com**ieron** escrib**ieron**

B. Replace the words in italics with those in parentheses and make the necessary changes.

1. Yo *canté una canción* anoche. (mirar la TV / comprar unos libros / escuchar mi estéreo / tomar el autobús / caminar al centro / hablar por teléfono / bailar en una discoteca)

2. Ella *asistió a clase* ayer. (vender su bicicleta / escribir una carta / correr dos millas / aprender el vocabulario / salir de casa temprano / perder su libro / volver a casa tarde / compartir su bocadillo con un amigo)

¿Recuerdan?

The preterite of *ir*

yo	**fui**	nosotros	**fuimos**
tú	**fuiste**	vosotros	**fuisteis**
él / ella / Ud.	**fue**	ellos / ellas / Uds.	**fueron**

C. **El sábado de Marisol** Based on the verbs and drawings provided, tell what Marisol did last Saturday.

MODELO: *El sábado pasado Marisol habló por teléfono con Tomás.*

hablar por teléfono

1. salir de

2. caminar a un restaurante

3. comer con Tomás

4. ir al centro comercial

5. ir a la tienda de discos

6. comprar

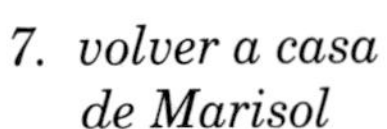

7. volver a casa de Marisol

8. escuchar discos

9. mirar la televisión

D. **Mi sábado** Now imagine that you spent your Saturday much as Marisol did. Use the drawings in Exercise C, but substitute names and places from your own life when appropriate. (If you would not normally do something that Marisol did, use **no** + the verb to indicate what you did not do.)

MODELO: *El sábado pasado, hablé por teléfono con mi amiga Janet.*

E. **Ayer: un día loquísimo** *(crazy)* Yesterday was a strange day because everybody changed his or her pattern of behavior. Begin by indicating that the following people did not do what they usually do. When a classmate asks what they did do, invent a logical answer. Suggestion: The classmate may use question words such as **dónde**, **a qué hora**, **cómo**, **cuándo**, **cuánto**, etc.

MODELO: De costumbre, el Sr. López sale de casa a las 9:00.
—Ayer, el Sr. López no salió de casa a las 9:00.
—¿A qué hora salió de casa?
—A las 7:30.

1. El Sr. Martínez siempre toma el autobús a las 8:00.
2. Todos los días la Sra. Martínez va al mercado a las 10:00.
3. Allí ella hace las compras.
4. Ella compra fruta y legumbres.
5. Muchas veces, Juanito come en la cafetería de la escuela.
6. Después de la escuela, él visita a una amiga.
7. De costumbre, Marisol habla por teléfono con sus amigos por la tarde.
8. Entonces ella va de compras al centro.
9. De costumbre, el Sr. Martínez llega a casa a las 6:00.
10. Marisol siempre llega a casa antes de las 6:00.

Talking about past, present, and future events

1. Use the preterite to express a past action:

Ayer **nosotros fuimos** al centro.	Yesterday *we went* downtown.
Salió de la casa hace una hora.	*He left* the house an hour ago.

2. Use the present tense of the verb to indicate a habitual action or a present condition.

De costumbre yo ceno a las 6:00.	*I usually eat dinner* at 6:00.
Yo tengo 17 años.	*I am* seventeen.
Hoy es miércoles.	*Today is* Wednesday.

3. Use the present progressive (**estar** + **-ndo** participle) to emphasize that an action is going on at the moment of speaking.

Ahora ellos **están mirando** la TV.	Right now they *are watching* TV.
En este momento él **está leyendo** una revista.	At this moment he is *reading* a magazine.

4. Use the immediate future (**ir** + **a** + *infinitive)* to express a future action.

Esta noche **vamos a ver** una película.	Tonight *we are going to see* a movie.
Nosotros **vamos a trabajar** el lunes próximo.	We *are going to work* next Monday.

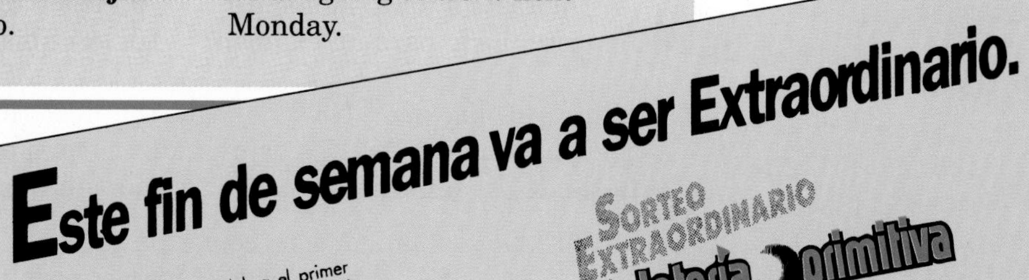

¿Recuerdan?

To express how long ago something happened or how long ago you did something, you would use:

Hace + *length of time* + **que** + *subject* + *verb in the preterite*
Hace dos semanas **que** comí en un restaurante.

You may also use:

Subject + *verb in the preterite* + **hace** + *length of time*
Yo comí en un restaurante **hace** dos semanas.

Some expressions for expressing length of time are:

un minuto, **dos minutos**, **tres minutos**, etc.
una hora, **dos horas**, **tres horas**, etc.
un día, **dos días**, **tres días**, etc.
una semana, **dos semanas**, **tres semanas**, etc.
un mes, **dos meses**, **tres meses**, etc.
un año, **dos años**, **tres años**, etc.

F. **La última vez que...** Indicate the last time you did each of the following activities. Use expressions such as **el martes pasado**, **el año pasado**, **la semana pasada**, or **hace +** length of time.

MODELO: ¿Cuándo fue la última vez que comiste pizza?
Comí pizza el viernes pasado. o:
Comí pizza hace dos semanas.

¿Cuándo fue la última vez que...
1. comiste en un restaurante?
2. fuiste al cine?
3. hiciste tu tarea?
4. visitaste a un(a) amigo(a)?
5. estudiaste para un examen?
6. fuiste a un partido de fútbol?
7. hiciste tu cama?
8. tomaste el autobús?
9. leíste un libro?
10. escribiste una carta?

G. **¿Cuándo vas a...?** Now indicate the next time you are going to do the following things. Use expressions such as **mañana**, **mañana por la tarde**, **la semana próxima**, **el mes próximo**, **el año próximo**.

MODELO: ¿Cuándo vas a comer pizza?
Voy a comer pizza el viernes próximo. o:
No voy a comer pizza.

¿Cuándo...
1. vas a hablar por teléfono con un(a) amigo(a)?
2. vas a viajar a Europa?
3. vas a hacer la tarea?

4. vas a nadar en la piscina?
5. vas a leer una revista?
6. vas a tomar un autobús?
7. vas a visitar a un(a) amigo(a)?
8. vas a comprar un disco o una cinta?
9. vas a jugar al tenis?
10. vas a mirar la televisión?
11. vas a escribir una carta?
12. vas a ir de compras?

H. **El mes de Juan Robles** This month has been, is, and will continue to be a very busy time for Juan Robles. Based on the drawings and the calendar, answer the questions about his current, past, and future activities. Notice that today is the 24th of the month.

L	M	M	J	V	S	D
1	2	3	4	5	6	7
8	9	10	11	12	13	14
15	16	17	18	19	20	21
22	23	24	25	26	27	28
29	30	31				

1. ¿Qué día es hoy?
2. ¿Qué van a hacer los padres de Juan esta noche?
3. ¿Cuándo fue el Sr. Robles a Madrid?
4. ¿Qué va a hacer Juan mañana por la tarde?
5. ¿Cuándo celebraron el cumpleaños de Juan?
6. ¿Cuándo fue Juan al museo?
7. ¿Qué hizo Juan el 11?
8. ¿Qué va a hacer el 29?
9. ¿Qué hizo el 13?
10. ¿Qué hace Juan los domingos por la mañana?

Situaciones

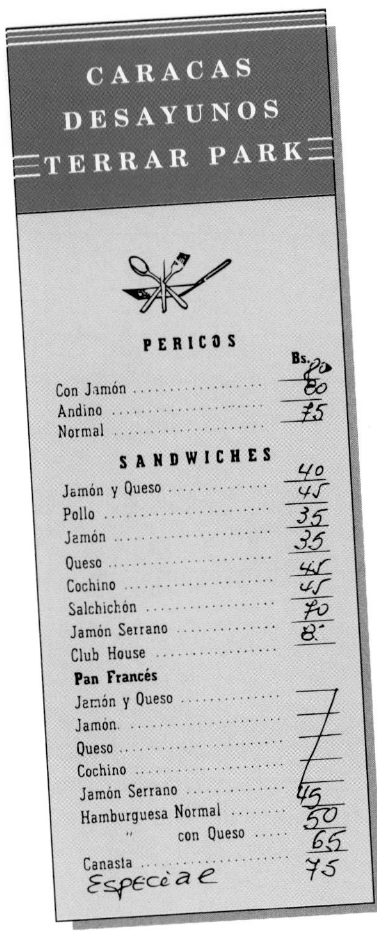

CARACAS
DESAYUNOS
TERRAR PARK
PERICOS
Bs.
Con Jamón
Andino
Normal
SANDWICHES
Jamón y Queso
Pollo
Jamón
Queso
Cochino
Salchichón
Jamón Serrano
Club House
Pan Francés
Jamón y Queso
Jamón
Queso
Cochino
Jamón Serrano
Hamburguesa Normal
" con Queso
Canasta

Vamos a comer algo...

a) **Ángela y Mauricio**

—Por favor, camarero.
—Sí, señorita, ¿qué desea?
—Quisiera un sándwich de jamón.
—¿Y para tomar?
—Quisiera una limonada.
—Y Ud., señor, ¿qué va a pedir?
—Yo quisiera una hamburguesa con queso y un licuado de mango.
—¿Alguna cosita más?
—No, es todo. Gracias.

b) **Mario y Ernesto**

—Ay, Mario. ¡Qué hambre tengo!
—Yo también. Vamos a la Taquería Mixteca. Está muy cerca de aquí.
—De acuerdo.

(*Media hora después*)
—Por favor, señorita. Tráigame dos tacos al carbón, una salsa picante y un té helado. ¿Tú, qué quieres, Mario?
—Tres quesadillas y un agua mineral sin gas, por favor.
—¿Es todo?
—Sí, señorita, es todo.

c) **Antonio y Margarita**

—Antonio, ¿tienes hambre?
—Sí, por supuesto. Tengo mucha hambre.
—¿Quieres comer alguna cosa?
—¡Claro que sí! ¿Por qué no vamos a la pizzería nueva que está en la esquina de la Calle Ocho y la Avenida Bolívar?
—Vamos, pues.

(*Media hora después*)
—Buenas tardes, ¿qué van a pedir?
—Por favor, quisiéramos una pizza grande con mucho queso, aceitunas y cebollas.

d) **Carolina y Filomena**

—Mira. Hay muchísima gente.
—Como siempre.
—¿Tienes suficiente dinero?
—Sí. Tengo 500 pesetas.
—Yo también.
—¿Qué quisieras comer?

—¿Por qué no comemos unas tapas?
—Buena idea. Yo quisiera unas aceitunas y patatas bravas.
—Está bien. ¿Vamos a pedir unos calamares también?
—Sí, ¡cómo no!
—¿Qué vas a tomar?
—Agua mineral con limón. ¿Y tú?
—Agua mineral también, pero sin limón.

¡Aquí te toca a ti!

I. **¿Dónde comen?** Based on the preceding conversations, indicate where each group of people are eating or planning to eat.

J. **En el restaurante** You and two friends go to a restaurant for lunch. Discuss what each of you would like to eat and drink. Then call the waiter and place your order.

Actividades

K. **¿Adónde vamos a comer?** You and some friends are downtown. You are getting hungry and suggest that you all go somewhere to eat. Discuss where you should go (for example to a place for **tapas**, **tacos**, **pizza**, **sándwiches**, etc.). Once you have agreed, go to the place of your choice and order what you want to eat and drink.

◆ Tarjetas de vocabulario ◆

Para indicar adónde vamos a comer

Yo quiero ir a un restaurante.
Vamos a una taquería.
Quisiéramos ir a comer pizza.
¿Por qué no vamos a comer unas tapas?

Para aceptar

De acuerdo.
¿Por qué no?
¡Vamos!

Para hablar del pasado, presente y futuro

ayer	hoy	mañana
ayer por la mañana	esta mañana	mañana por la mañana
ayer por la tarde	esta tarde	mañana por la tarde
anoche	esta noche	mañana por la noche
el lunes pasado		el lunes próximo
la semana pasada	esta semana	la semana próxima
el mes pasado	este mes	el mes próximo
el año pasado	este año	el año próximo

Para indicar la última vez que hiciste alguna cosa

hace tres días
hace tres meses
hace tres años

Períodos de tiempo

un minuto, dos minutos, tres minutos, etc.
una hora, dos horas, tres horas, etc.
un día, dos días, tres días, etc.
una semana, dos semanas, tres semanas, etc.
un mes, dos meses, tres meses, etc.
un año, dos años, tres años, etc.

Para hablar de una actividad habitual

de costumbre
normalmente
por lo general
siempre
todos los días

Para pedir algo para comer o beber

Perdón señor (señorita),
Yo quisiera...
Mi amigo(a) quisiera...
Nosotros quisiéramos...
Por favor, tráigame...

Para indicar qué queremos beber o comer

En el restaurante, yo pido café (con leche).
chocolate.
un licuado de fresas.
de banana.
de mango.
una limonada.
un agua mineral con (sin) gas (con limón).
té (con limón).
té helado.

En el restaurante, yo como un sándwich de jamón con queso.
un bocadillo.
una pizza.
una hamburguesa (con queso).

En una taquería yo como tacos de carne.
de pollo.
unas quesadillas.
una ensalada de guacamole.
una enchilada.
frijoles.
salsa picante (no muy picante).

En un bar de tapas yo como unas aceitunas.
unos calamares.
patatas bravas.
chorizo y pan.
queso.
tortilla de patatas.

PRIMERA UNIDAD

Descripciones

Objectives

In this unit, you will learn:

- to talk about the weather;
- to understand weather reports;
- to describe objects;
- to describe people.

CAPÍTULO UNO

¿Qué tiempo hace?

El Bosque de Chapultepec, en la ciudad de México, es un parque enorme y hermoso. Hay muchos árboles y lagos, un zoológico y varios museos importantes. Es un lugar popular para dar un paseo con la familia. Siempre hay vendedores de comida, refrescos, globos y juguetes.

Primera etapa

¡Hace frío hoy!

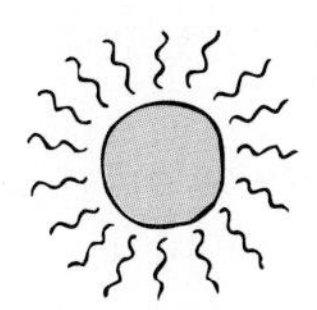

Hace sol.
Hace calor.
Está despejado.

Hace mal tiempo.
Truena. Hay tormenta.

Llueve.
Llovizna.

Hace buen tiempo.
No hace mucho frío,
no hace mucho calor.

Nieva.
Hace frío.

Está nublado.
Hay nubes.

Hace viento.
Hace fresco.

Hay niebla.
Hay neblina.

Hay hielo.
Está resbaloso.

¡Aquí te toca a ti!

A. **¿Qué tiempo hace?** State what the weather is like in each drawing.

MODELO: *Hace sol.*
Hace mucho calor.
Está despejado.

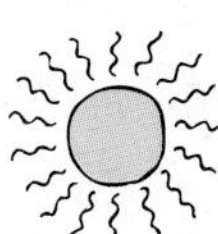

1.

2.

3.

4.

5.

6.

B. **¿Hace buen tiempo hoy?** You're traveling around the United States with your friend's family. Each time you call home, your parents want to know what the weather is like. Answer their questions negatively. Then give the indicated weather condition.

MODELO: ¿Hace buen tiempo hoy? (mal)
No, no hace buen tiempo hoy. Hace mal tiempo.

1. ¿Hace calor hoy? (frío)
2. ¿Llueve hoy? (nieva)
3. ¿Está nublado? (sol)
4. ¿Hay tormenta? (buen tiempo)
5. ¿Hace fresco? (mucho frío)
6. ¿Hace calor? (viento)
7. ¿Hace sol? (nubes)
8. ¿Hace frío? (bastante calor)
9. ¿Está despejado? (nublado)

Los meses del año

enero	abril	julio	octubre
febrero	mayo	agosto	noviembre
marzo	junio	septiembre	diciembre

All the months of the year are masculine and are used without articles. They are not capitalized. To express the idea of *in* a month, use **en** or **en el mes de**:

En enero, nieva mucho.	*In January,* it snows a lot.
Hace calor **en el mes de agosto**.	It's hot *in the month of August*.

FERIA DE OCTUBRE, EN VALENCIA DEL 14 AL 18 DE OCTUBRE

Aquí practicamos

C. **¿Qué tiempo hace donde vives tú?** For each month, describe what the weather is like.

MODELO: septiembre
En septiembre, hace fresco y hace viento.

1. enero
2. julio
3. marzo
4. noviembre
5. mayo
6. agosto
7. diciembre
8. junio

COMENTARIOS CULTURALES

El clima

There is more variety in the weather patterns within very short distances in Latin America than in any other region of the world. Most Latin American countries north of the equator, such as Mexico, Costa Rica, and Venezuela, have a warm rainy season of about six months during the summer (April–October) and a dry, colder season the rest of the year during the winter months. In July, for example, the temperatures reach over 80 F or 27 C in most of the Latin American countries in the Northern Hemisphere, while 60 F or 16 C is the average during January.

South of the equator, however, the seasons follow the reverse pattern. Temperatures in January, for instance, climb to over 80 F or 27 C in the Southern Hemisphere, while July brings snow to the southernmost countries like Argentina and Chile.

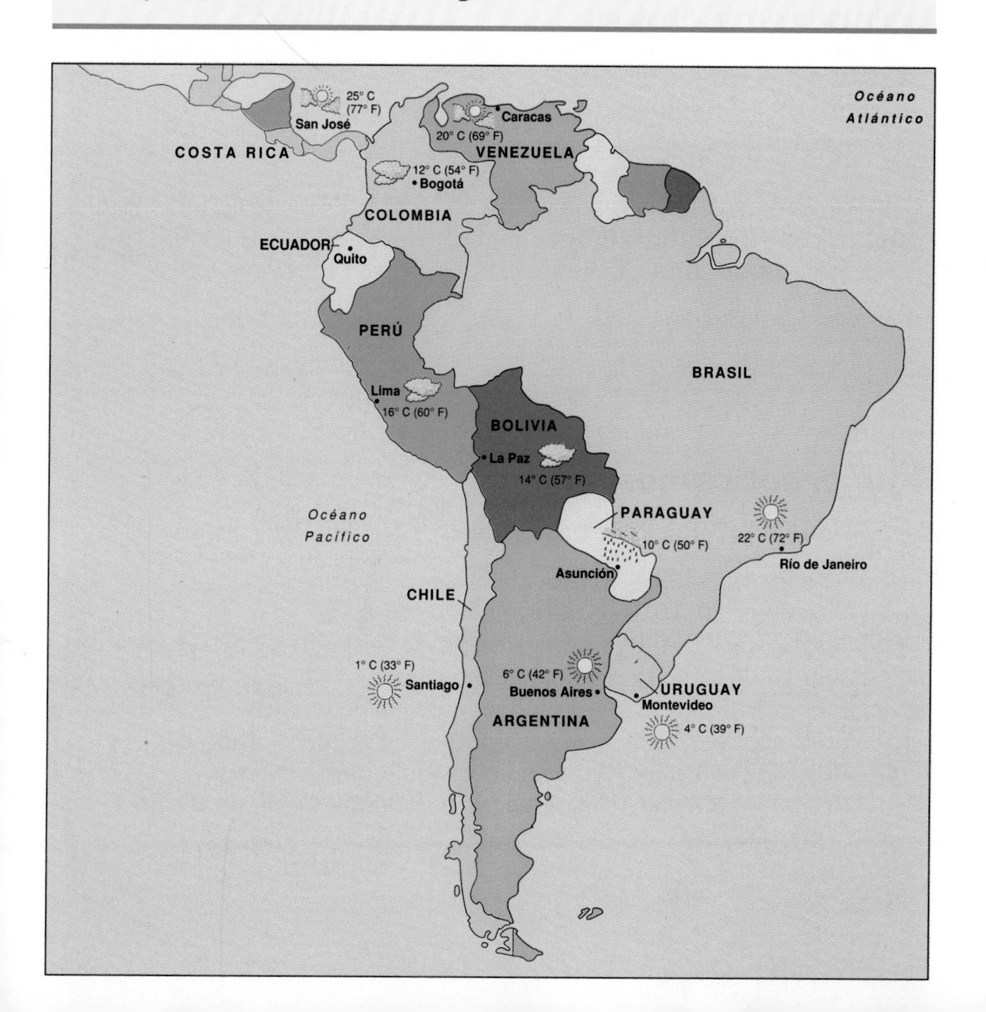

1992
OCTUBRE

L	1
M	2
M	3
J	4
V	5
S	6
D	7

D. **Yo nací** *(I was born)* **en el mes de...** Tell your classmates in what month you were born and what the weather is usually like then.

MODELO: *Yo nací en el mes de julio. Siempre hace mucho calor.*

NOTA GRAMATICAL

La fecha

¿Cuál es la fecha de hoy? **¿Qué fecha es hoy?** **¿A cuántos estamos?**	*What is today's date?*
Hoy es el 5 de octubre.	*Today is October 5.*
¿Cuál es la fecha de tu cumpleaños?	*What is the date* of your birthday?
Yo nací **el primero de febrero de mil novecientos setenta y cinco.**	I was born on *the first of February 1975.*
Mi hermana nació **el once de junio de mil novecientos setenta y seis.**	My sister was born *on June 11, 1976.*

To express the date in Spanish, use the definite article **el**, a cardinal number (**treinta, diez, cinco**), and the name of the month. The one exception is the first of the month, expressed by **el primero**. The day, the month, and the year of any date are connected by **de**.

Aquí practicamos

E. **¿En qué año?** Read the date of each of the following events.

1. October 12, 1492 — el descubrimiento de América
2. November 20, 1910 — la revolución mexicana
3. April 23, 1616 — la muerte *(death)* de Cervantes y Shakespeare
4. July 16, 1789 — la revolución francesa
5. September 16, 1821 — la independencia de México
6. November 22, 1963 — el asesinato del Presidente Kennedy
7. July 21, 1969 — el primer hombre en la luna *(moon)*
8. November 9, 1989 — la caída *(fall)* del muro *(wall)* de Berlín
9. tu cumpleaños

NOTA GRAMATICAL

Las estaciones del año

la primavera *el verano*

el otoño *el invierno*

All the nouns for the seasons are masculine except **la primavera.** To express the idea of *in* a particular season, use **en** and the appropriate definite article.

En el otoño jugamos al fútbol.	*In the fall* we play soccer.
En el invierno hace frío.	*In the winter* it is cold.
Llueve mucho **en la primavera.**	It rains a lot *in the spring.*
Todos van a la playa **en el verano**.	Everybody goes to the beach *in the summer.*

Aquí practicamos

F. **Donde tú vives** Explain what the weather is like during the various seasons in your region.

MODELO: ¿Qué tiempo hace en el invierno donde vives?
En el invierno nieva y hace mucho frío .

1. ¿Qué tiempo hace en el invierno donde vives?
2. ¿En el otoño?
3. ¿En el verano?
4. ¿En la primavera?

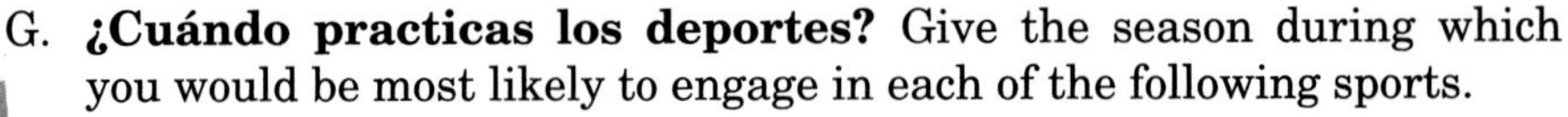

G. **¿Cuándo practicas los deportes?** Give the season during which you would be most likely to engage in each of the following sports.

MODELO: jugar al fútbol
Juego al fútbol en el otoño.

1. jugar al tenis
2. jugar al básquetbol
3. jugar al béisbol
4. nadar
5. jugar al golf
6. jugar al jai alai
7. hacer el alpinismo *(hiking, mountain climbing)*
8. patinar *(to ice-skate)*
9. pescar *(to go fishing)*
10. montar en *(to ride)* bicicleta

H. **¡Preguntas, preguntas, tantas preguntas!** You're working with small Hispanic children here in the U.S. who are always curious about something. Answer their questions.

1. ¿Cuántas estaciones hay en un año?
2. ¿Cuáles son los meses del verano aquí?
3. ¿En qué estación es posible esquiar?
4. ¿En qué estación vamos a la playa?
5. ¿En qué estaciones jugamos al fútbol? ¿al básquetbol?
6. ¿En qué estación celebramos el día de Acción de Gracias?
7. ¿Cuál es la fecha de hoy?
8. ¿Cuál es la fecha del primer día de las vacaciones del verano?

Aquí escuchamos

¿El mar o las montañas?

Es el mes de julio y la familia Valenzuela, una familia chilena, tiene ocho días de vacaciones. Pero hay un problema. La mamá y el papá quieren ir a esquiar y los hijos prefieren ir a una playa.

PAPÁ: Vamos, hijos. **Hay que ser razonables.** Hace **demasiado** frío para ir a la playa.
SUSANA: Pero, papá, ¿por qué no **volvemos** a México donde hace calor ahora?
MAMÁ: Yo prefiero esquiar. Fuimos a Acapulco el verano pasado.
MARCELO: Es verdad, pero hace mucho frío en las montañas.
PAPÁ: Pero, hijo, es invierno. El frío es normal.
MAMÁ: Si vamos a Portillo podemos esquiar. También podemos ver a las grandes **estrellas** del cine.
SUSANA: ¿Y posiblemente a algunos cantantes famosos?
PAPÁ: Eso siempre es posible.
MARCELO: ¡Qué bien! ¡Vamos a Portillo, entonces!

You have to be reasonable. / too
we go back to
stars

¡Aquí te toca a ti!

I. **¿Qué tiempo hace en...?** Use the information given to imitate the conversation in the model.

MODELO: agosto / Portillo, Chile
—Yo quiero ir a Portillo.
—¿Qué tiempo hace en Portillo en agosto?
—Hace frío. Nieva y hace viento.

1. agosto / Acapulco

2. febrero / Buenos Aires

3. *octubre / Aspen*

4. *noviembre / Miami*

¡Adelante!

J. **Intercambio** Ask one of your classmates each of the following questions. Your classmate will answer you.

1. ¿Qué estación prefieres? ¿Por qué?
2. ¿Te gusta el frío? ¿Qué te gusta hacer en el invierno?
3. ¿Te gusta el verano? ¿Qué haces cuando hace calor?
4. ¿Te gusta más la nieve o la lluvia? ¿Qué haces cuando nieva? ¿cuando llueve?
5. ¿Cuál es la fecha y el año de tu cumpleaños?
6. ¿Qué tiempo hace en general durante el mes de tu cumpleaños?

K. **Un(a) estudiante extranjero(a)** An exchange student has just arrived from southern Peru and is asking you questions about the weather in your part of the country. He or she asks you what seasons you prefer and what you do during the various seasons of the year. Answer his or her questions. Work with a partner.

Segunda etapa

¡Hoy va a nevar mucho!

¡Hoy va a nevar mucho!: Today it's going to snow a lot!

¡35°! ¡Calor increíble en la capital!
¡Los esquiadores están contentos!
Tormenta tropical localizada en el golfo
¡Seis semanas sin sol!
El aeropuerto está cerrado
Accidente de dos barcos en el Lago de Chapala

¡Aquí te toca a ti!

A. **¿Qué tiempo hace?** Match the appropriate headline(s) with the weather descriptions listed below.

1. Hace mucho viento.
2. Hay niebla.
3. Nieva.
4. Está muy nublado.
5. Llueve mucho.
6. Hace calor.

B. **Hoy va a hacer muy buen tiempo.** Look at the weather forecast for the United States and answer the questions about the weather.

MODELO: ¿Qué tiempo va a hacer en Nueva York?
Va a hacer frío. Va a hacer sol.

U.S. TRAVELERS' FORECAST

	FRI	SAT		FRI	SAT
Atlanta	94/74s	92/70t	Minneapolis	79/58s	85/62pc
Atlantic City	86/66t	76/60pc	New Orleans	93/72pc	93/72pc
Boston	81/64t	66/58pc	New York	84/65t	77/57pc
Buffalo	72/53c	70/54s	Orlando	94/74t	95/74pc
Chicago	75/55pc	79/59s	Philadelphia	88/66t	78/60pc
Cincinnati	89/65t	82/59pc	Phoenix	103/80pc	108/78s
Dallas	100/78s	100/78pc	Pittsburgh	80/60t	76/54pc
Denver	90/58pc	90/57s	Portland, OR	80/57pc	75/55s
Detroit	78/55c	77/57s	San Francisco	75/56s	75/58pc
Houston	96/76s	94/76pc	Seattle	72/56pc	70/55pc
Los Angeles	90/70pc	90/70pc	St. Louis	90/67t	87/67pc
Miami	92/76pc	90/75pc	Washington	93/70t	79/65pc

¿Qué tiempo va a hacer...

1. en Boston?
2. en Houston?
3. en San Francisco?
4. en Orlando?
5. en Detroit?
6. en Phoenix?
7. en Buffalo?
8. en Pittsburgh?
9. en Dallas?
10. en Denver?
11. en New Orleans?
12. en Chicago?

COMENTARIOS CULTURALES

La siesta

The custom of taking an afternoon rest is often necessary in tropical countries where temperatures are hottest during the middle of the day. Seeking refuge indoors is practically a must, and the reference to the sixth hour of the day (**la sexta hora**, or high noon) as **la siesta** has become commonplace in Spanish-speaking cultures. In some countries, small businesses close for a few hours during the hottest part of the afternoon, extending store hours into the early evening. **Echar** or **dormir una siesta** means *to take a nap*.

Repaso

C. **Preguntas fáciles** *(easy)* Taking turns with a classmate, answer each other's questions about dates and seasons.

1. ¿Qué fecha es hoy?
2. ¿Cuál es la fecha de Navidad *(Christmas)*? ¿de la independencia norteamericana? ¿del año nuevo?
3. ¿Cuál es la fecha de tu cumpleaños?
4. ¿En qué mes vamos de vacaciones?
5. ¿En qué estación esquiamos?
6. ¿En qué estación vamos a la playa?

Stem-changing verbs in the present tense

—Yo siempre **juego** al fútbol por la tarde. ¿Y tú?	—I always *play* soccer in the afternoon. What about you?
—Yo también. ¿**Juegas** mañana?	—I do, too. *Are you playing* tomorrow?
—¿Mañana? Sí. Y Juan **piensa** jugar también.	—Tomorrow? Yes. And Juan *is thinking about* playing also.
—Bueno, **podemos** jugar juntos.	—Good, *we can* play together.

As you learned in Level 1 of **¡Ya verás!**, some verbs change their stems in the present and preterite tenses. Stem-changing verbs are verbs that have a change in the vowels of the stem (everything before the *-ar*, *-er*, or *-ir* ending of the infinitive). All the endings, however, remain regular. There are three types of stem-changing verbs in the present: the stem vowels change to **ie**, **ue**, or **i**.

pensar (**ie**)		dormir (**ue**)		pedir (**i**)	
p**ie**nso	pensamos	d**ue**rmo	dormimos	p**i**do	pedimos
p**ie**nsas	pensáis	d**ue**rmes	dormís	p**i**des	pedís
p**ie**nsa	p**ie**nsan	d**ue**rme	d**ue**rmen	p**i**de	p**i**den

Other verbs of this type that you have seen include:

(ie) comenzar, despertar(se), empezar, querer
(ue) acostar(se), jugar, poder
(i) servir

Stem-changing verbs are indicated in the glossary by the notation (**ie**), (**ue**), or (**i**) after the infinitive form.

Aquí practicamos

D. Replace the subjects in italics with those in parentheses and make all necessary changes.

1. *Ella* no piensa ir a la playa. (yo / ellas / tú / mis amigos / nosotros / José / vosotros)
2. *Tú* vuelves todos los fines de semana. (Uds. / él / yo / mis padres / Ud. / ella / vosotros)
3. ¿Puedes *tú* ir a la biblioteca hoy? (ellos / Uds. / ella / Raúl / vosotras)
4. *Yo* duermo mucho los sábados. (Uds. / tú / tu hermano / nosotras / ellas / vosotros)

E. **Preguntas** Use each of the cues (**tú, Uds., él** or **ella**, and **ellos** or **ellas**) to ask questions directed appropriately to other students in your group.

1. jugar al básquetbol
2. pedir ayuda con la tarea
3. querer viajar mucho
4. poder tocar la guitarra
5. pensar ir al cine mañana
6. dormir mucho

F. **¿Qué haces después de las clases?** You've just seen a new person who has moved into the neighborhood. After saying hello, tell each other what you do on a typical day. Use the verbs **jugar** and **volver** and other verbs you know.

MODELO: *—Buenos días. ¿Cómo estás?*
—Muy bien. ¿Y tú?
—Bien, gracias. Oye, ¿qué piensas hacer después de las clases?
—No sé. Generalmente vuelvo a la casa a las 3:30 y empiezo a hacer la tarea. A veces juego al béisbol.
—Ah, ¿sí? Pues, hoy yo voy al café para tomar un refresco y después voy al centro. ¿Quieres ir conmigo?

Aquí escuchamos

¡Hace mucho frío!

La familia Valenzuela está de vacaciones en Portillo, pero hace mal tiempo y los hijos no están contentos.

MARCELO: ¡Qué aburrido estoy! Hace mucho frío aquí. Está nublado. ¡Y hay tormenta ahora!
SUSANA: ¡Sí! En Acapulco probablemente hace buen tiempo con mucho sol.
PAPÁ: ¿Por qué **están de mal humor? Por lo menos** ayer esquiamos un poco.
MAMÁ: Y todos comemos bien aquí, ¿no?
MARCELO: ¡Pero qué aburrido! No hay música, no hay estrellas del cine.
SUSANA: Es verdad. Pasamos todo el día en el cuarto del hotel.
PAPÁ: Pero por lo menos estamos de vacaciones en familia y eso es bueno.

are you in a bad mood /At least

¡Aquí te toca a ti!

G. **Las vacaciones** Tell your classmates about a vacation you took with your family or friends. Explain where you went and in which month. Then describe the weather and what you did.

MODELO:
Dónde: *Fuimos de vacaciones a Disney World.*
Mes: *Fuimos en el mes de junio.*
Tiempo: *Hizo calor. Hizo sol. Hizo muy buen tiempo.*
Actividades: *Jugamos al tenis, bailamos por la noche y conocimos al Ratón Miguelito.*

¡Adelante!

H. **Mis vacaciones** Find out from one of your classmates about his or her last vacation. Ask where he or she went, with whom, what he or she did, what the weather was like, etc.

Tercera etapa

¿Qué tiempo va a hacer mañana?

¡Aquí te toca a ti!

A. **La temperatura está en...** Tell your new Spanish-speaking friend what temperatures are in your hometown during different months of the year so that he or she may better understand climate in the U.S. Look at the *Comentarios culturales* below and use Celsius for the temperatures.

MODELO: *En octubre la temperatura en Boston está en cinco grados centígrados.*

B. **¿Qué tiempo va a hacer?** Look at the temperature indications for the various cities on p. 80. According to the temperature, say whether it will be warm (**calor**), cool (**fresco**), cold (**frío**), or very cold (**mucho frío**) on May 26.

MODELO: Lima
Va a hacer fresco.

1. México, D.F.
2. Caracas
3. Santiago
4. San José
5. Buenos Aires
6. La Habana
7. Asunción
8. Bogotá
9. La Paz
10. Montevideo

COMENTARIOS CULTURALES

La temperatura
Temperatures in Spain and Latin American countries are given on the Celsius (centigrade) scale. Here is a comparison of Celsius temperatures and their Fahrenheit equivalents:

C:	30	25	20	15	10	5	0	-5
F:	86	77	68	59	50	41	32	23

To convert from Celsius to Fahrenheit, divide by 5, multiply by 9, and add 32. To convert from Fahrenheit to Celsius, subtract 32, multiply by 5, and divide by 9. Be sure to round up decimals of 5 and higher and to drop decimals below 5. To indicate temperature, a Spanish speaker would say **"La temperatura está en cinco grados."** When it drops below zero, the phrase used is **bajo cero**.

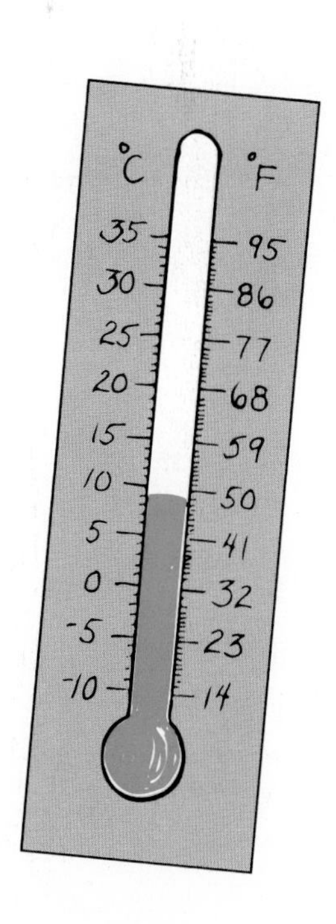

La Zona Rosa, México, D.F.

C. **¿Qué tiempo va a hacer mañana?** Use the cues in parentheses to say what you think the weather will be like here tomorrow.

MODELO: ¿Va a hacer buen tiempo mañana? (llover)
No, va a llover.

1. ¿Va a nevar mañana? (hacer sol)
2. ¿Va a hacer frío mañana? (hacer fresco)
3. ¿Va a hacer buen tiempo mañana? (hacer frío)
4. ¿Va a estar despejado mañana? (estar nublado)
5. ¿Va a llover mañana? (nevar)

D. **Ayer y mañana** Use the cues to ask and answer questions about yesterday's and tomorrow's weather. Work with a partner and follow the model.

MODELO: buen tiempo / también
—¿Qué tiempo hizo ayer?
—Hizo buen tiempo.
—¿Qué tiempo va a hacer mañana?
—Va a hacer buen tiempo también.

1. mal / también
2. calor / bastante frío
3. llover / también
4. viento / mucho calor
5. nublado / sol
6. muy buen tiempo / nevar
7. tormenta / buen tiempo
8. fresco / bastante calor

Repaso

E. **¿Qué hacen?** You and a friend are looking at photographs of people you know. Use the verbs **jugar** and **volver**, along with other verbs you know, to say what each person is doing.

MODELO: *Juegan al fútbol.*

1. *2.*

3. *4.*

The verb **saber**

—¿**Sabes** quién es ese actor de cine?
—Claro que **sé** quien es. ¡Es Rubén Blades! ¡Y además **sabe** cantar!

—*Do you know* who that movie actor is?
—Sure, *I know* who he is. It's Rubén Blades! And *he* also *knows how* to sing!

Here is the way to form the present tense of the verb **saber**:

saber			
yo	**sé**	nosotros	sab**emos**
tú	sab**es**	vosotros	sab**éis**
él / ella / Ud.	sab**e**	ellos / ellas / Uds.	sab**en**

Saber is used to talk about knowledge of facts or something that has been learned thoroughly, as well as to say that you know how to do something. In this last instance **saber** is used before an infinitive form of another verb.

Rita **sabe bailar** bien. — Rita *knows how to dance* well.
Tú **sabes hablar** tres idiomas, ¿verdad? — You *know how to speak* three languages, right?

Aquí practicamos

F. Replace the subjects in italics with those in parentheses and make all necessary changes.

1. *Yo* sé jugar al tenis. (ellas / tú / nosotras / Uds. / el señor Méndez / vosotros)
2. ¿Saben *Uds.* el nombre de la profesora? (él / ellos / Marta / tú / vosotras)
3. *Ella* sabe el número de teléfono del hotel. (Ud. / nosotros / tú / yo / él / vosotros)
4. ¿Sabes *tú* la fecha de hoy? (los niños / ella / Uds. / él / vosotras)

G. **Preguntas** Use each cue in parentheses (**tú, Uds., él** or **ella,** and **ellos** or **ellas**) to ask four questions appropriately of other students in your group, using the verb **saber**.

MODELO: *¿Sabes tú hablar español?*
¿Saben Uds. hablar español?

1. hablar español
2. los meses del año
3. cuándo va a hacer calor
4. si llueve mucho en marzo
5. quiénes son mis amigos
6. jugar al béisbol

H. **¿Quién sabe?** You've just met a new friend and you are telling your parents about him. Answer their questions, using the verb **saber** as many times as you can along with other verbs you know. Follow the model to begin. Possible topics include any talents your friend has as well as things you do and do not know about him, such as age, telephone number, birthday, etc.

MODELO: *—Hay un nuevo estudiante en mi clase de inglés ¿saben?*
—Ah, ¿sí? ¿Cómo es?

Aquí escuchamos

¿Va a llover mañana?

Mañana es sábado. Patricia y sus amigos hablan de sus planes para el fin de semana. Pero sus planes dependen del tiempo que va a hacer.

PATRICIA: ¿Quieren ir a la playa mañana?
MARGO: No sé. ¿Qué tiempo va a hacer?
ELENA: Escuché **el pronóstico** en la TV. ¡Mañana por la mañana va a **llover a cántaros**!
MARGO: Entonces yo prefiero ir al centro.
PATRICIA: ¿Y mañana por la tarde va a llover?
ELENA: No, va a hacer buen tiempo. Va a hacer mucho calor.
PATRICIA: ¡Qué bien! Podemos ir a la playa por la tarde entonces. Margo, ¿quieres ir con nosotras?
MARGO: Sí, si ustedes van al centro conmigo por la mañana.
ELENA: De acuerdo. Vamos al centro por la mañana y a la playa por la tarde.

the forecast

¿Qué tiempo va a hacer en el Valle Central de Costa Rica?

¡Aquí te toca a ti!

I. **Planes para el fin de semana** You and your friends are making plans for the weekend. Each time someone makes a suggestion, another person uses the weather as a reason for not doing the proposed activity.

MODELOS: ir a la playa
—Vamos a la playa.
—No, va a hacer frío mañana.

mirar televisión
—Vamos a mirar televisión
—No, va a hacer buen tiempo mañana.

1. ir a las montañas
2. dar un paseo
3. ir al centro
4. nadar en la piscina
5. jugar al básquetbol
6. ir al cine
7. correr
8. estudiar en casa

¡Adelante!

J. **¿De dónde eres?** An exchange student from Latin America has just arrived on your campus. Ask questions to find out more about him or her.

Ask...

1. when he or she arrived in the United States
2. if he or she likes the United States
3. where he or she lives in Latin America
4. what the weather is like in his or her town
5. if he or she lives near the beach
6. when he or she was born
7. what his or her parents do
8. if he or she has any brothers or sisters
9. if he or she knows how to ski

Vocabulario 

Para charlar

Para hablar del tiempo

¿Qué tiempo hace?
Está despejado.
Está nublado.
Está resbaloso.
Hace buen tiempo.
Hace calor.
Hace fresco.
Hace frío.
Hace mal tiempo.
Hace sol.
Hace viento.
Hay hielo.

Hay neblina.
Hay niebla.
Hay nubes.
Hay tormenta.
Llovizna.
Llueve.
Nieva.
Truena.
La temperatura está en... grados (bajo cero).

Para preguntar y dar la fecha

¿A cuántos estamos?
¿Cuál es la fecha de hoy (de tu cumpleaños, etc.)?
¿Qué fecha es hoy?
Hoy es el 5 de abril.
En (el mes de) enero (febrero, marzo, etc.)...
Él (Ella) nació...

Temas y contextos

Los meses del año

enero
febrero
marzo
abril
mayo
junio
julio
agosto
septiembre
octubre
noviembre
diciembre

Las estaciones del año

la primavera
el verano
el otoño
el invierno

Vocabulario general

Sustantivos

el mar
la montaña
la neblina
la niebla
la nieve
el pronóstico
la temperatura
la tormenta

Verbos

jugar
saber
volver

Otras palabras y expresiones

demasiado
depender de
echar (dormir) una siesta
estar de mal humor
estrellas
Hay que ser razonables.
llover a cántaros
por lo menos

CAPÍTULO DOS

¿Cómo es?

Buenos Aires es una ciudad de influencia europea sin rival en el hemisferio sur. La Avenida 9 de Julio es una de las calles más anchas del mundo.

Primera etapa

Descríbeme...

Este coche es pequeño.
Este coche es bonito.
Este coche es moderno.
Este coche es bueno.

Ese coche es grande.
Ese coche es feo.
Ese coche es ***viejo****.* — old
Ese coche es malo.

Este libro es interesante.
Este libro es ***fácil****.*
Este libro es ***ligero****.*

Ese libro es aburrido.
Ese libro es ***difícil****.* — easy / difficult
Ese libro es ***pesado****.* — light / heavy

¿De qué color es...? — What color is it?
Estos son los colores:

blanco

negro

gris

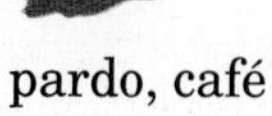
pardo, café

morado

azul

verde

amarillo

anaranjado

rojo

rosado

violeta

¡Aquí te toca a ti!

A. **¿Cómo es?** Which adjective best describes each drawing?

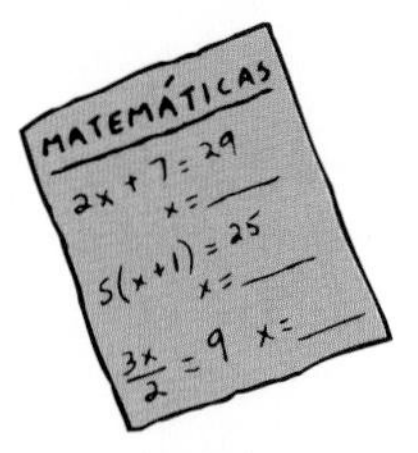

1. ¿Es fácil o difícil el examen?

2. ¿Es grande o pequeño el auto?

3. ¿Es vieja o moderna la iglesia?

4. ¿Es aburrido o interesante el libro?

5. ¿Es bonita o fea la playa?

6. ¿Es buena o mala la película?

7. ¿Es ligera o pesada la maleta?

8. ¿Es bonito o feo el pueblo?

B. **¿De qué color es?** Choose the color that best describes the object in question under normal conditions.

1. ¿Es azul o verde el cielo *(sky)*?
2. ¿Son rojas o violetas las manzanas?
3. ¿Es negro o amarillo el sol?
4. ¿Es blanca o azul la nieve?
5. ¿Son grises o amarillos los plátanos?
6. ¿Son verdes o negros los guisantes?
7. ¿Son blancas o anaranjadas las papas?
8. ¿Son amarillas o grises las nubes?

C. **Reservaciones computarizadas** Read this description in the ad for the computerized reservation system. Then name all the adjectives that you can find. You should be able to find at least ten adjectives. Remember that adjectives give you information about the nouns they modify.

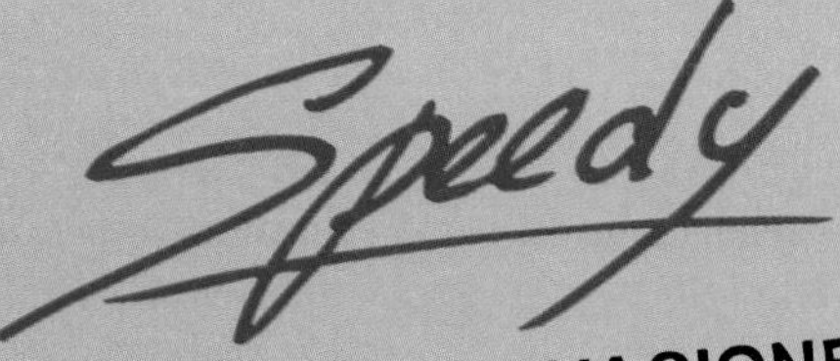

SU NUEVO SISTEMA DE RESERVACIONES COMPUTARIZADO

Ahora LACSA pone el mundo en sus manos con el nuevo sistema computarizado de reservaciones-SPEEDY. Este nuevo sistema nos permite ayudarle a organizar su viaje hasta el más mínimo detalle y con mayor rapidez.

SPEEDY le brinda acceso al mayor banco de información sobre disponibilidad de espacio en cualquier línea aérea, escoge y organiza los más convenientes vuelos y conexiones para su viaje y le indica las tarifas más económicas.

Con SPEEDY usted puede reservar hasta con 11 meses de anticipación y escoger el asiento que prefiera de antemano. Además, SPEEDY tiene capacidad para informar y reservar en 13,000 hoteles, 125 cadenas hoteleras y 26 compañías de alquiler de automóviles en todo el mundo.

Y como si fuera poco, SPEEDY se encarga de informarle y reservarle espacio en cruceros, excursiones y eventos culturales,así como de darle información sobre su destino desde los lugares de interés turístico hasta ¡qué tipo de ropa llevar! Lo único que SPEEDY no puede hacer por usted es...empacar.

Recuerde, ahora cada vez que viaje con LACSA, usted cuenta con SPEEDY para ayudarle a organizar su viaje hasta el último detalle y con mayor rapidez.

Lacsa
nos encanta la gente

Pronunciación: *The vowel combination **ia***

The combination **ia** in Spanish is pronounced in one single syllable, similar to the *ya* in the English word *yacht*.

Aquí practicamos

D. Read each word aloud, carefully pronouncing the combination **ia**.

1. sucia
2. familia
3. estudia
4. gracias
5. gloria
6. patria
7. democracia
8. farmacia

Repaso

E. **Comentando sobre** *(about)* **el tiempo** The weather forecaster reports the following events. Give a comment for each using a weather expression.

MODELO: La temperatura está en 23 grados centígrados.
Hace buen tiempo.

1. Esta noche la temperatura va a bajar a 5 grados centígrados.
2. El cielo está despejado.
3. Por la tarde va a estar nublado con lluvias y tormentas eléctricas.
4. Mañana la temperatura va a estar en 29 grados centígrados al mediodía.
5. Hace sol, pero va a nevar *(to snow)* por la tarde.
6. Es un día perfecto para salir a jugar al tenis con los amigos.
7. La temperatura está en 15 grados centígrados bajo cero.

F. **¿Qué sabes del tiempo?** Work with a partner, taking turns asking and answering these questions about the weather.

MODELO: ¿Nieva mucho en la ciudad de Miami?
No, no nieva en Miami. Hace mucho calor.

1. ¿Dónde hace más calor en mayo, aquí o en Argentina?
2. ¿En qué meses hace mal tiempo en Seattle?
3. ¿Llueve mucho en Arizona?
4. ¿Qué tiempo hace en Ecuador en diciembre?
5. ¿Cuándo hace mucho viento en Chicago?
6. ¿Cuándo nieva en Chile?
7. Si la temperatura está en 20 grados centígrados, ¿cuánto es en Fahrenheit?
8. ¿Qué tiempo hace en Acapulco, en general?

Agreement of adjectives

1. As you have already learned, many adjectives end in **-o** if they are masculine and in **-a** if they are feminine. If the masculine form of an adjective ends in **-e**, the feminine form also ends in **-e**. To make these adjectives plural, you simply add **-s**.

El muchacho es **alto.**	La muchacha es **alta.**
El libro es **interesante.**	La pregunta es **interesante.**
Los hombres son **inteligentes.**	Las mujeres son **inteligentes.**

2. An adjective ending in **-sta** has the same ending for both the masculine and feminine forms. To make these adjectives plural, simply add an **-s.**

El abogado es **pesimista**.	Las abogadas son **pesimistas**.

3. If the masculine form of an adjective ends in **-l, -s,** or **-z**, the ending for the feminine form is also **-l, -s,** and **-z**. To make these plural, you add **-es**. Note that in the plural form, **z** changes to **c**.

El examen es **difícil**	Las preguntas son **difíciles.**
El libro es **gris.**	Las faldas son **grises**.
El niño es **feliz.**	Las niñas son **felices.**

   Remember: The exception to this is that when an adjective of nationality ends in **-s** in the masculine form, the feminine form then ends in **-sa.**

El profesor es **francés.**	La profesora es **francesa.**

Preppy

"Un estilo diferente en el vestir con toque tradicional práctico, elegante, sencillo, que distingue..."

Calle Igualdad a 50 m de la Av. Santiago Mariño.
Telfs.: (095) 61.33.68 - 61.17.79. Porlamar

Aquí practicamos

G. Give the feminine form of each adjective in the first column and the feminine plural form for each adjective in the second column.

MODELO: caro *cara*
negro *negras*

1. aburrido
2. fácil
3. colombiano
4. alegre
5. delicioso
6. feliz
7. normal
8. bonito
9. activista
10. blanco
11. inglés
12. dominante
13. formal
14. malo

H. Now give the masculine form of each adjective in items 1-10 and the masculine plural form for each adjective in items 11-20.

MODELO: delgada *delgado*
blanca *blancos*

1. interesante
2. famosa
3. bonita
4. amable
5. optimista
6. gorda
7. anaranjada
8. católica
9. larga
10. real
11. japonés
12. breve
13. café
14. inglesa
15. tranquila
16. musical
17. baja
18. grande
19. realista
20. difícil

I. **Mi casa es...** Use an adjective to make a statement about each object. Then ask another student a question. Follow the model.

MODELOS: mi casa
—Mi casa es grande. ¿Y tu casa?
—Mi casa es grande también. o:
—Mi casa no es grande. Es pequeña.

1. mi casa (mi apartamento)
2. mi cuarto
3. mis libros
4. mi amiga
5. mi coche
6. mis discos
7. mi computadora
8. mi ciudad
9. mis padres
10. mi clase de...

Aquí escuchamos

¡Es feo este auto!

Felipe **ahorró** su dinero y por fin compró un coche. Sus amigos inspeccionan el coche, pero sus reacciones no son muy optimistas. — saved

CLAUDIA: ¡Es feo este coche!
FELIPE: ¡Cómo que feo! Miren... no es caro, es muy práctico.
PABLO: ¿Estás seguro que **funciona**, Felipe? — it runs
FELIPE: ¡Claro que sí, **oigan**! Es pequeño, es económico y funciona muy bien. ¡Por lo menos tengo un coche! ¿Quieren **dar una vuelta**? — listen; to go for a ride
CLAUDIA: Bueno, yo sí. ¿Pero un coche violeta? Es un poco **extraño**, ¿no? — strange

¡Aquí te toca a ti!

J. **Acabo de comprar...** Describe to a classmate something you just bought. Tell him or her what it is, using the adjectives you've learned to describe its color, size, and other characteristics. Suggestions: **una bicicleta, un vídeo, una mochila, un coche, un televisor, una cámara, una computadora, un libro.**

MODELO: *Acabo de comprar una bicicleta. Es francesa. Es azul y gris. Es muy ligera. ¡Es muy rápida también!*, etc.

¡Adelante!

K. **Un(a) amigo(a)** A Spanish-speaking student from Lima, Peru has just arrived in your community and it's your task to describe your school to him or her. Use as many adjectives as you can to make your description as precise as possible. Suggested things to talk about: **la librería, la cafetería, la biblioteca, la piscina, el estadio, la clase de inglés (de matemáticas)**, etc. Your new friend will ask you questions to get more information.

Segunda etapa

¿Qué piensas?

NACIO USTED EN ESTE DIA

Es inventivo, nervioso y un poco sensible. Usualmente es talentoso en las líneas creativas. Para lograr sus habilidades tiene que aprender a controlar su temperamento. Tendrá éxito en cualquier carrera que mida sus ideales. Necesita autodisciplina. Tiene buena intuición en la cual debería aprender a confiar. Deje a un lado el escepticismo y la tendencia a ser muy sensitivo.

¿Es un horóscopo muy romántico?
¿Es un horóscopo demasiado pesimista?

HOY
Cine BELLAVISTA
4 y 7:30 p.m. ¢110
GANADORA DE 9 OSCARES
* MEJOR PELICULA
* MEJOR DIRECTOR
* MEJOR GUION ADAPTADO
* MEJOR PARTITURA
MUSICAL ORIGI
¡ULTIMO DIA!
NO DEJE DE VERLA
SEMANA
DE EXITO!
Una Historia Verdadera,
de antiguas tradiciones
EL ULTIMO
EMPERADOR
DE BERNARDO BERTOLUCCI

¿Es una película interesante?
¿Es una película sensacional?
¿Es una película aburrida?

Derby
Música
Te invita
a divertirte en
COCOLOCO
Hoy jueves – 8:00 p.m.
con
LA EMPRESA

¿Es un lugar serio y formal?
¿Es un lugar alegre y divertido?

¿Es un libro difícil?
¿Es un libro histórico?
¿Es un libro infantil?
¿Es un libro bonito?

¿Es un programa **teatral variado**? theatrical / diverse
¿Es un programa teatral completo?
¿Es un buen programa teatral?
¿Es un programa teatral norteamericano?

¿Es un buen restaurante?
¿Es un restaurante nuevo?
¿Es un restaurante chino?
¿Es un restaurante elegante?
¿Es un restaurante caro?

¡Aquí te toca a ti!

A. **¿Qué piensas?** Use three adjectives to describe each object or to give your opinion.

MODELO: *Es una novela buena.*
Es una novela interesante.
Es una novela sensacional.

1. *una novela*

2. *un periódico*

3. *una obra teatral*

4. *un programa*

5. *un cuadro*

6. *un vídeo*

Pronunciación: *The vowel combination* ie

The combination **ie** in Spanish is pronounced in one single syllable, similar to the *ye* in the English word *yes*.

Práctica

B. Read each word aloud, carefully pronouncing the combination **ie**.

1. tiene
2. viene
3. diente
4. cien
5. siete
6. tiempo
7. también
8. cielo

Repaso

C. **Los monumentos** Use two adjectives to describe each of the following monuments located in or near different Latin American cities. Suggestions: **pequeño, grande, alto, moderno, viejo, interesante, feo, bonito,** etc.

MODELO: *Es alta y bella.*

La Torre Latinoamericana (México, D.F.)

Chichén Itza (Yucatán, México)

La Catedral (México, D. F.)

La Moneda: El Palacio Presidencial (Santiago, Chile)

Position of adjectives

Acabo de comprar una motoneta **nueva.**	I just bought a *new* moped.
Es una motoneta **linda.**	It's a *beautiful* moped.

In Spanish, unlike English, an adjective is almost always placed *after* the noun it describes:

una película **japonesa**
una lección **fácil**
los libros **interesantes**

Adjectives indicating nationality always *follow* the noun.

Los automóviles **japoneses** son buenos.	*Japanese* cars are good.

Aquí practicamos

D. **¡Conociéndose más!** *(Getting to know each other better!)* Ask your partner these questions in order to get to know each other better.

MODELO: ¿Es interesante tu libro?
Sí, es un libro interesante.

1. ¿Es japonés tu coche?
2. ¿Es grande tu casa?
3. ¿Es cómoda *(comfortable)* tu casa?
4. ¿Es nueva tu casa?
5. ¿Es bonito tu jardín *(garden)*?
6. ¿Es grande tu escuela?
7. ¿Son nuevos tus zapatos?
8. ¿Es bueno tu profesor de español?

E. **Cadenas** (*Chains*) Form a spontaneous "chain" with your classmates. Start with a short sentence. The next person will use that sentence to form a new sentence by substituting a different word. Make any necessary changes as you go along. The process continues as quickly as possible, moving in turn from one association to the next.

MODELO: La fiesta es estupenda.
La película *es estupenda.*
Maricarmen *es estupenda.*
Maricarmen es simpática.
El profesor *es simpático.*
El profesor es chileno.
Las muchachas *son chilenas.*
Etc.

F. **Nunca estamos de acuerdo** (*We never agree*). No matter what you and your friends talk about, you never seem to agree. Contradict each statement by using an adjective with the opposite meaning.

MODELO: Es un hotel pequeño.
¡Al contrario! (On the contrary!) *Es un hotel grande.*

1. Es un coche nuevo.
2. Es un museo grande.
3. Es un libro difícil.
4. Es una casa bonita.
5. Son unos libros interesantes.
6. Son unas iglesias viejas.
7. Son unas ideas malas.
8. Es un viaje aburrido.
9. Es un buen restaurante.
10. Son unas buenas computadoras.

NOTA GRAMATICAL

Position of two adjectives

When two adjectives modify the same noun, they are placed after the noun and connected to each other with **y**.

una escuela **buena *y* grande**
unos muchachos **inteligentes *y* responsables**

G. **¿Qué tipo** *(kind)* **de... tienes?** Choose one or two adjectives from the list to answer each question.

alemán / azul / bonito / blanco / chino / difícil / español / fácil / feo / francés / grande / gris / inteligente / italiano / japonés / joven / largo / moderno / nuevo / pequeño / rojo / simpático / verde / viejo

MODELO: ¿Qué tipo de casa tienes?
Tenemos una casa pequeña y amarilla.

1. ¿Qué tipo de casa tienes?
2. ¿Qué tipo de coche tiene tu familia?
3. ¿Qué tipo de restaurante prefieres?
4. ¿Qué tipos de amigos tienes?
5. ¿Qué tipo de tarea *(homework)* tienes para la clase de español?
6. ¿Qué tipo de viaje haces cuando vas de vacaciones?
7. ¿Qué tipo de bicicleta tienes?
8. ¿Qué tipo de exámenes tienes en la clase de español?

Aquí escuchamos

Maricarmen y Ricardo van al Museo de Arte Moderno con sus compañeros de clase. Admiran los **bellos cuadros** y las grandes esculturas.

beautiful paintings

RICARDO: Mira este cuadro. ¿Te gusta?
MARICARMEN: Sí. Es del período impresionista. ¿Qué piensas tú?
RICARDO: Es un cuadro muy bello. Me gustan mucho los colores.
MARICARMEN: Sí, es formidable. A mí me gusta sobre todo el **estilo** del **pintor**.
RICARDO: Él era español, ¿no?
MARICARMEN: Sí, era de Madrid.

style
painter

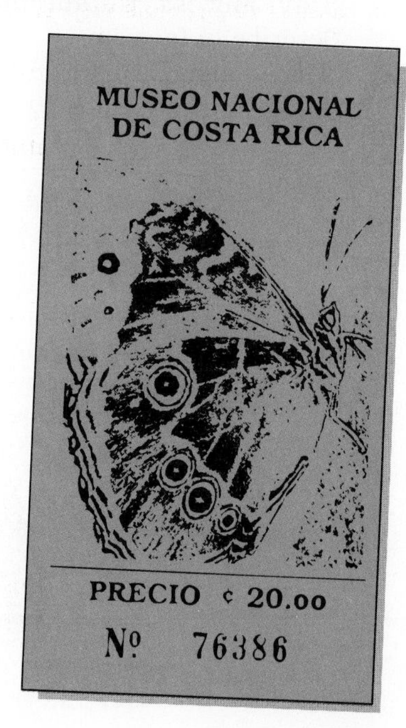

MUSEO NACIONAL
DE COSTA RICA
PRECIO ¢ 20.00
Nº 76386

¡Aquí te toca a ti!

H. **Vi** *(I saw)* **una película.** Pick a film you've seen recently and describe it to a classmate. Use as many adjectives as you can to describe the film and give your opinion about it. Your classmate will ask you questions. Suggested adjectives: **aburrido**, **bueno**, **malo**, **cómico**, **divertido**, **dramático**, **feo**, **interesante**, **sensacional**, **fantástico**, **largo**, **histórico**, **emocionante**, **romántico**, **triste**, **violento.**

MODELO: *Yo vi una película muy buena. Se llama* Bolívar. *Es una película histórica. Es muy emocionante pero un poco triste. Es una película interesante.*

¡Adelante!

I. **Intercambio** Ask a classmate the following questions. He or she will answer you.

1. ¿Vive en una casa o un apartamento tu familia? ¿De qué color es? ¿Es grande? ¿Es bonito(a)?
2. ¿Tienes un coche o una bicicleta? ¿De qué color es? ¿Es nuevo(a)? ¿Es americano(a)?
3. ¿De qué color es tu camisa favorita? ¿pantalones? ¿zapatos?
4. ¿Hay muchos restaurantes cerca de la escuela? ¿Cómo son? Describe tu favorito.
5. ¿Tienen algunos discos tus amigos? ¿Cómo son sus discos? ¿Buenos? ¿Malos? ¿Interesantes? ¿Viejos?

Vocabulario 

Para charlar

Para hacer una descripción física

feo(a) / bonito(a)
largo(a)
ligero(a) / pesado(a)
moderno(a) / viejo(a)
pequeño(a) / grande

Para describir el color

amarillo(a)
anaranjado(a)
azul
blanco(a)
café
gris
morado
negro(a)
pardo(a)
rojo(a)
rosado(a)
verde
violeta

Para evaluar cualquier cosa

aburrido(a) / interesante
alegre / triste
bueno(a) / malo(a)
caro(a)
clásico(a)
completo(a)
delicioso(a)
divertido(a) / serio(a)
económico(a)
elegante
extraño(a)
formal
formidable
histórico(a)
infantil
optimista / pesimista
práctico(a)
regular
romántico(a)
sensacional
teatral
variado(a)

Vocabulario general

Verbos

ahorrar
funcionar

Sustantivos

un cuadro
un estilo
un horóscopo
un período
un(a) pintor(a)
una reacción

Otras palabras y expresiones

dar una vuelta
¿De qué color es...?
Descríbeme...
pudo

CAPÍTULO TRES

¿Cómo es tu amiga?

El maravilloso Palacio de Bellas Artes de la ciudad de México es un majestuoso edificio construido casi totalmente de mármol. Aquí se presentan espectáculos culturales y exposiciones de artistas conocidos.

Primera etapa

Nuestros vecinos y nuestros amigos

Aquí está nuestro **vecino**, el señor Salazar.	neighbor
Es muy viejo; tiene 82 años.	
Es pequeño y **un poco débil**.	a bit weak
Tiene los **ojos** azules.	eyes
Tiene el **pelo corto**.	hair / short
Tiene una **nariz** grande.	nose
Tiene **bigote** y **barba**.	moustache / beard

Aquí está su **nieta**, Susana.	granddaughter
Es joven; tiene dieciséis años.	
Es alta y **fuerte**.	strong
Tiene los ojos **castaños**.	hazel
Tiene el pelo rubio.	
Tiene el pelo largo.	
Tiene una nariz pequeña.	
Es muy bonita.	

¡Aquí te toca a ti!

A. **José Manuel y la señora Velázquez: retratos** *(portraits)* **físicos** Answer the questions based on what you see in the drawings.

1. Aquí está José Manuel. Tiene dieciséis años. ¿Es viejo? ¿Es grande? ¿Es fuerte? ¿Tiene los ojos negros? ¿Tiene bigote? ¿Tiene la nariz pequeña?

2. Aquí está la señora Velázquez. Tiene sesenta y ocho años. Es vieja, ¿no? ¿Es grande? ¿Es delgada? ¿Tiene el pelo rubio? ¿Tiene la nariz grande?

B. **Retrato de un(a) compañero(a) de clase** Using the descriptions on page 107 as models, describe one of your classmates. Don't mention the person's name. The class will try to guess who it is.

Pronunciación: *The vowel combination* ***io***

The combination **io** in Spanish is pronounced in one single syllable, similar to the Spanish word **yo**.

Práctica

C. Read each word aloud, carefully pronouncing the combination **io**.

1. rubio
2. Mario
3. adiós
4. acción
5. radio
6. comió
7. bebió
8. microscopio

Repaso

D. **¡Vamos a visitar** *(Let's visit)* **el castillo** *(castle)* **y el parque de Chapultepec!** You're acting as a guide and showing your friends the Chapultepec castle and park in Mexico City. Use the shorthand notes below to give your descriptions. You may add to the description or change it, as long as you keep to the main idea.

MODELO: parque / inmenso
Es un parque inmenso. o:
Es un parque muy grande. o:
Estamos aquí en un parque inmenso.

El parque de Chapultepec

1. parque / interesante
2. turistas / norteamericano
3. el lago *(lake)* / bonito / popular
4. las estatuas / enorme
5. el tren / pequeño / divertido
6. los senderos *(paths)* / romántico / bonito

El castillo de Chapultepec

7. museo / histórico / mexicano
8. cuadros / viejo
9. terraza / bello / alto
10. patios / elegante / tranquilo
11. vista / espectacular

The verb conocer

—¿Quieres **conocer** a ese muchacho guapo?
—¡Cómo no! ¿Tú lo **conoces**?
—¡Claro que lo **conozco**! Es mi hermano Raúl.

—Do you want *to meet* that good-looking boy?
—Of course! *Do you know* him?
—Sure *I know* him! He's my brother Raúl.

Here is the way to form the present tense of the verb **conocer**:

conocer

yo	cono**zco**	nosotros	conoc**emos**
tú	conoc**es**	vosotros	conoc**éis**
él / ella / Ud.	conoc**e**	ellos / ellas / Uds.	conoc**en**

This verb is used to indicate an acquaintance or familiarity with someone, something, or someplace. It can also be used to talk about the act of meeting someone or visiting a place for the first time.

Aquí practicamos

E. Replace the subjects in italics with those in parentheses and make all necessary changes.

1. *Yo* conozco esta ciudad muy bien. (él / mi hermano y yo / tú / ella / vosotros)
2. *¿Uds.* conocen a Catalina Mendoza? (Ud. / ellos / tu amigo / tú / vosotras)
3. *Ella* dice que conoce a ese actor. (ellos / Carlos y tú / yo / Ud. / vosotros)
4. *Él* conoce la música española. (ellas / Maricarmen / tú / nosotros / Uds. / yo)

F. **Preguntas** Use each of the cues (**tú**, **Uds.**, **él** or **ella**, and **ellos** or **ellas**) to ask questions of the other students in your group about the information provided below.

MODELO: México
¿Conoces tú México?
¿Conocen Uds. México?

1. Buenos Aires
2. la comida mexicana
3. a Gloria Estefan
4. el castillo *(castle)* de Chapultepec
5. las mejores tiendas de esta ciudad

G. **¿Saber o conocer?** When a classmate asks you about each item on the list, respond appropriately with **saber** or **conocer**.

MODELO: la dirección de un hotel cerca de aquí
—¿Sabes la dirección de un hotel cerca de aquí?
—Si, sé la dirección del hotel.

Maricarmen
—¿Conoces a Maricarmen?
— No, no conozco a Maricarmen.

1. el nombre del (de la) profesor(a)
2. los mejores libros de la biblioteca
3. cuántos habitantes tiene México
4. a las hermanas de tus amigos

5. usar la computadora
6. los meses del año
7. qué vamos a estudiar mañana
8. la Avenida Reforma en la ciudad de México
9. el número de teléfono de Emilio Estévez
10. dos restaurantes cerca de la escuela
11. que yo soy muy simpático(a)
12. bailar el chachachá

H. **Dos retratos** Describe Francisco and Yolanda, using the physical features provided.

Francisco	**Yolanda**
1. pelo negro	4. pelo rubio
2. ojos castaños	5. ojos azules
3. nariz grande	6. nariz pequeña

I. **Retratos físicos** Using the vocabulary that you learned on page 107 describe the following people.

1.

2.

3.

4.

J. **Los miembros** *(members)* **de mi familia** Tell one of your classmates about the members of your family. Explain who they are, how old they are (if appropriate), and how they look. Your classmates may ask you questions.

MODELO: *Mi hermano tiene veinticinco años. Trabaja en Nueva York. Es delgado y muy alto. Tiene el pelo negro y los ojos verdes. Es muy guapo. Tiene bigote y barba,* etc.

NOTA GRAMATICAL

*The personal **a***

¿Ves **a** Catalina?	Do you see Catalina?
¿Admiras **al** presidente?	Do you admire the president?
¿Ves **a** la mujer alta?	Do you see the tall woman?
¿Llevo **a** mi perro?	Shall I take my dog?
¿Ves el edificio grande?	Do you see the big building?
¿Admiras la inteligencia de Carlos?	Do you admire Carlos's intelligence?

The object of a verb is a person, a thing, or an idea that receives the action of that verb. When the direct object is a specific *human being or an animal that is personalized,* it is preceded by **a**. When the definite article in the masculine singular form follows the personal **a**, the contraction **al** is used.

Aquí practicamos

K. Complete the sentences using the model below and adding words as necessary.

MODELO: Miro… (la televisión / los estudiantes).
Miro la televisión. Miro a los estudiantes.

1. Buscamos… (el parque / los turistas / Roberto / el restaurante nuevo / mi perro).
2. Voy a visitar… (el estadio / la señora Mendoza / mis amigos / Buenos Aires).
3. El presidente no comprende… (la gente / los jóvenes / la situación / la lengua japonesa).
4. ¿Necesitas… (el profesor / tu hermano / los libros / el dinero)?
5. Josefina piensa visitar… (el museo / México / su familia / los tíos).

L. **¿Qué miras?** Tell one of your classmates what you like to look at when you go downtown. Remember to use the personal **a** when it is necessary.

Aquí escuchamos

¡Es muy guapo mi hermano!

Cecilia va a visitar a Manuel, su hermano mayor, el próximo fin de semana. Ahora, ella describe a Manuel para su amiga Claudia.

CECILIA: Mi hermano Manuel es muy simpático.
CLAUDIA: ¿Qué hace?
CECILIA: Está en la universidad. Va a ser ingeniero.
CLAUDIA: ¿Cómo es tu hermano?
CECILIA: Es alto y guapo. Tiene el pelo castaño, los ojos verdes y una nariz pequeña.
CLAUDIA: ¿Tiene bigote? **Adoro** a los hombres con bigote. — I adore
CECILIA: No, pero tiene barba.
CLAUDIA: Me gustaría mucho conocer a Manuel. ¡**Parece** sensacional! — He seems
CECILIA: ¡Lo siento! ¡Tiene una **novia** muy **celosa**! — girlfriend / jealous

¡Aquí te toca a ti!

M. **Mi cantante** *(singer)* **preferido(a)** You are discussing your favorite singers with a classmate. Pick the one you like best and give a physical description of him or her. Use **Aquí escuchamos** as a model for your conversation.

¡Adelante!

N. **¿Quién es?** Describe a famous person to your classmates, but don't reveal his or her name. They will try to guess who it is. Before you begin the description, say what the person does (**es cantante, es actor/actriz, es profesor/a**). Besides the physical description, give other details, such as where the person lives, what his or her nationality is, etc.

¿Quién es tu cantante preferido?
¿Tu cantante preferida?

Segunda etapa

El carácter

El carácter: Personality

Aquí está mi amigo Eduardo.

- ☐ Es pesimista.
- ☐ Es tímido.
- ☐ Es idealista.
- ☐ Es honesto.
- ☐ Es paciente siempre.
- ☐ Es intelectual.
- ☐ Es serio.
- ☐ Es **perezoso**. (lazy)
- ☐ Es generoso.
- ☐ Es independiente.
- ☐ Es discreto.
- ☐ Es triste.
- ☐ Es **casado**. (married)

Aquí está mi amiga Cecilia.

- ☐ Es optimista.
- ☐ Es valiente.
- ☐ Es realista.
- ☐ No es deshonesta.
- ☐ Es impaciente.
- ☐ Es atlética.
- ☐ Es simpática.
- ☐ Es **cómica**. (funny)
- ☐ Es activa y enérgica.
- ☐ Es generosa también.
- ☐ Es independiente también.
- ☐ Es indiscreta a veces.
- ☐ Es alegre.
- ☐ Es **soltera**. (single)

¡Aquí te toca a ti!

A. **José Manuel y la señora Velázquez: Retratos psicológicos** Answer the questions about the personality traits of José Manuel and Señora Velázquez.

1. A José Manuel le gustan mucho los coches rápidos y las actividades peligrosas *(dangerous)*. ¿Es valiente o tímido?
2. La señora Velázquez da dinero a los amigos que no son ricos. ¿Es generosa o tacaña *(stingy)*?
3. A José Manuel no le gusta trabajar. Prefiere mirar la televisión. ¿Es trabajador o perezoso?
4. La señora Velázquez encontró 25.000 pesos. Llamó por teléfono la policía. ¿Es honesta o deshonesta?
5. A José Manuel no le gustan los libros, pero le encanta el fútbol y le gusta esquiar. ¿Es atlético o intelectual?
6. La señora Velázquez siempre escucha la radio. Le gustan la música clásica y las discusiones políticas. ¿Es seria o cómica?
7. A José Manuel le gusta la vida y tiene muchos amigos. ¿Es triste o alegre?
8. La señora Velázquez trabaja mucho. Va al teatro, al museo y al cine. ¿Es activa o perezosa?

B. **Mi mejor amigo(a)** Tell one of your classmates about your best friend. Give a physical description first. Then describe his or her personality traits. Your classmate will respond by asking you two or more questions about your best friend.

Pronunciación: *The vowel combination* ***ua***

The combination **ua** in Spanish is pronounced in one single syllable, similar to the *wa* in the English word *water*.

Práctica

C. Read each word aloud, carefully pronouncing the combination **ua**.

1. agua
2. cuadro
3. cuanto
4. suave
5. cuatro
6. guante
7. cuaderno
8. cuarenta

Repaso

D. **Yo soy...** If you had to meet someone at the airport who had never seen you before, how would you describe yourself over the telephone so that the other person would be sure to recognize you? Give as many details as possible.

Ser para + *pronouns*

Esta carta **es para ella**.
Este dinero **es para ustedes**.
Estos cuadros **son para mí**.
Estas camisas **son para ti**.

Pronouns used as objects of prepositions, following such phrases as **ser para**, have the same forms as subject pronouns, except for **mí** and **ti**.

The object pronouns you use after a preposition such as **para** are:

mí	*me, myself*	**nosotros(as)**	*us, ourselves*
ti	*you (fam.), yourself*	**vosotros(as)**	*you (fam.), yourselves*
usted	*you, yourself*	**ustedes**	*you, yourselves*
él	*him*	**ellos**	*them (masc.)*
ella	*her*	**ellas**	*them (fem.)*

Aquí practicamos

E. **¿Para quién es?** A classmate will ask you if an object on the list is for somebody. Answer by saying that it is not for the person in question but for somebody else.

MODELO: la cámara
—¿Esta cámara es para ella?
—¡Claro que no! Es para él.

1. el disco
2. la raqueta
3. las fotografías
4. el coche
5. el dinero
6. las cartas
7. la comida
8. el refresco
9. los esquíes
10. la tarjeta
11. la computadora
12. la fiesta

F. **¡Qué generoso(a) eres!** As you point to people in the room, tell each person that you have something for him or her. Think of an object and indicate who it is for.

MODELO: *Tengo un libro para ti.*
Tengo unas cintas para Uds.

NOTA GRAMATICAL

Shortened adjectives: ***buen, mal, gran***

Ramón es un **buen** muchacho.	Ramón is a good boy. (no emphasis on how good)
Ramón es un muchacho **bueno**.	Ramón is a *good* boy. (emphasis on how good)
Éste es un **mal** día para esquiar.	This is a bad day for skiing. (no emphasis on how bad)
Éste es un día **malo** para esquiar.	This is a *bad* day for skiing. (emphasis on how bad)
Plácido Domingo es un **gran** hombre.	Plácido Domingo is a *great* man.
Plácido Domingo es un hombre **grande**.	Plácido Domingo is a *big* man.

When the adjectives **bueno**, **malo**, and **grande** are used before a masculine singular noun, they are shortened to **buen**, **mal**, and **gran**. The meaning of **grande** is radically different when it precedes the noun, for then it means *great* instead of *large*.

Aquí practicamos

G. Use the suggested adjectives to modify the nouns in two ways, changing the forms as necessary.

MODELOS: Es un museo. (grande)
Es un gran museo.
Es un museo grande.

1. Es un libro. (bueno)
2. Son unos niños. (malo)
3. Es un hombre. (grande)
4. Son unos amigos. (bueno)
5. Son unas ideas. (bueno)
6. Es una situación. (malo)
7. Es un perro. (grande)
8. Son unos cuadros *(paintings)*. (grande)
9. Es una característica. (bueno)
10. Son unos futbolistas. (malo)

H. **Descripciones** Choose adjectives from the list to describe first yourself and then the people indicated.

activo / alegre / antipático / bonito / bueno / cómico / cruel / delgado / discreto / dinámico / egoísta / enérgico / frívolo / fuerte / guapo / generoso / grande / honesto / idealista / imaginativo / impaciente / independiente / indiscreto / ingenuo / inteligente / joven / malo / optimista / paciente / pequeño / perezoso / pesimista / realista / serio / simpático / sincero / tímido / trabajador / triste / valiente / viejo

1. tu amigo, tu hermano o tu padre
2. tu amiga, tu hermana o tu madre
3. tu profesor(a)

Aquí escuchamos

¡Mi hermana es independiente!

Roberto va a visitar a su hermana Silvia el próximo fin de semana y **le describe** a su amigo Raúl cómo es su hermana.

describes to him

RAÚL: ¿Qué hace tu hermana, Roberto?
ROBERTO: Es doctora en Chicago.
RAÚL: ¿Cuántos años tiene?
ROBERTO: Es mi hermana mayor. Tiene veintinueve años.
RAÚL: ¿Cómo es?
ROBERTO: Es muy independiente. Es seria y trabaja mucho. Es atlética también. Por lo general, es una persona muy feliz.
RAÚL: ¿Es muy **trabajadora**?

hard working

ROBERTO: Claro que sí. Pero es muy simpática y, a veces, es muy generosa con su tiempo y con su dinero.
RAÚL: Me gustaría mucho conocer a tu hermana. Parece perfecta.
ROBERTO: ¡**Cuidado**! ¡Es casada y tiene hijos!

Careful!

¡Aquí te toca a ti!

I. **Mi pariente** *(relative)* **preferido(a)** Describe your favorite family member to one of your classmates. Discuss both physical appearance and personality. Your classmate will ask you follow-up questions. Use **Aquí escuchamos** as a model.

¡Adelante!

J. **Mi retrato** Use some of the adjectives listed in Exercise H to describe yourself to one of your classmates. If possible, give some examples to explain that characteristic. For example, if you are **atlético(a)**, tell what sports you participate in.

Vocabulario

Para charlar

Para dar una descripción física de una persona

Tiene...
- los ojos azules / verdes / castaños / negros.
- el pelo corto / largo.
- la nariz grande / pequeña.
- bigote / barba.

Es...
- débil / fuerte.
- pálido(a) / bronceado(a).

Para describir la personalidad de una persona

Él (Ella) es...
- activo(a) / perezoso(a).
- ambicioso(a).
- atlético(a).
- cómico(a).
- deshonesto(a) / honesto(a).
- discreto(a) / indiscreto(a).
- generoso(a).
- idealista / realista.
- impaciente / paciente.
- independiente.
- intelectual.
- perfecto(a).
- tímido(a) / valiente.
- trabajador(a).

Vocabulario general

Sustantivos

un(a) nieto(a)
un(a) novio(a)
un(a) vecino(a)

Adjetivos

casado(a)
soltero(a)

Verbos

adorar
conocer

Otras palabras y expresiones

¡Cuidado!
le describe
parece

Aquí leemos

The following brief poem was written by Amado Nervo (1870–1919), a well-known Mexican poet. It reflects the two most important themes in his works: love and religion. The reader is invited to think about what a divine being might be like. The questions Nervo asks suggest ways in which to view God, with each person providing his or her own answers. Note that at the end of the poem Nervo shifts from asking questions to making the open-ended statement that, despite all of these questions, there is indeed one thing that he feels can be known with certainty. Read the poem through once for the mood that the words convey. Then read it again for the meaning of the words, looking at the definitions of any words you don't know. Finally, answer the questions that follow the poem.

¿Cómo es?

¿Es Dios[1] personal?
¿Es impersonal?
¿Tiene forma?
¿No tiene forma?
¿Es esencia?
¿Es sustancia?
¿Es uno?
¿Es múltiple?
¿Es la conciencia[2] del Universo?
¿Es Voluntad[3] sin conciencia y sin fin?
¿Es todo lo que existe[4]?
¿Es distinto[5] de todo lo que existe?
¿Es como el alma[6] de la naturaleza?
¿Es una ley[7]?
¿Es simplemente la armonía de las fuerzas?
¿Está en nosotros mismos?
¿Es nosotros mismos?
¿Está fuera de nosotros?
Alma mía, hace tiempo que tú ya no te preguntas estas cosas.[8]
Tiempo ha que[9] estas cosas ya no[10] te interesan.[11]
Lo único que tú sabes es que Lo amas…[12]

1. God 2. conscience 3. Will 4. that exists 5. different 6. soul 7. law 8. it's been a while now since you last asked yourself these things 9. for a while now 10. no longer 11. interest you 12. you love Him

Comprensión

A. **Análisis de palabras** Answer these questions about how Nervo uses words to create the mood and message of the poem.

1. Name as many adjectives as you can find quickly in the poem. What do they describe?
2. What rhyming words does the poet use?
3. Nervo likes to use pairs of words with opposite meanings to express how difficult it is to describe God. For example: **personal / impersonal**. What other pairs like this do you see?

B. **Análisis de ideas** Now that you understand most of the individual words of the poem, answer these questions about what the poem means.

1. What is the main question being asked in the poem?
2. What are some of the specific characteristics about God that Nervo wonders about?
3. Why do you think the poem is divided into so many short lines? How does this relate to its message, in your opinion?
4. Who does the poet seem to be addressing? What assumption does he make at the end of the poem?

Repaso

C. **Rasgos** *(Traits)* **de carácter** Use one or several adjectives to characterize the following people.

1. Gonzalo juega al fútbol en el otoño, al básquetbol en el invierno y al béisbol en el verano. Gonzalo es muy...
2. María Luisa estudió ciencias políticas en la universidad. Ahora trabaja en una compañía comercial importante. Quiere ser presidente algún día. María Luisa es...
3. Marcos no trabaja. No sale de la casa por la mañana. Escucha sus discos por la tarde y mira televisión. Marcos es...
4. Los padres de Silvia son bastante ricos. Pero ella vive en un apartamento pequeño. Trabaja en una librería. No acepta dinero de sus padres. Silvia es...
5. Isabel estudia matemáticas y las ciencias. Es una estudiante excelente. Isabel es...
6. A Pablo no le gusta hablar con los otros. Le gusta estar en casa. No está seguro de sí mismo *(sure of himself)*. Pablo es...

Aquí repasamos

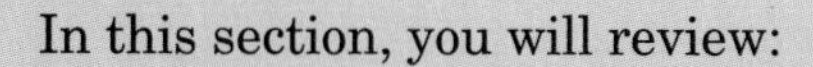

In this section, you will review:

- the months of the year;
- the date;
- the seasons of the year;
- the verbs **jugar** and **volver**;
- the verbs **saber** and **conocer**;
- agreement, plural forms, and position of adjectives;
- personal **a**;
- **ser para** + pronouns;
- shortened adjectives: **buen**, **mal**, **gran**.

Los meses del año

enero	**abril**	**julio**	**octubre**
febrero	**mayo**	**agosto**	**noviembre**
marzo	**junio**	**septiembre**	**diciembre**

The months of the year are *not* capitalized. To express the idea of *in* a month, use **en** or **en el mes de**.

A. **¿Qué hacemos en...?** For the month given, state what the weather is like in your part of the country and explain what you like to do.

MODELO: diciembre
Para nosotros, hace frío en diciembre. Nieva mucho. Me gusta esquiar y me gusta ir de compras para la Navidad.

1. julio 2. abril 3. octubre 4. diciembre

La fecha

¿Cuál es la fecha (de) hoy?
¿Qué fecha es hoy?
¿A cuántos estamos? } *What is today's date?*
Hoy es el 5 de abril. *Today is April 5.*

B. **¿Cuál es la fecha de...?** Use the cues to ask one of your classmates questions. He or she will answer.

MODELOS: hoy
—¿Cuál es la fecha hoy?
—Hoy es el 19 de septiembre.

cumpleaños de tu madre
—¿Cuál es la fecha del cumpleaños de tu madre?
—El cumpleaños de mi madre es el 22 de mayo.

1. hoy
2. tu cumpleaños
3. el cumpleaños de tu mejor amigo(a)
4. el día de la independencia de los Estados Unidos
5. el día de la independencia de México (*September 16)*
6. el día de Acción de Gracias
7. las vacaciones de Navidad
8. las vacaciones de verano

Las estaciones del año

la primavera (en la primavera)	**el otoño (en el otoño)**
el verano (en el verano)	**el invierno (en el invierno)**

C. **Me gusta... no me gusta...** Explain to a classmate why you like or dislike each of the four seasons.

MODELO: *Me gusta el verano porque me gusta el calor. Me gusta estar de vacaciones y me gusta ir a la piscina o a la playa. Pero no me gusta cuando hace mucho calor.*

The verbs *jugar* and *volver*

yo	**juego**	nosotros	**jugamos**
tú	**juegas**	vosotros	**jugáis**
él / ella / Ud.	**juega**	ellos / ellas / Uds.	**juegan**

yo	**vuelvo**	nosotros	**volvemos**
tú	**vuelves**	vosotros	**volvéis**
él / ella / Ud.	**vuelve**	ellos / ellas / Uds.	**vuelven**

D. **¿Cuándo?** Explain to one of your friends why or when you do the following things.

MODELO: ¿Cuándo juegas al tenis?
Juego al tenis cuando hace buen tiempo. o:
Juego al tenis cuando mis amigos juegan.

1. ¿Cuándo juegas al básquetbol?
2. ¿A qué hora vuelves a casa los sábados cuando hay fiesta?
3. ¿Por qué (no) juegas al golf?
4. ¿Cuándo vuelves a México?

The verb *saber*

yo	**sé**	nosotros	**sabemos**
tú	**sabes**	vosotros	**sabéis**
él / ella / Ud.	**sabe**	ellos / ellas / Uds.	**saben**

Saber is used to talk about knowing facts or something that has been learned thoroughly, as well as knowing how to do something. In this last instance, **saber** is used before an infinitive form of another verb.

The verb *conocer*

yo	**conozco**	nosotros	**conocemos**
tú	**conoces**	vosotros	**conocéis**
él / ella / Ud.	**conoce**	ellos / ellas / Uds.	**conocen**

This verb is used to indicate an acquaintance or familiarity with someone, something, or someplace. The act of meeting someone or visiting a place for the first time is also communicated.

E. **¿Qué sabes?** Use **saber** or **conocer** appropriately with the items on the list.

MODELOS: el Hotel Ritz
Conozco el Hotel Ritz.

hablar español
Sé hablar español.

1. Nueva York
2. tus primos
3. bailar el mambo
4. el número de la casa donde vive tu profesor(a)
5. donde vive mi mejor amigo
6. la universidad

Position of adjectives

Adjectives almost always follow the nouns they modify:

Una escuela **buena**.
Unos muchachos **inteligentes *y* responsables**.

Agreement of adjectives

1. An adjective ending in **-sta** has the same ending for both the masculine and feminine forms. To make these adjectives plural, simply add an **-s**.

El abogado es **pesimista**.	Las abogadas son **pesimistas**.

2. If the masculine form of an adjective ends in **-l**, **-s**, or **-z**, the ending for the feminine form is also **-l**, **-s**, and **-z**. To make these plural, you add **-es**. Note that in the plural form **z** changes to **c**.

El examen es **difícil**	Las preguntas son **difíciles**.
El libro es **gris**.	Las faldas son **grises**.
El niño es **feliz**.	Las niñas son **felices**.

The exception to this procedure is when an adjective of nationality ends in **-s** in the masculine form, the feminine form then ends in **-sa**.

El profesor es **francés**.	La profesora es **francesa**.

F. **¿Cómo es...?** Give your classmate a short description of each object, using two adjectives connected by **y**.

MODELO: ¿Cómo es tu casa?
Es una casa pequeña y blanca.

1. ¿Cómo es tu bicicleta?
2. ¿Cómo es tu apartamento (tu casa)?
3. ¿Cómo son tus discos?
4. ¿Cómo son tus libros?
5. ¿Cómo es tu familia?
6. ¿Cómo son tus hermanos (padres)?
7. ¿Cómo son los programas que miras en la televisión?
8. ¿Cómo son los exámenes de matemáticas?

G. **Unos libros interesantes** Read the following advertisement for two special interest dictionaries. Identify the adjectives that are used to describe the features of the books. There are over a dozen adjectives.

12,000 MINIBIOGRAFIAS
12,000 MINIBIOGRAFIAS
¡Las grandes figuras de ayer y de hoy!
Datos exactos sobre los grandes personajes de la ciencia, historia, política, las letras, bellas artes, deportes y religión.
Las mejores obras de la literatura universal
816 PAGINAS
16 Páginas a todo color
• Más de 22,000 nombres de países, regiones y accidentes geográficos, con mapas físicos y políticos del mundo.
• Lugares históricos, zonas turísticas, centros culturales. • Tablas estadísticas.
• Más de 500 ilustraciones y recuadros.
DICCIONARIO GEOGRÁFICO Universal
DICCIONARIO GEOGRÁFICO Universal
El único DICCIONARIO GEOGRAFICO UNIVERSAL en Español
888 PAGINAS 88 de COLOR
Adquiéralos en su puesto de revistas favorito

The personal *a*

¿Ves **a** Catalina?	Do you see Catalina?
¿Admiras **al** presidente?	Do you admire the president?
¿Llevo **a** mi perro?	Shall I take my dog?
¿Ves el edificio grande?	Do you see the big building?

When the direct object is a specific *human being, or an animal that is personalized,* it is preceded by **a**.

H. **¿Qué miras?** Use the cues to tell different classmates what you are looking at, using the personal **a** when necessary.

MODELO: el libro
—¿Qué miras?
—Miro el libro.

1. la televisión
2. una amiga
3. el coche negro
4. el cantante
5. el abuelo
6. mi hermano
7. el problema de matemáticas
8. las plantas
9. los profesores
10. mis gatos

Ser para **+ pronouns**

Esta carta **es para ella**.	Estos tacos **son para mí**.
Este dinero **es para ustedes**.	Estas camisas **son para ti**.

Here are the object pronouns used after a preposition such as **para**:

mí	*me, myself*	**nosotros(as)**	*us, ourselves*
ti	*you (fam.), yourself*	**vosotros(as)**	*you (fam.), yourselves*
usted	*you, yourself*	**ustedes**	*you, yourselves*
él	*him*	**ellos**	*them (masc.)*
ella	*her*	**ellas**	*them (fem.)*

Shortened adjectives: *buen, mal, gran*

Ramón es un **buen** muchacho.	Ramón es un muchacho **bueno**.
Este es un **mal** día para esquiar.	Este es un día **malo** para esquiar.
Plácido Domingo es un **gran** hombre.	Plácido Domingo es un hombre **grande**.

When the adjectives **bueno**, **malo**, and **grande** are used before a masculine singular noun the final letters, **-o** and **-de**, are dropped. The meaning of **grande** is radically different when it precedes the noun, for then it means *great* instead of *large*.

I. **El(La) amigo(a) ideal** You and other members of your group have to come up with a description of the ideal friend. Each of you suggests some adjectives, and then you pick the five traits that you think are absolutely essential. When you have your list, compare it with the characteristics most important to another group in your class.

MODELO: *El amigo ideal es generoso y simpático.*, etc.

Aquí llegamos

A. **El aviso meteorológico** Prepare a weather report for your region. Indicate the weather and temperatures for today, tonight, and tomorrow. Be prepared to answer questions about weather in other cities: **¿Qué tiempo hace en San Francisco? ¿en las montañas de Colorado?**, etc.

B. **Mi hermano(a) y yo** Make a comparison between yourself and your brother (your sister, a friend, your mother, or your father). Use as many of the adjectives you've learned as possible. Your comparison should include both physical and personality traits.

Torremolinos, España

C. **Un(a) nuevo(a) amigo(a)** You've just met a new person in your school. Tell a friend about this person, including physical and personality traits.

D. **Un álbum de la familia** Bring photographs of family members or friends to class. Tell your group about each of these people (physical and personality traits). Your classmates will ask you questions.

E. **Una entrevista** *(An interview)* Pretend that you work on your school newspaper and that you're interviewing a visiting rock star who is performing in your town. A classmate will play the role of the rock star. Find out as much as you can about the person's personality, what he or she likes to do, what music he or she listens to most often, what kinds of books he or she likes, what sports he or she plays, what climate he or she prefers, etc. Use some of the adjectives you've learned to ask questions and find out what the person is like.

SEGUNDA UNIDAD

Vamos a instalarnos

Objectives

In this unit, you will learn:

- to rent and pay for a hotel room;
- to understand classified ads and brochures for lodging;
- to describe a house or apartment;
- to tell time using the 24-hour clock.

CAPÍTULO CUATRO

Buscamos un hotel

El Hotel Inglaterra es un hotel de gran confort en Sevilla, España.

Primera etapa

La **Guía Michelín**

La Guía Michelín: *The Michelin Guide*

La instalación

Las habitaciones de los hoteles que recomendamos poseen, en general, instalaciones sanitarias completas. No obstante puede suceder que en las categorías , y algunas habitaciones carezcan de ellas.

30 hab **30 qto**	Número de habitaciones
	Ascensor
	Aire acondicionado
	Televisión en la habitación
	Teléfono en la habitación por centralita
	Teléfono en la habitación directo con el exterior
	Comidas servidas en el jardín o en la terraza
	Piscina : al aire libre o cubierta
	Jardín
	Tenis en el hotel - Golf y número de hoyos
	Salón de reuniones (mínimo 25 personas)
	Garaje en el hotel (generalmente de pago)
	Aparcamiento reservado a la clientela
	Prohibidos los perros (en todo o en parte del establecimiento)
Fax	Transmisión e documentos por telecopia
mayo-octubre	Periodo de apertura comunicado por el hotelero
temp	Apertura probable en temporada sin precisar fechas. Sin mención, el establecimiento está abierto todo el año
28 012 1 200	Distrito postal

CATEGORÍAS

	Gran lujo y tradición	
	Gran confort	
	Muy confortable	
	Bastante confortable	
	Confortable	
	Sencillo pero decoroso	
sin rest	El hotel no dispone de restaurante	sem rest
con hab	El restaurante tiene habitaciones	com qto

classifies

El gobierno español **clasifica** los hoteles en cinco categorías:

luxury / bathrooms / (bed)rooms

Hoteles de gran **lujo** — con **salas de baño** en todas las **habitaciones**

Hoteles **** (cuatro estrellas) — hoteles de primera clase; la mayoría de las habitaciones con sala de baño

comfort
elevator

Hoteles *** (tres estrellas) — gran **confort**; muchas habitaciones con sala de baño; **ascensor**, teléfono

Hoteles ** (dos estrellas) — buena calidad, muy confortables; 30 por ciento de las habitaciones con sala de baño

at least
sink / booth

Hoteles * (una estrella) — buena calidad, bastante confortables; **al menos** diez habitaciones con **lavabo**; **cabina** de teléfono

The following / what the *Michelin Guide* says

Si Ud. viaja a España, es muy útil usar la *Guía Michelín* roja (guía de hoteles y restaurantes). Esta guía usa un sistema un poco diferente de la clasificación oficial española. **Lo siguiente** es **lo que dice la *Guía Michelín*** del Hotel Inglaterra en Sevilla.

Inglaterra, pl Nueva 7, 41001, 422 49 70, Telex 72244 – E VISA rest
BV a
Com 2750 – 550 – **116 hab** 16000/20000 – P 15100/21100

They do not permit
you have to go through the reception desk
credit cards

El Hotel Inglaterra es un hotel de gran confort. Tiene restaurante y está en la Plaza Nueva. El número de teléfono es 422 49 70. Tiene ascensor y hay un televisor en cada habitación. **No permiten** perros en el restaurante. Hay un teléfono en cada habitación pero **hay que pasar por la recepción**. En este hotel hay 116 habitaciones. Una habitación cuesta entre 16.000 y 21.100 pesetas. El desayuno cuesta 550 pesetas y no está incluido en el precio de la habitación. Aceptan cuatro **tarjetas de crédito**: American Express, Diners Club, Eurocard y Visa.

¡Aquí te toca a ti!

A. **¿Qué tipo de hotel?** According to each symbol, tell what kind of a hotel is referred to or what kind of convenience is offered.

MODELO: **
It's a two-star hotel. It's comfortable and some of the rooms have bathrooms.

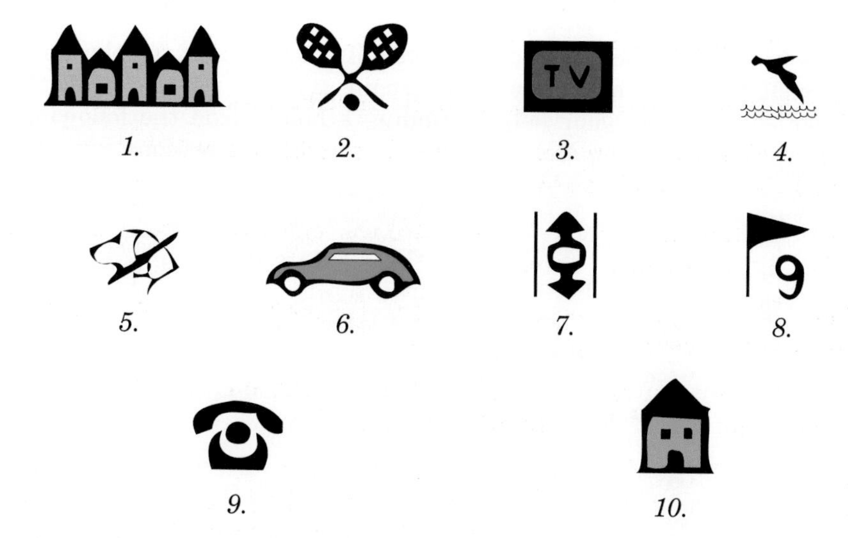

COMENTARIOS CULTURALES

Los hostales

A convenient and economical place for students to stay when travelling in Spain is a youth hostel (**hostal**). **Hostales** are designed to accommodate young people up to the age of 26, primarily students. They offer modest rooms at unbeatable prices, and meals are often served for a nominal fee as well. There are both advantages and disadvantages to staying in **hostales** — there is usually an early curfew after which the doors are locked, and shared rooms are common practice. However, in addition to the economic advantages, you have the opportunity to meet young travellers from all over the world. The chance to make new friends and experience adventures you'll remember for a lifetime are the greatest advantages of the **hostal**.

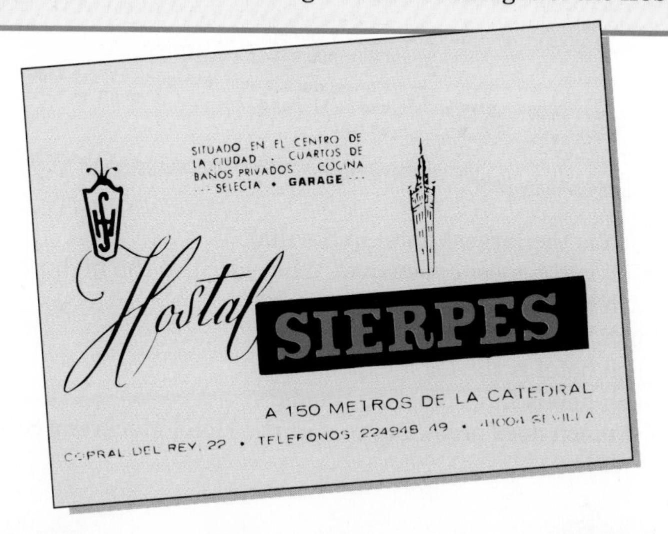

SITUADO EN EL CENTRO DE LA CIUDAD · CUARTOS DE BAÑOS PRIVADOS COCINA ··· SELECTA • GARAGE ···
Hostal SIERPES
A 150 METROS DE LA CATEDRAL
CORRAL DEL REY, 22 • TELEFONOS 224948 49 • 41004 SEVILLA

B. **Los hoteles de Sevilla** Some friends of your parents are planning to visit Sevilla, a city in southern Spain. Because they don't speak Spanish, they ask your help in finding a hotel. Read the following excerpt from the *Guía Michelín*. Then answer their questions.

Alfonso XIII, San Fernando 2, 41004, 422 28 50, Telex 72725, Fax 421 60 33, « Majestuoso edificio de estilo andaluz », – AE VISA
Com 4750 – 1750 – **149 hab** 21000/28600 – P 23800/30500 CX **c**

Los Lebreros Sol, Luis Morales 2, 41005, 457 94 00, Telex 72954, Fax 457 94 00, – – AE E VISA
Com 3200 – 1100 – **439 hab** 14400/18000 FR **v**

Meliá Sevilla, av. de la Borbolla 3, 41004, 442 26 11, Telex 73094, Fax 442 16 08, – – AE E VISA
Com 3200 – 1100 – **366 hab** 14400/18000 FR **n**

Porta Coeli, av Eduardo Dato 49, 41005, 457 00 40, Telex 72913, Fax 457 85 80, – – AE E VISA
Com carta 3100 a 4400 (ver rest Florencia) – 700 – **243 hab** 13750/25000 FR **a**

Macarena Sol, San Juan de Ribera 2, 41009, 437 58 00, Telex 72815, Fax 438 18 03, « Agradable terraza con y ∈ ciudad », – AE E VISA
Com 3000 1000 – **327 hab** 12400/15500 CDT **a**

Tryp Colón, Canalejas 1, 41001, 422 29 00, Telex 72726, Fax 422 09 38 – AE E VISA
Com 3800 – 1500 – **218 hab** 21550/26950 – P 21225/29300 AV **b**

Inglaterra, pl Nueva 7, 41001, 422 49 70, Telex 72244 – AE E VISA rest
Com 2750 – 550 – **116 hab** 16000/20000 – P 15100/21100 BV **a**

Pasarela sin rest, av. de la Borbolla 11, 41004, 441 55 11, Telex 72486, Fax 442 07 27 – AE E VISA
600 – **82 hab** 10000/15000 FR **n**

G. H. Lar, pl. Carmen Benitez 3, 41003, 441 03 61, Telex 72816, Fax 441 04 52 – – AE E VISA
Com 2000 – 700 – **137 hab** 9000/13100 – P 10250/12700 DV **v**

Becquer sin rest, Reyes Católicos 4, 41001, 422 89 00, Telex 72884, Fax 421 44 00 – AE E VISA
400 – **126 hab** 5000/7000 AV **s**

Resid. y Rest. Fernando III, San José 21, 41004, 421 77 08, Telex 72491, – – AE VISA
Com 2350 – 475 – **156 hab** 7160/8950 CV **z**

América sin rest, con cafeteria, Jesús del Gran Poder 2, 41002, 422 09 51, Telex 72709 – AE E VISA
400 – **100 hab** 8000/13200 BU **h**

Alcazar sin rest, Menéndez Pelayo 10, 41004, 441 20 11, Telex 72360 – AE E VISA
400 – **100 hab** 5000/8000 DX **u**

Doña María sin rest, Don Remondo 19, 41004, 422 49 90, Fax 422 97 65, « Decoración clásica elegante-terraza con ∈ Giralda », – AE E VISA
650 – **61 hab** 11000/17000 CV **b**

Monte Carmelo sin rest, Turia 7, 41011, 427 90 00, Telex 73195 – AE VISA
375 – **68 hab** 4500/7000 FR **f**

La Rábida, Castelar 24, 41001, 422 09 60, Telex 73062, – hab
Com 1400 – 300 – **100 hab** 3500/5500 BV **d**

Corregidor sin rest, Morgado 17, 41003, 438 51 11, Fax 437 61 02 –
69 hab CTU **g**

1. Which is the largest hotel in Sevilla?
2. Which is the most expensive? What justifies the high prices?
3. Which hotels have swimming pools?
4. Which hotels don't have restaurants?
5. Which hotel is the least expensive?
6. Which hotels have meeting rooms?
7. How much does breakfast cost at the Hotel Macarena Sol?

Ordinal numbers

el primero, la primera
el segundo, la segunda
el tercero, la tercera
el cuarto, la cuarta
el quinto, la quinta
el sexto, la sexta
el séptimo, la séptima
el octavo, la octava
el noveno, la novena
el décimo, la décima

Ordinal numbers (such as *first*, *second*, *third*) are used to order and to rank items in a series. Notice the following special cases:

1. For *the first* use **el primero** or **la primera**, and for *the last* use **la última** or **el último**.
2. Note that ordinal numbers agree in gender with and precede the nouns they modify.
3. The shortened forms **primer** and **tercer** are used before masculine singular nouns: **el primer estudiante**, **el tercer piso**.
4. Beyond **décimo**, cardinal numbers are generally used. They follow the noun: **el siglo veinte**, **la Calle Setenta y Ocho.**
5. For dates, Spanish uses the ordinal numbers only for the first day of the month: **el primero de mayo**, **el primero de junio**, but **el dos de marzo**, **el tres de abril**, etc.
6. The abbreviated forms of the ordinal numbers are formed as follows:

   primero **1°** primera **1^{a}** primer **1er**
   segundo **2°** segunda **2^{a}**
   tercero **3°** tercera **3^{a}** tercer **3er**
   cuarto **4°** cuarta **4^{a}**
   quinto **5°** quinta **5^{a}**
   etc.

Aquí practicamos

C. Read the following aloud.

1. el 1° de abril
2. el 4° libro
3. la 1ª vez
4. la 3ª estudiante
5. el 8° lugar
6. el 1er lugar
7. el 2° año
8. la 5ª avenida
9. el 7° día
10. la 2ª clase
11. la 9ª semana
12. el 3er año

D. Answer the following questions.

1. ¿Cuál es el primer mes del año? ¿el tercer mes del año? ¿el octavo? ¿el último?
2. ¿Cuál es el primer día de la semana en el calendario hispano? ¿el cuarto? ¿el último?
3. ¿A qué hora es tu primera clase? ¿tu segunda clase? ¿tu tercera clase? ¿tu última clase?

Aquí escuchamos

¿Tiene Ud. una reservación?

Linda y su amiga Kelly llegan al Hotel Montecarlo en Sevilla. Ellas van a la recepción. Linda habla con el **empleado**.

employee

LINDA: Buenos días, señor. ¿Tiene una habitación para dos personas?
EMPLEADO: ¿Tiene Ud. una reservación?
LINDA: Sí, señor. Nosotros hablamos por teléfono la semana pasada.
EMPLEADO: Ah, sí. Ud. es la Srta. Klein y ésta es su amiga. Tengo una habitación **sin** baño para dos personas.

without

LINDA: Es una habitación que cuesta 5.500 pesetas, ¿verdad?
EMPLEADO: Sí, exactamente.
LINDA: ¿Está incluido el desayuno en el precio?
EMPLEADO: No, señorita. Tienen que pagar 350 pesetas más por el desayuno.
LINDA: Está bien.

¡Aquí te toca a ti!

E. **¿Quisiera Ud. una habitación?** Use the information given to tell the desk clerk what kind of a room you want.

MODELO: dos personas / 2.500–3.000 pesetas (2.700 pesetas / sin baño)
—Buenos días, señor. ¿Tiene Ud. una habitación para dos personas, entre 2.500 y 3.000 pesetas?
—Sí, tengo una habitación sin baño por 2.700 pesetas.
—Está bien. o:
—Nosotros quisiéramos una habitación con baño.

1. dos personas / 2.000–2.500 pesetas (2.300 / sin baño)
2. tres personas / 3.000–3.500 pesetas (3.400 / con baño)
3. una persona / 1.500–2.000 pesetas (1.900 / con baño)
4. una persona / 1.200–1.500 pesetas (1.250 / sin baño)

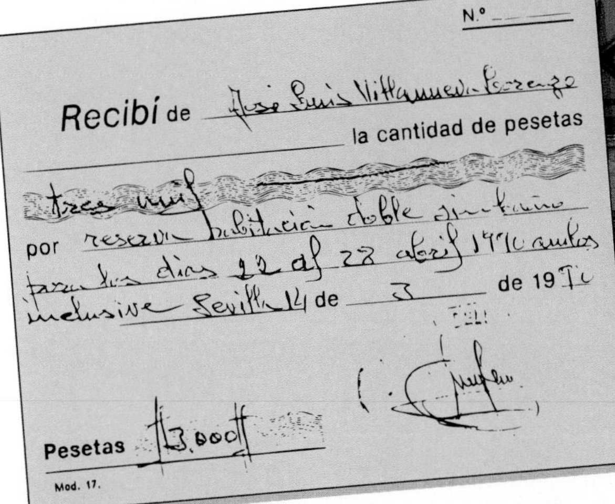

N.º ______

Recibí de José Luis Villanueva Lorenzo

la cantidad de pesetas tres mil

por reserva habitación doble sin baño para los días 22 al 28 abril 1990 ambos inclusive Sevilla 14 de 3 de 1990

Pesetas 3.000

Mod. 17.

¿Tiene una habitación para dos personas?

¡Adelante!

F. **¿Qué opción** *(choice)*? You and your friend have ranked in order of preference the hotels you want to stay in when you visit Sevilla. You are discussing them in order to come to some kind of agreement.

MODELO: Hotel Pasarela / 4 / 2
¿Y el Hotel Pasarela? Es mi cuarta opción. ¿Y tú?
Es mi segunda opción.

1. Hotel Meliá Sevilla / 5 / 3
2. Hotel Bécquer / 8 / 6
3. Hotel América / 9 / 7
4. Hotel Alcázar / 10 / 8
5. Hotel Inglaterra / 2 / 1
6. Hotel Doña María / 7 / última

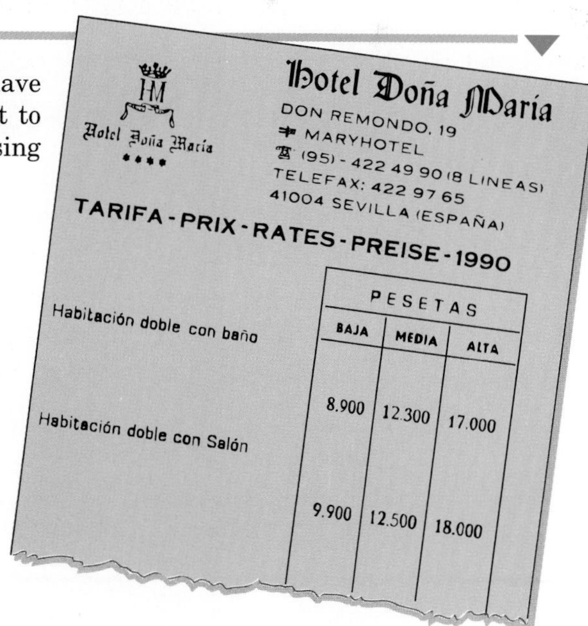

Hotel Doña María ****

Hotel Doña María

DON REMONDO, 19

MARYHOTEL

(95) - 422 49 90 (8 LINEAS)

TELEFAX: 422 97 65

41004 SEVILLA (ESPAÑA)

TARIFA - PRIX - RATES - PREISE - 1990

	PESETAS		
	BAJA	MEDIA	ALTA
Habitación doble con baño	8.900	12.300	17.000
Habitación doble con Salón	9.900	12.500	18.000

G. **Sí, yo tengo una reservación.** You arrive at a hotel where you have made a reservation. Go to the front desk and talk to the employee. Follow the cues provided and work with a partner.

1. Greet the employee.
2. Find out if he or she has a room for two people.
3. Say that you have a reservation and give your name.
4. Confirm that the room costs 2,750 pesetas.
5. Ask if breakfast is included.
6. Thank the employee for the information and say good-bye.

Segunda etapa

En una habitación

Hotel INGLES, situado en el corazón de Madrid, tan próximo a su tradición e historia monumental, como a sus núcleos comerciales y de diversión. En la capital de España, en el lugar preciso, siempre vecino a los puntos de interés.
HOTEL INGLES
Equipado con 58 habitaciones (Suites, Dobles, Individuales), disponiendo cada una de ellas de: Baño completo, Calefacción, Teléfono, así como de los servicios particulares del Hotel: Cafetería-Pub, Salón de TV (color), Hilo musical, Caja de Seguridad individual, Parking privado, Gimnasio.
UN PUNTO
IDEAL
EN EL CENTRO
DE LA CIUDAD
HOTEL INGLES
ECHEGARAY, 8 - TELEF. (91) 429 65 51
28014 MADRID - ESPAÑA

¡Aquí te toca a ti!

A. **El gran hotel...** Based on the brochure on the preceding page, answer the following questions.

1. In what part of Madrid is the hotel located?
2. Near what tourist sights is the hotel located?
3. How many stars does the hotel have? What does that mean?
4. How many rooms does the hotel have?
5. What does a typical room have?
6. Does each room have a television?

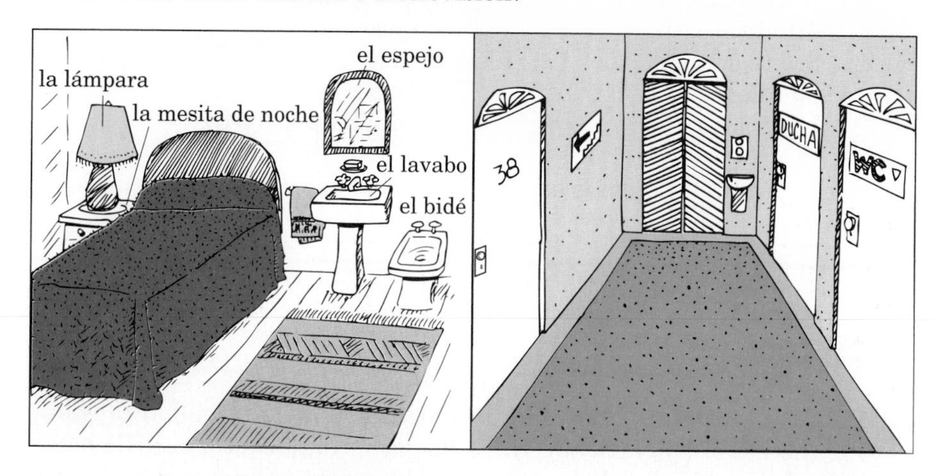

B. **La habitación del hotel** Based on the drawing of the hotel room and the hallway above, answer the following questions. Use the cues in parentheses when they are provided.

1. ¿Cuántas camas hay en la habitación?
2. ¿Dónde está la mesita de noche? (cerca de)
3. ¿Dónde está el lavabo? (al lado de)
4. ¿Dónde está el bidé? (al lado de)
5. ¿Dónde está el ascensor? (al fondo de)
6. ¿Dónde está el WC? (en frente de)
7. ¿Dónde está la ducha? (al lado de)
8. ¿De qué color es la alfombra?

COMENTARIOS CULTURALES

Los números de los pisos

In Spanish, the word **piso** is used for floors above the ground level. The term for ground floor is **la planta baja** (literally, the level of the pavement). This is abbreviated **PB** or sometimes **B** in elevators. Consequently, each **piso** is numbered one floor lower than its designation would be in English:

American hotel	**Spanish hotel**
4th floor	3er piso
3rd floor	2° piso
2nd floor	1er piso
1st floor	Planta baja (PB)/(B)

To indicate that a room is *on* a certain floor, use **en: en el segundo piso.**

Repaso

C. **¿Cuál es el primer hotel de la lista?** You and a friend are reviewing the list of hotels below. He or she asks you about a specific hotel, referring to it by its place on the list using ordinal numbers. You respond to the question. Follow the model.

MODELO: *—¿Cuál es el primer hotel de la lista?*
—El primer hotel es el Hotel Inglaterra.

Inglaterra, pl Nueva 7, 41001, 422 49 70, Telex 72244 – E VISA rest BV **a**
Com 2750 – 550 – **116 hab** 16000/20000 – P 15100/21100

Pasarela sin rest, av. de la Borbolla 11, 41004, 441 55 11, Telex 72486, Fax 442 07 27 – E VISA FR **n**
600 – **82 hab** 10000/15000

Becquer sin rest, Reyes Católicos 4, 41001, 422 89 00, Telex 72884, Fax 421 44 00 – E VISA AV **s**
400 – **126 hab** 5000/7000

Resid. y Rest. Fernando III, San José 21, 41004, 421 77 08, Telex 72491, – VISA CV **z**
Com 2350 – 475 – **156 hab** 7160/8950

América sin rest, con cafeteria, Jesús del Gran Poder 2, 41002, 422 09 51, Telex 72709 – E VISA BU **h**
400 – **100 hab** 8000/13200

Alcazar sin rest, Menéndez Pelayo 10, 41004, 441 20 11, Telex 72360 – E VISA DX **u**
400 – **100 hab** 5000/8000

Doña María sin rest, Don Remondo 19, 41004, 422 49 90, Fax 422 97 65, « Decoración clásica elegante-terraza con ∈ Giralda », – E VISA CV **b**
650 – **61 hab** 11000/17000

Monte Carmelo sin rest, Turia 7, 41011, 427 90 00, Telex 73195 – VISA — FR **f**
375 – **68 hab** 4500/7000

La Rábida, Castelar 24, 41001, 422 09 60, Telex 73062, – hab BV **d**
Com 1400 – 300 – **100 hab** 3500/5500

Corregidor sin rest, Morgado 17, 41003, 438 51 11, Fax 437 61 02 – CTU **g**
69 hab

The preterite of the verb ***dormir***

—¿**Dormiste** mucho anoche? —*Did you sleep* a lot last night?
—Sí, **dormí** ocho horas. —Yes, *I slept* eight hours.

dormir			
yo	**dormí**	nosotros	**dormimos**
tú	**dormiste**	vosotros	**dormisteis**
él / ella / Ud.	**durmió**	ellos / ellas / Uds.	**durmieron**

The verb **dormir** in the preterite is irregular only in the third person singular and plural. Notice that in these forms, only the **o** of the stem changes to a **u**.

A common expression with **dormir** is **dormir la siesta** *(to take a nap)*:

—¿**Dormiste la siesta** ayer? —*Did you take a nap* yesterday?
—Sí, **dormí una siesta** de dos horas. —Yes, *I took a* two-hour *nap*.

Aquí practicamos

D. Replace the words in italics with those in parentheses and make the necessary changes.

1. *Juan* durmió hasta las nueve y media ayer. (su hermana / tú / Elena y Clara / nosotras / yo / Esteban / vosotros)
2. *Yo* no dormí mucho anoche. (Felipe / Uds. / tú / mis padres / nosotros / vosotras)
3. ¿Dormiste *tú* bien anoche? (Juan / Ud. / ellas / tus padres / Uds. / vosotros)

E. Answer the questions.

1. ¿Hasta qué hora dormiste ayer?
2. ¿Hasta qué hora dormiste el sábado pasado?
3. ¿Dormiste en una cama matrimonial *(double bed)* o en una cama sencilla *(twin bed)*?
4. ¿Cómo dormiste anoche? ¿Bien? ¿Mal?
5. ¿Cuántas horas dormiste anoche?
6. ¿Cuántas horas dormiste el sábado pasado?
7. ¿Dormiste la siesta ayer?
8. ¿Quién durmió la siesta el fin de semana pasado?

F. **Preguntas** Ask four questions (one each using **tú**, **Ud.**, **él** or **ella**, and **ellos** or **ellas)** of the other members of your group.

1. dormir mucho en general
2. dormir hasta qué hora el domingo pasado
3. dormir bien anoche
4. dormir la siesta ayer

Aquí escuchamos

Montecarlo, Gravina 51, ✉ 41001, ✆ 421 75 03, Telex 72729 – E VISA
Com *(cerrado domingo)* 1450 – 375 – **25 hab** 3300/5300 – P 5250/5900 AV

¡Es una habitación bonita!

Linda y Kelly están en la recepción del Hotel Montecarlo. Linda continúa su conversación con el empleado.

EMPLEADO: Aquí está la llave, señorita. Uds. están en la habitación 38. Está en el tercer piso.
LINDA: ¿Dónde está el ascensor?
EMPLEADO: Detrás de Uds., a la izquierda.

Linda y Kelly **suben** hasta el tercer piso. Ellas entran en su habitación.

go up

LINDA: Esta habitación es simple pero muy bonita.
KELLY: Sí. Las camas son muy **cómodas**. Mira, ¿tenemos un baño?
LINDA: No es un baño, Kelly. Solamente hay un lavabo, y allí hay un bidé. Los baños están **al fondo** del corredor; buscas la puerta con las letras WC. Y **la ducha** está al lado. Pero es necesario pedir la llave en la recepción.
KELLY: Euh... Los hoteles españoles no son como los hoteles americanos.
LINDA: ¡Claro que no! ¡No estamos en los Estados Unidos!

comfortable
at the end
shower

¡Aquí te toca a ti!

G. **Perdón, señor.** Use the suggested words in parentheses to ask the desk clerk for the information you want.

MODELO: the location of the elevator (dónde está)
Perdón, señor, ¿dónde está el ascensor?

1. what your room number is (cuál es)
2. the location of the toilet (dónde está)
3. the location of the shower (dónde está)
4. the location of the restaurant (dónde está)
5. whether breakfast is included in the price of the room (está incluido)
6. if he has the key for the shower (tiene Ud.)

¡Adelante!

H. **En la recepción** You are at the reception desk of a hotel.

1. Greet the hotel clerk.
2. Say that you would like a room with a bath.
3. The room is for one person for four nights.
4. You would like a room on the fifth floor, if there is an elevator.
5. Find out the price of the room.
6. Ask if breakfast is included.
7. Ask if there is a **metro** station nearby.
8. Thank the hotel clerk.

Tercera etapa

La cuenta: The check

La cuenta

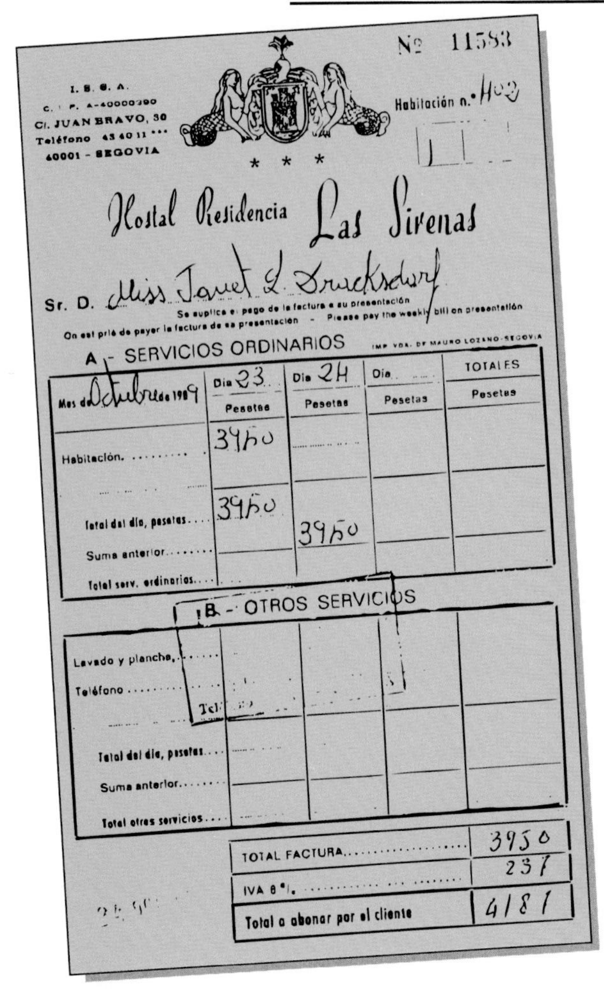
Nº 11583

I. S. G. A.
C. I. F. A-40000290
C/. JUAN BRAVO, 30
Teléfono 43 40 11 ***
40001 - SEGOVIA

Habitación n.º 402

* * *

Hostal Residencia Las Sirenas

Sr. D. Miss Janet L. Bruckdorf

Se suplica el pago de la factura a su presentación
On est prié de payer la facture de sa présentation - Please pay the weekly bill on presentation

A.- SERVICIOS ORDINARIOS

Mes de Octubre de 1989	Día 23	Día 24	Día	TOTALES
	Pesetas	Pesetas	Pesetas	Pesetas
Habitación	3950			
Total del día, pesetas	3950			
Suma anterior		3950		
Total serv. ordinarios				

B.- OTROS SERVICIOS

Lavado y plancha				
Teléfono				
Total del día, pesetas				
Suma anterior				
Total otros servicios				

TOTAL FACTURA	3950
IVA 6 %	237
Total a abonar por el cliente	4187

¡Aquí te toca a ti!

A. **La cuenta** Answer the questions based on the bill.

1. What is the name of the hotel?
2. In what city is the hotel located?
3. What are the dates of the hotel stay?
4. How many rooms is the bill for?
5. How many nights is the bill for? How much did the room cost per night?

Repaso

B. **¿Cuántas horas dormiste tú?** You have heard that high-school students have strange sleeping habits — some sleep a lot and some sleep very little. You want to conduct an informal survey on this. When your teacher gives the signal, circulate around the room and ask how much sleep several of your classmates got on various nights during the past week. Try to find out if there are differences between weekday and weekend nights.

C. **En la recepción** Go to the hotel desk and ask for a room. The student playing the role of the desk clerk will use the suggested information to answer your questions. Follow the model.

MODELO: una persona / con / 2.500 pesetas / 250 pesetas / 1er / 19
—¿Tiene Ud. una habitación para una persona con baño?
—Sí, tenemos una habitación por 2.500 pesetas la noche.
—¿Está el desayuno incluido en el precio?
—No... Tiene que pagar 250 pesetas más.
—Bien. Quiero la habitación.
—De acuerdo. Está en el primer piso. Es la habitación 19.

1. dos personas / sin / 1.900 pesetas /190 pesetas / 2° / 24
2. una persona / con / 2.600 pesetas / 260 pesetas / 5° / 51
3. dos personas / con / 2.950 pesetas / incluido / 4° / 43
4. dos personas / sin / 3.250 pesetas / incluido / 3er / 16

The verbs **salir** *and* **llegar**

Mi hermano **sale** con María.	My brother *goes out* with María.
Salgo para Madrid mañana.	*I leave for* Madrid tomorrow.
Yo **salgo de** la escuela a las 4:00.	I *leave* school at 4:00.
¿A qué hora **llegas a** casa?	At what time *do you get* home?
Yo **llego a** casa a las 4:30.	I *get* home at 4:30.
Mi papá **llega de** Nueva York el viernes próximo.	My father *arrives from* New York next Friday.

yo	**salgo**	**llego**	nosotros	**salimos**	**llegamos**
tú	**sales**	**llegas**	vosotros	**salís**	**llegáis**
él / ella / Ud.	**sale**	**llega**	ellos / ellas / Uds.	**salen**	**llegan**

In the present tense, only the **yo** form of **salir** is irregular. The verb **llegar** is completely regular in the present tense.

Mi hermano **salió** con María el viernes pasado.	My brother *went out* with María last Friday.
Yo **salí de** la escuela a las 4:00 ayer.	I *left* school at 4:00 yesterday.
¿A qué hora **llegaste a** casa?	At what time *did you get* home?
Yo **llegué a** casa a las 4:30.	I *got* home at 4:30.
¿Cuándo **llegó de** Valencia tu amiga?	When *did* your friend *arrive from* Valencia?

yo	**salí**	**llegué**	nosotros	**salimos**	**llegamos**
tú	**saliste**	**llegaste**	vosotros	**salisteis**	**llegasteis**
él / ella / Ud.	**salió**	**llegó**	ellos / ellas / Uds.	**salieron**	**llegaron**

The **yo** form of **llegar** has a spelling change in the preterite. The verb **salir** is completely regular in the preterite.

Salir para means *to leave for* a place.
Salir de means *to leave from* a place.
Salir con means *to go out with* someone.
Llegar a means *to arrive at* a place.
Llegar de means *to arrive from* a place.

Aquí practicamos

D. Replace the italicized words with those in parentheses and make the necessary changes.

1. Cada mañana *Francisco* sale de casa a las 8:30. (Enrique / yo / nosotras / Uds. / tú / vosotros)
2. *Mirta* no salió con Jaime anoche. (Verónica / tú / mis amigos / nosotros / Uds. / yo)
3. ¿Cuándo sales *tú* para España? (Esteban / tus amigos / Uds. / tu hermano / Marta y Julia / vosotras)
4. *Ella* llegó de Madrid ayer. (mi papá / nosotras / ellas / tú / la profesora / Uds. / vosotros)
5. ¿Sabes a qué hora llegó *Elena* a casa ayer por la tarde? (José / Sonia y Claudia / él / Uds. / yo / vosotras)

E. **¿A qué hora?** Use the cues to ask one of your classmates questions. He or she will answer by making up a time. Follow the model and be careful that the tense you use is appropriate for the time you give.

MODELO: Ud. / salir para Chicago mañana
—¿A qué hora sale Ud. para Chicago mañana?
—Salgo para Chicago a las 9:00.

1. tú / salir de casa por la mañana en general
2. ellos / salir del trabajo anoche
3. Uds. / salir para Miami este verano
4. tus padres / salir para el cine el sábado pasado
5. tú / salir del restaurante ayer
6. ellos / salir de Nueva York mañana
7. ella / salir de su clase de español todos los días
8. Uds. / salir de la biblioteca el martes pasado

F. **Preguntas** Ask four questions (one each using **tú**, **Uds.**, **él** or **ella**, and **ellos** or **ellas**) of the students in your group.

1. salir el viernes por la noche
2. salir anoche
3. a qué hora / salir de casa
4. a qué hora / llegar a casa
5. a qué hora / salir de la escuela ayer
6. a qué hora / llegar a la escuela ayer

Aquí escuchamos

Arregle la cuenta, por favor: Prepare the bill, please.

Arregle la cuenta, por favor.

Después de una visita de cinco días, Linda y Kelly van a salir de Sevilla. Son las siete de la mañana. Linda habla por teléfono con la recepción.

LINDA: Buenos días, señor. Quisiera dos desayunos para la habitación 38, por favor. Un café con leche, un chocolate y dos tostadas...Y nosotras salimos hoy. ¿Puede arreglar la cuenta, por favor?
EMPLEADO: Claro, señorita.

Ellas toman su desayuno, hacen sus maletas y bajan a la recepción.

Let's see.

pay with cash

traveler's checks

KELLY: Buenos días, señor. ¿Tiene la cuenta para la habitación 38? Aquí está la llave.
EMPLEADO: Ah, sí. **Vamos a ver**. Cinco noches a 5.500 pesetas, son 27.500 pesetas. Diez desayunos a 350 pesetas, son 3.500 pesetas. 31.000 pesetas, por favor. ¿Van a **pagar en efectivo**, con **cheques de viajero** o con tarjeta de crédito?
KELLY: En efectivo. Aquí tiene 35.000 pesetas.
EMPLEADO: Y aquí tiene Ud. su cambio. Hasta luego, señoritas.
LINDA Y KELLY: Hasta luego, señor.

¡Aquí te toca a ti!

G. **Arregle la cuenta, por favor.** You and your friend are trying to figure out how much you will owe for your hotel room and meals and how you will pay. Use the cues and imitate the model.

MODELO: 3 noches / 2.200 pesetas / 6 desayunos / 220 pesetas / en efectivo
—Tres noches a 2.200 pesetas. Son 6.600 pesetas.
—Seis desayunos a 220 pesetas. Son 1.320 pesetas.
—Vamos a ver... La cuenta es 7.920 pesetas.
—Vamos a pagar en efectivo.

1. 2 noches / 3.000 pesetas / 4 desayunos / 300 pesetas / con cheques de viajero
2. 4 noches / 2.500 pesetas / 8 desayunos / 250 pesetas / en efectivo
3. 3 noches / 1.800 pesetas / 6 desayunos / 200 pesetas / con tarjeta de crédito
4. 7 noches / 3.250 pesetas / 7 desayunos / 250 pesetas / con cheques de viajero

H. **Por favor, señor(a).** Ask questions to get the information you want from the hotel desk clerk. Greet the clerk and find out…

1. if he or she has prepared the bill.
2. how much the bill is.
3. if they accept credit cards.
4. if the train station is far from the hotel.
5. if there is a restaurant at the train station.

Thank the desk clerk and say good-bye.

¡Adelante!

I. **Intercambio** Ask one of your classmates the following questions. He or she will answer.

1. ¿Cuándo sales de la escuela para las vacaciones? ¿Adónde vas?
2. ¿Saliste anoche? ¿Adónde fuiste?
3. ¿A qué hora llegas a la escuela por la mañana?
4. Cuando tú viajas con tu familia, ¿duermen en un hotel o duermen en casa de amigos?
5. ¿Paga tu familia en efectivo o con una tarjeta de crédito?

Vocabulario

Para charlar

Para hablar de una habitación en un hotel

Yo quisiera...	una habitación	para dos personas.
Nosotros quisiéramos...		por tres noches.
Necesitamos...		con una cama matrimonial.
Buscamos...		dos camas sencillas.
Tenemos una reservación.		con baño.
		sin baño.
		en el primer piso.
		con televisor.
		con teléfono.

Para pagar la cuenta

¿Puede Ud. arreglar la cuenta?
¿Tiene Ud. la cuenta para la habitación 38?
Yo voy a pagar en efectivo.
con cheques de viajero.
con una tarjeta de crédito.

Temas y contextos

En el hotel

una alfombra
un ascensor
un baño (una sala de baño)
un bidé
una cabina de teléfono
un corredor
una cuenta
el desayuno (incluido en el precio o no incluido en el precio)
una ducha
el (la) empleado(a)
un espejo
una lámpara
un lavabo
una mesita de noche
el (primer, segundo, tercer, cuarto, quinto) piso
la planta baja
la recepción
el WC

Los números ordinales

el (la) primero(a) / el primer
el (la) segundo(a)
el (la) tercero(a) / el tercer
el (la) cuarto(a)
el (la) quinto(a)
el (la) sexto(a)
el (la) séptimo(a)
el (la) octavo(a)
el (la) noveno(a)
el (la) décimo(a)

Vocabulario general

Sustantivos

la calidad
la categoría
el confort
el lujo
el sistema de clasificación

Adjetivos

cómodo(a)
confortable
incluido(a)
simple
útil

Verbos

clasificar
dormir (ue, u) (la siesta)
llegar de (a)
salir con
    de
    para
subir

Otras expresiones

al fondo
al menos
¡Claro que no!
hay que pasar por…
lo que dice **la Guía Michelín**
lo siguiente
no permiten
Vamos a ver.

CAPÍTULO CINCO

Un año en casa de los Álvarez

Vista de la ciudad de Granada desde la Alhambra, maravilla de la arquitectura árabe.

Primera etapa

Un programa de intercambio

Un programa de intercambio: An exchange program

PROGRAMA DE INTERCAMBIO

Escuela: Santa Fe Capital High School

Apellido: McGill

Nombre: Patrick

Edad (Age): 16

Dirección: Calle: 1606 Jay St.

Ciudad: Santa Fe

Estado (State): New Mexico

País: Estados Unidos

Teléfono: (505) 555-4321

Nombres de sus padres: Susan, Charles

¿Ha vivido en el extranjero? Sí ✓ No____ **¿Ha visitado** el extranjero? Sí ✓ No____

Have you lived outside the country?/ Have you visited

País:	Duración de la visita
Canada	2 semanas
Chile	1 mes

En Granada, prefiere vivir ______ con una familia

✓ en una **pensión** con otros estudiantes norteamericanos

student lodging

Escriba un párrafo en que explique por qué quiere estudiar en una escuela española.

Hace cinco años que estudio español y quiero ser profesor de español algún día. También estudio francés y alemán. Me gustan mucho las lenguas extranjeras y me encanta el español. Mi madre es chilena y mi hermana, Mía, visitó España el año pasado. Quisiera conocer a unos españoles de mi edad y quiero perfeccionar mi español. Un año en Granada va a darme la oportunidad para estudiar la cultura española. Creo que es importante conocer otras culturas y estoy seguro de que voy a beneficiar de este viaje.

¡Aquí te toca a ti!

A. **Un retrato** *(portrait)* **de Patrick** Answer the questions based on the information Patrick provided on the form.

1. ¿Dónde vive Patrick?
2. ¿Cuál es la nacionalidad de su madre?
3. ¿Cuántos años tiene Patrick?
4. ¿Qué países extranjeros ha visitado Patrick?
5. ¿Cuánto tiempo pasó en cada país?
6. ¿Por qué va a Granada?
7. ¿Prefiere él vivir en una pensión o con una familia?

COMENTARIOS CULTURALES

Vivir con una familia en un programa de intercambio
Many exchange programs offer students the possibility of living with a family during their stay in the country where they will be studying. Becoming a member of the family allows students to truly live the culture and isolates them from other American students with whom they would probably speak English. Generally, the families with whom students are placed speak little English, allowing students interaction with native speakers and plenty of practice speaking Spanish!

Pronunciación: *The vowel combination **ue***

The combination **ue** in Spanish is pronounced in one single syllable, similar to the *we* in the English word *wet*.

Aquí practicamos

B. Read each word aloud, carefully pronouncing the combination **ue**.

1. bueno
2. abuelo
3. luego
4. cuerpo
5. después
6. puerta
7. fuerte
8. nuez

Repaso

C. Correct the statements by giving the opposite of each expression in italics.

MODELO: ¿*Llega* él *al* banco?
No, él sale del banco.

1. ¿*Llega* ella *de* Roma?

2. ¿*Sale* él *de* la biblioteca?

3. ¿*Llega* él *a* la escuela?

4. ¿*Llegan* ellos *a* Madrid?

5. ¿*Sale* ella *del* mercado?

6. ¿*Llega* él *de* Oaxaca?

Some time expressions

No me gusta llegar **tarde**, y no me gusta llegar **temprano**. Me gusta llegar **a tiempo**.	I don't like to arrive *late*, and I don't like to arrive *early*. I like to arrive *on time*.
La clase comienza **en** cinco minutos.	The class begins *in* five minutes.
Yo salí de la escuela **hace** media hora.	I left school half an hour *ago*.
El profesor habló **por** una hora.	The professor spoke *for* an hour.

Here are some expressions associated with time:

1. **Temprano, a tiempo, tarde** To express the ideas of *early* and *late* in relation to a specific moment in time (for example, an appointment or the departure time of a plane), use **temprano** and **tarde**. The expression **a tiempo** means *on time*.

   El concierto comenzó a las 8:00. Paula llegó a las 7:30; ella llegó **temprano**. Olivia llegó a las 8:30; ella llegó **tarde**. Santiago llegó a las 8:00; él llegó **a tiempo**.

2. **En** To indicate when a future action will take place, use the preposition **en** as the equivalent of *in*.

   Son las 7:55. El concierto va a comenzar **en** cinco minutos.

3. **Hace, por** As you have learned, **hace** is used with the preterite to indicate *how long ago* a past action occurred, and **por** is used to indicate *for how long* an action continued, continues, or will continue.

   Ahora son las 8:20. El concierto comenzó **hace** veinte minutos.
   El concierto terminó a las 10:00. La orquesta tocó **por** dos horas.

Aquí practicamos

D. **La clase de matemáticas comienza a las 9:00.** Answer the questions based on the information provided.

1. Ahora son las 8:50. Joaquín está durmiendo. Él vive lejos de la escuela. ¿Va a llegar a tiempo a su clase de matemáticas?
2. Ahora son las 7:30. Gabriela se está desayunando. Ella va a salir de casa en veinte minutos. Ella vive muy cerca de la escuela. ¿Va a llegar a tiempo para su clase de matemáticas?
3. Ahora son las 8:30. ¿En cuántos minutos va a comenzar la clase de matemáticas?
4. Ahora son las 9:15. ¿Cuánto hace que comenzó la clase de matemáticas?

E. **En la Sierra Nevada** Given that in the Sierra Nevada the ski season begins on December 1, how would you answer the following questions?

1. Hoy es el 1º de noviembre. ¿Cuánto hace que va a comenzar la temporada *(season)* del esquí?
2. Podemos esquiar hasta el 1º de abril. ¿Por cuántos meses podemos esquiar en la Sierra Nevada?
3. Hoy es el 1º de febrero. ¿Cuánto hace que comenzó la temporada del esquí?
4. Nos gusta esquiar el primer día de la temporada. Hoy es el 10 de noviembre. Tenemos dos semanas de clase antes de nuestras vacaciones. Necesitamos tres días para llegar a la Sierra Nevada. ¿Vamos a llegar tarde para el primer día de la temporada?

NOTA GRAMATICAL

Parts of an hour

un cuarto de hora *a quarter of an hour*
media hora *half an hour*
tres cuartos de hora *three quarters of an hour*
diez minutos *ten minutes*
cuarenta minutos *forty minutes*

F. **Ahora son las 2:30.** Assuming that it is now 2:30, answer the following questions.

1. Juan va a llegar en un cuarto de hora. ¿A qué hora va a llegar?
2. Eva salió de casa hace media hora. ¿A qué hora salió ella de casa?
3. Donaldo salió de su trabajo hace un cuarto de hora. Él trabajó por una hora. ¿A qué hora comenzó a trabajar?
4. Sara va a estar en el museo una hora y tres cuartos. Ella va a llegar al museo en media hora. ¿A qué hora va a salir del museo?

Aquí escuchamos

¡Aquí está tu habitación!

Es el mes de agosto y Patrick McGill acaba de llegar a Granada. Su familia española **lo recoge** en el aeropuerto y **lo lleva** a casa. Cuando llegan a la casa, **le muestra** el primer piso y lo lleva a su habitación.

picks him up / takes him
they show him

SRA. ÁLVAREZ: Aquí está tu habitación, Patrick.
PATRICK: Muchas gracias, señora. La habitación es muy bonita.
SRA. ÁLVAREZ: Sí, es muy confortable. Tienes una cama grande, un **sillón**, este escritorio con una lámpara y esos estantes para tus libros.
PATRICK: ¿Dónde puedo poner mis cosas?
SRA. ÁLVAREZ: Tienes un clóset allí a la izquierda y aquí tienes una cómoda con cuatro **cajones**.
PATRICK: ¿Dónde está el baño?
SRA. ÁLVAREZ: El baño está a la derecha en el corredor. Allí hay **toallas** y **jabón**. Allí puedes **dejar** tu **ropa sucia**. Yo **lavo** la ropa los sábados.
PATRICK: Muchas gracias, señora. Ud. es muy **amable**.

armchair
drawers
towels
soap / leave / dirty clothes / wash
nice

¡Aquí te toca a ti!

G. **¿Qué hay en la habitación de Patrick?** Describe Patrick's room according to what you see in the drawing below.

H. **Aquí está tu habitación**. A friend is spending a week at your house during vacation. Show him or her where he or she will stay and describe what is in the room. Don't forget to let your friend know where the bathroom is. A classmate will play the role of your friend and ask you additional questions. Begin by saying, **Aquí está tu habitación.**

¡Adelante!

I. **Intercambio** Use Spanish to learn the following basic information about a classmate. Then ask follow-up questions to get more details.

1. What time does he or she arrive at school in the morning? Is he or she usually early, on time, or late?
2. In how many minutes does his or her next class begin?
3. Does he or she prefer to arrive early for class?
4. Is he or she often late for classes?
5. How long does it take him or her to do the Spanish homework at night?
6. When (in how many months or years) is he or she going to finish high school?

J. **Mi habitación** Your classmate is very interested in finding out what your room is like. Describe it in detail. Your friend may ask questions to get more information.

Segunda etapa

Una carta de agradecimiento: A thank-you letter

Una carta de agradecimiento

Santa Fe, 10 de julio de 1990

Queridos: Dear

Queridos Sr. y Sra. Álvarez,

los extraño: I miss you / *estancia:* stay / *inolvidable:* unforgettable / *les agradezco:* I thank you / *corazón:* heart

Hace quince días que salí de Granada y los extraño. Mi estancia en su casa fue inolvidable y les agradezco con todo el corazón su hospitalidad. Yo aprendí mucho en España y voy a continuar mis estudios de español en mi escuela y después en la universidad. Voy a hablarles a mis amigos de mi escuela de Granada y de mi familia española.

hablarles a mis amigos: talk to my friends

espero que Uds. puedan: I hope that you can

conocerlos: to meet you

Mil gracias y espero que Uds. puedan visitar la ciudad de Santa Fe algún día. Mis padres quisieran conocerlos.

abrazo: hug

Un abrazo,
Patrick

¡Aquí te toca a ti!

A. **Hace... que** Explain how long ago something happened by using the expression **hace... que...** and the cues provided. Follow the model and be sure to use the preterite of the verbs provided.

MODELO: quince días / yo / salir
Hace quince días que salí.

La Alhambra

1. dos meses / nosotros / visitar a la Sra. Benítez
2. tres días / él / ir a Granada
3. ocho horas / ella / conocer a su familia española
4. dos años / yo / terminar mis estudios
5. una hora / ellos / salir
6. un mes / Ud. / llegar
7. un cuarto de hora / ella / cenar
8. cuatro años / nosotros / viajar a Sante Fe

Pronunciación: *The vowel combination* ***uo***

The combination **uo** in Spanish is pronounced in one single syllable, similar to the English word *woe*.

Práctica

B. Read each word aloud, carefully pronouncing the combination **uo**.

1. continuo	3. antiguo	5. mutuo	7. arduo
2. monstruo	4. continuó	6. cuota	8. actuó

Repaso

C. **El día de Juan José** Describe what Juan José did today according to what you see in the drawings.

MODELO: ¿Hasta qué hora durmió Juan José?
Él durmió hasta las 8:00.

1. ¿En cuántos minutos comienzan sus clases?

2. ¿Va a llegar a tiempo para su primera clase?

3. ¿A qué hora sale de la escuela?

4. ¿Llegó tarde para el autobús?

5. ¿En cuántos minutos llega a casa?

6. ¿Qué hace hasta las 4:30?

7. ¿Va a llegar a tiempo para la cena?

8. ¿En cuánto tiempo hace su tarea *(homework)*?

The 24-hour clock

El partido comienza a las **19:00.** The game begins at *7:00 p.m.*
Nosotros llegamos a las **20:45.** We arrived at *8:45 p.m.*

You have already learned the conversational method of telling time in Spanish. But in airports and railroad stations, on radio and TV, and at concerts and movies, official time based on the 24-hour clock is used in the Spanish-speaking world. Note that military time in English is also expressed in official time. The basic differences between the two are:

Conversational time	**Official time**
• Is based on a 12-hour clock	• Is based on the 24-hour clock (0 = midnight, 12 = noon)
• Divides the hour into two 30-minute segments (after and before the hour)	• Treats the hour as a 60-minute whole (that is, only moves forward)
• Uses **y cuarto, y media, menos cuarto, media noche, mediodía**	• Uses only cardinal numbers **y quince, y treinta, y cuarenta y cinco, veinte y cuatro horas, doce horas)**

The easiest way to switch from official time to conversational time is to *subtract* twelve from the hour of official time *unless* the hour is already less than twelve.

Conversational time		**Official time**	
9:45 a.m.	las diez menos cuarto	9:45	nueve horas y cuarenta y cinco
12:30 p.m.	las doce y media	12:30	doce horas y treinta
2:50 p.m.	las tres menos diez	14:50	catorce horas y cincuenta
11:15 p.m.	las once y cuarto	23:15	veintitrés horas y quince

Aquí practicamos

D. Change official time to conversational time.

MODELO: 15:00
las tres de la tarde

1. 13:00
2. 9:00
3. 22:00
4. 12:00
5. 3:15
6. 15:30
7. 20:45
8. 18:06

E. **Horarios** Tenerife is the largest of Spain's Canary Islands. Each week, Iberia and British Caledonia Airways (BCA) have four flights from Madrid to Santa Cruz de Tenerife. Look at the following time tables. For each day given below, indicate first the official times of departure and arrival of the daily flights and then their conversational equivalents.

Madrid–Tenerife — Salidas del Aeropuerto Barajas			
	Vuelos *(Flights)*	**Salidas**	**Llegadas**
martes	Iberia 831	08:15	11:50
jueves	BCA 29	20:30	00:10
sábado	BCA 37	10:45	14:20
domingo	Iberia 867	21:15	00:25

Tenerife–Madrid — Llegadas al Aeropuerto Barajas			
lunes	Iberia 868	13:25	16:55
miércoles	Iberia 832	00:10	03:55
viernes	BCA 30	12:40	16:10
domingo	BCA 38	00:15	03:20

1. los lunes
2. los martes
3. los miércoles
4. los jueves
5. los viernes
6. los sábados
7. los domingos

F. Use conversational time to explain your answers to the following questions.

1. El avión tarda una hora para llegar de Madrid a Barcelona. Ud. quiere llegar a Barcelona a las 9:00 de la noche. ¿Va a tomar el avión de las 15:00, las 18:00, las 20:00 o las 21:00?
2. Ud. quiere ir al cine pero tiene que volver a casa antes de las 6:00 de la tarde. La película es de dos horas y comienza a las 13:00, 16:00, 19:00 y 22:00. ¿A qué hora va al cine?

3. Hay un programa de televisión a las 22:30. De costumbre Ud. duerme de las 10:00 de la noche hasta las 6:00 de la mañana. ¿Va a mirar el programa?
4. Ud. va a la estación de trenes para recoger *(pick up)* a sus padres. Su tren llega de Barcelona a las 17:30. Ud. llega a la estación a las 4:30 de la tarde. ¿Llegó Ud. a tiempo?
5. Ud. invitó a un(a) amigo(a) a un concierto. El concierto va a comenzar a las 21:00. Tarda media hora para ir del apartamento de su amigo(a) al concierto. ¿A qué hora va a llegar al apartamento de su amigo(a)?

Aquí escuchamos

La salida

The departure

Al fin del año, Patrick salió de Granada y volvió a los Estados Unidos. El día que salió, él fue a casa de su vecino para **despedirse de su amigo** Miguel.

say goodbye to his friend

PATRICK: Pues... Llegó el momento... Adiós, Miguel. Y gracias por todo.
MIGUEL: ¿Cuándo sale tu tren?
PATRICK: A las 13:00. Y tomo el avión de la noche a Nueva York.
MIGUEL: Buena suerte. Yo quisiera visitar los Estados Unidos algún día.
PATRICK: Tú puedes venir a pasar unos meses en los Estados Unidos el año próximo, si quieres.
MIGUEL: Es muy caro. **En todo caso**, tú vas a volver el verano próximo, ¿verdad?
PATRICK: Sí. **¡Ojalá que sí!**

In any case

I hope so.

Una hora después en la estación de trenes

SR. ÁLVAREZ: Bueno, Patrick. Ten cuidado y buen viaje.
SRA. ÁLVAREZ: ¿Tienes tus billetes?
PATRICK: Sí, señora. Y quiero agradecerles una vez más **todo lo que hicieron** para mí.
SRA. ÁLVAREZ: Escribe **pronto**. Y aquí tienes unos **dulces** para tu viaje.
PATRICK: Gracias, señora. Hasta luego, señores Álvarez.
SR. ÁLVAREZ: Sí, hasta el verano próximo. Saludos a tus padres.

everything you did

soon / sweets

¡Aquí te toca a ti!

G. **Mil gracias** You have just spent a month with a Spanish family and are about to return to the United States. As your classmate plays a member of the family, enact the following conversation.

1. Thank him or her for everything.
2. Ask if he or she is going to visit the United States next summer.
3. Say that you would like to return to Spain very soon.
4. Tell him or her that you learned a lot and that you are going to tell your friends in the United States about Spain.

¡Adelante!

H. **Un viaje a las Islas Canarias** You are helping a friend plan a trip to the Canary Islands. He or she is starting from Valencia. Use official time to discuss the plans.

1. Ask if he or she wants to travel in the morning or afternoon.
2. Explain that the morning flight leaves Tuesday at 10:15 a.m. and arrives in Tenerife at 12:35 p.m. The afternoon flight leaves Saturday at 12:55 p.m. and arrives in Tenerife at 2:25 p.m.
3. Tell him or her that the cost of the ticket is 20.000 pesetas.
4. Find out in how many days your friend is going to leave for Tenerife.
5. Find out which flight your friend is going to take.
6. Find out how much time your friend will spend in Tenerife.
7. Explain that you would like to go to Tenerife too, but that you don't have enough money. You are going to spend the vacation at home.

 **Vocabulario** 

Para charlar

Para hablar del horario

llegar a tiempo
llegar tarde
llegar temprano
en (veinte minutos, etc.)
por (una hora, etc.)
hace (un año, dos días, etc.)
un cuarto de hora
media hora
tres cuartos de hora
diez (etc.) minutos

Para decir que extrañamos a alguien

Te extraño
Los extraño

Para dar las gracias

Les agradezco.
Les agradezco con todo el corazón su hospitalidad.
Mil gracias por…
Muchas gracias por...

Temas y contextos

Los muebles de una habitación

una cama
un clóset
una cómoda con dos cajones
cuatro cajones
un escritorio
un estante
una lámpara
una silla
un sillón

Vocabulario general

Sustantivos

un dulce
una edad
un estado
un país
un programa de intercambio
una salida

Verbos

beneficiarse
extrañar
lavar
perfeccionar

Adjetivos

amable

Otras palabras y expresiones

un abrazo
despedirse de su amigo(a)
durante
en todo caso
espero que Uds. puedan visitar
el jabón
lo muestra
lo lleva
lo recoge
prestar atención
querido(a)
queridos(as)
la ropa sucia
una toalla

CAPÍTULO SEIS

Busco un apartamento

Muchas personas de las ciudades de España viven en edificios grandes y modernos como éste.

Primera etapa

Anuncios del periódico

Anuncios del periódico: Newspaper ads

Goya. **Vacío**. Dos dormitorios. 60 m^2. **Cocina amueblada. Comedor**. Baño. Teléfono. **Terraza**. 5° piso. Ascensor. Tel. 2 43 94 54

Prado. Completamente amueblado. 225 m^2. Aire acondicionado. Piscina. Tres dormitorios. Garaje. Dos baños. Dos terrazas. 4° piso. Ascensor. Llamar después de las 20h. Tel. 4 20 28 87

Lavapies. Un dormitorio. Baño. Teléfono. Cocina amueblada. Piscina. **Jardín**. Tenis. Llamar después de las 16h. Tel. 5 31 67 06

Ventas. Vacío. 185 m^2. Cuatro dormitorios. Dos baños. Dos terrazas. Cocina grande. **Estacionamiento**. Comedor. 7° piso. Dos ascensores. Tel 5 73 34 30

Plaza de España. Completamente amueblado. **Sala de estar** grande. Dos dormitorios. 125 m^2. Cocina grande. Baño. 3er piso. Llamar mañanas. Tel. 2 45 85 42.

Centro. Tres dormitorios. Cocina amueblada. Garaje. Piscina. Jardín. Tel. 4 52 58 24 noche.

Vacant

furnished kitchen / Dining room / Living room

Garden

Terrace

Parking

¡Aquí te toca a ti!

A. Read the preceding ads carefully. What do you think the following words mean?

1. aire acondicionado
2. completamente
3. dormitorio
4. tenis
5. garaje
6. llamar

B. **¡No comprendo!** You're helping out some friends who have just moved to Madrid. Because they speak very little Spanish, they don't understand how to read the classified ads. Help them by describing the apartments that are for rent on page 175.

MODELO: *El apartamento está cerca de la estación de metro Goya. Está vacío y tiene dos dormitorios. Tiene unos 60 metros cuadrados* (square meters) *y la cocina está amueblada. También tiene un comedor, baño, teléfono y terraza. Está en el quinto piso y hay un ascensor en el edificio.*

Goya. Vacío. Dos dormitorios. 60 m^2. Cocina amueblada. Comedor. Baño. Teléfono. Terraza. 5° piso. Ascensor. Tel. 2 43 94 54

Pronunciación: *The vowel combination **ui***

The combination **ui** in Spanish is pronounced in one single syllable, similar to the English word *we*. Note that in the word **muy**, the same sound is spelled **uy.**

Práctica

C. Read each word aloud, carefully pronouncing the combination **ui**.

1. fui
2. Luis
3. Ruiz
4. ruido
5. muy
6. fuimos
7. buitre
8. cuidado

Repaso

D. **¿A qué hora presentan los programas?** You and your friends are on a class trip. Some of your friends want to watch TV, but they're having trouble figuring out the television schedule because the times are based on the 24-hour clock. Look at this program listing taken from a Spanish newspaper, and answer their questions using conversational time.

PROGRAMACIÓN

TVE-1

9,05 Los Mapaches.
9,30 Compañeros.
10,00 El día del Señor. Santa misa.
11,00 Avance Telediario.
11,05 Concierto.
11,45 Pueblo de Dios.
12,15 Campo y mar.
12,45 I Sorteo europeo de lotería primitiva. Con motivo del primer sorteo europeo de lotería primitiva y lotos del Estado, la TF-1 (Cadena francesa de TV) realizará un programa especial de variedades que TVE ofrecerá en diferido. Junto a los sorteos de Portugal, Irlanda, Bélgica, Suiza, Italia, Francia y España, actuarán Kaoma, Phil Collins, Eros Ramazotti, Roe y el grupo español Mecano.
14,00 Nuestra Europa.
14,30 Domingo revista.
15,00 Telediario fin de semana.
15,35 Calimero. Episodio n.º 8.
16,05 La comedia. «Señorita en desgracia» («A damsel in distress»), 1937, 97 min. aprox. Dirección: George Stevens. Guion: P. G. Wodehouse. Música: George e Ira Gershwin. Fotografía: Joseph H. August. Nacionalidad: Norteamericana. Intérpretes: Fred Astaire, Joan Fontaine, George Burns, Gracie Allen, Reginald Gardiner, Ray Noble. Lady Alice, hija única de un aristócrata inglés, busca marido. El que ha buscado su autoritaria tía Carolyn es un atolondrado «hijo de papá», Reginald, que no complace a Alice. Lady Carolyn hace vigilar a Alice por el mayordomo Keggs para evitar que vea a un misterioso americano quien, según se dice, es su auténtico amor.
17,50 Dibujos animados.
18,10 Juego de niños.
18,40 Alf. «La boda de Neal».
19,05 Waku-Waku.
19,35 Doce del patíbulo. La misión consiste en infiltrarse en la convención anual a la que asisten cien oficiales de confianza de Hitler. Esta vez los «doce» se harán pasar por artistas de circo.
20,30 Telediario fin de semana.
21,00 El tiempo.
21,08 En portada.
21,55 Domingo cine. «Profecía de un delito» («Les magiciens»), 1975, 90 min. Dirección: Claude Chabrol. Guión: Pierre V. Lesou, Adriano Bolzoni. Fotografía: Jean Tabier. Nacionalidad: Italo-franco-alemana. Intérpretes: Franco Nero, Stefania Sandrelli, Jean Rochfort, Gert Frobe, Gila von Weitershausen. Un prestidigitador, dotado también de poderes paranormales, llega al Norte de África contratado por un gran hotel en el que tendrá que actuar todas las noches. Él ha predicho numerosas catástrofes y ahora está obsesionado con la visión de una mujer para tratar de identificar a la futura víctima y, si es posible, impedir el asesinato.
23,40 Avance Telediario.
23,45 Ópera.
2,15 Despedida y cierre.

TVE-2

7,45 Carta de ajuste
7,59 Apertura
8,00 Con tu cuerpo.
8,15 Por el ancho mundo.
8,45 Cursos de idiomas.
10,00 Los Picapiedra.
10,25 Cine para todos. «La princesa del penique» («Penny Princess»), 1952, 90 min.
12,00 Domingo deporte. 12,15: Baloncesto. Play-off por el título, semifinal. Rugby, campeonato de Europa: España-Bulgaria. En diferido desde la Ciudad Universitaria de Madrid. 15,00: Tenis, campeonato internacional femenino de Alemania, final. En directo desde Berlín. 17,00: Balonmano. Campeonato Nacional de Liga: F. C. Barcelona-Cacaolat Granollers. En directo desde el Palau Blau Grana, de Barcelona. Hípica, Copa de S. M. el Rey. En diferido desde Madrid. Resumen.
18,30 Kung Fu.
19,25 Dos cadenas para ti.
19,55 El precio justo.
21,30 Estudio estadio. Incluye: Baloncesto NBA.
0,00 Tiempo de creer.
0,15 Filmoteca 2. «Robin de los bosques» («Robin Hood»), 1922, 117 min. Dirección: Allan Dwan. Guión: Elton Thomas. Fotografía: Arthur Edeson. Decorados: Wilfrid Buckland, Irvin J. Martin. Nacionalidad: Norteamericana. Intérpretes: Douglas Fairbanks, Enid Bennett, Wallace Beery, Alan Hale, Sam Grasse.
2,15 Despedida y cierre.

1. ¿A qué hora presentan "Alf"?
2. ¿A qué hora presentan "Kung Fu"?
3. ¿A qué hora presentan la película "Robin de los Bosques"?
4. ¿A qué hora presentan una ópera?
5. ¿A qué hora presentan un concierto?
6. ¿A qué hora presentan unos cursos de idiomas?

Televisión de Galicia.
EL MEDIO DE LLEGAR A GALICIA

The verb ***decir***

—**¿Dicen Uds.** la verdad?	—*Are you telling* the truth?
—Claro! Siempre **decimos** la verdad.	—Of course! *We* always *tell* the truth.
—¿Qué **dijo** el profesor ayer?	—What *did* the professor *say* yesterday?
—**Él dijo** que no.	—*He said* no.

The verb **decir** *(to say, to tell)* is irregular in both the present and the preterite tenses.

Present:

yo	**digo**	nosotros	**decimos**
tú	**dices**	vosotros	**decís**
él / ella / Ud.	**dice**	ellos / ellas / Uds.	**dicen**

Preterite:

yo	**dije**	nosotros	**dijimos**
tú	**dijiste**	vosotros	**dijisteis**
él / ella / Ud.	**dijo**	ellos / ellas / Uds.	**dijeron**

Aquí practicamos

E. Replace the words in italics with those in parentheses and make the necessary changes.

1. *Uds.* siempre dicen la verdad. (tú / ellas / él / ellos / Ud.)
2. ¿Qué dices *tú*? (ella / ellos / Uds. / Carlos / vosotros)
3. *Él* dice que no. (el profesor / nosotros / tú / ella / Ud. / vosotras)

F. **¿Qué dicen ellos?** You're sitting in a café with a large group of friends. Because of the street noise, you can't hear what some of your friends are saying; so you have to keep asking what's going on. Use the cues to ask your questions.

MODELO: ellos
¿Qué dijeron ellos?

1. ella
2. tú
3. Uds.
4. ellas
5. él
6. ellos

G. **Ellos dicen que...** Now that you've asked, the person sitting next to you at the table repeats everything that is said.

MODELO: ellos / hace buen tiempo hoy
Dijeron que hace buen tiempo hoy.

1. ella / va a nevar
2. yo / hay niebla por las calles
3. nosotros / hace mucho frío
4. ellas / van a esquiar
5. él / María tuvo un accidente
6. ellos / el accidente no fue serio

NOTA GRAMATICAL

Expressions with ***decir***

Para decir la verdad, no me gusta el francés.	*To tell the truth*, I don't like French.
¿Qué quiere decir esto?	*What does* this *mean*?
¿Cómo se dice "documentary" en español?	*How do you say* "documentary" in Spanish?

The verb **decir** is used in a variety of everyday expressions:

para decir la verdad	*to tell the truth*
decir que sí (no)	*to say yes (no)*
querer decir	*to mean*
¿Cómo se dice...?	*How do you say...?*
¿Qué dijiste?	*What did you say?*

H. Decide which of the **decir** expressions best fits the following situations.

1. You want to know how to say "apartment building" in Spanish.
2. You didn't hear what your brother said to you.
3. You explain that, to tell the truth, you are not sure.
4. You want to find out what someone means by what he or she said.
5. You explain that you mean that your teacher is very difficult.
6. You want to tell someone that the teacher said no.

Aquí escuchamos

Buscamos un apartamento

Patrick vuelve a Granada con un amigo. Ellos **revisan** los anuncios del periódico para encontrar un apartamento.

look over

PATRICK: ¡Mira! Encontré uno. Un apartamento con dos dormitorios y está amueblado.
RICHARD: ¿Dónde está ese apartamento?
PATRICK: Está muy cerca de la universidad.
RICHARD: Si está amueblado, **debe ser** muy caro.
PATRICK: **El alquiler** es 70.500 pesetas cada mes.
RICHARD: ¡Espera un momento! ¡Es carísimo!
PATRICK: Bueno, amigo. Vamos a buscar otro más pequeño.

it must be
The rent

¡Aquí te toca a ti!

I. **Buscamos un apartamento.** You and your friend are now college students and have just arrived in Madrid on a study abroad program from your university. Part of the experience is that you must find your own lodging. Look at the apartment ads from the classified section of the newspaper and carry out the following tasks: (1) describe the apartments according to the ads; (2) decide which apartments are too expensive; and (3) decide which apartment you're going to rent (**alquilar**).

Cuatro Caminos. Amueblado. Cuatro dormitorios. Dos baños. Comedor. Dos terrazas. Piscina. 95.000 ptas. Tel. 4 12 54 40

Argüelles. Tres dormitorios. Cocina grande. Comedor. Todo amueblado excepto salón. 50.000 ptas. Tel. 6 10 90 87

Lavapies. Amueblado. Comedor. Un dormitorio. Teléfono. Terraza. Piscina. Tenis. 70.000 ptas. Tel. 8 14 23 85

Delicias. Un dormitorio grande. Cocina amueblada. Aire acondicionado. Jardín. Tel. 7 21 40 89 noche.

Legazpi. Vacío. Dos dormitorios. Comedor. Baño. Cocina. 30.000 ptas. Tel. 4 50 17 76

Goya. Amueblado. Dos dormitorios. Comedor. Cocina. Baño. Terraza. 60.000 ptas. Tel. 3 15 41 55

CASAS DE RENTA ANTIGUA
PAGAMOS.
AL MAS ALTO PRECIO.
CASAS DE RENTA ANTIGUA S/a
TORRE DE MADRID PLANTA 7
con la garantía de
Teléfono 248 67 97
ORGANIZACION INMOBILIARIA LOPEZ-BREA

¡Adelante!

J. **Mi casa (Mi apartamento)** Describe your dream house or apartment to one of your classmates. Where is the house or apartment located? How do you get from there to school? How many rooms does it have? Name the rooms. How big are the rooms? On what floor are the rooms located? Is there a garden? Do you have a garage? Is there an elevator? Your classmate will ask you questions to get more information.

Segunda etapa

Mi apartamento

¡Aquí te toca a ti!

A. **Un apartamento nuevo** You and your family are about to move into a new apartment. Using words you already know and the new vocabulary in the drawings, imagine how you'll furnish each room. Use the verb **poner** *(to put)* in the infinitive form according to the model.

MODELO: el dormitorio
En el dormitorio voy a poner una cama, un televisor, etc.

1. la cocina
2. el dormitorio
3. la oficina
4. la sala de estar

B. **Donde yo vivo** Describe the furniture in each room of the house or apartment in which you live.

Pronunciación: *The vowel combination* ***ai***

The combination **ai** in Spanish is pronounced in one single syllable, similar to the English word *eye.* Notice it can also be spelled **ay**, as in the Spanish words **hay** and **ay**.

Aquí practicamos

C. Read each word aloud, pronouncing the combination **ai** carefully.

1. aire
2. baile
3. paisaje
4. habláis
5. hay
6. ¡ay!
7. caimán
8. compráis

Repaso

D. **¿Qué dijiste?** Use the cues to create a sentence. One of your classmates, who didn't hear, will ask you what you said. You will then respond, using the verb **decir.** Follow the model.

MODELO: ella / aprender
—Ella aprendió español en la escuela.
—¿Qué dijiste?
—Dije que ella aprendió español en la escuela.

1. ellos / hablar por teléfono
2. yo / ir a Granada
3. ella / aprender el ruso
4. él / llegar tarde
5. nosotros / buscar a Silvia
6. yo / comprar una moto
7. ellas / mirar la TV
8. ellos / hacer las maletas

E. **Su casa está...** Describe the homes of the people listed below to a group of your classmates. In addition to saying where each is located, be precise about what it is like (rooms, furnishings, etc.). Use sentences like: **Su casa está...** and **Su casa tiene....**

1. a teacher
2. a famous actress
3. a professional athlete
4. a famous rock star

The verb **poner**

Voy a poner el sofá en la sala de estar.	*I'll put* the couch in the living room.
Ella puso el televisor en el dormitorio.	*She put* the television in the bedroom.
Yo puse el estante en mi oficina.	*I put* the bookcase in my office.
Yo pongo la mesa.	*I set* the table.

The verb **poner** has several meanings. It may mean to put or to place something somewhere. It can also be used in the idiomatic expression **poner la mesa** *(to set the table).*

Present:

yo	**pongo**	nosotros	**ponemos**
tú	**pones**	vosotros	**ponéis**
él / ella / Ud.	**pone**	ellos / ellas / Uds.	**ponen**

Notice that only the **yo** form of **poner** is irregular in the present.

Preterite

yo	**puse**	nosotros	**pusimos**
tú	**pusiste**	vosotros	**pusisteis**
él / ella / Ud.	**puso**	ellos / ellas / Uds.	**pusieron**

COMENTARIOS CULTURALES

El piso
In large cities like Madrid, because of the way space is used, it is rare to find suburbs as we know them in this country. What happens is that large apartment-like buildings are constructed that contain units with several rooms each. A unit, called **un piso**, can consist of a kitchen, living room, dining room, bathrooms, and bedrooms. People in Madrid buy **pisos** (similar to our condominiums) the same way we would buy houses in the suburbs.

Aquí practicamos

F. Replace the words in italics with those in parentheses and make the necessary changes.

1. *Yo* no pongo la mesa. (nosotras / ella / ellos / tú / Uds. / vosotros)
2. *Tú* pones los libros en el estante. (ella / ellos / nosotros / yo / Uds. / Ud.)
3. *Ella* pone la ropa en el clóset. (yo / nosotras / ellas / él / vosotros)

G. **¿Dónde pusiste...?** You are discussing with a friend how you arranged your apartment. Work with a partner, use the cues, and follow the model.

MODELO: la cómoda / el dormitorio
—¿Dónde pusiste la cómoda?
—Puse la cómoda en el dormitorio.

1. el escritorio / la oficina
2. la cama / el dormitorio
3. la mesa / la cocina
4. el sofá / la sala de estar
5. el sillón / el dormitorio
6. el televisor / la sala de estar
7. los estantes / la oficina
8. el horno de microondas / la cocina
9. los cuadros / el dormitorio
10. las cortinas nuevas / la sala de estar
11. las cortinas viejas / la oficina
12. la lámpara nueva / el dormitorio

Aquí escuchamos

Vamos a arreglar el apartamento

Patrick y su amigo Richard por fin encontraron un pequeño apartamento. Cuando ellos llegan, deciden **arreglar** el apartamento. — to arrange

PATRICK: A ver. ¿Cómo podemos arreglar los **muebles**? — furniture
RICHARD: ¿Por qué no ponemos esta mesita en la cocina? Así podemos comer allí y no en la sala de estar.
PATRICK: Buena idea. Tú sabes cocinar, ¿verdad?
RICHARD: Un poco, pero vamos a aprender mucho.
PATRICK: Vamos a poner el sofá allí cerca de la **ventana**. Así tenemos más **espacio** en la sala de estar. — window; space
RICHARD: ¿Y qué quieres hacer con el sillón?
PATRICK: Podemos poner el sillón cerca de la mesita con la lámpara.
RICHARD: De acuerdo. Prefiero poner esta cómoda **contra la pared**. ¿Te gusta así? — against the wall
PATRICK: Está bien. ¡Pero tengo un hambre increíble!
RICHARD: Yo también. Vamos. Aquí al lado está un restaurante donde tienen unas tapas estupendas.
PATRICK: ¡Vamos!

¡Aquí te toca a ti!

H. **¡Vamos a arreglar el apartamento!** Using the furniture names you have learned, work with several classmates to create a floor plan for an apartment and decide how you're going to arrange your furniture. When your group is finished, compare your arrangement with that of another group. Use the present tense of **poner** when you make your plans. (**Pongo las dos camas en el segundo dormitorio**). Then use the *preterite* to explain to the other group what you did. (**Pusimos las dos camas en el segundo dormitorio**).

¡Adelante!

I. Describe the furniture in your dream house or apartment to one of your classmates. Tell what furniture is in what rooms. Your classmate will ask you questions to get more information.

Vocabulario

Temas y contextos

Los anuncios en el periódico para una casa o un apartamento

aire acondicionado
(completamente) amueblado
la cocina
el comedor
el dormitorio
el estacionamiento
el garaje (para dos coches)
el jardín
la sala de estar
la terraza
vacío(a)

La cocina y los muebles

las cortinas
el cuadro
la cuchara
el cuchillo
la estufa
el horno (de microondas)
el plato
el refrigerador
la servilleta
el sofá
la taza
el tenedor
el tostador
el vaso

Vocabulario general

Sustantivos

el alquiler
el espacio
el periódico
el plan
la ventana

Verbos

arreglar
cocinar
decir
poner
revisar

Adjetivos

increíble

Otras palabras y expresiones

¿Cómo se dice…?
contra la pared
decir que sí (no)
m^2 (metros cuadrados)
para decir la verdad
¿Qué dijiste?
querer decir

Aquí leemos

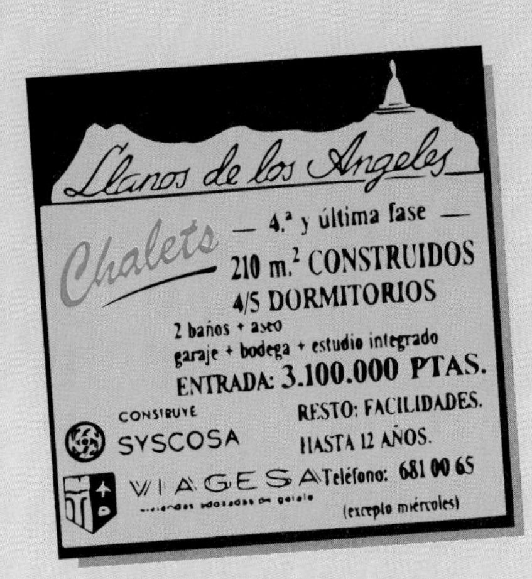

A. Look through the above ads carefully. What do you think the following words mean? Try to figure out their meanings based on context as well as by thinking of English words they resemble.

1. chimenea 2. parcelas 3. fase 4. sala de juegos

B. Use the vocabulary you have learned in this unit to help you answer the following questions.

1. How many bedrooms will you get at Los Juncos?
2. Does each ad advertise a dining room?
3. Can you call all of these places?
4. Do they all have a double garage?
5. Which are bigger — the chalets offered by Llanos or those offered by El Mirador?

Repaso

C. **Intercambio** Use Spanish to ask one of your classmates about his or her house or apartment.

1. where it is
2. how to get there
3. number of bedrooms
4. number of bathrooms
5. what there is in the kitchen
6. garden (yes or no)
7. garage (yes or no)
8. furniture in living room
9. furniture in other rooms
10. size of kitchen (large or small)

Aquí repasamos

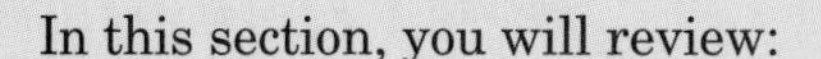

In this section, you will review:

- ordinal numbers;
- the verb **dormir**;
- the verbs **salir** and **llegar**;
- time expressions;
- the 24-hour clock;
- the verb **decir;**
- the verb **poner**.

Ordinal numbers

el primero (el primer), la primera	**el sexto, la sexta**
el segundo, la segunda	**el séptimo, la séptima**
el tercero (el tercer), la tercera	**el octavo, la octava**
el cuarto, la cuarta	**el noveno, la novena**
el quinto, la quinta	**el décimo, la décima**

A. You're the receptionist at the front desk of a big hotel. Indicate to the guests on what floor the various places are located.

MODELO: conference rooms / 2
En el segundo piso.

1. room 954 / 9
2. beauty salon / 1
3. stores / 4
4. swimming pool / 1
5. ballroom / 3
6. restaurants / 2, 7, and 9
7. suites / 10
8. fitness center / 5

The preterite of the verb *dormir*

yo	**dormí**	nosotros	**dormimos**
tú	**dormiste**	vosotros	**dormisteis**
él / ella / Ud.	**durmió**	ellos / ellas / Uds.	**durmieron**

B. **¿Cuánto durmió...?** Indicate how much time various people slept. Use the cues. Work with a partner and follow the model.

MODELO: Juan / 8
—¿Cuánto durmió Juan anoche?
—Durmió ocho horas.

1. Marisol / 6
2. tú / 5
3. tus padres / 8
4. Esteban y su hermano / 7
5. Ud. / 9
6. Uds. / 4

The verbs *salir* and *llegar*

Present:

yo	**salgo**	**llego**	nosotros	**salimos**	**llegamos**
tú	**sales**	**llegas**	vosotros	**salís**	**llegáis**
él / ella / Ud.	**sale**	**llega**	ellos / ellas / Uds.	**salen**	**llegan**

Preterite:

yo	**salí**	**llegué**	nosotros	**salimos**	**llegamos**
tú	**saliste**	**llegaste**	vosotros	**salisteis**	**llegasteis**
él / ella / Ud.	**salió**	**llegó**	ellos / ellas / Uds.	**salieron**	**llegaron**

C. **Cuando yo salgo...** Explain to your classmate(s) what you do in the following situations. Use the verbs **salir** or **llegar**.

MODELO: Explain at what time you leave the house when you go to a movie.
Cuando yo voy al cine, salgo de casa a las 7:00.

Explain...

1. at what time you leave the house when you go out on Saturday night.
2. at what time you arrive at school in the morning.
3. how often you and your friends go out on weekends.
4. when you arrive home in the afternoon.
5. when your parents leave for work in the morning.
6. how often you and your friends go out weekly during the school year.

Time expressions

1. **Temprano, a tiempo, tarde** To express the ideas of *early*, *late*, and *on time*, use **temprano**, **tarde**, and **a tiempo**.
2. **En** To indicate when a future action will take place, use the preposition **en** as the equivalent of *in*.
3. **Hace** To indicate *how long ago* a past action occurred, use **hace**.
4. **Por** is used to indicate *for how long* an action continued, continues, or will continue.
5. To express quarter hours, use the expressions **un cuarto de hora**, **media hora**, **tres cuartos de hora**.

D. **¿A tiempo, temprano o tarde?** Answer the questions for each of the situations given. Use a time expression in each of your answers.

MODELO: La película comienza a las 8:30. Juan llega al cine a las 8:35. ¿Llegó Juan a tiempo, temprano o tarde?
Juan llegó tarde.

1. La panadería cierra a las 6:00. Yo vivo muy cerca de la panadería y salgo de casa para comprar el pan a las 5:30. ¿Voy a llegar a tiempo para comprar el pan?
2. Marisol comenzó su tarea a las 8:00. Ella terminó su tarea a las 11:30. ¿Cuánto tiempo estudió Marisol?
3. Nosotros hablamos por teléfono de las 4:15 hasta las 5:00. ¿Cuánto tiempo hablamos?
4. Pablo nació *(was born)* en 1981. ¿Cuántos años hace que nació?
5. Ahora son las 7:45. Nuestros amigos van a llegar a las 8:00. ¿En cuánto tiempo van a llegar?

The 24-hour clock

Conversational time		Official time	
9:45 a.m.	las diez menos cuarto	9:45 a.m.	nueve horas y cuarenta y cinco
12:30 p.m.	las doce y media	12:30 p.m.	doce horas y treinta
2:50 p.m.	las tres menos diez	2:50 p.m.	catorce horas y cincuenta
11:15 p.m.	las once y cuarto	11:15 p.m.	veintitrés horas y quince

E. **¿A qué hora sale el tren?** You are at a train station meeting a friend. While you're waiting for her train to arrive, people in line to make reservations keep asking you about the departure times of various trains. Give them the conversational time for the official time you see on the departure board.

MODELO: ¿A qué hora sale el tren para Valencia?
Sale a la una y diez de la tarde.

Valencia	13:10
Lisboa	10:05
Sevilla	15:45
Santiago	17:20
Salamanca	8:55
París	14:00
Barcelona	19:50
Santander	20:30
Málaga	21:15
Granada	23:40

¿A qué hora sale el tren para...

1. Barcelona?
2. Granada?
3. Sevilla?
4. París?
5. Santander?
6. Santiago?
7. Salamanca?
8. Lisboa?
9. Málaga?
10. Valencia?

The verb *decir*

Present:

yo	**digo**	nosotros	**decimos**
tú	**dices**	vosotros	**decís**
él / ella / Ud.	**dice**	ellos / ellas / Uds.	**dicen**

Preterite:

yo	**dije**	nosotros	**dijimos**
tú	**dijiste**	vosotros	**dijisteis**
él / ella / Ud.	**dijo**	ellos / ellas / Uds.	**dijeron**

F. **¿Qué dijeron?** The person sitting next to you at a table in a café repeats everything that he or she hears others did last night.

MODELO: ellos / ir al cine
Dijeron que fueron al cine.

1. ella / ir de compras
2. ellos / ir a nadar
3. ellas / ir a correr
4. María / ir a visitar a su novio
5. ellos / ir a estudiar

The verb *poner*

Present:

yo	**pongo**	nosotros	**ponemos**
tú	**pones**	vosotros	**ponéis**
él / ella / Ud.	**pone**	ellos / ellas / Uds.	**ponen**

Preterite:

yo	**puse**	nosotros	**pusimos**
tú	**pusiste**	vosotros	**pusisteis**
él / ella / Ud.	**puso**	ellos / ellas / Uds.	**pusieron**

G. **Ella puso...** Things are getting misplaced in your home, but you always seem to know where they are. Use **poner** in the preterite with the cues provided to tell where people put things.

MODELO: Mónica / llaves / en la mesa
Mónica puso las llaves en la mesa.

1. nosotros / tenedores / en el cajón
2. Felipe / servilletas / en la mesa
3. yo / platos / en la cocina
4. mi papá / ropa / en el clóset
5. mis hermanas / libros / en el estante
6. tú / pluma / en el escritorio

Aquí llegamos

UN MUNDO
DE DIFERENCIAS
PARA
USTED!
le tenemos reservadas en cada uno de nuestros servicios: 383 habitaciones con aire acondicionado y TV a color; 10 bares y restaurantes; salones para grandes reuniones, y nuestra área recreativa con gimnasio, cancha de tenis, sauna y piscina.
Reservaciones: Cali; Conmutador: 823225 - Tel Directo: 812186
Télex 55599 - Cables: INHOTELCOR - Apartado Aéreo 7457
Bogotá: Conmutador 2861111 - Teléfono Directo: 2425137
Télex: 45418
HOTEL INTER•CONTINENTAL
Un mundo de diferencias!
CALI

A. **Una habitación de hotel** You and your family are checking into a hotel. With a partner, enact the following situation.

1. Greet the desk clerk.
2. Tell him or her you have reservations for two rooms for five nights.
3. You want two rooms with bathrooms.
4. Say you want the first floor. You don't like elevators.
5. Ask how much the rooms cost.
6. Ask if they take traveler's checks.
7. Thank the desk clerk and say good-bye.

B. **Adiós... Hasta luego.** You've just spent some time at the home of some Spanish friends and are about to return home. Thank your friends for everything they did for you, ask them to visit you in the United States, tell them you plan to return to Spain next summer, and say good-bye. Work with a partner.

C. **Yo busco un apartamento.** You're in an apartment rental office. Explain to the person that…

1. you want to rent an apartment with two bedrooms and a living room.
2. you would also like a small dining room.
3. you need a kitchen that is equipped with a refrigerator, stove, etc.
4. you want to live in a building that has an elevator.
5. you prefer to live downtown.

D. **Una carta** You've just moved into an apartment. Write a letter to your Spanish family describing the apartment and your furniture.

TERCERA UNIDAD

Nuestro día

Objectives

In this unit, you will learn:

- to talk about your daily routine;
- to organize weekend activities;
- to discuss vacation plans.

Capítulo siete:	**¿Qué haces de costumbre?**
Primera etapa:	Una mañana en la casa de Cristina Gallegos
Segunda etapa:	Una tarde con Enrique Castillo
Tercera etapa:	Una noche en la casa de Marilú Méndez
Capítulo ocho:	**¿Qué vas a hacer este fin de semana?**
Primera etapa:	La revista *Cromos*
Segunda etapa:	Te invito a una fiesta
Capítulo nueve:	**¿Cuándo son las vacaciones?**
Primera etapa:	Las vacaciones con la familia
Segunda etapa:	Una visita a un parque nacional

CAPÍTULO SIETE

¿Qué haces de costumbre?

La calle de la Ronda es una calle típica de una sección de Quito, la capital de Ecuador.

Primera etapa

Una mañana en la casa de Cristina Gallegos

Me levanto a las 7:20 y me desayuno. Siempre me sirvo un chocolate bien caliente y luego me preparo para ir a la escuela. Esto tarda tres cuartos de hora, más o menos. Salgo para la escuela a las 8:10. Voy a pie porque el autobús no va directamente a la escuela. Llego en un poco menos de 20 minutos. Generalmente mis clases comienzan a las 8:30. Casi siempre llego a tiempo.

Me levanto: I get up / *me desayuno:* I eat breakfast *me sirvo:* I prepare / *caliente:* warm / *me preparo:* I get ready

Casi: Almost

Por lo general, los fines de semana comienzan para mí el viernes después de la escuela, cuando voy al centro con mis amigos. Allí charlamos, cenamos y vamos al cine o a una fiesta. Los sábados y domingos no me levanto muy temprano por la mañana -- me quedo en cama hasta las 10. Después me desayuno con mis padres.

charlamos: we chat / *me quedo:* I stay / *dormilona:* sleepyhead

Cristina Gallegos describe lo que hace de costumbre por la mañana.

¡Aquí te toca a ti!

A. **¿Cierto o falso?** On the basis of Cristina's description, decide whether each statement is true or false. If a statement is false, restate it to make it true.

1. Cristina se levanta muy temprano todas las mañanas.
2. Se queda en cama tarde los sábados y los domingos.
3. Se desayuna, después se prepara para ir a la escuela.
4. Se prepara para ir a la escuela en menos de una hora.
5. Vive cerca de la escuela.
6. Toma el autobús para llegar allí.
7. Su primera clase es a las 8:30.
8. Los fines de semana de Cristina son parecidos a *(are similar to)* los fines de semana norteamericanos.

COMENTARIOS CULTURALES

Actitudes hacia el tiempo

The word **mañana** means both *morning* and *tomorrow*, but is also commonly used in Spanish-speaking cultures to mean at some indefinite future time, rather than specifically the next morning or the next day, as might be assumed. It is also important to understand that references to **la mañana**, **la tarde**, and **la noche** are often much broader in meaning than they are in English. There is a different attitude on the part of Spanish speakers in terms of the time span they allow themselves and other people in which to do things.

When used specifically, **la mañana** is viewed as any time up to noon. After that, **la tarde** can go on into what is considered "evening" to a person from an English-speaking culture. **La noche** begins after 8:00 or 9:00 p.m. or thereabouts. There is not a big concern with dividing the day into precise, inflexible units of time.

This is good to know because it also means that people in Spanish-speaking cultures often function according to a general time range when it comes to social occasions. It is perfectly acceptable, and even expected, for example, for someone to agree to meet at 7:00 and then arrive 30–45 minutes after that. This is not viewed as rude behavior, but rather as dealing in a kind of "comfort zone" in which everyone is assumed to live. When it comes to business or medical appointments, however, sticking to a precise hour is understood to be the agreement.

The present tense of reflexive verbs

Me levanto temprano.	*I get up* early.
Mi amiga Isabel **se levanta** temprano también.	My friend Isabel *gets up* early, too.
Nos llamamos por teléfono todas las mañanas.	*We call each other* on the telephone every morning.

Reflexive verbs are verbs that express two different meanings.

1. an action that reflects back on the subject.

Yo me lavo.	*I wash (myself).*
Ella se levanta.	*She gets up.* (Literally, *She gets herself up.*)

2. an action in which two or more subjects interact

Nosotras nos reunimos por la tarde.	*We get together* in the afternoon.
Ellas se miran.	*They look at each other.*

In either case, the subject (noun or pronoun) is accompanied by a corresponding reflexive pronoun (**me**, **te**, **se**, **nos**, **os**, **se**).

bañarse *(to bathe)*

yo	**me baño**	nosotros	**nos bañamos**
tú	**te bañas**	vosotros	**os bañáis**
él / ella / Ud.	**se baña**	ellos / ellas / Uds.	**se bañan**

To express that the subject does something to himself/herself/themselves, the reflexive pronoun must agree with the subject of the verb with which it is used. When the verb is conjugated the pronoun usually precedes it; with an infinitive the pronoun is normally attached to it.

Yo **me levanto** temprano todos los días.
Yo quiero **levantarme** temprano mañana.

Here is a list of some frequently used reflexive verbs. (The pronoun **se** attached to an infinitive means that the verb is reflexive.)

acostarse (ue)	*to go to bed*
afeitarse	*to shave*
cepillarse (el pelo, los dientes)	*to brush (one's hair, teeth)*
darse prisa	*to hurry up*
desayunarse	*to eat breakfast*
despertarse (ie)	*to wake up*
divertirse (ie, i)	*to have a good time*
dormirse (ue, u)	*to fall asleep*
ducharse	*to take a shower*
lavarse (las manos, el pelo, los dientes)	*to wash (one's hands, hair, to brush one's teeth)*
maquillarse	*to put on makeup*
peinarse	*to comb one's hair*
ponerse	*to put on*
quedarse	*to stay, to remain*
sentarse (ie)	*to sit down*
vestirse (i, i)	*to get dressed*

Aquí practicamos

B. Replace the subjects in italics with those in parentheses and make the necessary changes.

1. *Yo* me despierto a las nueve. (Juana / nosotros / tú / tus amigos / vosotros)
2. *Él* se viste antes de desayunarse. (María y Carlos / yo / Uds. / ella / tú)
3. *Ellas* se llaman mucho por teléfono. (Uds. / mis hermanas / nosotros / ellos)
4. *Ud.* se ducha después de levantarse. (yo / Uds. / Marta / ellos / tú / vosotras)
5. *Tú* te acuestas muy temprano. (nosotros / él / mis padres / Carlos y tú / ella)
6. *Uds.* se ponen los zapatos. (yo / ellas / Ud. / Jorge y yo / tú / vosotros)

Tenemos que darnos prisa para llegar a la escuela.

C. **Pedro o Ana María y yo** Compare your activities with those of Pedro (if you are male) or those of Ana María (if you are female).

Los muchachos

MODELO: Pedro se despierta a las siete.
Yo me despierto a las siete menos cuarto.

1. Pedro se queda en cama por media hora.
2. Pedro se levanta a las siete y media.
3. Pedro no se baña por la mañana de costumbre.
4. Pedro se lava los dientes una vez al día.
5. Pedro se afeita.
6. Pedro se viste primero; después se desayuna.
7. Pedro se desayuna con su hermano.
8. Pedro sale para la escuela a las nueve.

Las muchachas

MODELO: Ana María se despierta a las siete.
Yo me despierto a las seis y media.

1. Ana María se queda en cama por un cuarto de hora.
2. Ana María se levanta a las siete y cuarto.
3. Ana María se baña todas las mañanas.
4. Ana María se cepilla el pelo.
5. Ana María se maquilla.
6. Ana María se viste primero; después se desayuna.
7. Ana María se desayuna con su hermano.
8. Ana María sale para la escuela a las nueve.

D. **Una familia** As your friend describes her family's morning routine, ask follow-up questions using the expressions in parentheses.

MODELOS: Mi madre se baña todas las mañanas. (cepillarse el pelo)
¿Se cepilla el pelo también?

A mi padre le gusta quedarse en cama. (a qué hora / levantarse)
¿A qué hora se levanta?

1. Mi hermano se despierta a las seis. (a qué hora / levantarse)
2. Yo no me quedo en cama por la mañana. (por qué / levantarse inmediatamente)
3. Mi hermana se cepilla el pelo todas las mañanas. (maquillarse)
4. Yo me baño todas las mañanas. (lavarse el pelo)
5. Mi padre se baña, se viste y sale de la casa. (cuándo / afeitarse)
6. Yo me levanto, me baño y me desayuno. (cuándo / vestirse)
7. El fin de semana nosotros nos quedamos en cama. (a qué hora / levantarse)

E. **¿Y tú?** You and two of your friends are discussing the morning routines of your families. First, name the members of your family. Then use the suggested verbs to tell something about the members of your family and to ask your partners about theirs.

MODELO: despertarse muy temprano
Estudiante A: *Mi padre se despierta muy temprano.*
Estudiante B (a Estudiante C): *¿Tu padre se despierta muy temprano también?*
Estudiante C: *Sí, se despierta muy temprano también.* o: *No, de costumbre se despierta a las nueve.*

1. despertarse
2. levantarse antes de... (la hora)
3. quedarse en cama hasta... (la hora)
4. cepillarse / lavarse los dientes... veces por día
5. ducharse todas las mañanas
6. afeitarse todos los días / a veces
7. maquillarse todos los días / a veces
8. vestirse antes / después del desayuno

Aquí escuchamos

Una mañana en casa de Juan Manuel y Cecilia

Juan Manuel y Cecilia son hermanos. Juan Manuel tiene 18 años; Cecilia tiene 14 años. Los dos son estudiantes de la Escuela Simón Bolívar. Y para ellos todas las mañanas son iguales.

SRA. VILLEGAS: ¡Vamos, hijos! ¡Dense prisa! **¡Qué cosa! ¡Ya es hora!** ¿Pero por qué **se tardan** tanto ustedes por la mañana?

JUAN MANUEL: No tengo la **culpa**, mamá. Cecilia tiene la culpa. Se levanta a las 7:15 y **se encierra** en el cuarto de baño. Se ducha. Se cepilla el pelo. Se lava los dientes. Se maquilla. Yo no tengo tiempo para peinarme. Me baño, eso es todo.

CECILIA: No es verdad, mamá. Juan Manuel se despierta antes de las 7:00. Pero no se levanta. Se queda en cama hasta las 7:45. Por fin se levanta y se viste, pero **ya** es hora de salir. Por eso no tiene tiempo de peinarse.

JUAN MANUEL: ¡Ay, cómo **exagera**, mamá! Pero, **en todo caso**, ya son las 8:00. **Nos vamos**. Adiós, mamá. **Nos vemos** por la tarde.

CECILIA: Adiós, mamá.

SRA. VILLEGAS: ¿Y el desayuno? ¿No van a desayunarse? ¡Tienen que comer algo! **¡Ave María!** ¡Los hijos!

Good grief! / It's about time!
delay, take a long time
fault
locks herself
already
she exaggerates / anyway
We're leaving / We'll see each other
Good heavens!

¡Aquí te toca a ti!

F. **¿Es Juan Manuel o Cecilia?** On the basis of the dialogue in **Aquí escuchamos**, answer the questions about who usually does what.

1. ¿Quién se despierta antes de las 7:00?
2. ¿Quién se levanta primero?
3. ¿Quién se queda en cama?
4. ¿Quién se ducha?
5. ¿Quién se cepilla el pelo y los dientes?
6. ¿Quién no tiene bastante tiempo?
7. ¿Quién se maquilla?
8. ¿Quién(es) no se desayuna(n)?
9. ¿Quién(es) sale(n) para la escuela a las 8:00?

G. **En casa de Victoria** Mornings at Victoria's house are very different from those at Juan Manuel's and Cecilia's house. Based on the drawings, describe what Victoria and her brother Miguel do in the morning. Use the following verbs and expressions: **despertarse**, **levantarse**, **quedarse en cama**, **ducharse**, **lavarse**, **cepillarse**, **maquillarse**, **vestirse**, **peinarse**, **desayunarse**, **irse**.

H. **¿Y tú?** Now describe your own morning activities. Talk about the same topics as mentioned in the dialogue with Juan Manuel and Cecilia, but fit the information to your personal situation.

MODELO: *De costumbre, yo me despierto a las 6:30...*

¡Adelante!

I. **Intercambio** Ask a classmate the following questions. He or she will answer them.

1. ¿A qué hora se levantan en tu casa?
2. ¿Quién se levanta primero?
3. ¿Quién se ducha?
4. ¿Quién se lava el pelo por la mañana?
5. ¿Cuántas veces al día te lavas los dientes?
6. ¿Te vistes rápidamente o lentamente *(slowly)*?
7. ¿A qué hora sales para la escuela?

J. **Una mañana típica** Describe to another student the usual morning routine at your house, using expressions learned in this **etapa.** Your partner will ask you questions to find out more details.

MODELO: —*Bueno, en mi casa nos levantamos muy temprano de costumbre. Mi mamá se levanta primero.*
—*¿Ah, sí? ¿A qué hora?*
—*Pues, se levanta a las seis y media. Se ducha,* etc.

Segunda etapa

Una tarde con Enrique Castillo

Enrique Castillo describe una tarde típica en la escuela.

Las clases comienzan a las 9:00 y duran 55 minutos. Los lunes, mi primera clase es el latín. Después, tengo una hora de español y una hora de francés. ¡A veces no sé qué lengua estudio!

duran: last

Al mediodía tengo una hora para comer: de las 12:00 hasta la 1:00. Almuerzo en la cafetería de la escuela y hablo con mis amigos. Después del almuerzo, tengo una hora libre (para hacer la tarea) o salgo de la escuela para dar un paseo con mis compañeros.

tarea: homework

Las clases comienzan de nuevo a las 2:00. Por la tarde, tengo ganas de echar una siesta, pero no puedo porque tengo una hora de historia y geografía, luego una hor de matemáticas, luego una hora de física y química. ¡Es mucho! Después de las clases estoy cansado. Siempre me quedo un buen rato en frente de la escuela para charlar con mis amigos. Luego regreso a casa. Llego en muy poco tiempo porque vivo cerca de la escuela.

de nuevo: again

un buen rato: a good while

Esta tarde sólo es un ejemplo, porque tengo un horario diferente para cada día de la semana. Por ejemplo, los martes, comienzo a las 8:30, almuerzo de las 11:30 a las 12:30 y termino a las cuatro. Y los cursos mismos son diferentes: estudio también inglés y ciencias naturales, y tengo dos horas de deportes por semana.

sólo: only

ejemplo: example

mismos: themselves

¡Aquí te toca a ti!

A. **Los cursos de Enrique** Here are some of the courses offered in **escuelas secundarias** or **colegios** in Spanish-speaking countries. Indicate which courses are part of the **programa** for the day Enrique just described and which are not.

el español	las matemáticas	la historia
el alemán	la física	la geografía
el inglés	la química	la economía
el francés	las ciencias naturales (la biología, la geología)	la música (instrumento, canto, baile)
el griego *(Greek)*	la educación física	las artes plásticas (pintura, escultura)
el latín		

B. **Enrique y tú** Compare your school day with the one Enrique describes. For each statement Enrique makes, either say that your situation is similar *(Para mí, es lo mismo...)* or explain how it is different *(Para mí, es diferente...)*.

MODELO: Generalmente, mis clases comienzan a las 9:30.
Para mí es diferente. Mis clases comienzan a las 8:45.

1. Las clases en mi escuela duran 55 minutos.
2. Los lunes por la mañana tengo tres clases.
3. En nuestra escuela tenemos una hora y media para comer.
4. Yo almuerzo en la cafetería de la escuela.
5. Después de almorzar, salgo de la escuela para dar un paseo con mis amigos.
6. Las clases terminan a las tres de la tarde.
7. Después de las clases, me quedo un buen rato en frente de la escuela.
8. Siempre llego a casa en cinco minutos porque vivo muy cerca de la escuela.
9. Tomo cursos de español, inglés, francés, latín, historia, geografía, física, química, biología, geología y matemáticas.

C. **No es verdad...** Indicate that the following statements are incorrect. If possible, provide more accurate statements based on the drawings.

MODELOS: Pablo se levanta antes de las siete.
No es verdad. No se levanta antes de las siete. Se levanta a las ocho y media.

Yo me levanto muy temprano.
No es verdad. Tú no te levantas muy temprano. Te levantas después de las diez.

1. *Jorge se lava los dientes una vez al día.*

2. *Consuelo y su hermano se dan prisa para ir a la escuela.*

3. *Yo me afeito todas las mañanas.*

4. *Juana se viste antes de desayunarse.*

5. *Después de las clases, nos gusta dar un paseo por el parque.*

Repaso

D. **¿Qué hago y qué no hago?** Indicate which of the following activities apply to your situation and which don't.

MODELO: despertarse muy temprano
Yo me despierto muy temprano. o:
Yo no me despierto muy temprano.

despertarse muy temprano / levantarse inmediatamente / quedarse en cama / ducharse por la mañana / lavarse el pelo todos los días / afeitarse / maquillarse / vestirse rápidamente / desayunarse antes de ir a la escuela / salir para la escuela antes de las siete y media / darse prisa para llegar a tiempo / cepillarse los dientes después de la comida

E. **¡Dinos** *(Tell us)***!** Use the suggested expressions to find out about one or more of your classmates' daily routines.

1. ¿A qué hora...? (levantarse durante la semana / levantarse el sábado por la mañana / levantarse en el verano)
2. ¿Cuántas veces al día (a la semana)...? (lavarse los dientes / lavarse la cabeza / ducharse)

Ud. *and* ***Uds.*** *command forms of reflexive verbs*

Levántese Ud. ahora mismo, por favor.	*Get up* right now, please.
Levántense Uds. antes de las 10:00, hijos.	*Get up (all of you)* before 10:00, children.
Póngase la camisa azul.	*Put on* the blue shirt.
Pónganse los zapatos, niños.	*Put on* your shoes, kids.
No **se duerma** en clase.	Don't *fall asleep* in class.
No **se duerman** aquí.	Don't *(all of you) fall asleep* here.

Reflexive verbs form their command forms the same way that other infinitives do. The only difference is that command forms for reflexive verbs must also include reflexive pronouns. To form the **usted** affirmative formal command of reflexive **-ar** verbs, add **-e** to the stem of the **yo** form of the verb in the present tense. For **-er** and **-ir** verbs, add **-a** to the stem of the **yo** form of the verb. Then attach the reflexive pronoun **se** to this command form.

yo qued**o**	qued-	qued**e**	quéd**ese**
yo pong**o**	pong-	pong**a**	póng**ase**
yo duerm**o**	duerm-	duerm**a**	duérm**ase**

The negative formal command is formed the same way, except that now the reflexive pronoun **se** is used *before* the command form. Notice that **no** is placed *before* the reflexive pronoun.

yo qued**o**	qued-	qued**e**	**no se** qued**e**
yo pong**o**	pong-	pong**a**	**no se** pong**a**
yo duerm**o**	duerm-	duerm**a**	**no se** duerm**a**

The plural formal affirmative and negative command forms add **-n** to the singular command forms. The reflexive pronoun **se** is positioned the same as it is in each singular form.

yo qued**o**	qued-	qued**e**	quéd**ense**
			no se qued**en**

Note that a written accent appears on the third syllable from the end of all command forms when the reflexive pronoun is attached. This indicates that the original stress remains despite the changes to the word.

quédese	**qué**dense
póngase	**pón**ganse
duérmase	**duér**manse

Aquí practicamos

F. **¡Órdenes, órdenes** *(Orders, orders)*! Using a reflexive verb, a classmate will ask you if he or she or everyone should do something. You respond by using the same verb in the appropriate **Ud**. or **Uds**. affirmative command form.

MODELO: ¿Me quedo aquí?
Sí, quédese aquí.
¿Nos lavamos las manos?
Sí, lávense las manos.

1. ¿Me levanto temprano?
2. ¿Me baño ahora?
3. ¿Nos sentamos aquí?
4. ¿Me lavo los dientes?
5. ¿Nos llamamos por teléfono?
6. ¿Me peino antes de salir?
7. ¿Me maquillo para la fiesta?
8. ¿Me pongo el abrigo?
9. ¿Nos acostamos a las 7:00?
10. ¿Nos divertimos con la música?

G. **¡No, no, no y tres veces que no!** This time, respond to questions asked by your classmate by using the appropriate **Ud.** or **Uds.** *negative* command forms of the reflexive verbs.

MODELO: ¿Me quedo aquí?
¡No, no, no! No se quede aquí.
¿Nos levantamos tarde?
¡No, no, no! No se levanten tarde.

1. ¿Me siento en la mesa?
2. ¿Nos ponemos tres suéteres?
3. ¿Me afeito en la cocina?
4. ¿Me cepillo los dientes con jabón *(soap)*?
5. ¿Nos encerramos en el baño?
6. ¿Me divierto con el coche nuevo de papá?
7. ¿Me duermo en la clase de español?
8. ¿Nos bañamos a la medianoche?
9. ¿Me afeito en la biblioteca?
10. ¿Me levanto a las 4:00 de la tarde?
11. ¿Me peino en la iglesia?
12. ¿Nos quedamos en tu casa por dos meses sin salir?

H. **El (La) director(a)** Pretend you are directing a commercial for personal hygiene products. You must tell the actors exactly what to do or not to do during the filming of scenes typical of a family's routine early in the morning. Give at least six orders, using the **Ud.** and **Uds.** forms of reflexive verbs in affirmative or negative command forms. Suggested verbs to use: **afeitarse**, **peinarse**, **sentarse**, **maquillarse**, **acostarse**, **levantarse**, **cepillarse**, **lavarse**, **despertarse**, **ponerse**, etc.

Aquí escuchamos

La tarde de Juan Manuel y Cecilia

Juan Manuel y Cecilia hablan con su tío Pedro sobre su vida en la escuela.

TÍO PEDRO: Entonces, ustedes dos están en el Colegio Simón Bolívar este año. Eso es muy conveniente. ¿Van a la escuela juntos por la mañana?

CECILIA: Eh... bueno, **es decir**, salimos de casa juntos, pero Juan Manuel va en su motocicleta. Yo tomo el metro. — that is to say

TÍO PEDRO: Pero ustedes se reunen en la escuela, ¿no?

JUAN MANUEL: Pues, no. Ella estudia ciencias. Yo prefiero las lenguas modernas. Ella estudia alemán. Yo aprendo inglés y francés.

TÍO PEDRO: Bueno, pero... ¿ustedes almuerzan juntos en la cafetería de vez en cuando?

CECILIA: Nunca. **En primer lugar**, nunca comemos en la cafetería. Siempre salimos de la escuela. Pero Juan Manuel siempre va a un restaurante con sus compañeros. Mis amigas y yo preferimos ir a otro restaurante y después damos un paseo. — In the first place

TÍO PEDRO: Pero después de hacer todo eso, **los dos** regresan a casa juntos, ¿no? — the two of you

JUAN MANUEL: No. Ella estudia ciencias. A menudo tiene clases hasta las seis. Yo siempre regreso a casa entre las cuatro y las cinco.

TÍO PEDRO: Bueno, si comprendo bien, entonces, ustedes dos están en el Colegio Simón Bolívar, pero nunca están juntos.

CECILIA: Sí, así es. **¡Afortunadamente!** — Fortunately!

JUAN MANUEL: ¡Sí, afortunadamente!

¡Aquí te toca a ti!

Compre la Orquesta
DOMINGOS 11:30 A.M. CADENA 1
Su Programa del Domingo!
caestrellas

I. **¿Y tú?** With a partner, ask and answer the following questions about your school routine.

1. ¿A qué hora sales de casa por la mañana?
2. ¿Tu colegio está lejos de tu casa?
3. ¿Cómo vas a la escuela?
4. ¿A qué hora comienzan las clases?
5. ¿Hasta qué hora tienes clases por la mañana?
6. ¿Cuánto tiempo tienes para comer?
7. ¿Dónde almuerzas?
8. ¿A qué hora vuelven a comenzar tus clases por la tarde?
9. ¿A qué hora sales de la escuela?
10. ¿A qué hora regresas de costumbre a casa?

¡Adelante!

J. **¿Tú, no?** Identify five things in Exercise D on page 210 that you do *not* do. Then question your classmates until, *for each activity,* you find at least two other people who do not do it either.

COMENTARIOS CULTURALES

La cortesía

The use of direct commands is usually avoided in Spanish except in specific instances when the speaker wishes to be quite firm, express a degree of anger or impatience, or is in an "ordering about" or agitated frame of mind. Gentler, more indirect ways of getting people to do things are preferred by most Spanish-speaking people in everyday social situations. For example, **¿Quiere abrir la puerta?** or **¿No me abre la puerta?** are used as kinder alternatives to a direct **Abra la puerta,** even if this affirmative command is used with **por favor.**

In other words, basic courtesy is an important characteristic of the Spanish language as most people around the world speak it. They don't think it is overly polite or "flowery" to use the higher frequency expressions that convey wishes instead of using command forms. In fact, to some Spanish speakers who do not know the English language well, the normal and acceptably frequent use of commands in English often seems brusque and even rude.

Tercera etapa

Una noche en la casa de Marilú Méndez

Normalmente mis clases duran hasta las 5:00. Entonces regreso a mi casa. Vivo bastante lejos del colegio. Por eso tomo el autobús. El autobús hace el viaje en 40 minutos, más o menos.

Ya en casa, hago mi tarea para el día siguiente. En mi casa cenamos a eso de las 7:45. Mi madre prepara las comidas. Después de la cena, yo quito la mesa y lavo los platos. Después hay más tarea que hacer. Por lo general, me acuesto a las 10:30. Es un poco aburrido.

Por eso prefiero el fin de semana. Los sábados por la noche voy al centro con mis amigos. Vamos al cine o vamos a bailar. Los domingos por la noche casi siempre miro la televisión porque generalmente hay buenas películas esa noche.

bastante: rather, pretty

Ya en casa: Once I'm home

a eso de: at about, around

quito la mesa: I clear the table

Marilú Méndez describe una noche típica en su casa.

¡Aquí te toca a ti!

A. **¿Dónde está Marilú? ¿Qué hace ella?** On the basis of what you have read, indicate for each of the days and times where Marilú probably is and what she is doing.

MODELO: martes a las 15:00
Marilú está en la escuela. Está en clase.

1. martes a las 18:15
2. miércoles a las 20:00
3. jueves a las 21:00
4. viernes a las 23:00
5. sábado a las 21:00
6. domingo a las 21:00

B. **Una entrevista** You are being interviewed on Radio Futuro about your daily routine. Answer the following questions.

1. ¿Generalmente, hasta qué hora duran tus clases?
2. ¿Vives cerca del colegio?
3. ¿Cuánto tiempo tarda para regresar a la casa?
4. ¿Qué haces, ya en casa?
5. ¿A qué hora cenan ustedes en tu casa?
6. ¿Quién prepara la comida? ¿Quién quita la mesa? ¿Quién lava los platos?
7. ¿Qué haces los fines de semana?
8. ¿Qué haces los domingos por la noche?

Repaso

C. **Durante las vacaciones...** During vacations, people want to get away from their daily routines. Use the **Uds.** command forms of the verbs suggested to indicate to your friends what they should or should not do when they are on vacation.

Possible verbs: **acostarse / despertarse / dormirse / divertirse / levantarse / ducharse / lavarse / vestirse / desayunarse / darse prisa / comer / descansar / estudiar / bailar / dormir**

MODELO: *Durante las vacaciones acuéstense tarde y no se levanten temprano.*

***Tú** command of reflexive verbs*

¡**Levántate,** Marisa! Ya es tarde.	*Get up*, Marisa! It's late.
¡**Muévete,** por favor!	*Move (yourself),* please!
¡No **te duermas** otra vez!	Don't *fall asleep* again!
¡No **te acuestes** tan tarde mañana!	Don't *go to bed* so late tomorrow!

The affirmative **tú** command form of most reflexive and nonreflexive verbs, whether they are **-ar, -er**, or **-ir** verbs, is exactly the same as the third person singular of the present indicative tense.

él, ella **habla**	**habla** (tú)	*Speak!*
él, ella **come**	**come** (tú)	*Eat!*
él, ella **escribe**	**escribe** (tú)	*Write!*

When the verb is reflexive, the familiar reflexive pronoun **te** is added to the command form, and an accent is added.

levanta (tú)	levánta**te** (tú)	*Get up!*
duerme (tú)	duérme**te** (tú)	*Go to sleep!*

The negative **tú** command form of most reflexive and non-reflexive verbs is the same as the **Ud.** command form, except that an **-s** is added to it and **no** goes before the word.

habl**e** Ud.	**no** habl**es** (tú)
com**a** Ud.	**no** com**as** (tú)
escrib**a** Ud.	**no** escrib**as** (tú)

When the verb is reflexive, the reflexive pronoun **te** is used *before* the verb. Notice that **no** is placed *before* the reflexive pronoun.

no levantes	no **te** levantes (tú)
no duermas	no **te** duermas (tú)

Aquí practicamos

D. Give the affirmative **tú** command form of the following verbs.

MODELO: lavarse
¡Lávate!

1. levantarse
2. ducharse
3. vestirse
4. quedarse
5. acostarse
6. moverse
7. maquillarse
8. dormirse

E. Give the negative **tú** command form of the following verbs.

MODELO: afeitarse
¡No te afeites!

1. peinarse
2. mirarse
3. moverse
4. desayunarse
5. dormirse
6. darse prisa
7. sentarse
8. acostarse

F. **Díle a ella** *(Tell her)*. First tell your friend Ana María to do each of the activities suggested below. Then change your mind and go through the list again, telling her *not* to do them.

MODELO: levantarse
¡Ana María, levántate!
¡Ana María, no te levantes!

1. despertarse
2. darse prisa
3. cepillarse los dientes
4. acostarse
5. lavarse el pelo
6. divertirse
7. maquillarse
8. peinarse

G. **Diles a ellos** *(Tell them)*. Tell the small children you are taking care of to do each of the activities suggested below. Then go through the list again, telling them *not* to do those things.

MODELO: *¡Levántense!*
¡No se levanten!

1. cepillarse los dientes
2. darse prisa
3. acostarse
4. peinarse
5. dormirse
6. lavarse las manos
7. ducharse
8. despertarse

H. **Diálogos para completar** Complete each dialogue with the affirmative or negative command of one of the following verbs and expressions: **levantarse**, **acostarse**, **darse prisa**, **lavarse**, **vestirse**, and **despertarse**.

MODELO: —¡Andrés! ¡Andrés! *¡Despiértate!*
—¿Cómo? ¿Qué pasa?
—Tienes que levantarte para ir a la escuela.

1. —¿Qué hora es, Francisco?
—Son las 9:55, papá.
—¿Cómo? ¿Las 9:55? ¿Por qué estás todavía en la cama? ¡________!

2. —¡Maricarmen! ¡Maricarmen!
—¿Sí, mamá?
—Vamos a cenar, mi hija. ________ las manos y siéntate.
—Sí, mamá.

3. —¡Carlos! ¡Ya son las 7:30!
—¿Qué pasa, mamá?
—¡La película comienza dentro de media hora! ¡________!

4. —¡Luis! ¡Anita! ¿Qué hacen ustedes?
—Ehhh, una cosa, mamá.
—Ya es medianoche. ¡________, hijos!
—Un momento más, mamá.

5. —Guillermo, mi amor. ¡________ tu camisa nueva por favor!
—¿Pero, por qué?
—Porque nuestro hijo viene a la casa a cenar con su novia. Queremos dar una buena impresión, ¿no?
—Sí, preciosa, sí.

Aquí escuchamos

La noche con Juan Manuel y Cecilia

Los padres de Juan Manuel y Cecilia están de viaje. Su tío y su tía pasan la semana en la casa con ellos. Cuando Juan Manuel y Cecilia regresan del colegio, su tía Margarita **los espera**. (waits for them)

TÍA MARGARITA: Ahora, jóvenes, hay trabajo que hacer. ¿Quién va a **ocuparse** de los gatos? (take care of)

CECILIA: Juan Manuel. Él siempre se ocupa de los gatos. Yo **me encargo** de la ropa. (take charge of)

TÍA MARGARITA: Bien. De acuerdo. Y yo, yo **les voy a preparar** la comida. ¿A qué hora comen ustedes, generalmente? (I'm going to prepare for you)

JUAN MANUEL: Generalmente comemos **como a** las 8:00 de la noche. (around)

Después de la comida.

TÍA MARGARITA: Bien. ¿Quién va a quitar la mesa ahora?
CECILIA: ¡Yo, yo!
JUAN MANUEL: No. Tú quitaste la mesa anoche. **Yo voy a hacerlo** esta noche. Tú vas a lavar los platos y después vas a hacer tu tarea.

I'm going to do it

CECILIA: Bien. De acuerdo. ¿Pero qué vas a hacer tú después?
JUAN MANUEL: Yo ya terminé mi tarea. Voy a mirar la tele.
TÍA MARGARITA: ¿A qué hora se acuestan ustedes dos?
JUAN MANUEL: Yo me acuesto a las 11:00. Mi hermana se acuesta más temprano.

¡Aquí te toca a ti!

Servicio
de
Televisión.

I. **¿Y tú?** With a partner, ask and answer the questions about your routine at home.

1. ¿A qué hora regresas del colegio?
2. ¿Cuándo haces tu tarea generalmente?
3. ¿Ayudas *(Do you help)* tú con los quehaceres *(chores)* de la casa?
4. ¿Quién se encarga de lavar la ropa en tu casa?
5. ¿Quién lava los platos en tu casa?
6. ¿Quién quita la mesa después de la comida?
7. ¿Tienes gato o perro? ¿Quién se ocupa de tu(s) animal(es)?
8. ¿Quién prepara la comida en tu casa, generalmente?
9. ¿Tienes tiempo de mirar la televisión por la noche?
10. ¿A qué hora te acuestas de costumbre?

¡Adelante!

J. **¿Qué haces tú por la noche?** Ask your classmates questions about their late afternoon and evening routines in order to find people who…

1. get home from school at the same time you do.
2. do their homework at the same time you do.
3. eat dinner at the same time your family does.
4. help around the house in the same way(s) you do.
5. have (a) pet(s) at home.
6. go to bed at the same time you do.

 # Vocabulario 

Para charlar

Para hablar de las actividades de todos los días

acostarse (ue)
afeitarse
bañarse
cepillarse el pelo, los dientes
darse prisa
desayunarse
despertarse (ie)
divertirse (ie, i)
dormirse (ue, u)
ducharse
lavarse (las manos, el pelo, los dientes)
levantarse
maquillarse
peinarse
ponerse
prepararse
quedarse en cama
sentarse (ie)
servirse (i, i)
tardarse
vestirse (i, i)

Temas y contextos

Los quehaceres de la casa

encargarse de
lavar la ropa
lavar los platos
ocuparse de
poner la mesa
quitar la mesa

Vocabulario general

Sustantivos

la culpa
un(a) dormilón(ona)
un ejemplo
el latín
una tarea

Verbos

comenzar (ie)
charlar
durar
encerrarse (ie)
exagerar
irse
llamarse
mirarse
moverse (ue)
regresar
reunirse

Adjetivos

caliente
conveniente
mismo(a)

Adverbios

bastante
casi
directamente
sólo
ya

Preposiciones

como a
en frente de

Otras palabras y expresiones

a eso de
afortunadamente
¡Ave María!
un buen rato
de nuevo
¡Dense prisa!
en primer lugar
en todo caso
es decir
les voy a preparar
los dos
los espera
nos vamos
nos vemos
¡Qué cosa!
ya en casa
¡Ya es hora!
yo voy a hacerlo

CAPÍTULO OCHO

¿Qué vas a hacer este fin de semana?

Buenos Aires es una ciudad importante en la costa del Atlántico. Es la capital de Argentina, con más de tres millones de habitantes.

Primera etapa

La revista *Cromos*

Each week in Bogota, Colombia, a popular magazine called *Cromos* can be purchased at newsstands. Along with news articles and people profiles, it gives entertainment listings for the coming week.

TEATRO

El ***Teatro Esquina Latina*** comienza a partir del 11 de junio, todos los domingos y lunes festivos del resto del año, la programación para niños. Teatros, títeres y marionetas con los grupos más representativos de la región llevan a los niños realizaciones artísticas de alta calidad.

El ***Teatro Santa Fe*** presenta *"Yerma"* con Waldo Urrego y Natalia Giraldo en los papeles de los protagonistas. Después de mucho éxito esta temporada, la inmortal obra de Federico García Lorca se despide en dos semanas de los bogotanos para visitar otras ciudades del país. *"Yerma"*, a cargo del grupo Teatral Actores de Colombia y bajo la dirección de Jaime Arturo Gómez. Calle 57 No. 17-13, Tel. 255 05 92.

En el ***Auditorio Crisanto Luque***, durante los próximos días, se estará presentando la obra *"Outside Okey"* del grupo Teatro Quimera, dirigida por Carlos Alberto Sánchez. La obra tiene como tema central las relaciones entre el fútbol, la música, el teatro y la filosofía. Se presentará en escena hasta el 17 de junio. Calle 20 No. 9-45.

TELEVISIÓN

viernes 9

Quinceañera (15:00, cadena uno). Beatriz, a causa de un accidente, pierde a su hijo. Por eso entran en discusiones amigos y parientes.

The Monsters (16:30, cadena uno). Lily descubre que la cuenta bancaria de Herman no tiene dinero y decide trabajar en un salón de té para ayudar a la familia.

La naturaleza de las cosas (18:30, cadena tres). El oso polar, estudios científicos sobre su vida y campañas para salvar este animal de la extinción.

sábado 10

El túnel (20:00, cadena uno). Película basada en la novela del escritor argentino Ernesto Sábato. Un pintor se obsesiona con una tímida mujer casada.

La bella y la bestia (20:30, cadena dos). Muere su padre y Catherine se va "abajo" a vivir con Vincent para siempre.

Cómo casarse con un millonario (22:00, cadena tres). Película. Tres chicas deciden, cada una, "pescar" un millonario. Actúan las cómicas y guapas Marilyn Monroe, Lauren Bacall y Betty Grable.

domingo 11

El espíritu de Asia (18:30, cadena tres). Mundo de sombras: El Ganges, sagrada fuente de la primera religión del mundo, el hinduísmo.

Matar o morir (19:30, cadena uno). Vicente Fernández en una película de pasiones y emoción.

Crónica de una muerte anunciada (21:45, cadena dos). Película basada en la novela de Gabriel García Márquez, narra la triste historia de un pequeño pueblo colombiano y su reacción al crimen de Santiago Nassar.

¡Aquí te toca a ti!

A. **¡Dinos** *(Tell us)***!** Based on the excerpts from *Cromos*, answer in English the following questions about the television and theater listings.

1. How many movies are being shown on television over the weekend? On which network(s) *(cadena)* are they presented? What time(s) are they on?
2. Which documentary programs are listed? What are they about? Which one seems to be the most serious?
3. What other programs are mentioned in these listings? What kind are they?
4. Which theater listing mentions what the play is about? Which theater seems to have booked the most successful show? How do you know this?
5. Which theater is showing the play with an English title? Who directed this play? What is it about?
6. For which audience is the Teatro Esquina Latina advertising?
7. Which theater has scheduled the longest run for its particular show?
8. If you had to pick just one of these productions to see, which one would you choose? Why?

Pronunciación: *The vowel combination **ei***

The combination **ei** in Spanish is pronounced in one single syllable, similar to the *a* in the English word *date*. Note that in some words, such as **rey** and **mamey**, this sound is spelled **ey.**

Práctica

B. Read each word aloud, carefully pronouncing the combination **ei**.

1. peine
2. veinte
3. reina
4. aceite
5. ley
6. buey
7. afeitar
8. vendéis

Repaso

C. **Los consejos** *(Advice)* In each of the following situations, advise the person or people involved to do or not to do each of the actions mentioned. Give advice to a friend who has a difficult exam tomorrow.

MODELOS: acostarse temprano
¡Acuéstate temprano!

estudiar hasta las tres de la mañana
¡No estudies hasta las tres de la mañana!

1. estudiar hasta las diez de la noche
2. acostarse tarde
3. levantarse temprano
4. desayunarse

Talk to a friend who is planning to go to a semi-formal dance.

5. ducharse primero
6. lavarse el pelo
7. peinarse
8. vestirse elegantemente
9. comer antes de ir al baile

Finally, talk to the *three* children for whom you are babysitting.

10. mirar la televisión
11. cepillarse los dientes
12. acostarse temprano
13. levantarse durante la noche

Direct object pronouns

—¿El policía mira **mi coche?**	—Is the police officer looking at *my car*?
—Sí, el policía **lo** mira.	—Yes, he's looking at *it*.
—¿María quiere **la cámara japonesa?**	—Does María want the *Japanese camera*?
—Sí, **la** quiere.	—Yes, she wants *it*.
—¿Ven **a los muchachos?**	—Do they see *the children*?
—No, no **los** ven.	—No, they don't see *them*.
—¿Prefiere José **novelas de aventura?**	—Does José prefer *adventure novels*?
—Sí, **las** prefiere.	—Yes, he prefers *them*.

A direct object is the person or thing that is directly affected by a verb; it tells whom or what is acted upon. In the first column of sentences above, **mi coche**, **la cámara japonesa**, **los muchachos**, and **novelas de aventura** are all direct objects.

Whenever possible, speakers tend to take shortcuts by using pronouns. Direct objects can be replaced by direct object pronouns. The pronouns agree with the direct object they stand for in both number (singular and plural) and gender (masculine and feminine).

masculine singular: lo

El niño no ve **mi cuaderno**.	The child doesn't see *my notebook*.
El niño no **lo** ve.	The child doesn't see *it*.

feminine singular: la

Escuchamos **música clásica**.	We listen to *classical music*.
La escuchamos.	We listen to *it*.

masculine plural: los

Despierto **a mis hermanos.**	I wake *my brothers*.
Los despierto.	I wake *them*.

feminine plural: las

No compramos **las entradas.**	We don't buy *the tickets*.
No **las** compramos.	We don't buy *them*.

Aquí practicamos

D. **En pocas palabras** Shorten each sentence by replacing the direct object noun or noun phrase with the corresponding direct object pronoun. Follow the model.

MODELO: Ruth llama a Francisco por teléfono.
Ruth lo llama por teléfono.

1. Hago la tarea ahora.
2. Los estudiantes no leen el libro.
3. No como carne.
4. Compramos los cuadernos en la librería.
5. Invitan a las muchachas.
6. Dan una película después de la clase.
7. No conozco al Profesor Valdez.
8. Mis padres prefieren la música clásica.

E. **Es decir...** Make up a short sentence consisting of an appropriate direct object pronoun for the object nouns or phrases listed, followed by a form of **buscar**, **ver**, **necesitar**, or **llevar**.

MODELO: un libro de matemáticas
Lo necesito.

1. otro coche
2. cincuenta dólares
3. unos vídeos
4. la Profesora Herrera
5. unos discos nuevos
6. dos raquetas de tenis
7. un amigo
8. el número de teléfono
9. clases de química
10. un horario fácil

F. **¿Sí o no?** You and a classmate take turns asking each other the following questions. Answer them briefly and use a direct object pronoun for the noun or phrase provided.

MODELO: ¿Hablas alemán?
Sí, lo hablo. o:
No, no lo hablo.

1. ¿Miras la televisión por la noche?
2. ¿Tomas el autobús a la escuela?
3. ¿Tus profesores dan mucha tarea?
4. ¿Tienes tiempo de practicar deportes?
5. ¿Quién prepara la comida en tu casa?
6. ¿Lees el periódico cuando te desayunas?
7. ¿Haces tu tarea por la tarde o por la noche?
8. ¿Lavas los platos después de la cena?
9. ¿Tu papá quita la mesa?
10. ¿Tu familia tiene planes para las vacaciones?

NOTA GRAMATICAL

Position of direct object pronouns

¿El edificio? **Lo** conozco.	The building? I'm familiar with *it.*
¿El número? Es importante saber**lo.**	The number? It's important to know *it.*
¿Las cartas? Puedes poner**las** allí.	The letters? You can put *them* there.
¿Los libros? **Los** quiero comprar ahora.	The books? I want to buy *them* now.

The direct object pronoun is placed immediately *in front of* the conjugated verb.

Leo **la revista.**	I read *the magazine.*
La leo.	I read *it.*

When used with an infinitive, the direct object pronoun is *attached* to it.

Es posible vender **el coche.**	It's possible to sell *the car.*
Es posible vender**lo**.	It's possible to sell *it.*

When a conjugated verb and an infinitive are used together, the direct object pronoun can be placed *either* in front of the conjugated verb or it may be attached to the end of the infinitive. Attaching the pronoun to the infinitive is probably the more common practice.

Prefiero comprar **la cámara**.	I prefer to buy *the camera.*
La prefiero comprar. / Prefiero comprar**la**.	I prefer to buy *it.*

¡No discuta!
Búsquelo en
LAS PAGINAS
AMARILLAS

Aquí practicamos

G. **¡Ya lo hice!** When your mother tells you to do something, you indicate that you have already done it. Follow the model.

MODELO: ¡Lava los platos!
¡Ya los lavé!

1. ¡Compra el pan!
2. ¡Prepara el desayuno!
3. ¡Come tus vegetales!
4. ¡Quita la mesa!
5. ¡Lava los platos!
6. ¡Termina tu tarea!
7. ¡Escucha mi nuevo disco!
8. ¡Busca mis llaves!

H. **No quiero hacerlo... no voy a hacerlo...** You are in a particularly bad mood one evening. Whenever you are asked if you are going to do what you normally do, you indicate that you don't want to do it and, moreover, you are not going to do it. Follow the model.

MODELO: preparar la cena
—¿Vas a preparar la cena esta noche?
—No, no quiero prepararla esta noche.
—Pero, vas a prepararla de todas maneras (anyway), *¿no?*
—No quiero prepararla y no voy a prepararla.

1. lavar la ropa
2. ayudar a tu hermano
3. quitar la mesa
4. leer el libro
5. terminar tu tarea
6. mirar la televisión
7. escribir tu composición
8. lavar los platos

¿Vas al cine esta noche? (Madrid de noche)

Aquí escuchamos

¡Vamos a ver la nueva película!

Juan Manuel y Cecilia trabajan mucho durante la semana. Por eso quieren divertirse un poco durante el fin de semana. A Juan Manuel le gusta mucho el cine. Aquí lo escuchamos mientras habla con sus amigos, Mario y Enrique.

JUAN MANUEL: Bueno, ¿qué vamos a hacer este fin de semana?
MARIO: ¿Por qué no damos un paseo por el centro?
ENRIQUE: ¡Qué aburrido! ¿Dar un paseo? **¡Siempre lo hacemos!** (We always do that!)
MARIO: Bueno, ¿qué quieres hacer tú, entonces?
ENRIQUE: Yo quiero **alquilar** un vídeo. (to rent)
MARIO: No, yo tengo ganas de salir.
JUAN MANUEL: Miren, yo tengo una idea. Vamos a ver la nueva película del Cine Variedades.
MARIO: Si es una película de horror, no voy. Las **odio**. (I hate)
JUAN MANUEL: No, no, no. Es una comedia muy divertida.
ENRIQUE: De acuerdo, pues. ¿A qué hora **la dan**? (are they showing it)
JUAN MANUEL: El sábado por la noche la dan a las nueve. ¿Nos reunimos en frente del Cine Variedades a las ocho y media?
ENRIQUE: Muy bien. Nos vemos a las ocho y media. ¿**Te parece bien**, Mario? (Is it all right with you?)
MARIO: Sí, ¡cómo no! **Está bien**. Nos vemos el sábado. (OK)

¡Aquí te toca a ti!

I. **¿Qué van a ver?** Using the listings from *Cromos* on p. 223, recommend shows for your friends. First, they will tell you what kind of programs, films, or plays they like. Respond with a suggestion. Your friends will then ask you questions about what time a program is on television, where a play is being presented, and which country the show represents. Suggested types of shows: **película (de aventuras, de ciencia-ficción, de terror, policíaca** [*police story*]), **comedia, drama psicológico, obra teatral, programa documental, telenovela**, etc.

MODELO: películas cómicas
—A mí me gustan las películas cómicas.
—Debes ver "Cómo casarse con un millonario".
—¿A qué hora la dan?
—A las 10:00 de la noche en el canal tres.
—¿Es una película mexicana?
—No, es una película norteamericana.

J. **Nos vemos a las 18:00.** Invite a friend to go to the movies with you. Then make arrangements about where and when to meet.

MODELO: "La balada de Gregorio Cortés" / en frente del cine / 18:00
—¿Quieres ver "La balada de Gregorio Cortés?"
—¡Sí, cómo no! Es una buena película. ¿Dónde nos reunimos?
—En frente del cine a las seis de la tarde.
—De acuerdo. Nos vemos a las seis en frente del cine.

1. "La fiesta vuelve a la playa" / en la terminal del metro en la Avenida Central / 20:00
2. "Cita con el peligro" / en frente del Cine Real / 19:30
3. "El imperio del sol" / en el Restaurante Santa Anita / 18:00
4. "La gran familia" / en mi casa / 20:30
5. "Torero" / en frente del Hotel Camino Real / 19:00

COMENTARIOS CULTURALES

El cine

Going to the movies is a very popular activity for people of all ages and backgrounds in Spanish-speaking countries. Movie theaters abound in the cities and towns and show a variety of films, particularly those that are produced in the U.S. These movies are generally dubbed in Spanish. Newspapers always carry several pages of movie advertisements. In some countries, like Mexico, box-office prices are kept within a certain range by the government so that practically anyone can afford to buy a ticket. Many times the ticket lines wind around the block!

Spain, Mexico, and Argentina have developed major film industries over the years. A number of movies from these countries have received international recognition, such as the Oscar-winning "La historia oficial" from Argentina. "Romancing the Stone" which was filmed in Mexico and Colombia, is another example of the many films that are now made in Latin America and Spain.

¡Adelante!

MUESTRA DE
TEATRO
Y DANZA JOVEN
1 9 9 0
Salamanca

K. **Intercambio** Ask another student the following questions. He or she will answer them.

1. ¿Quién prepara la comida en tu casa?
2. ¿A qué hora cenan en tu casa de costumbre?
3. ¿Quién quita la mesa? ¿Quién lava los platos?
4. ¿Haces tu tarea antes o después de la cena?
5. ¿A qué hora la terminas normalmente?
6. ¿Tienes animales en tu casa? ¿Quién se ocupa de tus animales?

L. **¿Qué hacemos esta noche?** Using *Cromos*, make arrangements with another student to watch a program on television or go to a play. Imagine that you are talking on the telephone. Be sure to discuss the kind of program, movie, or play you would like to see, make a selection, and arrange where and when you will meet.

Segunda etapa

Te invito a una fiesta

dentro de: within / *darles:* to give them / *despedida:* send-off / *desearles:* to wish them

Querida amiga,

Eduardo y Carmelita salen para los Estados Unidos dentro de quince días. Para darles una despedida y desearles un buen viaje, estoy organizando una pequeña fiesta en mi casa... el viernes, 4 de septiembre, a las 20:30.

Cuento contigo. Contéstame cuanto antes. Y sobre todo... ¡no les digas nada a nuestros invitados de honor! La fiesta será una sorpresa para ellos.

Afectuosamente,

Mercedes

Cuento contigo: I'm counting on you. / *Contéstame cuanto antes:* Answer me as soon as possible. / *no les digas nada:* don't say anything to them / *será una sorpresa:* will be a surprise

Estimada señorita:

En la ocasión de la quinceañera de nuestra hija Marisol, la familia está organizando una fiesta en nuestra casa, Calle Sur N.º 112, el sábado 17 de julio a las 21:00.

Nos daría mucho gusto tenerle a usted y a su hermano Carlos entre nosotros esa noche para la celebración.

Tenga la bondad de responder tan pronto como le sea posible.

Sin más por ahora, reciba los mejores deseos de,

Teresa Camacho Del Valle

quinceañera: fifteenth birthday

Nos daría mucho gusto: It would give us great pleasure

Tenga la bondad de responder: Please be kind enough to answer / *como sea posible:* as possible

El señor y la señora Rafael Bolaños de la Garza

invitan cordialmente a Rosario Vega Arroyo a disfrutar de

la celebración del segundo aniversario de su boda que

ofrecerán en su residencia el sábado 17 de febrero

a las 20:00

R.S.V.P.

Calle Jardín 87 Tel. 28 03 94

disfrutar: to enjoy

boda: wedding

ofrecerán: they will offer

¡Aquí te toca a ti!

A. **Las tres invitaciones** Answer in English the following questions about the three invitations you have just read.

1. Which invitation is the most formal? The least formal? What words and expressions in Spanish support your answer?

2. What is the occasion for each invitation?
3. Except when writing to close friends, Spanish-speakers tend to use formalized expressions in making invitations. Find in Sra. Camacho Del Valle's note the Spanish equivalent of the following expressions:
   a. Dear
   b. for Marisol's special birthday
   c. to join us
   d. R.S.V.P.
   e. Very truly yours
4. In what situations might Americans send invitations similar to each of the above invitations?

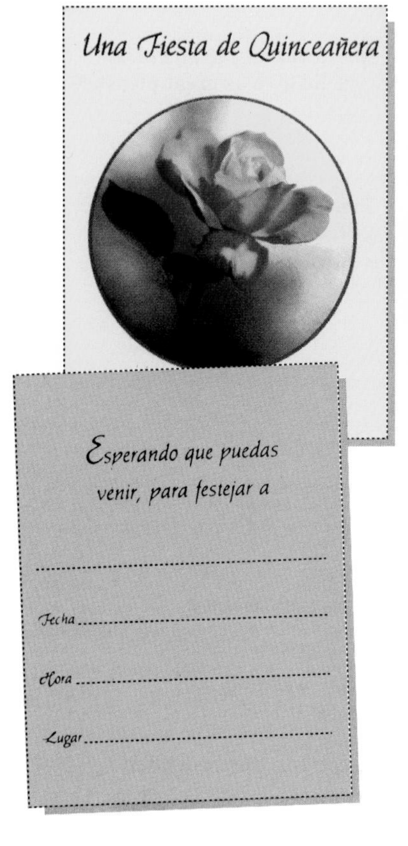

Una Fiesta de Quinceañera
Esperando que puedas venir, para festejar a
Fecha
Hora
Lugar

COMENTARIOS CULTURALES

La quinceañera

In most Spanish-speaking countries, it is still a popular tradition to have an extra special birthday party when a girl reaches the age of fifteen. The celebration is called **la quinceañera** and includes all extended family members and many friends. It is the equivalent of the "sweet sixteen" party that marks the beginning of a new phase in the life of a teenager.

Generally, the party includes dinner, music, dancing, and, of course, gifts. It may be a lavish affair held at a family club or a smaller party that takes place in the home. In any event, it is a dress-up occasion that people enjoy attending and celebrating.

A favorite toast (**un brindis**), among the many that well-wishers may offer at such parties, is the following: **¡Salud, amor y pesetas... y tiempo para gastarlas!** It means *Health, love and money...and time to spend them!*

Pronunciación: *The vowel combination **oi***

The combination **oi** in Spanish is pronounced in one single syllable, similar to the *oi* in the English word *oink*. Note that in the words **voy**, **doy**, **hoy**, **estoy**, and **soy**, among others, the sound is spelled **oy**.

Práctica

B. Read each word aloud, carefully pronouncing the combination **oi**.

1. oigo
2. boina
3. heroico
4. voy
5. doy
6. hoy
7. estoy
8. soy

Repaso

C. **En casa de Raúl y en casa de Graciela** Raúl and Graciela are schoolmates, but their family lives are very different. Raúl, his parents, and his sister lead a very traditional existence. Guess who probably does the following household chores in Raúl's family: **su papá**, **su mamá**, **su hermano**, **su hermana**, or **Raúl**. Use a direct object pronoun in your answer.

MODELO: ¿Quién lava la ropa?
Su mamá (Su hermana) la lava de costumbre.

1. ¿Quién prepara las comidas?
2. ¿Quién quita la mesa?
3. ¿Quién lava los platos?
4. ¿Quién hace los mandados?
5. ¿Quién lava el coche?

Graciela, on the other hand, lives in a nontraditional family. Household chores are not assigned by gender. Guess who did the following chores *last week* at her house: **su padre**, **su madre**, **su hermano**, or **Graciela**. Use a direct object pronoun in your answer.

MODELO: ¿Quién lavó la ropa?
Su padre (Su hermano) la lavó.

6. ¿Quién preparó las comidas?
7. ¿Quién quitó la mesa?
8. ¿Quién lavó los platos?
9. ¿Quién hizo los mandados?
10. ¿Quién lavó el coche?

D. **En tu casa** Find out from a classmate who usually takes care of the following household chores in his or her house. Then ask if that person *is going to do* that chore at the indicated future time. Use a direct object pronoun when possible.

MODELO: lavar los platos / esta noche
—¿Quién lava los platos de costumbre en tu casa?
—Mi hermana los lava.
—¿Ella va a lavarlos esta noche?
—Sí, ella va a lavarlos esta noche. o:
—No, mi padre va a lavarlos esta noche.

1. preparar la cena / esta noche
2. quitar la mesa / esta noche
3. lavar la ropa / esta semana
4. hacer los mandados / esta semana
5. lavar el coche / este fin de semana

The immediate future of reflexive verbs

—Mi hermana y yo **nos vamos a levantar** a las seis de la mañana.
—My sister and I *are going to get up* at six in the morning.

—¿**Te vas a lavar** el pelo?
—*Are you going to wash* your hair?

—Sí, **voy a lavarme** el pelo.
—Yes, *I'm going to wash* my hair.

—Nuestros padres **van a reunirse** en el centro.
—Our parents *are going to get together (meet)* in town.

The immediate future of reflexive verbs is formed in the same way as the immediate future of any other verb — that is, with **ir** plus **a** and an infinitive. The reflexive pronoun that accompanies the reflexive verb agrees with the subject of **ir.** This pronoun can be placed immediately before the conjugated form of **ir** or attached to the infinitive.

Aquí practicamos

E. Replace the subjects in italics with those in parentheses and make the necessary changes.

1. *Yo* me voy a dar prisa. (nosotros / Marcos / tú / mis padres / ella / vosotras)
2. ¿*Ella* va a ocuparse de los gatos? (tú / Ud. / ellos / mis padres / él / vosotros)
3. *Ellos* no se van a llamar por teléfono. (ella / nosotros / yo / tú / mis padres / Uds.)
4. *Uds.* van a levantarse temprano. (ellos / Maricarmen / yo / mi hermano)

F. **El sábado próximo** Next Saturday is a special day. Consequently, you are not planning to follow your usual weekend routine. Use the first cue to describe what you normally do on Saturday. Then use the cue in parentheses to tell how next Saturday is going to be different.

MODELO: quedarse en casa (pasearse con los amigos por el campo)
Normalmente me quedo en casa los sábados. Pero el sábado próximo, me voy a pasear con mis amigos por el centro.

1. despertarse tarde (despertarse temprano)
2. quedarse en cama (levantarse inmediatamente)
3. bañarse (ducharse)
4. no lavarse el pelo (lavarse el pelo)
5. vestirse después del desayuno (vestirse antes del desayuno)
6. cepillarse los dientes después del desayuno (no cepillarse los dientes)
7. lavar los platos (no lavar los platos)
8. acostarse temprano (acostarse tarde)

G. **El lunes próximo** On the other hand, next Monday promises to be a perfectly ordinary day. Imagine that you and the other members of your family are going to do what you normally do every Monday. Describe your activities.

MODELO: *El lunes próximo, mi papá y mi mamá van a levantarse como a las 7:00. Mi hermana y yo vamos a quedarnos en cama hasta las 7:30,* etc.

Aquí escuchamos

Una fiesta en la casa de Cecilia

A Cecilia no le gusta mucho el cine. Va a **aprovechar** la **ausencia** de su hermano (él va a estar en el centro el sábado por la noche) para organizar una fiesta en casa. Habla de sus planes con sus padres. — to take advantage of / absence

SR. VILLEGAS: Bien, tú piensas organizar una fiesta y la gente va a venir aquí a la casa. **¿Así es?** — Is that it?
CECILIA: Sí, exacto.
SRA. VILLEGAS: Pero **va a haber** mucho trabajo que tenemos que hacer. — there's going to be
CECILIA: **No se preocupen**. Mi amiga Isabel y yo vamos a hacerlo todo. — Don't worry.
SRA. VILLEGAS: ¿Todo?
CECILIA: Sí, cómo no, todo. Isabel se va a encargar de la comida y los refrescos. Y yo, yo me voy a encargar de las invitaciones. Ya invité a una docena de amigos.
SR. VILLEGAS: ¿Una docena? No es mucho.
CECILIA: Bueno, ellos van a **traer** a sus amigos. **De esa manera** va a haber treinta o cuarenta personas. — to bring /That way
SRA. VILLEGAS: ¿A qué hora va a comenzar tu fiesta?
CECILIA: A las nueve. Y va a **seguir** hasta la 1:00. — to continue
SR. VILLEGAS: ¿Y qué van a hacer ustedes durante todo ese tiempo?

CECILIA: Pues, vamos a comer, vamos a charlar, los amigos van a traer discos y todos vamos a bailar. Vamos a cantar **tal vez**...

perhaps

SRA. VILLEGAS: Bien. ¡Diviértete mucho, mi hija!

¡Aquí te toca a ti!

H. **Las preguntas de Juan Manuel** Cecilia did not invite her brother to her party. When Sr. and Sra. Villegas mention to Juan Manuel that there is going to be a party, he makes fun of his sister's plans. With a partner, play the role of Sr. or Sra. Villegas and correct Juan Manuel's mistaken impressions.

MODELO: ¿Así es que Cecilia va a organizar una fiesta? ¡Qué chiste! *(What a joke!)* Mamá y papá, ustedes van a hacerlo todo.
No es verdad. Cecilia e Isabel van a hacerlo todo.

1. ¿Ah, sí? ¿Quién va a preparar la comida y los refrescos?
2. ¿Y quién va a invitar a la gente?
3. ¿Y a quién va a invitar ella? Sólo tiene dos o tres amigos.
4. ¡Bien! Va a dar una fiesta y una docena de personas van a venir.
5. ¡Pobres invitados *(guests)*! Seguramente van a aburrirse.
6. Son demasiado jóvenes para dar una fiesta. Se acuestan a las 10:00, ¿no?

I. **¿Qué vas a hacer tú?** You and your friends have decided to organize a party. Everyone has to contribute in one way or another. Using the following list, choose your contributions to the party.

MODELO: *Yo voy a preparar una ensalada. ¿Y tú?*

Actividades: comprar la fruta / comprar jugo de fruta / comprar la comida / preparar una ensalada / traer los discos y las cintas / traer el estéreo y la grabadora / tocar la guitarra / invitar a los amigos / arreglar la comida / hacer un pastel / lavar los platos

¡Adelante!

J. **¡Organicen una fiesta!** You and a friend decide to organize a party. Decide when and where you will have it. Then talk about the preparations.

Share the responsibilities as follows:

You
invite the guests (talk about how many and who to invite)
arrange the location

Your friend
take care of the food (three things to eat and two kinds of beverages)
provide activities

RECADO TELEFONICO
Tu amiga Lucinda
Del Nº 71 08 94
Le hablaron a las 19:00 horas,
de parte de

DICIENDO QUE:
☒ Llame Ud. al llegar.
☐ Le llamarán después.
☐ Que pase a verlo.
☐ Que vendrá a verlo a las
Asunto: quiere hablar de las preparaciones para la fiesta en casa el viernes que viene
Fecha, miércoles el 12

RECADO RECIBIDO POR

 Vocabulario 

Para charlar

Para hacer invitaciones

Nos daría mucho gusto...
Tenga la bondad de responder tan pronto como sea posible.
Cuento contigo...
Contéstame cuanto antes.
Será una sorpresa; no les digas nada.
¿Por qué no?
Nos vemos a / en
¿Te parece bien?

Vocabulario general

Sustantivos

una ausencia
una boda
un brindis
una quinceañera
una respuesta

Verbos

alquilar
aprovechar
odiar
seguir (i, i)
traer

Otras palabras y expresiones

¿Así es?
dar una película
darles la despedida
de esa manera
dentro de
desearles
disfrutar de
Espero que no sea...
Está bien.
Exacto.
No se preocupen.
¡Siempre lo hacemos!
tal vez
va a haber

CAPÍTULO NUEVE

¿Cuándo son las vacaciones?

Situada en la costa del Pacífico, Cartagena tiene un clima ideal para ir a la playa.

Primera etapa

Las vacaciones con la familia

El puerto de Cartagena, Colombia

Me llamo Natalia Romero y vivo en Bogotá. Todos los veranos voy de vacaciones con mi familia a Cartagena, una ciudad que está en la costa. En mi familia a todos nos gusta mucho nadar. Además, mi hermano Andrés practica **la navegación a vela**. Tiene un pequeño **velero** y **una tabla vela**. Mi hermana Victoria **se dedica** al **esquí acuático**. Cuando no estoy en la playa, mi deporte **preferido** es **la equitación**. Mi madre y yo **montamos a caballo** en un **centro ecuestre**. Además, nos gusta salir a correr. Por la tarde, cuando ya no hace mucho sol, jugamos al vólibol con Andrés y Victoria. ¿Cómo? No hablé de mi padre. ¡Ah, pues él no es muy atlético! ¡Prefiere descansar y tomar el sol!

sailing / sailboat / sailboard
devotes herself to / waterskiing
favorite / horseback riding
ride horses / equestrian center

¡Aquí te toca a ti!

A. **La familia de Natalia** Based on Natalia's description of her family vacations, play the role of each family member and explain what that person does during the summer.

1. su hermano Andrés
2. su madre
3. su hermana Victoria
4. su padre
5. Natalia

Pronunciación: *The vowel combination* au

The combination **au** in Spanish is pronounced in one single syllable, similar to the *ou* of the English word *ouch*.

Práctica

B. Read each word aloud, carefully pronouncing the combination **au**.

1. aula	3. autor	5. aunque	7. pausa
2. causa	4. auto	6. gaucho	8. jaula

Repaso

C. **Consecuencias lógicas** Use reflexive verbs to tell what the people will probably do or not do in the following situations.

MODELO: Enrique sale con Beatriz. Ella está cansada; está triste.
No van a divertirse. o:
Van a aburrirse.

1. Son las 6:00 de la mañana. Cecilia se despierta. No tiene clases antes de las 9:00.

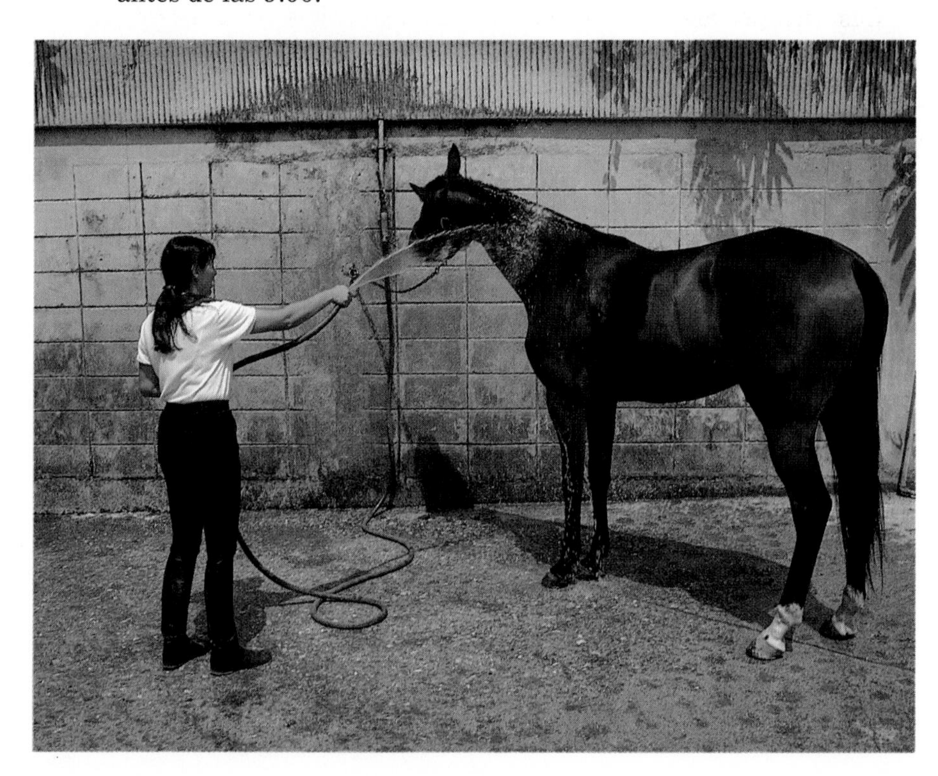

¡La mujer lava el caballo porque el caballo no puede lavarse!

2. Son las 8:45 de la mañana. Juan Manuel se despierta. Tiene una clase a las 9:15.
3. Hace buen tiempo. Tenemos dos horas libres *(free)*. Hay un parque muy bonito cerca de la casa.
4. Tienes el pelo sucio *(dirty)*. Vas a salir con tus amigos esta noche.
5. Cecilia tiene mandados que hacer en el centro. Isabel también. Van a ver una película en el Cine Palacio.
6. Cecilia comió muchos dulces y helado. No le gusta ir al dentista.
7. Son las 10:00 de la noche y Juan Manuel está muy cansado. No hay nada bueno en la televisión.

Reflexive versus nonreflexive verbs

Many Spanish verbs have both a reflexive and a nonreflexive form. In some cases, the meanings of the verbs change when they are used with reflexive pronouns:

Siempre **duermo** ocho horas.	*I* always *sleep* eight hours.
Casi siempre **me duermo** cuando estudio en la biblioteca.	*I* almost always *fall asleep* when I study in the library.
Me pongo los zapatos.	I *put on* my shoes.
Pongo los zapatos afuera.	I *put* the shoes outside.

In other cases, the meaning of the verbs is the same, but the meaning of the sentence changes. The nonreflexive verb expresses an action that goes from the subject to the object. The reflexive verb expresses a reciprocal action (the idea of *each other*):

Llamo a Claudia por teléfono a menudo.	*I call* Claudia on the telephone often.
Claudia y yo **nos llamamos** por teléfono a menudo.	Claudia and I *call each other* on the telephone often.

In most cases, however, the nonreflexive verb indicates an action that the subject does to someone else and the reflexive verb expresses an action that the subject does to itself.

Yo **lavo** el coche.	I *wash* the car.
Yo **me lavo**.	I *wash* myself.
Yo **me lavo** las manos.	I *wash* my hands.

Aquí practicamos

D. **En inglés** Give the English equivalent of each of the following sentences.

1. Maricarmen se viste.
2. Maricarmen viste a los niños.
3. Mi hermano escucha la radio.
4. Mis padres no se escuchan.
5. No te levantas temprano.
6. No levantas a tu hermano temprano.
7. Jorge se lava todos los días.
8. Jorge lava la ropa los sábados.
9. Gloria y Carmen se escriben cada semana.
10. Gloria y Carmen escriben una composición cada semana.

E. **Se lava la cara** *(face)***.** Use the verbs provided to describe the activities of the people portrayed in the drawings. For each pair of drawings, decide which activity requires the reflexive form of the verb and which activity can be expressed with the nonreflexive form.

MODELO: lavar
Miguel se lava la cara.
La Sra. Pérez lava el coche.

Miguel

Sra. Pérez

Sr. Jiménez

Sr. Jiménez / Jaime

1. despertar

Sra. Galindo Juan José

2. *mirar*

Sra. Fernández Ella / los jóvenes

3. *hablar*

Sr. Cardenal / los niños Sr. Cardenal

4. *acostar*

Aquí escuchamos

¡Siempre vamos a la costa!

Cecilia habla con su amiga Isabel de sus vacaciones de verano.

CECILIA: Bueno, Isabel, **dime**, ¿qué vas a hacer durante las vacaciones?
ISABEL: Cada verano vamos a la costa.
CECILIA: ¿Ah, sí? ¿Adónde?
ISABEL: A Santa Marta. Siempre alquilamos una casa a **la orilla del mar**.
CECILIA: Santa Marta. ¡Qué bonito! Está cerca de Cartagena, ¿no?
ISABEL: Sí, ¡y es magnífico! Hay una playa muy bonita allí.
CECILIA: Pero no hay mucho que hacer, ¿verdad? Debes aburrirte un poco.
ISABEL: No, no. A mi familia le gusta hacer deportes. Mira estas fotos.
CECILIA: ¿Y por la noche?
ISABEL: Por la noche vamos a Aracataca, un pequeño pueblo cerca de Santa Marta. Allí comemos **mariscos** bien frescos. Luego volvemos a Santa Marta donde podemos ir al cine y bailar. Siempre **lo pasamos bien** y nos divertimos mucho.

tell me
seashore
seafood
we have a good time

¡Aquí te toca a ti!

F. **Tú y los deportes de verano** Give your personal reactions to your experience with the following summer sports activities.

MODELO: jugar al golf
Juego mucho al golf. o:
Quisiera jugar al golf algún día. o:
Nunca juego al golf. o:
No tengo ganas de aprender el golf., etc.

1. nadar
2. jugar al tenis
3. esquiar en agua
4. correr
5. descansar en el sol
6. montar a caballo
7. jugar al vólibol
8. navegar en la tabla vela *(to windsurf)*

G. **Las vacaciones de verano** Based on the drawings, describe a typical vacation day — first for Isabel and then for her brothers.

MODELO: *Por la mañana Isabel se levanta como a las ocho y media.*

¡Adelante!

H. **Mis vacaciones** Tell a classmate about your family's summer vacation. Say where you go and what you do, and describe a typical day. Use your imagination if you prefer.

Segunda etapa

Una visita a un parque nacional

Parque Nacional Volcán Poás

Parque Nacional: Volcan Poás

El servicio de Parques Nacionales de Costa Rica administra veintidós áreas silvestres entre parques nacionales y otras reservas afines. Estas áreas cubren 425.329 hectáreas, lo que equivale a un ocho por ciento del territorio nacional.

El principal objetivo del Servicio de Parques Nacionales es preservar áreas naturales para beneficio y disfrute de las generaciones futuras.

El Parque Nacional Volcán Poás, área de gran interés geológico, es importante también porque en él nacen varios ríos que alimentan a otros que dan origen a las cuencas hidrográficas: río Grande de Tárcoles y río Sarapiquí.

BIENVENIDO al Parque Nacional Volcán Poás, una muestra de la actividad geológica y de la belleza del paisaje de Costa Rica.

Esperamos que su visita sea agradable y provechosa.

SERVICIOS

- ❑ Información a cargo de guías y guardaparques
- ❑ Servicios sanitarios
- ❑ Agua potable
- ❑ Estacionamiento
- ❑ Refugio para almorzar
- ❑ Área de almuerzo
- ❑ Centro de visitantes
- ❑ Sendero
- ❑ Mirador
- ❑ Área de juego
- ❑ Área de acampar

Horario

De 8:00 A.M. a 4:00 P.M.

Agradecemos su colaboración en el mantenimiento del aseo.

Datos de Interés

Punto más alto: 2.708 metros

Altura del mirador del cráter: 2.560 metros

Altura del mirador de la Laguna Botos: 2.675 metros

Profundidad del cráter: 320 metros

Diámetro de la Laguna Botos: 400 metros

Superficie de la Laguna Botos: 12 hectáreas

Extensión del parque: 53.173 hectáreas

¡Aquí te toca a ti!

A. **Un parque nacional de volcanes** Some friends of your parents are going to visit the national parks of Costa Rica, famous for their volcanos, rare birds, and plant life. They bring you a brochure for the **Parque Nacional Volcán Poás** and ask for your help in reading it. You don't know many of the words, but you are able to read enough to get the general idea. Answer the friends' questions about the national park.

1. How big is the national park system?
2. Is there a place to camp?
3. Is there parking?
4. Are there toilet facilities?
5. Is there a restaurant there?
6. What are some of the other facilities?
7. How high up **(altura)** is the volcano?
8. How deep **(profundidad)** is the crater?
9. What time does the park close?
10. What is the main objective of this National Park Service?

Pronunciación: *The vowel combination* ***eu***

To pronounce the combination **eu**, start with your lips spread, positioned to smile, as you pronounce the Spanish vowel **e**. Bring them slowly to a rounded position as though you were going to whistle. All this should be done in one smooth motion — in one single syllable.

Práctica

B. Read each word aloud, carefully pronouncing the combination **eu**.

1. Europa
2. deuda
3. neutro
4. neurosis
5. seudo
6. seudónimo
7. Ceuta
8. neurótico

Repaso

C. **Un día en la playa** During the summer, you and your older sister often spend Saturday at the beach. Using the suggested expressions, tell what you usually do that day.

MODELO: yo / levantarse a las 7:30
Yo me levanto a las 7:30.

1. mi hermana / levantarse a las 8:00
2. ella / ducharse

3. yo / bañarse
4. nosotros(as) / desayunarse juntos(as)
5. nosotros(as) / vestirse
6. ella / navegar en la tabla vela
7. yo / jugar al vólibol
8. nosotros(as) / reunirse a las 6:00 de la tarde
9. nosotros(as) / comer mariscos
10. nosotros(as) / regresar como a las 9:00
11. yo / acostarse en seguida *(right away)*
12. ella / acostarse a eso de la medianoche

En la playa, Torremolinos, España

The use of pronouns with commands

¡Cálma**te!**	Calm *yourself!* (Take it easy!)
¡Levánten**se!**	Get *(yourselves)* up!
¡No **te** preocupes!	Don't worry *(yourself)!*
¡No **se** despierten!	Don't wake *each other* up!

You have already learned that the reflexive pronouns for **Ud., Uds.**, and **tú** (**se, se, te**) are attached to the end of the affirmative command and are placed *before* the verb form in the negative command.

The direct object pronouns **lo**, **la**, **los**, **las** follow the same pattern with command forms.

¡Lléva**lo!**	Take *it!*
¡Láven**la!**	Wash *it!*
¡Tráe**los!**	Bring *them!*
¡No **la** mires!	Don't look at *her!*
¡No **los** compren!	Don't buy *them!*

Aquí practicamos

D. Use the cues to form affirmative commands.

MODELO: tú / levantarse
¡Levántate!

1. tú / llevarla
2. tú / mirarlo
3. Uds. / llamarse
4. Ud. / comprarlos
5. tú / despertarse
6. Uds. / levantarse
7. tú / acostarse
8. Ud. / comerlos
9. tú / traerla
10. Uds. / lavarse

E. Now use the cues in Exercise D to form negative commands.

MODELO: tú / levantarse
¡No te levantes!

F. **¡Buena idea!... ¡No, no, no!** Cecilia and Isabel are talking about the plans for their party. Two of their friends respond to their comments — the first positively and the second negatively.

MODELO: Voy a comprar el nuevo disco de Rubén Blades.
—¡Buena idea! ¡Cómpralo!
—¡No, no, no! ¡No lo compres!

1. Voy a invitar a Ricardo Núñez.
2. Voy a preparar la ensalada esta tarde.
3. Voy a acostarme a descansar.
4. Voy a llevar a mis primos.
5. Voy a traer el nuevo disco de Los Lobos.

MODELO: Vamos a invitar a Mario y su hermano.
—¡Buena idea! ¡Invítenlos!
—¡No, no, no! ¡No los inviten!

6. Vamos a invitar a Ana María y a su amiga.
7. Vamos a servir la carne primero.
8. Vamos a lavar los platos mañana por la mañana.
9. Vamos a preparar la comida esta tarde.
10. Vamos a darnos prisa.

Aquí escuchamos

Cecilia y Juan Manuel hablan de las vacaciones con sus padres.

CECILIA: Papá, ¿qué vamos a hacer para las vacaciones este año?

SR. VILLEGAS: Yo no sé. ¿Quieren ir a las montañas para **hacer alpinismo**?

JUAN MANUEL: ¡No, no, **no, en absoluto**! Fuimos a las montañas el año pasado y el año anterior y **dimos unas caminatas** de seis horas y...

SRA. VILLEGAS: **¡Cálmate! ¡No te excites!** ¿Qué quieren hacer, hijos?

CECILIA: Pues, ¿por qué no vamos a visitar a Papi y Abuelita?

SRA. VILLEGAS: No, no. Los vimos en la primavera. Y van a salir de viaje.

JUAN MANUEL: Yo tengo una idea. ¡Podemos **acampar**! ¡Vamos a acampar! ¡Sí! Podemos alquilar **un coche-caravana**. Cecilia y yo podemos dormir en **tiendas de campaña** y para ti y mamá hay dos camas en el coche-caravana.

SRA. VILLEGAS: ¿Tiene baño el coche-caravana?

CECILIA: Las áreas de acampar tienen **servicios sanitarios**. Hay baño, una ducha, **una lavadora** — todo lo que necesitamos.

JUAN MANUEL: El coche-caravana tiene estufa y refrigerador. Podemos preparar las comidas si no queremos comer en un restaurante. Así va a costar mucho menos.

CECILIA: Bueno, Papá. ¿Qué dices? ¿Podemos acampar?

SR. VILLEGAS: Vamos a ver, vamos a ver.

mountain climbing
Absolutely not!
we took some hikes
Calm down! Don't get excited!
to go camping
a camper
tents
rest rooms
a washing machine

EL NACIONAL

Para los niños

¡Regresamos en Septiembre!

Nosotros también ¡estamos de vacaciones! pero dispuestos a regresar el lunes 10 de septiembre con más energías que nunca.

En esa fecha vamos a aprovechar los últimos días de descanso porque después debemos prepararnos para el regreso a clases.

Marta, María Fernanda, Adalgisa, Marielba y América contarán dónde fueron y qué hicieron en su recorrido por el país.

El próximo año escolar iniciaremos el Gran Concurso Ambiental con las sugerencias que ustedes nos han hecho y los premios que pidieron... ¡Ah! le vamos a demostrar al Hilmer que somos unos tacos en Informática.

Búscanos en las páginas centrales del Cuerpo C

¡Aquí te toca a ti!

G. **El camping tradicional... el camping moderno...** "Traditional" campers often make fun of "modern" campers. Compare the activities of traditional and modern campers, using the suggested expressions.

acampar / ir al bosque *(woods)* / dormir bajo las estrellas *(under the stars)* / dormir en el coche-caravana / dormir en una tienda de campaña / hacer una fogata *(bonfire)* con leñas *(logs)* / guardar *(to keep, to store)* las bebidas en el refrigerador / guardar las bebidas en el agua fría / preparar las comidas en una estufa / ducharse / bañarse en el río

H. **Las vacaciones de primavera** Discuss with two classmates where to go for spring vacation. Use the expressions provided.

MODELO: ir a la costa / nadar / navegar en la tabla vela
Estudiante A: *¿Cómo vamos a pasar las vacaciones este año?*
Estudiante B: *Yo quiero ir a la costa.*
Estudiante C: *Es una buena idea. Podemos nadar.*
Estudiante A: *Y podemos navegar en la tabla vela.*

1. ir a las montañas / esquiar / patinar *(to ice-skate)*
2. acampar / alquilar un coche-caravana / dormir en una tienda de campaña
3. ir a la costa / tomar el sol / esquiar en agua
4. ir a España / alquilar un coche / visitar las provincias
5. ir a las montañas / hacer alpinismo / descansar
6. ir a Washington / visitar el Senado / ver la Casa Blanca

¡Adelante!

I. **Las vacaciones de la familia** Discuss with another student your family's vacation plans for the summer. Talk about where you are going, when you are going to leave (**salir**), and what you are going to do. If some people in your family would like to do something different, talk about their wishes, too. Your partner will then report back to the class what you have told him or her. You will help out by correcting any errors of content and by making supportive comments.

R E G A T A
Copa Venezuela 1990
BANCO
INTERNACIONAL
Bahía de Pozuelos
Puerto La Cruz
Estado Anzoátegui
1, 2 y 3 de Septiembre
El Banco Internacional
y la
Federación Venezolana de Vela
le invitan a la
Regata Copa Venezuela 1990,
del Circuito Oriente.

 Vocabulario 

Para charlar

Para organizar las vacaciones

¿Por qué no...
- acampamos en una área de acampar?
- alquilamos un coche-caravana?
- dormimos en una tienda de campaña?
- pasamos las vacaciones en...?
- tomamos el sol?
- vamos a la costa / a la orilla del mar / a las montañas?
- visitamos un centro ecuestre para hacer equitación?

Temas y contextos

Las actividades deportivas

correr
dar una caminata
esquiar en agua
hacer alpinismo
jugar al golf
al tenis
al vólibol
montar a caballo
nadar
navegar en velero / una tabla vela
practicar la navegación a vela
el esquí acuático
la equitación

Vocabulario general

Sustantivos

una lavadora
los mariscos
un pueblo
un refrigerador

Verbos

costar(ue)
dedicarse

Otras palabras y expresiones

¡Cálmate! ¡No te excites!
Dime.
en seguida
Lo pasamos bien.
¡Magnífico!
¡No, en absoluto!
servicios sanitarios

Adjetivos

anterior

Aquí leemos

Alpamayo: en la cima

People of all ages are fascinated by mountain-climbing. The degree of difficulty varies, of course, from a casual hike up a gradual slope to a demanding and daring venture climbing unbelievably high peaks. An article from the Peruvian newsmagazine *Caretas*, reproduced in part below, reports that four young men from Peru recently climbed to the top of the spectacular snow-capped Alpamayo peak in the Andes. As you read the article, you will not know a number of words and may not understand all of the text, but you should be able to get the general idea and grasp most of the information. Read the article, looking for words and expressions that you recognize or that you can figure out using your reading techniques (cognates, word families, context), and then consulting a dictionary for the definitions of some of the words you don't know. Then do the exercises that follow.

Una expedición de alpinistas peruanos logró conquistar la cima[1] del Alpamayo, nevado de 5.947 metros de altura en la Cordillera Blanca de los Andes, una de las montañas más bellas del mundo. Lo notable es que son los primeros en subir por la ruta llamada "francesa" que, según explican, es la más larga y la más difícil. "Nadie creía que lo podíamos hacer", dice, riendo, Renzo Uccelli, uno de los miembros de la exitosa expedición Alpamayo Suroeste 87.

A pesar del escepticismo general, Uccelli, fundador y presidente de la Asociación de Andinismo de la Universidad de Lima, junto con Antonio Rodríguez Verdugo, 24 años, Hugo Mugling, 32, y Ronald Bottger, 23, dice que siguieron un plan de entrenamiento no muy profesional, pero con el que tuvieron éxito[2]. Durante meses, todos los días, corrieron un par de horas e hicieron muchos ejercicios abdominales. Al mismo tiempo, preparaban el temperamento para estar mentalmente listos para la dura aventura.

Y así, la noche del 16 de julio, los cuatro compañeros viajaron en ómnibus a Huaraz, con 45 kilos de equipos y comida, "miles de paquetes de tallarines,[3] porque no hay plata[4] para comprar otras cosas". Dos días más tarde, alquilaron unos animales de carga[5] y caminaron hasta que llegaron al campamento base, a 3.900 metros de altura.

1. *la cima*: the peak 2. *tuvieron éxito*: were successful 3. *los tallarines*: noodles
4. *plata*: silver, money 5. *animales de carga*: pack animals

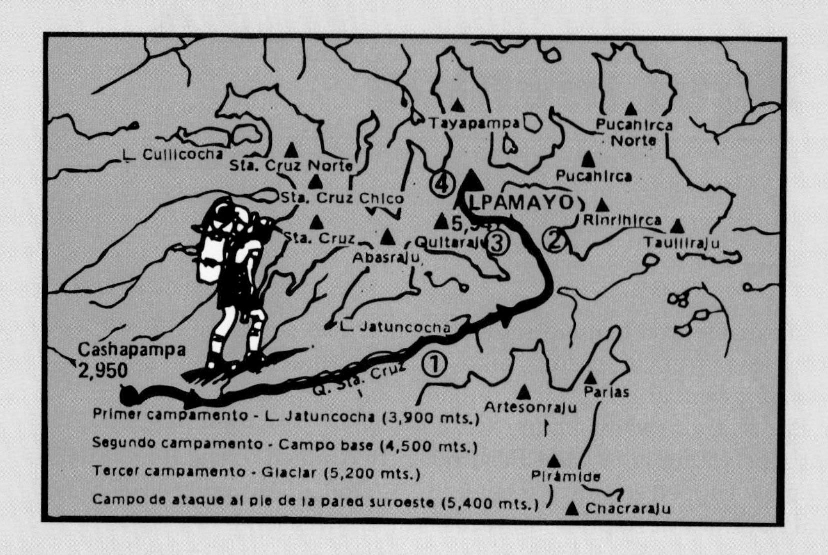

Una vez al pie de la montaña, se dieron cuenta de que podían subir por la "ruta francesa", la más larga y peligrosa de la Cordillera Blanca. Durante los dos días siguientes, transportaron el equipo hasta el campamento, avanzando a 4.500 metros de altura.

Al despertarse el 24 de julio, los cuatro alpinistas estaban impacientes por atacar la cumbre[6] porque las condiciones climatológicas eran perfectas. La nieve tenía una consistencia ideal para seguir adelante, pero los esperaban un par de días muy largos.

Por el lado suroeste del Alpamayo hay una famosa pared[7] de hielo y nieve, prácticamente vertical, de 450 metros de alto y una inclinación de 55 a 65 grados. Es el último gran reto[8] para conquistar la cima del Alpamayo, y los alpinistas que se atreven[9] a afrontarla deben tener una excelente técnica "y los cinco sentidos[10] listos".

Afortunadamente, los miembros de la expedición tienen mucha experiencia, pues han escalado juntos muchos nevados en Europa y América del Sur. ¿Qué se siente cuándo se trepa[11] por una pared? "Te sientes bien", comenta Uccelli. "Hay que tener calma y serenidad. Tienes que hacer todos tus movimientos con mucho cuidado".

Así, durante 19 horas, 16 de las cuales estuvieron en la pared, escalaron por la peligrosa "ruta francesa". A cinco metros de la cima perdieron una mochila llena de equipo y comida que cayó rodando centenares de metros más abajo. "Pero eso ya no era tan importante," dice Uccelli. "Subimos a la cumbre y al llegar arriba uno puede sentir mil cosas... ¡Como estamos tan contentos a veces hasta lloramos[12]"!

Lo más importante de esta conquista del Alpamayo es que estos cuatro hombres han demostrado[13] que el alpinismo peruano está mejorando su nivel técnico,[14] y con esto se abren las puertas hacia el camino de las grandes y difíciles escaladas[15].

6. *la cumbre*: the top 7. *pared*: wall 8. *reto*: challenge 9. *que se atreven*: who dare 10. *sentidos*: senses 11. *se trepa*: climb up 12. *lloramos*: we cry 13. *han demostrado*: have shown 14. *mejorando su nivel técnico*: improving its technical level 15. *escaladas*: climbs

Comprensión

A. **Análisis de palabras** Answer in English these questions about some of the vocabulary used by the journalist in reporting the story.

1. What are some of the cognates that you can immediately identify?
2. Find at least three reflexive verb forms.
3. What synonym is used at one point for **la cima**?
4. Find five adjectives that are used by the writer.

B. Answer the following questions in English about the article.

1. What is it about the four mountain-climbers' accomplishment that makes it a "first"?
2. What sort of training program *(entrenamiento)* did they follow for this particular climb?
3. What did the men take with them to the base camp?
4. How long did it take them to go from the base camp to the camp close to the summit?
5. What was the final obstacle the climbers had to face near the top?
6. Did all four men have a lot of previous climbing experience?
7. What does one climber say is required to climb up a sheer wall?
8. How many hours were spent scaling the most dangerous part of the mountain?
9. What fell during the very final stage of the climb?
10. How does Uccelli describe the feeling of reaching the very top?
11. According to the last paragraph of the article, what is the most important thing about this conquest of Alpamayo?

Repaso

C. **¡Vamos a echar la casa por la ventana!** In Spanish, there is an expression for having a fabulous party, or "a blast." Literally, it means *to throw the house out the window.* You are organizing such a party for your friend Marcos. At first, you have trouble getting people to help. Fortunately, a friend supports you by telling people to do what you ask.

MODELO: Enrique / comprar las bebidas
Tú: *Enrique, ¿quieres comprar las bebidas?*
Estudiante A: *No, no quiero comprarlas.*
Estudiante B: *¡Cómpralas, Enrique!*

1. René / comprar la comida
2. Marisol / traer los discos
3. Diana / invitar a tu hermano
4. Tomás / quitar la mesa
5. Anita / encargarse del postre
6. Samuel / lavar los platos

Then, during the party, you have trouble with your guests. The guests admit what they are doing, but you have to tell some people *not* to do something.

MODELO: Juan y Elena / comer el postre
Tú: *¡Juan! ¡Elena! ¿Qué hacen ustedes?*
Estudiante A: *Estamos comiendo el postre.*
Tú: *¡Pues, no lo coman!*

7. Mercedes y Alicia / mirar la televisión
8. Alberto y Pedro / pelearse *(to fight with each other)*
9. Laura y Fernando / llamar a otros amigos
10. Roberto y Pablo / invitar a Antonio Álvarez y a sus primos
11. Felipe y Silvia /mirar en el escritorio de tu padre
12. Carlos / encerrarse en el baño

D. **¿Qué van a decir?** At the end of summer vacation, a local Venezuelan newspaper asked several young people to write short articles about their activities. Read the following titles for the articles; then mention some of the things the author would probably say about his or her particular topic.

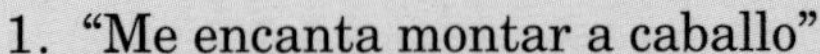

1. "Me encanta montar a caballo"
2. "Una semana en velero"
3. "En la cima de la montaña"
4. "Navegar en tabla vela es fácil"
5. "Mi quinto año en la escuela de vela"
6. "Me gusta la velocidad — en el agua y sobre el agua"
7. "Sobre mis impresiones al volar *(to fly)*"
8. "Yo soy muy atlético"

Club Náutico Juriquilla
Para velear, pescar o . . . asolearse en las blancas y finas arenas de su playa.
Club de Golf Juriquilla
Entre frondosos ahuehuetes, 18 hoyos diseñados a la medida del más exigente.

Aquí repasamos

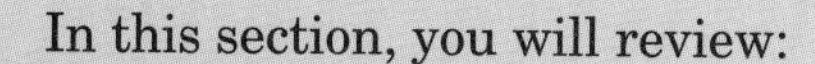

In this section, you will review:

- reflexive verbs;
- the direct object pronouns **lo**, **la**, **los**, **las**;
- the use of reflexive and direct object pronouns with the command forms.

Reflexive verbs: acostarse

present

yo **me acuesto**	nosotros **nos acostamos**
tú **te acuestas**	vosotros **os acostáis**
él, ella, Ud. **se acuesta**	ellos, ellas **se acuestan**

immediate future

yo **me voy a acostar / voy a acostarme**

A. **La serie de preguntas** Use the subjects in parentheses to ask questions for each of the following expressions.

1. levantarse de costumbre / a qué hora (tú / Uds. / él / ellas / vosotros)
2. cepillarse los dientes / cuántas veces por día (tú / Uds. / ellos / ella / vosotras)
3. afeitarse o maquillarse mañana por la mañana (tú / Uds. / él / ella)

B. **Un mal día** Using the drawings and the suggested verbs, describe Claudia and Juan Pablo's day in two different ways.

1. As if it were taking place **hoy.**
2. As if it were going to take place **el próximo sábado.**

If you are female, play the role of Claudia (that is, Claudia = **yo**, Juan Pablo = **él**). If you are male, play the role of Juan Pablo (that is, Juan Pablo = **yo,** Claudia = **ella**).

MODELO: Male: *Hoy me levanto a las nueve.*
El sábado próximo voy a levantarme (me voy a levantar) a las nueve.
Female: *Hoy me levanto a las diez y media.*
El sábado próximo, voy a levantarme (me voy a levantar) a las diez y media.

C. **¡Escuchen bien!** Many verb forms sound quite similar. It is important to pay careful attention to questions and to the time (present or immediate future) and the type of verb (reflexive or nonreflexive) involved. Work with a partner to ask and answer the following questions.

1. ¿A qué hora te acuestas de costumbre? Entonces, ¿vas a acostarte a las... esta noche también? (¿No? ¿A qué hora vas a acostarte?)
2. ¿A qué hora te levantas de costumbre? ¿A qué hora piensas levantarte el sábado por la mañana?
3. ¿Generalmente te desayunas con tu familia? ¿Vas a desayunarte con tu familia mañana también? (¿No? ¿Con quién vas a desayunarte?)
4. ¿Vas a divertirte este sábado? ¿Por qué (no)? ¿Qué vas a hacer?

The direct object pronouns *lo, los, la, las*

¿La blusa?	**La** compro.
¿Las entradas?	Es imposible comprar**las** hoy.
¿El reloj?	**Lo** quiero comprar ahora.
¿Los zapatos?	**Los** voy a comprar mañana.

D. **¿Cómo lo (la) ves?** *(How do you think of him/her/it?)* When your instructor asks for your impression of the following people or things, use one of the suggested adjectives or an adjective of your own choice to give your opinion.

MODELO: ¿Cómo ves a Clint Eastwood? (¿guapo / sexy / violento?)
Lo veo muy guapo. o:
No lo veo muy guapo.

1. ¿Cómo ves a Jane Fonda? (¿inteligente / bonita / radical?)
2. ¿Cómo ves a Sylvester Stallone? (¿fuerte / macho / intelectual?)
3. ¿Cómo ves las películas de Woody Allen? (¿divertidas / interesantes / aburridas?)
4. ¿Cómo ves las películas de Bergman? (¿bellas / aburridas / complicadas?)
5. ¿Cómo ves los vídeos de Madonna? (¿apasionantes / buenos / tontos?)
6. ¿Cómo ves los cuadros de Picasso? (¿bonitos / caros / ridículos?)
7. ¿Cómo ves a Gabriela Sabatini? (¿atlética / fuerte / guapa?)

E. **Los refrescos y la comida** Isabel has organized the refreshments and snacks for her friend Cecilia's party. She explains what each person is bringing and where he or she is going to buy it.

MODELO: Maricarmen / la ensalada
Maricarmen va a traer la ensalada. Va a comprarla en el supermercado.

1. Jaime / el pan
2. Diana / las bebidas
3. Adela / la salsa
4. Fernando / las galletas
5. tú / los quesos
6. yo / la carne

F. **La noche de la fiesta** It is the evening of the party, and Cecilia is checking to see if everybody brought the food they were asked to bring. Using the cues from Exercise E, Isabel shows her where everything is.

MODELO: Maricarmen / la ensalada
—¿Compró Maricarmen la ensalada?
—Sí, la compró. Allí está.

The use of reflexive and direct object pronouns with command forms

Affirmative:	**Negative:**
verb + pronoun	**no** + pronoun + verb
¡Llévenl**o!** ¡Den**se** prisa!	¡No **lo** lleven! ¡No **se** den prisa!

G. **El hermano mayor (la hermana mayor)** You take great delight in telling your younger siblings what to do. Use the expressions given below to talk to your little brother in numbers 1–5 and to your twin sisters in 6–10.

MODELO: despertarse
¡Despiértate!

1. bañarse
2. cepillarse los dientes
3. lavarse las manos
4. vestirse
5. acostarse
6. no mirarse
7. no vestirse
8. darse prisa
9. no levantarse
10. sentarse

H. **¡Háganlo!... ¡No lo hagan!** Sometimes you have to encourage people; other times you need to discourage them. Encourage the people in numbers 1–6 of this exercise to do things and discourage the people in numbers 7–12. Follow the models.

MODELO: yo / como mis vegetales
—No quiero comer mis vegetales.
—¡Sí, sí, sí! ¡Cómelos !

yo / comprar esta calculadora
—Voy a comprar esta calculadora.
—¡No, no, no! ¡No la compres!

1. yo / terminar mi tarea
2. yo / llevar mi coche
3. yo / bañarme
4. nosotros / mirar los bailes
5. nosotros / sentarnos
6. nosotros / lavar los platos
7. yo / bañarme
8. yo / llevar el coche de papá
9. yo / comer el postre
10. nosotros / lavar la ropa
11. nosotros / acostarnos
12. nosotros / buscar a Julián y Mario

Aquí llegamos

A. **Mi día** Explain what you usually do from the time you get up to the time you go to bed.

B. **La familia ideal** Describe a typical day in the life of an ideal family. Include the daily routine, how the family deals with chores, and what each family member does for fun. You may choose to deal with this topic seriously (that is, your idea of what a family should be like) or ironically (that is, a humorous look at a family not to be imitated).

C. **En el restaurante** You and some friends meet downtown in a restaurant. Greet each other, order something to drink and/or eat, and then use the *Cromos* listing on page 223 to decide on a television program or a play to see.

D. **Las vacaciones** Tell your classmates about one of your favorite vacations. If possible, bring in photos and describe your activities and those of other members of your family.

E. **Un día feriado** *(a holiday)* You and your friends are making plans for a one-day holiday from school. Plan a busy schedule of activities, including sports, movies, and the like. Be detailed in your plans — determine times, places to meet, etc.

F. **Una fiesta** You are in charge of organizing a school party. Tell the five or six friends who are helping you on the committee what to do or not to do in preparation for the event.

VENTAJAS FAMILIARES
TODO QUEDA EN FAMILIA.
RENFE

56

CUARTA UNIDAD

La salud

Objectives

In this unit, you will learn:

- to talk about your own and other people's health and physical conditions;
- to refer to habitual actions in the past;
- to use reflexive verbs in the past.

CAPÍTULO DIEZ

¿Cómo te sientes?

Patinar sobre ruedas es un excelente ejercicio y una manera agradable de dar un paseo en este parque de Madrid.

Primera etapa

El cuerpo humano

El cuerpo humano: the human body

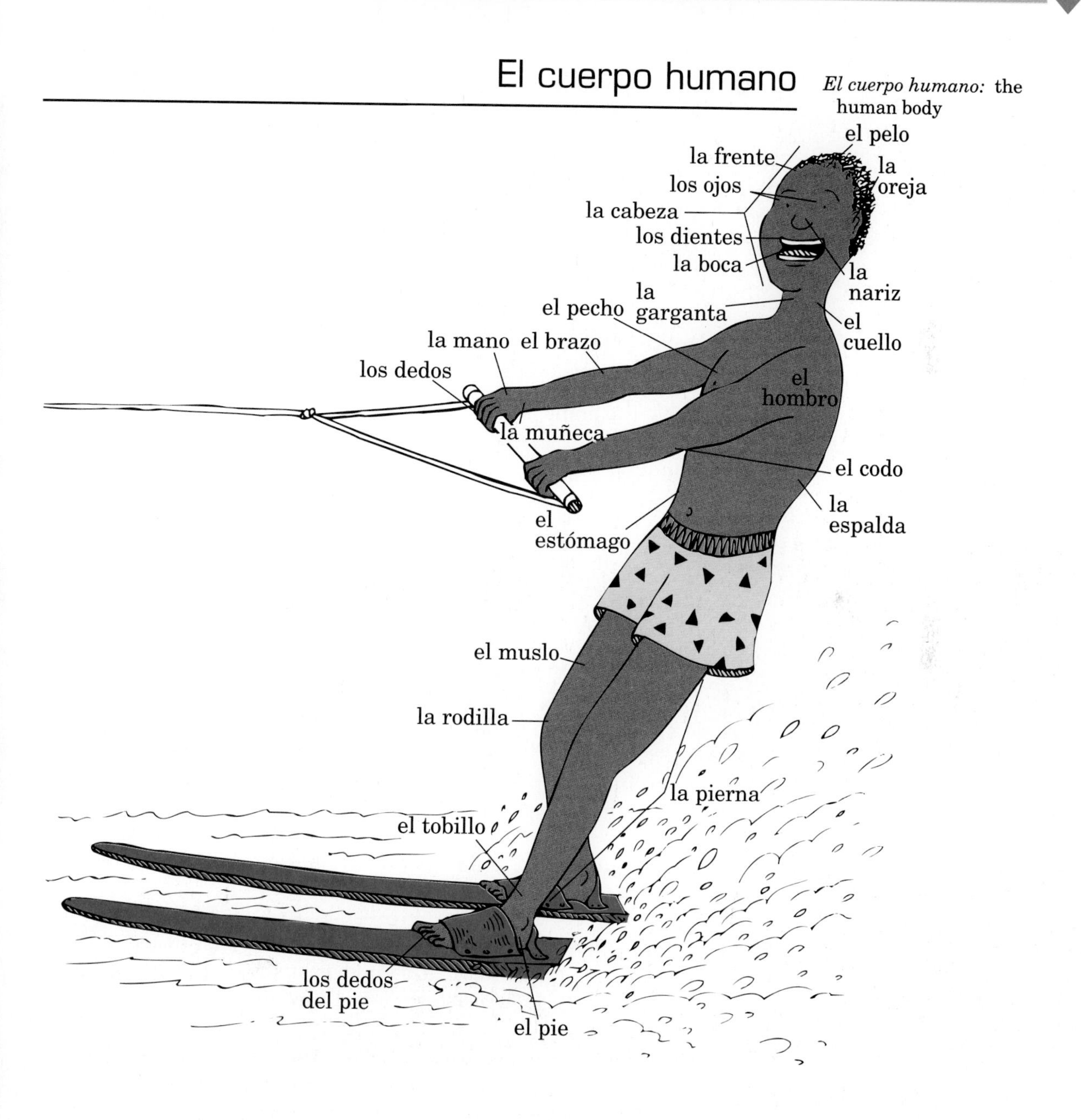

¡Aquí te toca a ti!

A. **Un amigo extraterrestre** Describe the body of your extraterrestrial friend by comparing its body with yours. Base your description on the drawing.

MODELO: la cabeza
Yo tengo una cabeza.
Mi amigo tiene una cabeza también.

1. los tobillos
2. los ojos
3. las orejas
4. los dientes
5. los brazos
6. los dedos
7. los codos
8. las piernas
9. las rodillas
10. los pies

B. **Las partes del cuerpo** Identify the part(s) of the body that you associate with each of the following activities:

1. playing the piano
2. jogging
3. swimming
4. chewing gum
5. watching TV
6. testing perfume

The imperfect

¿Dónde **vivías** cuando tenías 10 años? — Where *did you use to live* when you were 10 years old?
Yo **vivía** en Indiana. — I *used to live* in Indiana.
¿Qué **hacías** durante el verano? — What *did you use to do* during the summer?
Yo **nadaba y jugaba** al tenis todos los días. — I *used to swim and play* tennis every day.

You have already learned to express actions in the past by using the preterite. Now you will learn a second past tense, the imperfect, which will allow you to describe what you *used to do*.

To form the imperfect, begin by dropping the **-ar**, **-er,** or **-ir** of the infinitive and adding the imperfect endings **-aba**, **-abas**, **-aba**, **ábamos**, **abais**, **aban** for **-ar** verbs, and **-ía**, **-ías**, **-ía**, **-íamos**, **-íais**, **-ían** for **-er** and **-ir** verbs.

	hablar **habl-**	**comer** **com-**	**vivir** **viv-**
yo	habl**aba**	com**ía**	viv**ía**
tú	habl**abas**	com**ías**	viv**ías**
él, ella, Ud.	habl**aba**	com**ía**	viv**ía**
nosotros	habl**ábamos**	com**íamos**	viv**íamos**
vosotros	habl**abais**	com**íais**	viv**íais**
ellos, ellas, Uds.	habl**aban**	com**ían**	viv**ían**

The imperfect tense has three equivalents in English:

Ella vivía en España. { *She lived* in Spain.
She used to live in Spain.
She was living in Spain.

Aquí practicamos

C. Replace the words in italics with those in parentheses and make the necessary changes.

1. *Ella* vivía en España. (nosotros / tú / Uds. / ellos / yo / vosotras)
2. *Yo* no estudiaba mucho. (nosotras / tú / ellos / Uds. / él / vosotros)
3. *Ellos* caminaban por el parque. (nosotros / tú / yo / Uds. / ellas / vosotras)
4. ¿Bebías *tú* mucha leche? (Uds. / ella / él / ellas / Ud. / vosotros)

NOTA GRAMATICAL

The imperfect of **ver, ser,** *and* **ir**

The verbs **ver, ser,** and **ir** are conjugated in the following way:

	ver	**ser**	**ir**
yo	**veía**	**era**	**iba**
tú	**veías**	**eras**	**ibas**
él, ella, Ud.	**veía**	**era**	**iba**
nosotros	**veíamos**	**éramos**	**íbamos**
vosotros	**veíais**	**erais**	**ibais**
ellos, ellas, Uds.	**veían**	**eran**	**iban**

D. Replace the words in italics with those in parentheses and make the necessary changes.

1. *Ellos* iban a la playa cada verano. (yo / ellas / nosotras / tú / Juan y su familia / vosotras)
2. *Nosotros* no veíamos a Juan a menudo. (yo / Uds. / ellas / Mirta y Guillermo / tú / vosotros)
3. ¿Era *él* de España? (tú / ellas / Mario / Ud. / ella / Uds. / vosotras)

E. **El año pasado... cada jueves por la tarde** Tell what the people in the drawings below used to do every Thursday last year.

MODELO: *El año pasado, Carmen corría cada jueves por la tarde.*

Carmen

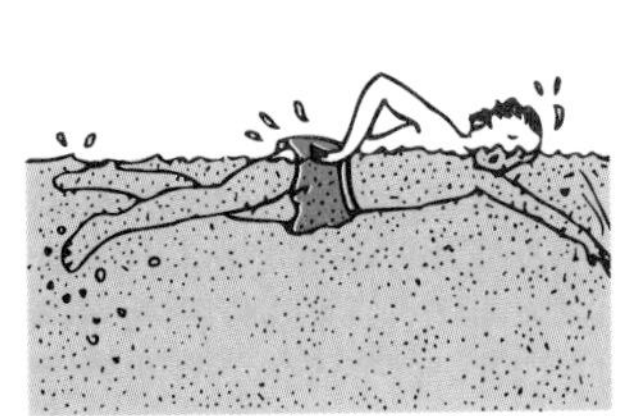

1. Carlos

2. Dina y su novio

3. Jaime

4. Mónica

5. Olga y Lucía

6. Alberto

7. Miguel y Patricio

8. Isabel

9. Luisa y Daniel

10. Paula y Marcos

F. **El año pasado, mi amigo y yo... cada sábado por la tarde** Now imagine that every Saturday afternoon, you and a friend did what the people in the above drawings did.

Aquí escuchamos

¡Pobre Martín!

FELIPE: ¡Hola, Martín! ¿Qué tal?
MARTÍN: ¡Hola! Más o menos, gracias.
DINA: **No te ves muy bien**. — You don't look very good.
MARTÍN: ¿No? Pero **no me siento muy mal**. — I don't feel very bad.
DINA: Pero tienes los ojos rojos. ¿Tienes **dolor de cabeza**? — a headache
MARTÍN: No, pero tengo **dolor** de garganta. — pain
FELIPE: Y amigo, estás muy pálido.
MARTÍN: ¿Verdad?
DINA: Sí, ¡pobre Martín! Debes volver a casa y descansar.
MARTÍN: **Tienen razón: no me siento muy bien**. Voy a volver a casa. Voy a acostarme y descansar un poco. Hasta luego y gracias. — You're right: I don't feel very well.

¡Aquí te toca a ti!

G. **Tengo dolor de...** Use the elements provided to indicate where you hurt.

MODELO: la espalda
Tengo dolor de espalda.

1. la cabeza
2. la espalda
3. la garganta
4. el estómago

H. **No te ves muy bien.** Talk to a classmate about his or her state of health. Follow the general pattern of the models while varying the health expressions that you use.

MODELO: *—¿Qué tal?*
—No me siento muy bien.
—¿Qué te pasa? (What's wrong?)
—Tengo dolor de cabeza (estómago, etc.*).*

—¡Hola, amigo! No te ves muy bien.
—¿Verdad? Tengo dolor de cabeza (espalda, etc.*).*
—Pobre. Debes descansar.
—Tienes razón. Voy a volver a casa.

The imperfect: habitual actions

Todos los veranos **íbamos** a la playa.	Every summer *we used to go* to the beach.
Cada tarde mi hermana **nadaba** en el mar.	Every afternoon my sister *used to swim* in the sea.
Cada noche **escribíamos** postales y mis padres **leían** revistas.	Every evening *we used to write* postcards and my parents *used to read* magazines.

The imperfect tense is used to describe something that happened over and over again in the past. Certain adverbs and expressions that convey the idea of a routine often accompany the imperfect tense. They reinforce the idea of habitual actions and of things that *used to be done* repeatedly. You already have learned some of the following adverbs and expressions, while others are new:

a menudo	*often*
a veces	*sometimes*
cada día (**viernes, sábado, tarde, mañana, noche, semana, mes,** etc.)	*every day (Friday, Saturday, afternoon, morning, night, week, month,* etc.*)*
con frecuencia	*frequently*
con regularidad	*regularly*
de vez en cuando	*from time to time*
frecuentemente	*frequently*
muchas veces	*many times*
normalmente	*normally*
siempre	*always*
todos los días (**lunes, martes,** etc.)	*every day (Monday, Tuesday,* etc.*)*
una vez al día (**a la semana, mes, año,** etc.)	*once a day (week, month, year,* etc.*)*

Jugábamos al fútbol todos los días.

Aquí practicamos

I. **El verano pasado** Last year Silvia's parents went away for a couple of weeks. Use the suggested elements and the imperfect to tell what Silvia and her brother did while their parents were gone.

MODELO: Cada sábado por la noche / yo / salir con mis amigos
Cada sábado por la noche salía con mis amigos.

1. cada día / nosotros / despertarse temprano
2. muchas veces / yo / quedarse en cama una hora o dos
3. de costumbre / mi hermano / levantarse enseguida
4. todos los días / nosotros / ducharse
5. normalmente / nosotros / desayunarse juntos
6. cada mañana / mi hermano / arreglar la casa
7. a veces / yo / leer revistas en cama
8. cada tarde / mi hermano / nadar en la piscina con sus amigos
9. cada noche / yo / hablar por teléfono con mis amigas
10. una vez por semana / nosotros / comer pizza
11. de vez en cuando / nosotros / ir al cine
12. por lo general / nosotros / acostarse a las 11:00 ó 12:00

J. **Cuando tú tenías siete años...** Use the cues and ask a classmate about his or her situation when he or she was seven years old. Write the answers on a piece of paper so that you can report back to the class.

MODELO: ir a la escuela
—¿Ibas a la escuela?
—Sí, iba a la escuela. o:
—No, yo prefería jugar con mis amigos.

1. vivir aquí
2. tener hermanos y hermanas
3. ir a la playa
4. dormir una siesta
5. comer mucho
6. ser travieso(a) *(mischievous)*
7. jugar con los compañeros
8. levantarse temprano
9. acostarse tarde
10. beber mucha leche

¡Adelante!

K. **¿Qué hacías el verano pasado?** Think back to what you did in a typical week last summer. Make a list of some of the things you used to do on weekdays, weekends, certain nights, etc. Then ask a classmate what he or she did in a typical week last summer and compare your answers.

Segunda etapa

El ejercicio ideal

El ejercicio ideal: The ideal exercise

En el agua vas a bajar de peso y vas a tonificarte el cuerpo. No hay manera más eficiente y divertida de ponerte en forma.

¿Buscas una manera **sencilla** y agradable de ponerte en forma? ¿Te gusta la idea de pasar horas **sudando** en un gimnasio? ¿No? Entonces, la solución para ti puede ser la natación. Además de ser un excelente deporte, la natación puede ser un divertido evento social. En la piscina puedes reunirte con tus amigos... a la vez que trabaja tu sistema cardiovascular.

¿Por qué?
Porque cuando tú nadas, el corazón y **los pulmones** trabajan a su capacidad máxima porque tu cuerpo demanda una gran dosis extra de oxígeno. El movimiento continuo hace de la natación un excelente ejercicio aeróbico.

Ventajas
Una de las grandes ventajas de este deporte es que es difícil **lastimarse** porque cuando tu cuerpo flota en el agua, no hay presión en **las coyunturas**. **Aseguran** los expertos que la persona que nada 15 minutos consecutivos todos los días va a mantenerse en condiciones óptimas sin tener que **levantar pesas** o **trotar**.

¿Quieres ponerte en forma? **Tírate** al agua y nada, nada, nada...

Ventajas: Advantages
peso: weight
tonificarte: to tone up / *lastimarse:* to hurt oneself

las coyunturas: the joints / *ponerte en forma:* to get in shape / *Aseguran:* Assure

sencilla: simple / *los pulmones:* the lungs

sudando: sweating / *levantar pesas:* to lift weights / *trotar:* to jog

Tírate: Throw yourself

¡Aquí te toca a ti!

A. Answer the following questions about the reading.

1. What does the headline say are two benefits of this exercise?
2. In the first paragraph, what is another benefit of this activity, in addition to its being a good sport in general?

3. Why is it a good aerobic exercise?
4. Why is it difficult to injure yourself while doing this activity?
5. How often should you do this activity in order to stay in good shape, according to the experts?

Repaso

B. **Tiene dolor de...** Indicate what part of the body hurts each person in the drawings below.

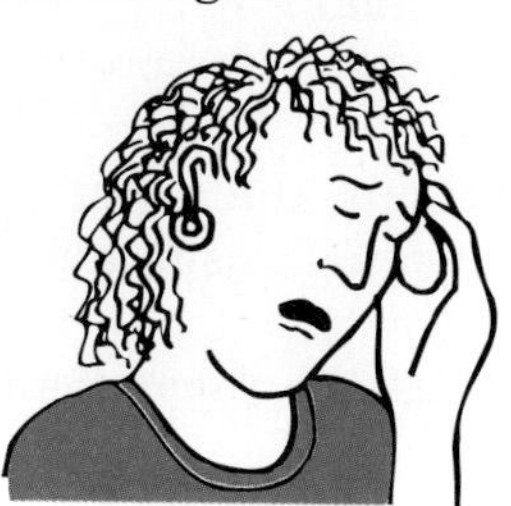

1. Sara

2 mi papá

3 mi mamá

4. Magda

C. **Recuerdos** Marcos and Lucila remember the days when they were students in elementary school. They talk about what they used to do on days they had to go to school. If you are a boy, play the role of Marcos and if you are a girl, play the role of Lucila. Use the imperfect for all verbs.

MODELO: Marcos y Lucila / despertarse / 7:00
MARCOS: *Cada día, mi hermana y yo nos despertábamos a las siete.*
LUCILA: *Cada día, mi hermano y yo nos despertábamos a las siete.*

1. Lucila / levantarse / 7:15
2. Marcos / levantarse / 7:30
3. Lucila / ducharse
4. Marcos / afeitarse
5. Marcos / beber leche
6. Lucila / beber jugo de naranja
7. Lucila y Marcos / lavarse los dientes
8. Marcos y Lucila / ir a la escuela / 8:00

The imperfect: additional uses

Mientras **hablábamos**, ella **leía** una revista.	While *we were talking*, she *was reading* a magazine.
Ella **tenía** los ojos azules.	She *had* blue eyes. (Her eyes *were* blue.)
Yo **creía** que **era** bonita.	I *thought she was* pretty.

In addition to indicating habitual past actions, the imperfect tense is used to talk about several other kinds of situations in the past:

1. To indicate actions that *were going on* at the time about which you are speaking.

Mientras **hablábamos**, ella **leía** una revista.	While *we were talking*, she *was reading* a magazine.

2. To describe the physical attributes of people you are remembering.

Ella **tenía** los ojos azules.	She *had* blue eyes.

3. To express attitudes and beliefs that were held at that time in the past, using verbs such as **creer**, **pensar**, etc.

Yo **creía** que era bonita.	I *thought* she was pretty.

4. To express how old someone was in the past.

Él **tenía** cincuenta años.	He *was* fifty years old.

5. To describe past states of health.

Yo **no me sentía** bien.	I *didn't feel* well.

6. To set the background or context for a story that takes place in the past.

Eran las nueve de la noche.	*It was* 9:00 at night.
Yo **estaba de visita** en Phoenix.	I *was visiting* Phoenix.
Era invierno, pero **hacía** muchísimo calor allí. **Estábamos** en un pequeño restaurante.	*It was* winter, but *it was* very hot there. *We were* in a tiny restaurant.

Aquí practicamos

D. **La fiesta de Cecilia** Daniel got to Cecilia's party rather late. Based on the drawing and using the imperfect, describe what the other guests were doing when he arrived.

MODELO: Olga
Olga escuchaba discos.

1. Jaime, Enrique y Joaquín
2. Mónica y Liliana
3. Jorge y Verónica
4. Cecilia
5. Sr. Castañeda
6. todo el mundo

E. **Anoche a las 8:00** You are going to tell a story about something that happened to you. Set the scene by explaining where you were and what you were doing when the story's action began. For the first situation, you are given questions to help you. For the other situations, give similar descriptions on your own.

1. Ayer por la noche a las 8:00 — ¿Dónde estabas? ¿Qué hacías? ¿Qué tiempo hacía? ¿Cómo te sentías? ¿Estabas solo(a) *(alone)* o con otras personas? ¿Qué hacían ellas?
2. Esta mañana a las 7:30
3. El sábado pasado a las 10:00 de la noche
4. El viernes pasado por la noche
5. Un momento importante de tu vida

Aquí escuchamos

¡Tú siempre estás en forma!

El sábado por la tarde. Dos amigas tienen tiempo libre. ¿Qué pueden hacer?

MAGDA: ¿Ahora qué hacemos? ¿Quieres trotar o jugar al tenis?
SOFÍA: No tengo ganas. Tú sabes que no soy muy activa.
MAGDA: Por eso no te ves bien. Comes mucho. Siempre estás cansada. Tienes que bajar de peso. ¡Debes ponerte en forma!
SOFÍA: **Tú tienes suerte**. ¿Por qué estás en forma siempre?
MAGDA: Estoy en forma porque **hago gimnasia** con frecuencia.
SOFÍA: ¿Gimnasia? ¿Levantas pesas?
MAGDA: No, **¡qué va!** Hago ejercicios aeróbicos tres días a la semana y tres días a la semana tomo clases de ballet. También voy a una discoteca por lo menos una vez por semana.

You're lucky.
I work out
no way!

¡Aquí te toca a ti!

F. **Ellas hacen gimnasia.** Look at the pictures of young women trying to stay in shape. Then answer the questions that follow to match the names of the appropriate activities with the women who do them.

1. ¿Quién hace ejercicios aeróbicos?
2. ¿Quién juega al tenis?
3. ¿Quién baila ballet?
4. ¿Quién trota?
5. ¿Quién nada?
6. ¿Quién levanta pesas?
7. ¿Quién baila el rock?
8. ¿Quién practica yoga?

G. **Intercambio** Ask a classmate the following questions. He or she will answer them according to his or her personal situation.

1. ¿Eres activo(a)? ¿Te gusta practicar un deporte o mirar los partidos en la tele?
2. ¿Haces ejercicios aeróbicos? ¿Practicas yoga?
3. ¿Nadas de vez en cuando?
4. ¿Te gusta bailar? ¿Ballet o rock?
5. ¿Estás en forma? ¿Tus amigos piensan que tú eres fuerte o débil? ¿Levantas pesas? ¿Quisieras levantar pesas?
6. ¿Están tus padres en forma? ¿Qué deportes practican?
7. ¿Quieres subir un poco de peso? ¿Quieres bajar un poco de peso? ¿Por qué? ¿Qué piensas hacer?

¡Adelante!

H. **¿Estás en forma?** In Spanish, discuss with several classmates what they used to do a couple of years back and what they do now to stay fit. Be sure to include activities as well as foods eaten then and now.

ANTES
Y
DESPUÉS
Siéntase Joven Nuevamente
La diferencia antes y después del tratamiento quiropráctico es como de la noche al día. Si está sufriendo de algún tipo de dolor o molestia de la espalda, no espera. ¡¡Llámenos hoy!!
Quiroprácticos...Podemos Ayudarle
North End Chiropractic
350 Hanover St.
Boston, MA
Tel. (617) 742-5797
El médico habla español. Se aceptan casi todos los seguros.

Tercera etapa

Dos accidentes

Cómo obtener ayuda
inmediata: marque
9-1-1

Niña atropellada

Nívea Lucero, una niña de 7 años, fue atropellada por un automóvil ayer a las 9:30 de la mañana en la Calle Cervantes. La niña caminaba a la escuela y el coche la atropelló cuando cruzaba la calle. En el accidente la niña se quebró un brazo y una pierna y se cortó la frente. Fue transportada al Hospital Santa Cruz en una ambulancia de la Cruz Roja.

Dos lastimados

Un accidente ocurrió ayer a las 2:30 de la tarde en la Avenida Bolívar. Dos jóvenes que andaban en motocicleta chocaron con un automóvil. El motociclista, Alejandro Bernal, 14 años, y su pasajero, Tomás Ferrer, 14 años, se lastimaron en el choque. Fueron transportados al Hospital San Juan en una ambulancia de la Cruz Roja.

¡Aquí te toca a ti!

A. **Estudio de palabras** Based on the context of the two newspaper articles, answer the following in order to figure out the meanings of some of the words you may not know.

1. Find a word that means "to be struck," "banged into," or "knocked down."
2. Find a word that means "collided."
3. Find a word that means "driver."
4. Find a word that means "passenger."
5. Find a word that means "to be injured."

B. **Los dos accidentes** Short news items are written to answer the questions: who?, what?, where?, and when? Answer these four questions for the two newspaper clippings above.

Repaso

C. **El comienzo de un cuento** Here are the first few lines of a story that someone is telling you. Redo each sentence, putting all the verbs in the imperfect.

Es una noche del mes de diciembre. Hace mucho frío y nieva. Mi hermana y yo estamos en el coche de mi papá. El coche no funciona porque no tiene gasolina. Al lado de la carretera está una mujer vieja. Ella tiene el pelo blanco y una nariz muy larga. Ella camina con un gato negro y canta una canción de los Talking Heads. Mi hermana y yo pensamos que todo eso es muy extraño.

Now invent the beginning of a second story, based on the following drawing. Instead of telling the whole story, establish the scene by using the imperfect to describe the setting, the situation, and the characters.

The preterite of reflexive verbs

Yo **me acosté** a las nueve anoche.	I *went to bed* at 9:00 last night.
Mi hermana **se levantó** a las 7:30 ayer.	My sister *got up* at 7:30 yesterday.
Nos encontramos en el centro.	*We met each other* downtown.

In chapter 7, you learned about reflexive verbs in the present tense. As they do in the present tense, these verbs may have two meanings in the preterite:

1. an action that reflects back on the subject

   Mi hermana **se levantó** a las 7:30 ayer. — My sister *got up* at 7:30 yesterday.

2. an action in which two or more subjects interact

   Nos encontramos en el centro. — *We met each other* downtown.

In both cases, the subject (noun or subject pronoun) is accompanied by its corresponding reflexive pronoun (**me**, **te**, **se**, **nos**, **os**, **se**).

Aquí practicamos

D. Replace the words in italics with those in parentheses and make the necessary changes.

1. *Yo* me desperté a las 6:30. (María / nosotros / los estudiantes / Uds. / tú / ellas)
2. ¿Te quedaste *tú* en cama hasta las 7:00? (Ud. / Juan / tu hermana / Uds. / tus padres / vosotros)
3. *Él* se levantó a las 7:30 ayer. (yo / tu hermano / nosotros / tú / ellas / vosotros)

E. **Ayer me levanté a las...** Indicate some of the activities that you and your brother or sister (or other member of your family) did yesterday. Use the cues.

MODELO: yo / levantarse / 7:30
Me levanté a las 7:30 ayer.

1. yo / despertarse / 6:30
2. mi hermano / despertarse / 7:00

3. yo / levantarse / 7:30
4. mi hermana / levantarse / inmediatamente
5. yo / ducharse / 7:45
6. mi hermano / bañarse / 7:15
7. mi hermana / maquillarse
8. yo / afeitarse
9. mi hermana y yo / cepillarse los dientes
10. mis hermanos y yo / desayunarse juntos

F. **Ayer y anoche** Find out about a classmate's activities yesterday and last night. Work with a partner and follow the model. Then reverse roles and repeat.

MODELO: salir de la escuela (a qué hora)
—¿A qué hora saliste de la escuela ayer?
—Salí de la escuela a las 3:30.

lavarse el pelo
—¿Te lavaste el pelo ayer?
—Sí, ayer me lavé el pelo o:
—No, ayer no me lavé el pelo.

1. llegar a casa (a qué hora)
2. hacer gimnasia
3. acostarse (a qué hora)
4. cepillarse los dientes
5. dormir bien
6. despertarse (a qué hora)
7. levantarse enseguida o quedarse en cama
8. maquillarse / afeitarse
9. desayunarse con la familia

Aquí escuchamos

¡No me digas! ¿Te rompiste la pierna?

Carlos habla por teléfono con su amigo Felipe.

CARLOS: Hola, ¿Felipe? ¿Qué te pasa? No fuiste a la escuela hoy.
FELIPE: No, tuve un pequeño accidente.
CARLOS: ¿Un accidente? **¿Te lastimaste?** — Did you hurt yourself?
FELIPE: Sí, **me rompí la pierna**. — I broke my leg.
CARLOS: ¡Te rompiste la pierna! **¡No me digas!** ¿Cómo te pasó? — You're kidding!
FELIPE: Mira, es que soy **verdaderamente torpe**. Yo iba en mi bicicleta con Catarina. Hablábamos mucho. **Nos reíamos**. Nos divertíamos. **No prestábamos atención. De repente** un perro grande cruzó la calle en frente de nosotros. Y los dos **nos caímos**. — truly clumsy / We were laughing. / We weren't paying attention. / Suddenly / we fell
CARLOS: ¿Y Catarina? ¿Se lastimó ella también?
FELIPE: Ella **se torció** un tobillo y **se cortó** el brazo. Pero no fue muy grave. — twisted / cut

¡Aquí te toca a ti!

G. **Un accidente** In Spanish, you often use the verbs **lastimarse**, **torcerse**, **romperse**, and **cortarse** with parts of the body to describe the results of an accident. Use the expressions suggested below to indicate what happened to you. Follow the model.

MODELO: Yo me lastimé...
Yo me lastimé la mano.

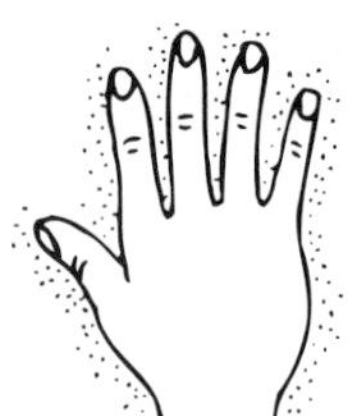

1. Yo me lastimé...

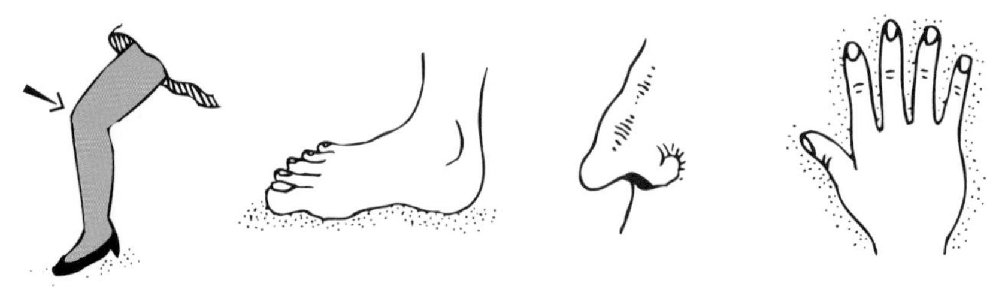

2. Yo me torcí...

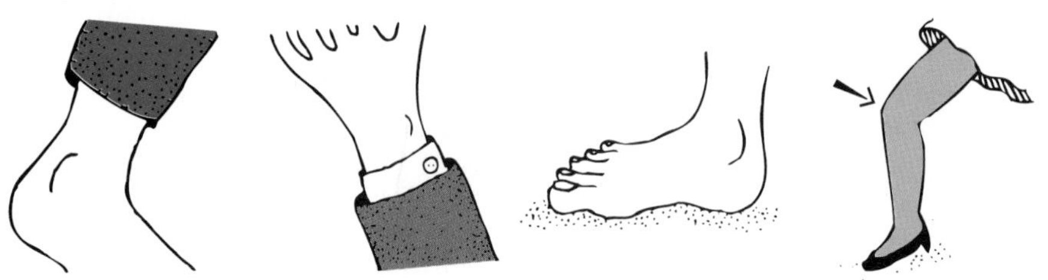

3. Yo me rompí...

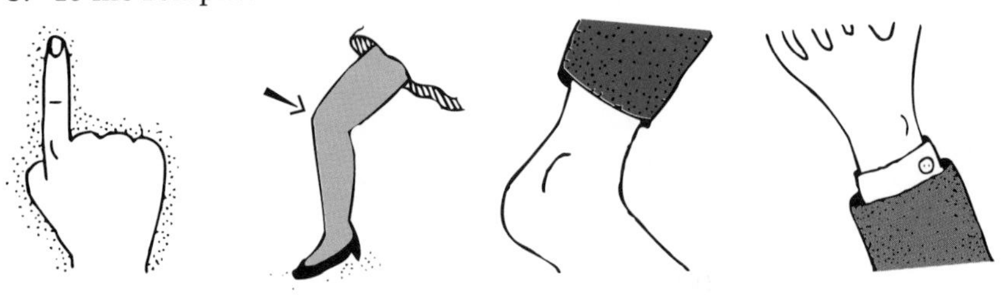

4. Yo me corté ...

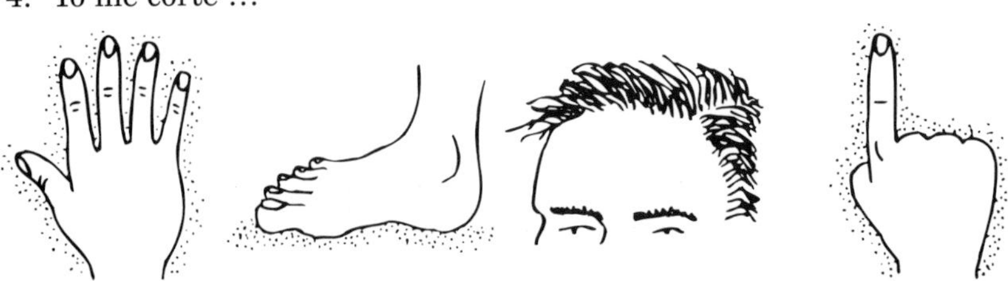

H. **¿Qué te pasó?** With a partner, imitate the model conversation, each time varying the results of the accident.

MODELO: —*¡Hola! ¿Cómo estás?*
—*Yo tuve un pequeño accidente.*
—*Y, ¿qué te pasó?*
—*Me (lastimé la espalda, torcí la muñeca, rompí el brazo izquierdo, corté un pie,* etc.*)*

¡Adelante!

I. **Tuve un accidente.** Think of a time when you were hurt in an accident. Imagine that it occurred just recently. When a classmate calls up, tell him or her about your injury and explain, as well as you can, the circumstances of the accident. When did it happen? Where? What were you doing? With whom? What happened to you?

Una vez, Amigo se cayó
y llamó a Ayuda.
Pero sólo llegó Confusión
Al fin llegó Ayuda,
y Ayuda sí supo qué hacer.
En el caso de una emergencia,
¿es usted Ayuda?
Aprenda Primeros Auxilios
de la Cruz Roja.
American
Red Cross
Ad
Council

 Vocabulario 

Para charlar

Para hablar de tu estado físico

bajar de peso
caerse
cortarse
lastimarse
mantenerse en condiciones óptimas
ponerse en forma
romperse
(no) sentirse bien (mal)
sudar
tener dolor de...
tener un accidente
tonificarse
torcerse

Para hablar del estado físico de otra persona

¿Cómo te sientes?
¿Te sientes bien (mal)?
No te ves muy bien.
¿Estás en forma?
¿Qué te pasa?
¿Qué te pasó?
¿Te lastimaste?
¿Tuviste algún accidente?

Temas y contextos

Las actividades físicas

bailar
hacer ejercicios aeróbicos
hacer gimnasia
levantar pesas
nadar
trotar

El cuerpo

la boca
el brazo
la cabeza
la cara
el codo
el corazón
la coyuntura
el cuello
el dedo (de la mano)
el dedo del pie
el diente
la espalda
el estómago
la frente
la garganta
el hombro
la mano
la muñeca
el muslo
la nariz
el ojo
la oreja
el pecho
el pelo
el pie
la pierna
el pulmón
la rodilla
el tobillo

Vocabulario general

Sustantivos

la capacidad
una dosis
un evento social
un gimnasio
una manera
un movimiento
el oxígeno
la presión
el sistema cardiovascular
una solución
una ventaja

Verbos

asegurar
demandar
flotar
reírse (i, i)
tirarse

Adjetivos

agradable
consecutivo(a)
continuo(a)
experto(a)
eficiente
grave
máximo(a)
sencillo(a)
torpe

Adverbios

normalmente
verdaderamente

Otras palabras y expresiones

a menudo
a veces
cada día (viernes, sábado, tarde, mañana, noche, semana, mes, etc.)
con frecuencia
con regularidad
de repente
de vez en cuando
muchas veces
¡No me digas!
¡Qué va!
tener razón
tener suerte

CAPÍTULO ONCE

¡Ve a la farmacia!

Cuando estás enfermo en España tú puedes ir a la farmacia y recibir un remedio del farmacéutico.

Primera etapa

¡Ve a la farmacia!: Go to the pharmacy!

La gripe: un virus anual

La gripe: un virus anual: The flu: an annual virus

Cada invierno los microbios cruzan **las fronteras**. Llegan de todas partes del mundo. Es la temporada de la gripe. Esta epidemia **alcanza** su **punto** más alto en diciembre, enero y febrero. El Sr. Valdés está enfermo. Tiene la gripe. Noten los síntomas que tiene.

borders
reaches
point

Él tose.

Él estornuda.

Él tiene dolor de garganta.

Él tiene dolor de estómago.

Él tiene fiebre.

Él tiene dolor de cabeza.

Él tiene escalofríos.

¡Aquí te toca a ti!

A. **¿Qué tienen?** Describe the symptoms of the people in the drawings.

MODELO: *El Sr. González tiene dolor de estómago.*

Sr. González

1. Sra. López

2. Simón

3. Beatriz

4. Sr. Torres

5. Srta. Martín

6. Isabel

Repaso

B. **Mi hermana y yo** Paula Ramírez describes how she and her sister Luisa spent the day yesterday. Use the preterite to recreate her sentences, making sure to distinguish between reflexive and nonreflexive verbs.

MODELO: Luisa y yo / despertarse temprano
Luisa y yo nos despertamos temprano ayer.

1. Luisa / levantarse enseguida
2. yo / quedarse en cama por media hora

3. ella / hacer gimnasia
4. ella / ducharse / lavarse el pelo
5. yo / ducharse / no lavarse el pelo
6. nosotras / desayunarse juntas
7. yo / ir al centro
8. ella / quedarse en casa
9. nosotras / reunirse en casa / las 2:00
10. nosotras / cenar / las 6:30
11. ella / mirar un programa de televisión
12. yo / leer una revista
13. nosotras / lavarse los dientes
14. nosotras / acostarse a las 10:45
15. ella / dormirse enseguida
16. yo / dormirse a las 11:30

C. **¿Se lastimó...?** A friend is asking you about slight accidents that friends of yours had yesterday. You explain what happened. Work with a partner, use the cues, and follow the model.

MODELO: Juan / cortarse / la frente
—¿Se lastimó Juan?
—Sí, se cortó la frente.

1. Alicia / romperse / brazo
2. Roberto / torcerse / tobillo
3. Carlos / cortarse / mano
4. Bárbara / romperse / pierna
5. Elena / torcerse / muñeca
6. Horacio / cortarse / pie

The verb ***doler***

—¿Cómo estás?	—How are you?
—No muy bien. **Me duele** la garganta.	—Not too well. My throat *hurts*.
—¿Te duele la cabeza?	*—Does your head ache*?
—Sí, y **me duelen la espalda y las piernas** también.	—Yes, and *my back and legs hurt* also.

The verb **doler** is just like the verb **gustar** in that it is used with the pronouns **me**, **te**, **le**, **nos**, **os**, and **les**. Furthermore, like **gustar**, only the third-person singular and plural forms are used, depending on whether what hurts is singular or plural. Also notice that in the above examples, Spanish uses definite articles for body parts where English uses possessives.

Nos duelen los pies.

Aquí practicamos

D. Replace the words in italics with those in parentheses and make the necessary changes.

1. Me duele *la garganta*. (la cabeza / los ojos / la mano / la espalda / el tobillo / las piernas)
2. ¿Te duele *el hombro*? (la cabeza / la mano / los pies / la muñeca / las orejas)
3. No nos duele *el estómago*. (los pies / las piernas / la rodilla / la espalda / el brazo)
4. A Juan le duelen *los pies*. (la cabeza / el brazo / la rodilla / los ojos / el tobillo)
5. A ellas les duele *el estómago*. (la cabeza / los ojos / los pies / la espalda / las piernas)

E. **¿Te duele...?** Ask several classmates whether something hurts. Use the cues and follow the model.

MODELO: la muñeca / la espalda
—¿Te duele la muñeca?
—No, no me duele la muñeca, pero me duele la espalda.

1. el tobillo / los pies
2. los ojos / la cabeza
3. la espalda / las piernas
4. las orejas / el brazo
5. el hombro / las piernas
6. la rodilla / la garganta

F. **¿Qué les duele?** When your teacher gives the signal, circulate around the room asking several of your classmates if some part of their body hurts. After you finish, tally your responses as a class to find the results of your survey.

Aquí escuchamos

Andrés, ¿qué te pasa?

EMILIO: Pero Andrés, ¿qué te pasa? Tienes los ojos rojos.
ANDRÉS: No me siento bien. Me duele la garganta un poco.
EMILIO: ¿Tienes **catarro**? (a cold)
ANDRÉS: No, no tengo catarro. Tengo una alergia.
EMILIO: ¿Toses mucho?
ANDRÉS: No toso, pero estornudo **sin parar**. Por eso pienso que tengo alguna alergia. (without stopping)
EMILIO: ¿Tienes fiebre?
ANDRÉS: No. Creo que no.

EMILIO: **De todos modos**, tú debes ir a la farmacia. — At any rate
ANDRÉS: Sí, ahora voy a la farmacia para comprar un antihistamínico y unas **gotas** para los ojos. — drops

¡Aquí te toca a ti!

G. **¿Qué te pasa?** Here are some expressions used to talk about minor physical ailments. Choose the symptoms that would be most likely in each situation.

Síntomas: Me duele(n) la garganta (la cabeza, la espalda, el estómago, los ojos). Toso. Estornudo. No tengo apetito. Estoy mareado(a) *(dizzy)*. No puedo dormir.

1. Tú tienes catarro.
2. Tú comiste mucho.
3. Tú tienes la gripe.
4. Tú tienes una alergia.
5. Tú tienes un examen muy importante y estás muy nervioso(a).

¡Adelante!

H. No me siento muy bien. Think back to the last time you were sick and imagine that you now have the same symptoms. Tell a classmate that you are not feeling well. Answer his or her questions about your symptoms. After having heard the symptoms, he or she will give you some advice: **Tú debes ir a la farmacia (quedarte en casa, ir al médico**, etc.).

NEIGHBORHOOD
HEALTH PLAN
¿Le agrada la idea de disponer de un Centro Médico completo, donde puede obtener excelente cuidado, esstando protegido de cualquier percance? Sólo hay un problema. Al parecer, nunca se dispone de medicos en su vecindario. ¿No seria más ventajoso para Usted si los doctores estuvieran a su alcance?
Al fin, gran atención y cobertura... cerca de su domicilio.
Con más de veinte centros de salud sirviendo a Boston y sus vecindarios.
Pregunte a su patrón sobre el "Neighborhood Health Plan" o llamenos. También ofrecemos un programa de "Medicaid Plus". 288-1293
Neighborhood Health Plan
288-1293

Segunda etapa

Los remedios: Treatments

Los remedios

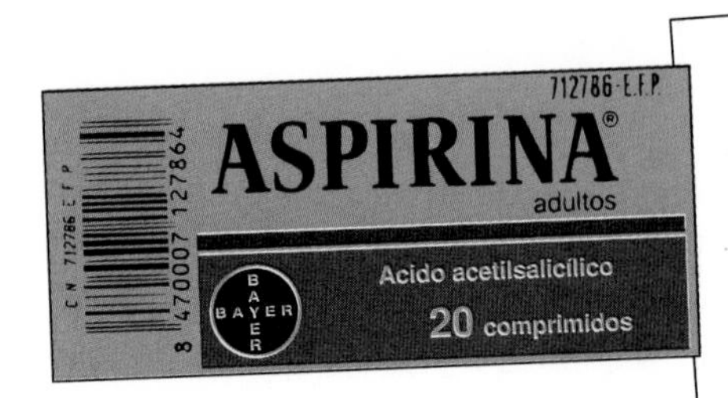

833731 EFP

Terponil

Jarabe balsámico, antitusivo, expectorante.

Vía oral

EXTRACTOS NATURALES

Cuando no me siento bien, mi mamá va a la farmacia y **me compra** medicina. Cuando sufro un ataque de alergia y estornudo constantemente, ella me compra un antihistamínico. Cuando toso mucho, ella me compra un **jarabe**. Si tengo la gripe y me duele todo el cuerpo, me acuesto para descansar. Mi mamá **me da** mucha agua o jugo y aspirinas para el dolor.

she buys me

cough syrup

gives me

Cuando estoy muy enfermo, tengo que ir a la doctora. Ella **me examina** y **me toma la temperatura**. Si tengo una infección y si tengo fiebre, ella me da una **receta**. Con la receta mi mamá va a la farmacia y me compra un antibiótico. Mi mamá es muy amable y **me cuida** muy bien cuando estoy enfermo.

examines me / takes my temperature

prescription

she takes care of me

¡Aquí te toca a ti!

A. **¿Qué recomiendas?** You are traveling in Uruguay with your family. Whenever someone is not feeling well or needs some medicine, he or she asks you for help. You go to the pharmacy. Based on the information above, make the recommendations you think the pharmacist will make to you in each of the following cases.

1. Your sister has a very bad cough.
2. Your father has a backache.
3. Your mother's allergies are acting up and she can't stop sneezing.
4. You have a fever and ache all over.

Repaso

B. **¿Qué le duele?** Describe where each person in the drawings below hurts.

MODELO: *A Jorge le duele la rodilla.*

a Jorge

1. a Sara

2. a Alberto y a Diana

3. a la Sra. Lamas

4. al Sr. Lamas

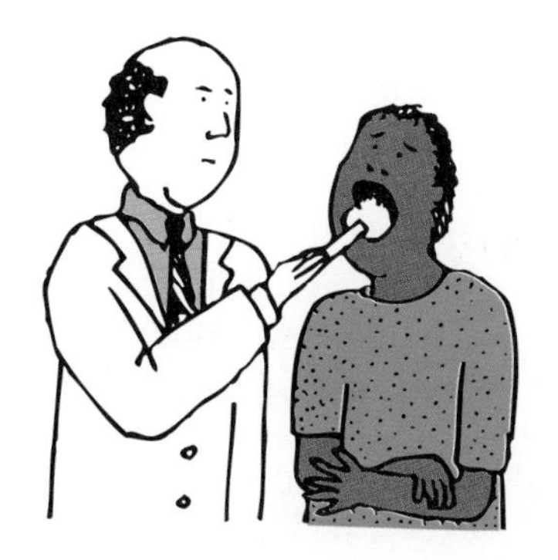

5. a Ricardo

6. a Rita y a Guillermo

Indirect object pronouns

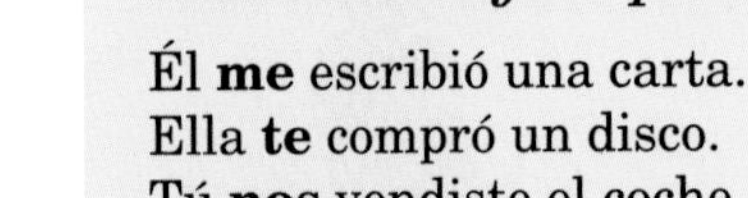

Él **me** escribió una carta.	He wrote a letter *to me.*
Ella **te** compró un disco.	She bought a record *for you.*
Tú **nos** vendiste el coche.	You sold the car *to us.*
¿**Le** escribió ella una carta **a Juan**?	Did she write a letter *to Juan?*
No, ella **les** escribió una carta **a sus amigas**.	No, she wrote a letter *to her friends.*

The indirect object pronouns in Spanish are:

me	*to (for) me*	**nos**	*to (for) us*
te	*to (for) you*	**os**	*to (for) you*
le	*to (for) him, her, you*	**les**	*to (for) them, you*

Indirect object pronouns are used to indicate what person or thing receives the direct object.

Aquí practicamos

C. Replace the word(s) in italics with those in parentheses and make all necessary changes.

1. Ella *me* escribió una carta la semana pasada. (te / nos / le / les / os)
2. Yo le escribí una carta *a Juan*. (a ellos / a Elena / a Margarita y Marcos / a Ud. / a mi novia / al director / a la profesora)
3. Ellos te enviaron *a ti* una postal de Madrid. (a nosotros / a mis padres / a Ud. / a Ricardo / a Felipe y Carolina / a mí)

D. **¿Dijo la verdad?** Your friend is a very naive person and often cannot tell whether people are telling the truth or not. As you watch a mystery story on television, your friend asks you questions about what the main character said to other characters in the program.

MODELO: a María
¿Le dijo la verdad a María?

1. a Juan
2. a la policía
3. a los extranjeros
4. a su novia
5. a su esposa
6. a sus padres
7. a sus hijos
8. al Presidente

NOTA GRAMATICAL

The verb ***dar***

Yo le **doy** el libro a la profesora. I *give* the book to the teacher.
Ella me **da** la llave. She *gives* me the key.

—¿Le **diste** la carta a tu novia? —*Did you give* the letter to your girlfriend?

—Sí, le **di** la carta a ella. —Yes, *I gave* the letter to her.

Mi papá nos **dio** dinero para comprar libros. My father *gave* us money to buy books.

The present of the verb **dar**

yo	**doy**	nosotros	**damos**
tú	**das**	vosotros	**dais**
él / ella / Ud.	**da**	ellos / ellas / Uds.	**dan**

Except for the **yo** form, the verb **dar** is conjugated in the present tense in the same way as other **-ar** verbs.

The preterite of the verb **dar**

yo	**di**	nosotros	**dimos**
tú	**diste**	vosotros	**disteis**
él / ella / Ud.	**dio**	ellos / ellas / Uds.	**dieron**

Although **dar** is an **-ar** verb, it is conjugated in the preterite with the endings that you use for **-er** and **-ir** verbs. Also notice that the forms **di** and **dio** do not take an accent mark.

The verb **dar** is often used with indirect object pronouns that indicate to whom something is being given.

Other verbs commonly used with indirect object pronouns are **hablar**, **decir**, **mandar** *(to send),* and **escribir**.

E. Replace the words in italics with those in parentheses and make the necessary changes.

1. *Ella* le da la carta a José. (tú / nosotros / Ud. / ellas / mi amigo)
2. *Yo* no le di la medicina a Juan. (tú / ella / nosotros / Uds. / vosotras)
3. ¿Le diste *tú* el libro a María? (Ud. / Jaime / Uds. / la profesora / vosotros)
4. La profesora nos da *a nosotras* mucha tarea. (a ti / a Ud. / a ella / a Uds. / a mis padres)
5. El médico te dio *a ti* una receta. (a Ud. / a Juan / a Uds. / a mi hermano / a mis padres / a vosotras)

F. **El médico le dio la medicina a...** Indicate to whom the doctor gave each item. Use the cues and follow the model.

MODELO: el jarabe / Mario
Le dio el jarabe a Mario.

1. la medicina / Laura
2. el jarabe / mis hermanos
3. el antihistamínico / Ud.
4. el antibiótico / yo
5. el jarabe / tú
6. la receta / la profesora
7. la aspirina / mi padre
8. las gotas para los ojos / tú
9. la medicina / mis padres
10. las aspirinas / mis primos

G. **¿Qué te da tu mamá cuando...?** Ask several classmates what their mothers give them when they have various illnesses or problems. Suggestions: **la gripe**, **catarro**, **un dolor de cabeza (estómago**, etc.), **una alergia**.

Aquí escuchamos

En la farmacia

Alicia va a la farmacia.

FARMACÉUTICO: Buenos días, señorita. ¿En qué le puedo servir?
ALICIA: Quisiera algo, pero no sé qué. No me siento muy bien. Estornudo sin parar y me duele la garganta un poco.
FARMACÉUTICO: Ah, y tiene los ojos muy rojos. Sufre de una alergia. **¿Cuánto tiempo hace que se siente así?**
ALICIA: Más o menos ocho horas.
FARMACÉUTICO: Mire, tiene **fiebre del heno**. Le voy a dar un antihistamínico. Si le duele la garganta, puede tomar estas **pastillas**. Debe volver a casa y descansar enseguida.
ALICIA: De acuerdo, señor. Muchas gracias. Hasta luego.

How long have you felt like this?

hay fever

pills

COMENTARIOS CULTURALES

La farmacia en el mundo hispano

In the Spanish-speaking world, people often consult their local pharmacist when they are not feeling well. If the pharmacist considers the illness to be serious, he or she will advise the customer to see a doctor. In the case of a cold, flu, or minor accident, the pharmacist will recommend over-the-counter medicines and drugs that often require a prescription in the U.S. Many cities and towns in the Spanish-speaking world have at least one pharmacy that remains open all night. Many other pharmacies have signs on their doors indicating that the pharmacy remains open long hours each day.

Here is some useful vocabulary to use in pharmacies throughout the Hispanic world.

Quisiera algo para la garganta.
los ojos.
el estómago.

Quisiera algo para la tos.
la alergia.
la fiebre del heno.
el dolor de cabeza.
la gripe.

Quisiera unas aspirinas.
un antihistamínico.
unas pastillas para la garganta.
unas gotas para los ojos.
un jarabe para la tos.

¡Aquí te toca a ti!

H. **Quisiera...** You are traveling in Spain with a group of people who do not speak Spanish. Serve as their interpreter at the pharmacy and make an appropriate request in each situation.

MODELO: your friend / sore throat
Mi amigo quisiera algo para la garganta. Le duele la garganta. o:
A mi amigo le duele la garganta. Quisiera unas pastillas para la garganta.

1. your friend / headache
2. your sister / stomachache
3. your brother / cough
4. your father / cold symptoms
5. your mother / allergy
6. your friend / flu symptoms

¡Adelante!

I. **En la farmacia** Explain to the pharmacist that you have the symptoms that usually accompany the following medical problems. He or she will then recommend the medicines. Work with a partner.

1. catarro
2. la gripe
3. la fiebre del heno

Vocabulario

Para charlar

Para describir los síntomas

Estornudo.
No puedo dormir.
Me duele(n)
Tengo una alergia.
  catarro.
  dolor de cabeza.
    espalda.
    estómago.

Tengo escalofríos.
  fiebre.
  fiebre del heno.
  la gripe.
una infección.
  la tos.
  un virus.
Toso.

Para preguntarle a alguien de su estado físico

¿Cuánto tiempo hace que te sientes así?

Para comprar medicina en la farmacia

Quisiera... (remedio)
Quisiera algo para... } (parte del cuerpo)
Quisiera alguna cosa para... }

Temas y contextos

Los remedios

un antibiótico
un antihistamínico
una aspirina
unas gotas para los ojos
un jarabe
unas pastillas

Vocabulario general

Sustantivos

una epidemia
una frontera
un microbio
un punto

Verbos

alcanzar
cuidar
dar
mandar
sufrir

Adjetivos

anual

Adverbios

constantemente

Otras palabras y expresiones

de todos modos
sin parar
tomar la temperatura

CAPÍTULO DOCE

La salud: mejor que la riqueza

Para la buena salud tienes que comer frutas y vegetales y así obtener la fibra, la vitamina C y los minerales necesarios.

Primera etapa

La salud: mejor que la riqueza: Health: better than riches
Los cinco grupos alimenticios: The five food groups

Los cinco grupos alimenticios

1		**Leches y productos lácteos**	calcio, proteína, grasa, vitamina B, vitamina A
2		**Carne, pescado, huevos**	proteína, grasa, hierro, vitamina A, vitamina B
3		**Frutas y vegetales**	vitamina C, fibra, minerales
4		**Pan, cereales, papas, vegetales secos**	almidón, proteína, vitamina B
5		**Grasa**	lípidos, vitamina A en la mantequilla y la crema

Funciones de los cinco grupos alimenticios

Grupos 1 y 2 **Desarrollan**, mantienen y **renuevan** los **tejidos** del cuerpo. Forman los **huesos** y los dientes; mantienen **sanos** los nervios y los músculos; regulan el tono muscular y el ritmo cardíaco.

Develop / renew / tissues
bones / healthy

Grupo 3 Facilitan la digestión; mejoran la vista nocturna; ayudan al movimiento muscular.

Grupos 4 y 5 Le dan energía al cuerpo (calorías).

¡Aquí te toca a ti!

A. **Debes comer los alimentos del grupo...** Diet has a strong influence on your physical condition. Based on the information at the beginning of the **etapa**, recommend what the following people should eat.

MODELO: Paula Lerma tiene problemas cuando maneja *(drives)* el coche de noche; ella no puede ver muy bien.
Debe comer los alimentos del grupo 3, las frutas y los vegetales.

1. Mateo Torres se prepara para una competencia deportiva.
2. Virginia Estrada siempre está cansada.
3. Adela López empieza a echar los dientes *(to teethe)*.
4. Pablo Chávez tiene problemas después de comer; le molesta el estómago.
5. Juan José Cisneros se rompió el brazo tres veces.
6. A Genoveva Candelaria le late *(beats)* el corazón irregularmente.

B. **¿Comes bien?** Discuss the food that you ate yesterday in terms of the five basic food groups. Your classmate will then tell you whether you ate well or not.

Modelo: —*Del primer grupo comí queso para el almuerzo y bebí leche para la cena. Del segundo grupo...* etc.
—*Comiste muy bien.* o:
—*Comiste muy mal.*

Repaso

C. **Las quejas** *(complaints)* Play the role of a pharmacist. Using **deber** and an appropriate infinitive, recommend what your customers should do, based on the cues provided.

MODELO: Tengo dolor de cabeza. (aspirina)
Debes tomar dos aspirinas.

1. Estornudo sin parar. (antihistamínico)
2. Tengo la gripe. (aspirina)
3. Tengo una tos terrible. (jarabe)
4. Me duele la garganta. (pastillas)
5. Siempre estoy cansado(a). (descansar)
6. Tengo fiebre. (aspirina)
7. Me duele el estómago. (té)
8. Me duele todo el cuerpo. (médico)

D. **¿Qué les dio la doctora?** Indicate what the doctor gave your friends the last time they were sick. Don't forget to use indirect object pronouns with the verb **dar**. Follow the model.

MODELO: a ella / un jarabe
La doctora le dio a ella un jarabe.

1. a ellos / dos aspirinas
2. a él / una pastilla para la garganta
3. a nosotros / una receta
4. a ti / un antihistamínico
5. a mí / unas gotas para los ojos
6. a Ud. / un jarabe para la tos

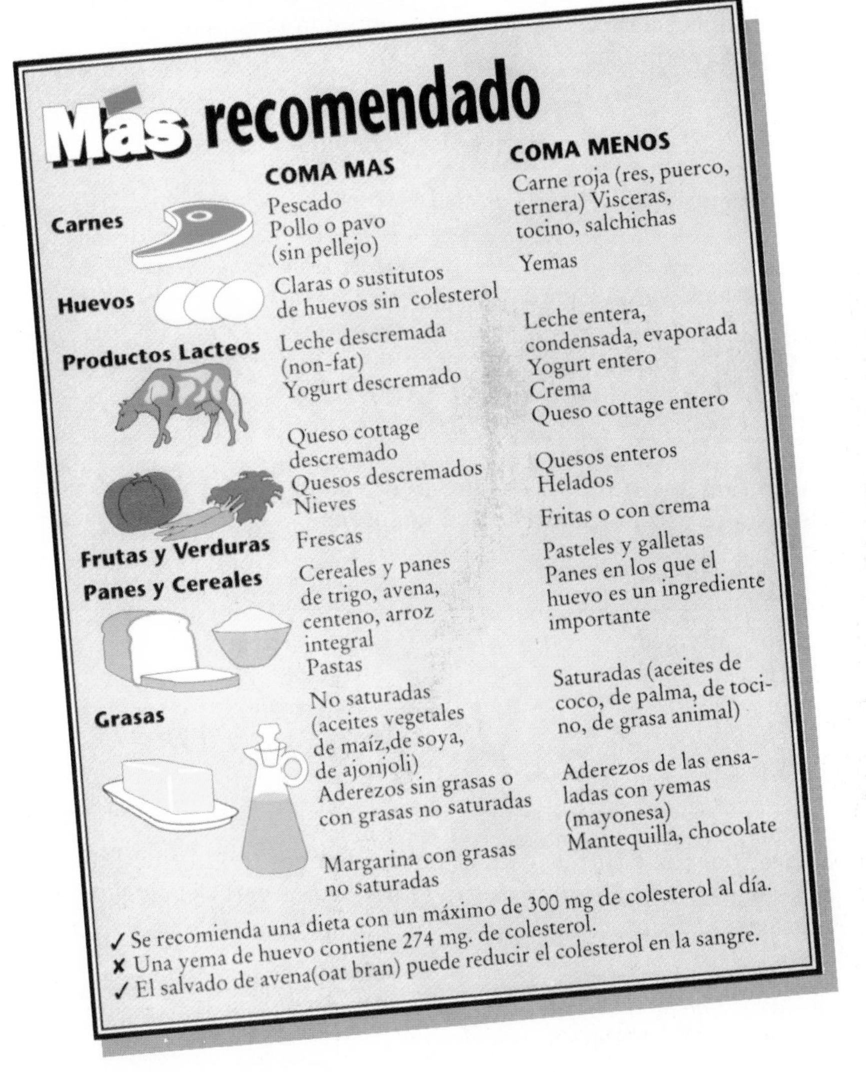

Más recomendado
COMA MAS
COMA MENOS
Carnes
Pescado
Pollo o pavo
(sin pellejo)
Carne roja (res, puerco, ternera) Visceras, tocino, salchichas
Huevos
Claras o sustitutos de huevos sin colesterol
Yemas
Productos Lacteos
Leche descremada (non-fat)
Yogurt descremado
Leche entera, condensada, evaporada
Yogurt entero
Crema
Queso cottage entero
Queso cottage descremado
Quesos descremados
Nieves
Quesos enteros
Helados
Frutas y Verduras
Frescas
Fritas o con crema
Panes y Cereales
Cereales y panes de trigo, avena, centeno, arroz integral
Pastas
Pasteles y galletas
Panes en los que el huevo es un ingrediente importante
Grasas
No saturadas (aceites vegetales de maíz,de soya, de ajonjoli)
Aderezos sin grasas o con grasas no saturadas
Margarina con grasas no saturadas
Saturadas (aceites de coco, de palma, de tocino, de grasa animal)
Aderezos de las ensaladas con yemas (mayonesa)
Mantequilla, chocolate
✓ Se recomienda una dieta con un máximo de 300 mg de colesterol al día.
✘ Una yema de huevo contiene 274 mg. de colesterol.
✓ El salvado de avena(oat bran) puede reducir el colesterol en la sangre.

The verb ***pedir***

¿Le **pides** permiso a tu padre cuando quieres salir? — *Do you ask* your father for permission when you want to go out?

No, yo le **pido** permiso a mi mamá. — No, I *ask* my mother for permission.

¿Le **pediste** permiso al profesor para ir al concierto? — *Did you ask* the teacher for permission to go to the concert?

Sí, le **pedí** permiso. — Yes, I *asked* him for permission.

Pedir means *to ask for something* as opposed to **preguntar**, which means *to ask questions*. Here are the conjugations of **pedir**.

The present tense

yo	**pido**	nosotros(as)	pedimos
tú	**pides**	vosotros(as)	pedís
él / ella / Ud.	**pide**	ellos / ellas / Uds.	**piden**

Notice that the **e** in the stem of **pedir** changes to **i** in all forms of the present except **nosotros** and **vosotros**.

The preterite tense

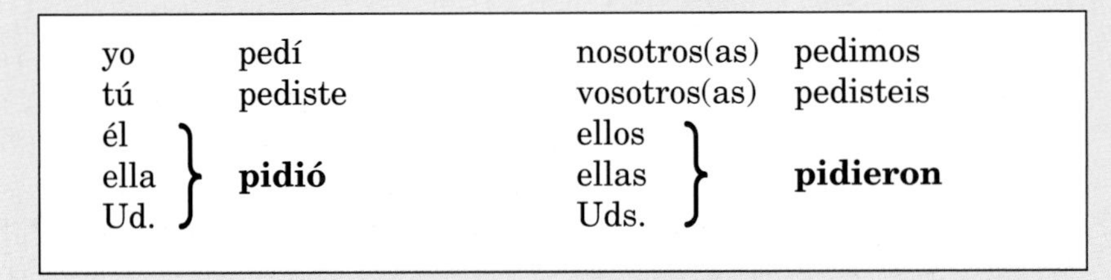

yo	pedí	nosotros(as)	pedimos
tú	pediste	vosotros(as)	pedisteis
él / ella / Ud.	**pidió**	ellos / ellas / Uds.	**pidieron**

Notice that the **e** in the stem of **pedir** changes to **i** in the third person singular and plural preterite forms. Other verbs conjugated like this are:

servir
medir *(to measure)*
reírse
repetir *(to repeat)*
sonreír *(to smile)*

Aquí practicamos

E. Replace the words in italics with those in parentheses and make all necessary changes.

1. *Yo* le pido permiso al profesor. (tú / ella / nosotras / Uds. / Francisco / vosotros)
2. *Yo* le pedí permiso al profesor. (tú / ella / nosotros / Uds. / Francisco / vosotras)
3. ¿Cuánto mide *Francisco*? (tú / tu hermano / Uds. / ella / Ud. / vosotros)
4. *El profesor* repitió la respuesta. (yo / ellos / Ud. / nosotras / Uds. / vosotras)
5. *Yo* me río cuando me repiten un chiste *(a joke)*. (tú / ellos / nosotras / la profesora / Uds. / vosotros)
6. *Tú* sonríes cuando llega la profesora. (ella / nosotros / mis amigos / yo / Ud. / vosotras)
7. *Yo* no me reí del chiste de Juan. (ellos / nosotros / el profesor / Uds. / tú / él / vosotros)

F. **¿Qué le pidieron al camarero?** You and several friends are in a busy restaurant and the waiter makes several mistakes when he brings you your food. Follow the model.

MODELO: Marta / ensalada / sopa
Marta le pidió ensalada, pero el camarero le sirvió sopa.

1. Francisco / una hamburguesa / un sándwich de jamón con queso
2. Carolina / sopa / ensalada
3. Carlos / té / café
4. Berta / agua mineral / leche
5. Jorge / una pizza / una hamburguesa con queso
6. Laura / pastel / helado

G. **¿Qué pediste?** Think of the last time you were at a restaurant. What did you order? What did the people you were with ask for? Circulate around the room and ask your classmates what they ordered. Then record your responses as a class to find out what the most popular order was.

H. **¿Qué te sirvieron en casa de...?** Think of the last time you were at a friend's house and ate something. What did they serve you? Circulate around the room and ask your classmates what they were served. Again, record your responses as a class to determine the most common food.

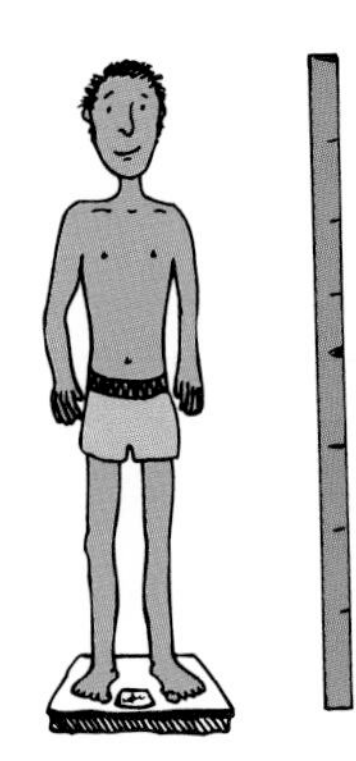

COMENTARIOS CULTURALES

Metros y kilos
In Spanish-speaking countries, height and weight are expressed in **metros** and **kilos**.

One meter (**metro**) is equivalent to 3.281 feet (a little over 39 inches). Conversely, one foot equals 0.305 meters, and one inch equals 2.5 centimeters. To convert your height to meters and centimeters, multiply your height in inches by 2.5. For example, if you are 5'8" tall, you would be 170 centimeters tall (68" x 2.5). Since there are 100 centimeters in a meter you would say that you are 1 meter and 70 centimeters tall, or **"Mido un metro setenta."**

One kilogram (**kilo**) is the equivalent of 2.2 pounds, and one pound equals 454 grams. To convert pounds to kilograms, divide your weight in pounds by 2.2. For example, if you weigh 145 pounds, you would weigh 65.9 kilograms (145 2.2) and you would say, **"Peso casi sesenta y seis kilos."**

Aquí escuchamos

¿Cuánto mides?

HÉCTOR: ¿Cuánto mides, Felipe?
FELIPE: Mido exactamente un metro setenta y ocho.
HÉCTOR: ¿Y cuánto **pesas**? (do you weigh)
FELIPE: Peso setenta y dos kilos.
HÉCTOR: ¿Y cómo **guardas la línea**? (do you keep slim)
FELIPE: Pues hago gimnasia y como bien.
HÉCTOR: ¿Comes dulces y galletas?
FELIPE: A veces le pido dulces, galletas y papas fritas a mi mamá, pero ella me dice que es importante comer bien. Ella nos prepara unas comidas estupendas.
HÉCTOR: ¿Y qué les sirve a Uds.?
FELIPE: Nos sirve comidas balanceadas que incluyen alimentos de los cinco grupos.

¡Aquí te toca a ti!

I. **¿Qué le pides a tu mamá?** Your friend asks if you ask your mother for certain foods that are normally not considered good for you. You respond by saying that you do, but that your mother serves you other food instead. Work with a partner and follow the model.

MODELO: dulces / fruta
—¿Le pides dulces a tu mamá?
—Sí, le pido dulces, pero me sirve fruta.

1. pasteles / yogur
2. papas fritas / zanahorias y apio *(celery)*
3. dulces / pasas *(raisins)*
4. helado / manzanas o peras
5. galletas / bananas
6. torta / fruta y queso

J. **¿Qué pides en la cafetería?** Tell what kinds of exotic foods you ask for in the school cafeteria and what you actually get served. Use the phrases: **Pido... pero me sirven...**

¡Adelante!

K. Survey some of your classmates about the eating habits and physical conditions of their family members. Then, without naming names, report to the class your general conclusions about the physical condition of people in your town.

Segunda etapa

Los jóvenes duermen mal

survey
carried out / suggests

Dormir lo suficiente es muy importante para la salud. Una **encuesta** que **llevó a cabo** un grupo de médicos **sugiere** que los jóvenes de 15 a 19 años duermen muy mal. Más de 50% dicen que están cansados cuando se despiertan. En el artículo que sigue, presentamos los resultados de la encuesta.

try to
majority / the same
at least in part
nightmares
snore

Los jóvenes duermen mal

Aparentemente, los jóvenes de este grupo se acuestan muy tarde y no duermen lo suficiente. El 75% dice que no duermen más de siete horas cada noche durante la semana. La gran **mayoría** se acuesta a eso de las 22 ó 23 horas. La televisión es la causa, **en parte al menos**, por no dormir lo suficiente. Casi el 25% admiten estar muy cansados durante el día y otro 25% duermen la siesta cuando es posible.

Durante el fin de semana, los jóvenes **tratan de** recuperar las horas de dormir que perdieron durante la semana. La mayoría dice que duerme dos horas adicionales los sábados y domingos. Durante las vacaciones también hacen **lo mismo**.

El 25% de estos jóvenes tiene dificultades durmiéndose. Esto es una señal de ansiedad y sin duda una indicación de una vida no muy saludable. Las jóvenes tienen más **pesadillas** que los jóvenes pero los muchachos **roncan** más que las muchachas.

¡Aquí te toca a ti!

A. **¿Verdad o falso?** Based on the information in the reading, tell whether the following statements are true or false.

1. Los jóvenes típicos duermen ocho horas cada noche durante la semana.
2. Los jóvenes típicos duermen siete horas durante el fin de semana.
3. Los jóvenes típicos se acuestan generalmente a eso de las 10:00 de la noche.
4. El 50% de los jóvenes duermen una siesta durante las vacaciones.
5. Durante las vacaciones los jóvenes de 15 a 19 años duermen poco.

6. El 25% de los jóvenes tiene dificultades durmiéndose.
7. Las muchachas nunca roncan.
8. Los muchachos tienen más pesadillas que las muchachas.

B. **¿Y tú?** Answer the questions about your sleeping habits.

1. Generalmente, ¿a qué hora te acuestas?
2. ¿Miras la tele antes de acostarte?
3. Generalmente, ¿cuántas horas duermes cada noche?
4. ¿Duermes una siesta?
5. Cuando te despiertas, ¿estás cansado(a)?
6. ¿Cuándo te duermes tarde?
7. ¿Te acuestas más tarde durante el fin de semana?
8. ¿Sueñas *(Do you dream)* de vez en cuando?
9. ¿Tienes pesadillas de vez en cuando?
10. ¿Roncas tú?

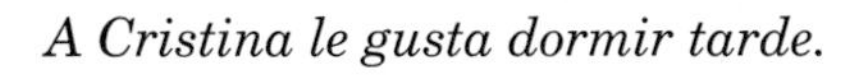

A Cristina le gusta dormir tarde.

Repaso

C. **¿Cuánto mide...? ¿Y cuánto pesa?** You want to know how tall various people are and how much they weigh. Work with a partner, use the cues provided, and follow the model.

MODELO: José / 1.79 / 68
—¿Cuánto mide José?
—Mide un metro setenta y nueve.
—¿Y cuánto pesa?
—Pesa sesenta y ocho kilos.

1. Marisol / 1.66 / 51
2. Lidia / 1.45 / 48
3. Oscar / 1.96 / 82
4. Verónica / 1.89 / 76

D. **Les pedí..., pero me sirvieron...** You and some of your friends asked your parents for certain snack foods. Because your parents thought the foods you wanted weren't good for you, they served you something else that they thought was better. Work with a partner and follow the model.

MODELO: Bárbara / helado / yogur
—¿Qué les pidió Bárbara a sus padres?
—Bárbara les pidió helado, pero le sirvieron yogur.

1. Lorenzo / pastel / una manzana
2. Rebeca / papas fritas / zanahorias y apio *(celery)*
3. tu hermanito / dulces / pasas *(raisins)*
4. ellas / torta / fruta y queso
5. tus amigos / helado / ensalada de fruta
6. ellos / galletas / yogur

The expressions **desde cuándo, desde (que), cuánto tiempo hace,** *and* **hace (que)**

—**¿Desde cuándo** estudias español?
—*How long (since when, since what point in time)* have you been studying Spanish?

—Estudio español **desde que** tenía 15 años.
—I have been studying Spanish *since* I was 15.

—Estudio español **desde** el año pasado.
—I have been studying Spanish *since* last year.

—**¿Cuánto tiempo hace que** estudias español?
—*For how long* have you been studying Spanish?

—**Hace** tres meses que estudio español.
—I have been studying Spanish *for* three months.

Desde cuándo, **cuánto tiempo hace**, **desde**, **desde que**, and **hace** can be used to ask and answer questions about something that started in the past and is *continuing in the present.*

Question	Answer
¿Desde cuándo + *present tense verb...?*	*present tense verb* + **desde** + *specific point in time* *present tense verb* + **desde que** + *subject* + *past-tense verb*
¿Cuánto tiempo hace que + *present tense verb...?*	**hace** + *length of time* + **que** + *present tense verb*

Remember that in Unit 5 of *¡Ya verás!, Primer nivel,* you learned to use a similar construction with the preterite tense to express *ago* in Spanish.

Hace cinco años que viví en Indiana.
I lived in Indiana *five years ago.*

or

Viví en Indiana **hace cinco años.**
I lived in Indiana *five years ago.*

Aquí practicamos

E. **La señora Cortina va al médico.** Your friend Cristina's mother, who has been ill for several days, goes to see the doctor. Before she is examined, the nurse asks her some questions. Use the cues in parentheses to give Sra. Cortina's answers.

MODELO: ¿Desde cuándo vives en Madrid? (1982)
Vivo en Madrid desde 1982.

1. Muy bien, entonces, ¿hace tres años que vive en Madrid? (no / ... años)
2. ¿Cuánto tiempo hace que trabaja en el Banco de Bilbao? (diez años)
3. ¿Desde cuándo consulta al Dr. Pérez? (1985)
4. ¿Cuánto tiempo hace que no va al médico? (seis meses)
5. ¿Cuánto tiempo hace que tiene catarro? (tres o cuatro días)
6. ¿Tiene fiebre? ¿Sí? ¿Desde cuándo? (ayer)
7. ¿Qué medicina toma Ud? ¿Aspirina? ¿Cuánto tiempo hace? (dos días)
8. ¿Durmió bien anoche? ¿No? ¿Cuánto tiempo hace que no duerme bien? (dos días)

F. **Un(a) amigo(a) enfermo(a)** When your classmate complains about his or her health, you try to find out some details. Work with a partner, who will use the answers provided to complain. Use the cues in parentheses to ask him or her questions.

MODELO: ¡Ay, ay, ay! No me siento bien. (cuánto tiempo hace / sentirse mal)
¿Cuánto tiempo hace que te sientes mal?

1. Hace muchos días. ¡Ay, ay, la cabeza! (desde cuándo / dolor de cabeza)
2. Desde el lunes. ¡Ay, la garganta! (desde cuándo / dolor de garganta)
3. Hace dos días. Estoy muy cansado(a). (cuánto tiempo hace / dormir mal)
4. Hace tres semanas. Yo me acuesto temprano. (cuánto tiempo hace / acostarse antes de las 10:00)
5. Desde ayer. Tengo dolor de cabeza y escalofríos. (desde cuándo / tener gripe)
6. Desde el domingo pasado. Tengo dolor de garganta y fiebre. (desde cuándo / tener catarro)

G. **¡Traducciones** *(Translations)***!** Give the Spanish equivalents of the following sentences.

1. I have been feeling poorly for two weeks. I've had a fever since last Monday.
2. Mía has had a cold for a month. She has been coughing for five days.
3. My parents have had sore throats since the beginning (**el principio**) of the week.
4. How long has your stomach been hurting?
5. Since when have you been sleeping badly?
6. I haven't slept well for a month.

Aquí escuchamos

¿Dormiste bien?

Es viernes, un día de vacaciones para los estudiantes de las escuelas secundarias. Claudia habla con su amiga Rebeca, en el centro.

CLAUDIA: ¡Hola, Rebeca! ¿Qué tal?
REBECA: ¡Hola! Bastante bien.
CLAUDIA: **¿De veras? Te ves** un poco cansada. (Really? / You look)
REBECA: Estoy cansadísima. No dormí muy bien anoche.
CLAUDIA: ¿Por qué? ¿Estás **preocupada** por algo? (worried)
REBECA: No, no. Mi hermana y su esposo están de visita. Ellos tienen un bebé. Él es pequeñito y se despertó tres veces anoche.
CLAUDIA: ¿Desde cuándo están en tu casa?
REBECA: Desde el domingo. Y van a estar con nosotros hasta el sábado. Y tú, ¿dormiste bien?
CLAUDIA: Sí, como siempre. Me acosté temprano y dormí tarde hoy — hasta las 10:00.
REBECA: **¡Qué envidia!** (I'm envious!)

¡Aquí te toca a ti!

H. **¿Dormiste bien anoche?** Question a classmate about his or her sleeping habits and experiences.

Haga las preguntas para saber...

1. si él (ella) durmió bien anoche.
2. a qué hora se acostó.
3. cuántas horas durmió.
4. cuántas horas duerme generalmente durante la semana.
5. cuántas horas duerme generalmente durante el fin de semana.
6. cuándo durmío tarde y hasta qué hora.
7. si él (ella) tiene pesadillas.
8. si él (ella) ronca.

¡Adelante!

I. **Una encuesta** Working with several other students, survey your classmates about their sleeping habits and those of their families. Find out information that will either confirm or dispute the following statements.

1. High school students don't get enough sleep (that is, they go to bed too late and/or get up very early).
2. High school students catch up on lost sleep on weekends and during vacations.
3. Young people fall asleep more easily than older people.
4. Females have nightmares more often than males.
5. Males snore more often than females do.

 **Vocabulario** 

Para charlar

Para hablar del aspecto físico

Mido un metro...
Peso... kilos.
Te ves...

Tengo que guardar la línea.
subir de peso.
bajar de peso.

Para hablar de un período de tiempo

¿Desde cuándo?
¿Cuánto tiempo hace?
desde (que)
hace

Temas y contextos

Los alimentos

el almidón
el calcio
el cereal
la fibra
la fruta
la grasa
el hierro
la leche
los lípidos
los minerales
el pan
las papas
los productos lácteos
la proteína
el vegetal
las vitaminas

El sueño

roncar
tener una pesadilla

Vocabulario general

Sustantivos

la ansiedad
un artículo
un (una) bebé
unas calorías
una causa
una dificultad
la digestión
una duda
la energía
una falta
un hueso
una indicación
la mayoría
un movimiento muscular
un músculo
un nervio
un resultado
el ritmo cardíaco
la salud
una señal
el tono muscular
la vista nocturna

Verbos

admitir
desarrollar
facilitar
formar
mejorar
presentar
recuperar
regular
renovar
repetir (i, i)
sonreír(se) (i, i)
sugerir (ie, i)
tratar de

Adverbios

aparentemente
exactamente

Otras palabras y expresiones

¿De veras?
en parte al menos
estar de visita
lo mismo
llevar a cabo
¡Qué envidia!

Adjetivos

adicional
balanceado(a)
preocupado(a)

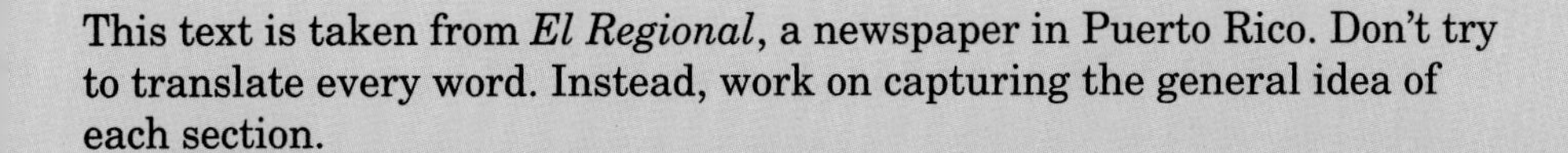

Aquí leemos

This text is taken from *El Regional*, a newspaper in Puerto Rico. Don't try to translate every word. Instead, work on capturing the general idea of each section.

Acerca de los dolores musculares

Por Robert P. Sheldon

MANTÉNGASE

Mientras innumerables cantidades de personas comienzan un régimen de ejercicios cada año, otro tanto "tira la toalla" antes de ver algún resultado positivo. Y la cesación de la actividad no está limitada a los principiantes: veteranos, también, frecuentemente abandonan su deporte. La falta de interés y de tiempo y las lesiones son algunas de las razones para renunciar. Los científicos especialistas en comportamiento humano, John Martín, Ph.D. y Patricia Dubbert, Ph.D., de la Administración de Veteranos y el Centro Médico de la Universidad de Mississippi tienen estos consejos para los deportistas novatos y los no tan novatos, lo mismo que para los profesionales y amigos alentadores:

1) Vaya paso a paso. Comience de una manera fácil, de baja intensidad y gradualmente aumente su ritmo de ejercicios.

2) Control del refuerzo. Siéntase orgulloso de usted mismo. Mantenga una lista que le recuerde sus logros. Cuéntele a sus amigos lo mucho que ha avanzado. Envuélvase en desafíos motivacionales de premios ganados o separe cierta cantidad de dinero por cada milla que corra, nade o corra en bicicleta.

3) Control estimulante. Saque la ropa que va a utilizar en la corrida mañanera la noche anterior, o por la mañana si es que va a correr en la tarde después del trabajo. Evite las amistades que no aprecian el ejercicio. Lleve un historial de su millaje, tenga a la vista carteles y fotografías de personas ejercitándose, programe sus ejercicios semanalmente por adelantado y escriba notas sobre usted mismo.

4) Contratos de comportamiento humano. Escríbase un contrato a usted mismo, y sea realista acerca de sus metas. Guárdelo y cuando haya logrado su meta, celébrelo.

5) Estrategias congénitas. Establezca metas, visualícese logrando éstas, y sea positivo. La gente comienza a ejercitarse por que es bueno para su salud y quiere hacerlo bien. Con un poco de empuje mental y premeditación, usted puede mantenerse en un programa de ejercicios o ayudar a otros a continuar el suyo.

A. **Ejercicio de palabras**. Based on the content of the reading, what do you think the following words mean?

1. principiantes
2. novatos
3. logros
4. evite
5. meta

B. **Ejercicio de comprensión** Answer the following questions in English based on the reading.

1. Who are John Martin and Patricia Dubbert and what kind of advice do they give?
2. According to point number one, how should you begin?
3. How does point number two suggest that you reward yourself?
4. What are some suggestions to help maintain a routine?
5. Why do people exercise, according to point five?

Repaso

C. It's been several years since Lynda has seen the Spanish family with whom she spent a year. When she and her Spanish "sister" have a reunion, they discuss what is going on in her life and in the sister's life. Work with a partner. One of you should play the role of Lynda, asking questions with either **desde cuándo,** or **cuánto tiempo hace**, based on the sister's comments provided. The other should answer using **desde** or **hace.** Assume that their conversation takes place in the current year. (Males should play the roles of Larry and his Spanish "brother.")

MODELO: estar en la universidad / empezar los estudios en 1990
—¿Cuánto tiempo hace que estás en la universidad?
—Empecé los estudios en 1990.
—Ah, hace dos años que estás en la universidad.

1. vivir en Madrid / llegar a Madrid en 1989
2. hacer ejercicios aeróbicos / comenzar en 1987
3. hablar francés / comenzar a estudiar francés en 1985
4. tener dos gatos / comprar los gatos el año pasado
5. mi papá / trabajar en el Banco de Bilbao / comenzar en 1989
6. tener novio(a) ahora / conocer a mi novio(a) en abril de este año

Aquí repasamos

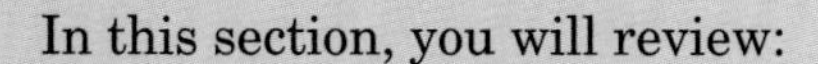

In this section, you will review:

- the imperfect tense;
- the preterite of reflexive verbs;
- indirect object pronouns;
- the verb **doler**;
- the verb **dar**;
- the verb **pedir**;
- the expressions **desde cuándo**, **desde que**, **cuánto tiempo hace**, **hace que**.

The body, health, and illnesses

A. **¿Cómo están tus compañeros?** You are in Spanish class and three of your classmates are absent. Your teacher wants to know why. Based on the information given below, one of you states the problem. Then other students imagine the details (as suggested).

1. Roger had an accident. (kind of accident? injuries? home or hospital? how long?)
2. Susan has a bad flu. (symptoms? treatment?)
3. Don has a cold. (symptoms? treatment? how long?)

The imperfect

Ella vivía en España. {
She lived in Spain.
She used to live in Spain.
She was living in Spain.

Regular verbs	**hablar**	**comer**	**vivir**
yo	habl**aba**	com**ía**	viv**ía**
tú	habl**abas**	com**ías**	viv**ías**
él, ella, Ud.	habl**aba**	com**ía**	viv**ía**
nosotros	habl**ábamos**	com**íamos**	viv**íamos**
vosotros	habl**abais**	com**íais**	viv**íais**
ellos, ellas, Uds.	habl**aban**	com**ían**	viv**ían**

Irregular verbs	**ver**	**ser**	**ir**
yo	**veía**	**era**	**iba**
tú	**veías**	**eras**	**ibas**
él, ella, Ud.	**veía**	**era**	**iba**
nosotros	**veíamos**	**éramos**	**íbamos**
vosotros	**veíais**	**erais**	**ibais**
ellos, ellas, Uds.	**veían**	**eran**	**iban**

B. **La juventud** *(youth)* **del padre de Diana** Diana's father remembers what things were like when he was a boy. In his description of his life, change the verbs from the present to the imperfect.

MODELO: Vivimos en Valencia.
Vivíamos en Valencia.

1. Mi padre trabaja en un banco.
2. Mi mamá se queda en casa.
3. Somos tres niños.
4. Mi hermana tiene dieciocho años.
5. Ella estudia en la universidad.
6. Mi hermano y yo asistimos a la escuela secundaria.
7. Nosotros pasamos el verano en Málaga.
8. Mis padres alquilan una casa cerca del mar.
9. A mi hermana le gusta nadar.
10. Yo juego al vólibol en la playa.
11. Mi padre y yo vamos de pesca.
12. Nosotros nos divertimos mucho durante nuestras vacaciones en Málaga.

C. **La última vez que tenías catarro** Answer the following questions about the last time you had a cold.

1. ¿Qué mes era? ¿Qué año?
2. ¿Cómo te sentías? ¿Mal? ¿Muy mal? ¿Bastante mal?
3. ¿Tenías dolor de garganta?
4. ¿Tenías dolor de cabeza?
5. ¿Tenías fiebre?
6. ¿Querías quedarte en casa?

Now think of the last time you had the flu. Describe your physical condition, following a pattern similar to the one in the preceding questions.

The preterite of reflexive verbs

yo	**me levanté**	nosotros(as)	**nos levantamos**
tú	**te levantaste**	vosotros(as)	**os levantasteis**
él / ella / Ud.	**se levantó**	ellos / ellas / Uds.	**se levantaron**

D. **El sábado pasado** Using the suggested activities, tell what you did or did not do last Saturday.

MODELO: *Me desperté temprano. No me levanté enseguida,* etc.

Suggested activities: despertarse temprano / levantarse enseguida / desayunarse / lavarse los dientes / lavarse el pelo / ir al centro / divertirse con sus amigos / regresar a casa a las... / acostarse antes de la medianoche

Indirect object pronouns

me	*to (for) me*	**nos**	*to (for) us*
te	*to (for) you*	**os**	*to (for) you*
le	*to (for) him, her, you*	**les**	*to (for) them, you*

Indirect object pronouns are used to indicate what person or thing receives the direct object of the verb.

The verb *doler*

Me duelen los ojos.
¿Te duele la cabeza?
Sí, y **me duele la espalda** también.

The verb **doler** is just like the verb **gustar** in that it is used with the indirect object pronouns **me, te, le, nos, os,** and **les**. Furthermore, like **gustar**, only the third-person singular and plural forms are used, depending on whether what hurts is singular or plural.

E. **¿Qué le duele a...?** Based on the drawings below, tell where each of the people hurt.

MODELO: *A Juan le duele el brazo.*

Juan

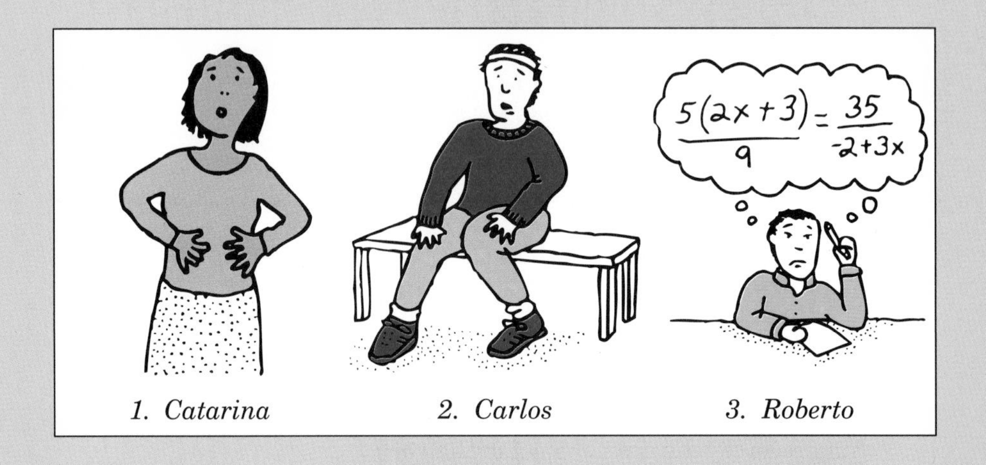

1. *Catarina* 2. *Carlos* 3. *Roberto*

4. *Julia* 5. *Alberto* 6. *María*

The present tense of the verb *dar*

yo	**doy**	nosotros	damos
tú	das	vosotros	dais
él / ella / Ud.	da	ellos / ellas / Uds.	dan

The preterite of the verb *dar*

yo	**di**	nosotros	**dimos**
tú	**diste**	vosotros	**disteis**
él / ella / Ud.	**dio**	ellos / ellas / Uds.	**dieron**

F. **¿Qué te da el médico cuando estás enfermo?** Go around the room asking various classmates what the doctor gives them when they are sick. Keep track and your teacher will ask some of you to tell what the doctor gives your classmates.

The present tense of the verb *pedir*

yo	**pido**	nosotros	pedimos
tú	**pides**	vosotros	pedís
él / ella / Ud.	**pide**	ellos / ellas / Uds.	**piden**

The preterite of the verb *pedir*

yo	pedí	nosotros	pedimos
tú	pediste	vosotros	pedisteis
él / ella / Ud.	**pidió**	ellos / ellas / Uds.	**pidieron**

Other verbs conjugated like this are **servir**, **medir** *(to measure)*, **reír(se)**, **repetir** *(to repeat)*, **sonreír(se)** *(to smile)*.

G. **¿Qué pidieron?** You and several friends recently visited a friend whose parents are very health conscious. When you asked for a certain food, they served you another one that they thought was more healthy. Work with a partner and follow the model.

MODELO: Juan / café / leche
—¿Qué les pidió Juan?
—Juan les pidió café, pero le sirvieron leche.

1. Mario / té / jugo de naranja
2. Elena / helado / yogur
3. Diana / dulces / pasas *(raisins)*
4. Alicia / torta / una manzana
5. Marcos / pastel / una banana
6. Adolfo / papas fritas / unas zanahorias

The expressions *desde cuándo, desde que, cuánto tiempo hace,* and *hace (que)*

The expressions **desde cuándo**, **cuánto tiempo hace**, **desde**, **desde que,** and **hace** are used to ask and answer questions about something that started in the past and is *continuing in the present.*

Question	**Answer**
¿Desde cuándo...?	**desde** + specific point in time
	desde que + subject and verb
¿Cuánto tiempo hace...?	**hace** + length of time

H. At a party, you are making small talk and trying to keep the conversation going. Ask follow-up questions to the statements provided, using **desde cuándo** or **cuánto tiempo hace.** Your classmates will answer on the basis of the information in parentheses.

MODELO: Mi hermana estudia francés. (5 años)
—¿De veras? ¿Cuánto tiempo hace que estudia francés?
—Hace cinco años. o:
Mi hermana estudia francés. (1986)
—¿De veras? ¿Desde cuándo estudia francés?
—Desde 1986.

1. Yo tengo un walk-man. (2 meses)
2. Nosotros vivimos aquí por mucho tiempo. (1974)
3. Mi hermana Gloria mira la tele. (1:30)
4. Mi papá tiene catarro. (4 días)
5. Mis primos tocan el piano. (1986)
6. Mi mamá está de vuelta *(back home)*. (8 días)

Aquí llegamos

A. **Un amigo te ayuda.** Feeling sick, you call a friend, describe your symptoms, and ask him or her to go to the pharmacy. Your friend goes to the pharmacy and describes your symptoms to the pharmacist, who makes a recommendation. Your friend returns and explains the medicine and the pharmacist's recommendation.

B. **¿Qué hacías cuando eras niño(a)?** You and your friends are comparing what you used to do during summer vacations when you were children. Make a list of at least five activities that reflect how you spent a typical summer day and compare it with those of several other classmates to see who had the most interesting time.

C. **Yo no estoy en forma.** All the members of your group compete to see who is in the worst physical condition. Group members gather their information in a series of one-to-one discussions — that is, two students meet to talk about their health, including their sleeping, eating, and exercise habits. When they have finished their conversation, each chats with another student, and so on.

D. **Voy al médico.** Prepare a skit based on a visit to a doctor's office. One student will play the doctor and the other will play the patient. Be sure to include symptoms, how long the patient has had them, and what medicine the doctor recommends.

Algunos tipos de cáncer pueden evitarse

Su salud mejorará si sigue las dos siguientes recomendaciones, que, además, reducen el riesgo de padecer ciertos tipos de cáncer

No fume
Fumador deje de fumar lo antes posible y no fume delante de otros

Evite la exposición al sol

Evite el exceso de peso y limite consumo de grasas

Coma frecuentemente frutas y verduras frescas y cereales con alto contenido en fibra

QUINTA UNIDAD

Un viaje a América Latina

Objectives

In this unit, you will learn:

- to understand short descriptions of various places in Mexico and other Latin American countries;
- to describe places and events in the past;
- to talk about the past.

CAPÍTULO TRECE

Un viaje a México

La hermosa Avenida de la Reforma, con sus antiguos árboles, es una de las calles más importantes de la ciudad de México. Su extensión es de 12 km (aproximadamente siete millas).

Primera etapa

El mapa de México

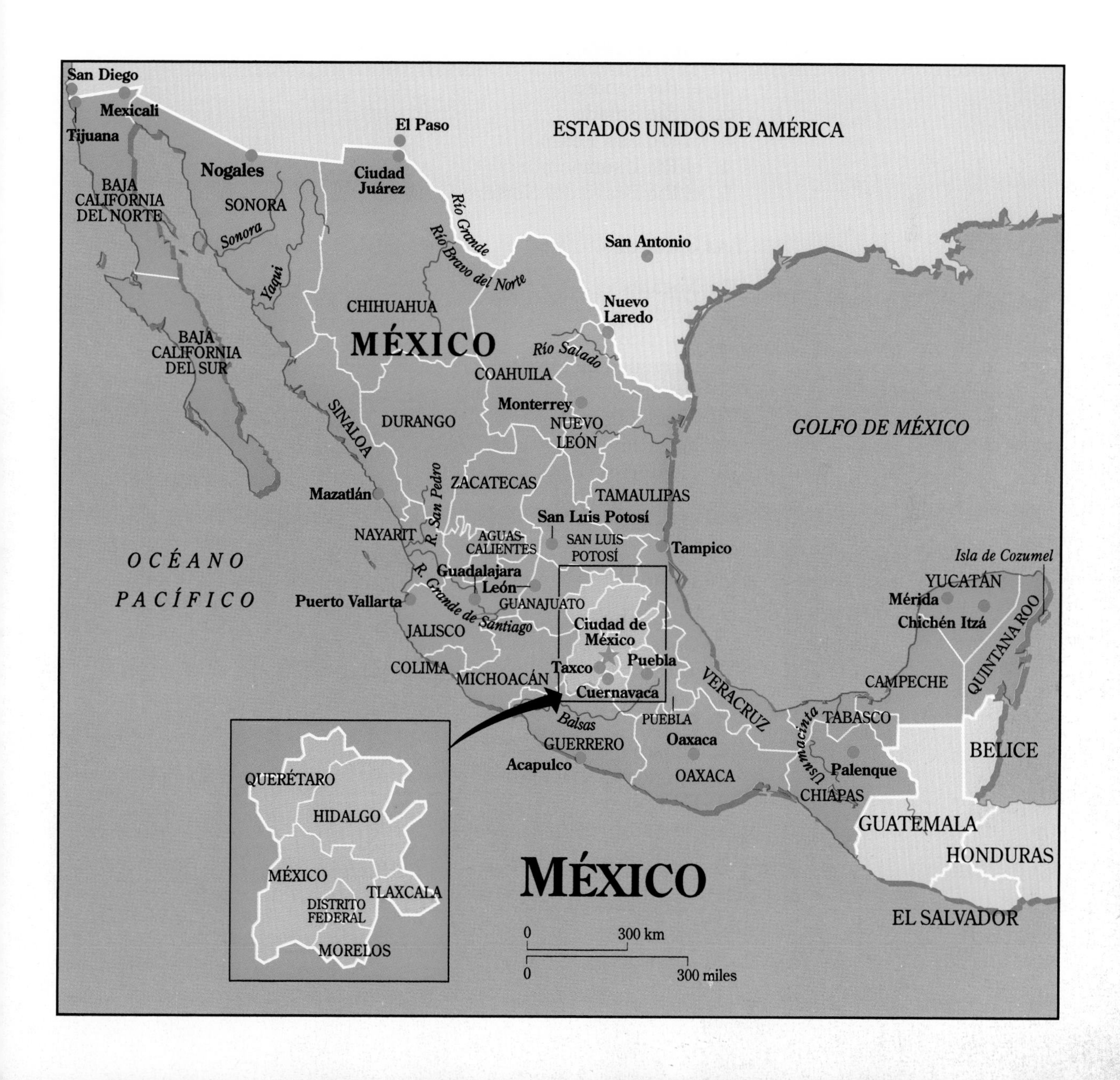

Ejercicio de familiarización

A. **¿Dónde está...?** Look at the map of Mexico on p. 329 and indicate where each river, city, or state is located. Use the following compass points: **el norte, el noreste, el noroeste, el sur, el sureste, el suroeste, el este, el oeste, el centro.**

MODELO: Tijuana
Tijuana está en el noroeste de México.

Los ríos *(rivers)*

1. el Río Sonora
2. el Río Salado
3. el Río San Pedro
4. el Río Usumacinta
5. el Río Bravo del Norte

Las ciudades

1. Nogales
2. Acapulco
3. Tampico
4. La ciudad de México
5. Oaxaca
6. Guadalajara
7. Mazatlán
8. Monterrey
9. Puerto Vallarta
10. Mérida

Los estados

1. Chihuahua
2. Oaxaca
3. Yucatán
4. Coahuila
5. Sonora
6. Jalisco
7. Sinaloa
8. Campeche
9. Baja California del Norte
10. Veracruz

Other verbs in the preterite: ***conducir, traer, decir***

Conduje el coche a 55 millas por hora. — *I drove* the car at 55 miles per hour.
¿Quién **trajo** las bebidas? — Who *brought* the drinks?
Tus amigos lo **dijeron.** — Your friends *said* it.

These verbs change their stems in the preterite, but actually have a clear pattern of their own. Note that they all have **j** in the stem. In addition, the **yo** form does not have an accent on the last syllable, nor does the **él / ella / Ud.** form ending in **-o.** Also note that the **ellos / ellas / Uds.** form uses **-eron** (and not **-ieron**) after the **j.**

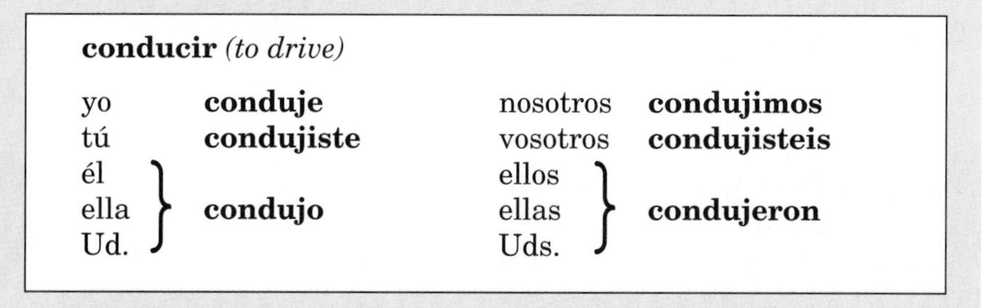

conducir *(to drive)*

yo	**conduje**	nosotros	**condujimos**
tú	**condujiste**	vosotros	**condujisteis**
él / ella / Ud.	**condujo**	ellos / ellas / Uds.	**condujeron**

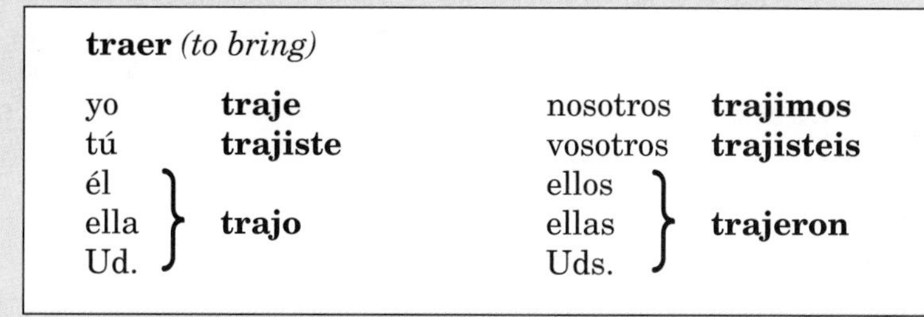

traer *(to bring)*

yo	**traje**	nosotros	**trajimos**
tú	**trajiste**	vosotros	**trajisteis**
él / ella / Ud.	**trajo**	ellos / ellas / Uds.	**trajeron**

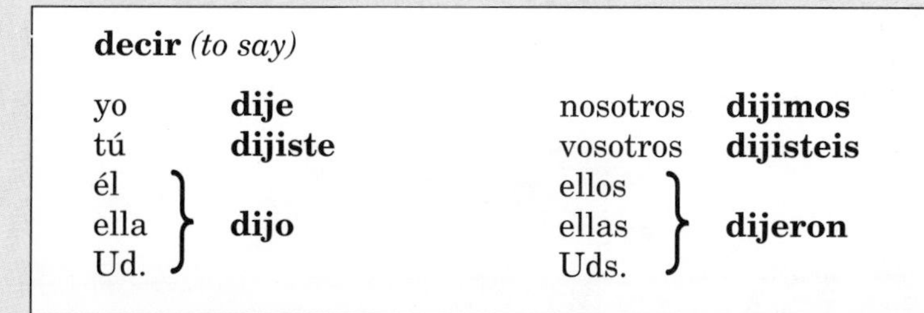

decir *(to say)*

yo	**dije**	nosotros	**dijimos**
tú	**dijiste**	vosotros	**dijisteis**
él / ella / Ud.	**dijo**	ellos / ellas / Uds.	**dijeron**

Note that the stem of the verb **decir** has the same vowel change in the preterite, **e** becoming **i**, as in the present tense.

Also, these verbs all have different **yo** forms in the present tense. All the other persons follow the standard present tense endings:

conducir → yo condu**z**co, tú conduces, él / ella / Ud. conduce, nosotros conducimos, vosotros conducís, ellos / ellas / Uds. conducen

decir (i) → yo **digo**, tú dices, él / ella / Ud. dice, nosotros decimos, vosotros decís, ellos / ellas / Uds. dicen

traer → yo tra**ig**o, tú traes, él / ella / Ud. trae, nosotros traemos, vosotros traéis, ellos / ellas / Uds. traen

Aquí practicamos

B. Replace the italicized words with those in parentheses and make the necessary changes.

1. *Francisco* trajo los discos. (Enrique / yo / nosotros / Uds. / ella / vosotros)
2. *Alicia* no condujo el coche de su papá. (tú / Carlos y José / Ud. / ellas / yo / nosotros)
3. Yo *dije* la verdad. (Uds. / el profesor / María y tú / ellos / tú / vosotras)

C. **¿Qué pasó anoche en la fiesta?** Answer the following questions about the party, using the appropriate forms of the preterite tense of the verbs.

1. ¿Tú condujiste el coche de tus padres a la fiesta de Julián y José?
2. ¿A qué hora dijiste que terminó la fiesta?
3. ¿Qué tipo de discos trajeron tus amigos?
4. ¿Quién dijo que fue aburrida la fiesta?
5. ¿Quiénes más condujeron anoche?

Popocatépetl, un volcán de México

Lectura: *La geografía de México*

El territorio de México tiene la forma de un triángulo invertido y ofrece una gran variedad de *paisajes* atractivos. Tiene altas montañas que miden 12.000 pies. Estas montañas forman tres largas *cordilleras* que dividen el país en diversas regiones, cada una con su propio clima. Del Pacífico al Caribe hay muchas playas bellas, increíbles volcanes nevados y extensos valles. También hay *bosques* y *selvas*, ríos y *cascadas* donde abundan muchos tipos de animales como el puma, el flamenco y la iguana. Además, hay numerosas plantas exóticas de todos los colores imaginables.

landscapes
mountain ranges
forests / jungles / waterfalls

En cuanto a *tamaño*, México ocupa el quinto lugar en América, después del Canadá, los Estados Unidos de Norteamérica, Brasil y Argentina. Al norte tiene una *frontera* de 2.000 millas con los EEUU. Al sur *limita con* Guatemala y Belice, al este con el Golfo de México y el Mar Caribe y al oeste con el Océano Pacífico.

size
border / borders on

Los grandes contrastes entre regiones geográficas y climas influyen mucho en cuanto a los problemas económicos y sociales del país. Sólo entre nueve a doce *por ciento* de la tierra es cultivable, por ejemplo. En realidad, por la naturaleza de su geografía tan variada, se puede decir que México no es un solo país, sino varios países. En todo caso, es verdad, como dicen los mexicanos, que "como México no hay dos."

percent

Ejercicios de comprensión

D. **Las fronteras de México** Look at the map on p. 329 and identify the countries that have a common border with Mexico, as well as the bodies of water that lie off its shores.

1. al este
2. al sur
3. al norte
4. al sureste
5. al oeste

E. **Cierto / falso** Decide if the following statements about the geography of Mexico are true or false. If a statement is false, correct it.

1. El territorio de México tiene la forma de un hexágono.
2. Una gran cordillera divide el país en dos regiones.
3. México es un país de muchos contrastes en cuanto a la geografía y el clima.
4. México está situado entre los Estados Unidos de Norteamérica y los países de Centroamérica.
5. En cuanto a territorio nacional, México es más grande que Argentina.

F. **El sentido de las palabras** When you read a text, there are always key words that help you understand the main ideas. Identify some of the key words used in the **Lectura** to discuss the following topics.

1. la geografía de México
2. la frontera
3. el clima
4. las montañas

G. **Descripción de México** Look at the map of Mexico on p. 329 and create your own description of the country. Talk about its shape, its rivers, its mountains, its cities, its neighbors, and anything else that you think is interesting.

TORRE LATINOAMERICANA
Simbolo de la Ciudad de México
MIRADOR
2,422 M.
Sobre el nivel del mar
ACUARIO
Piso 38
MURALTO
Restaurante Bar
Piso 41
TELESCOPIOS
Piso 44
Serie Nº 34470 E

¡Adelante!

H. **Los Estados Unidos** Look at a map of the United States and describe the country in terms of its size, rivers, mountains, neighbors, and the like. Use the information about Mexico in the **Lectura** as a model of the kinds of things you need to take into account in your description.

Segunda etapa

Los estados de México

El nombre oficial de México es Los Estados Unidos Mexicanos. Es una república democrática, representativa y federal. El territorio nacional está dividido en 31 estados y el Distrito Federal, que es la capital de la República Mexicana.

San Ángel, México, D.F.

Ejercicio de familiarización

A. **¿En qué estado está...?** Work with a partner to ask and answer questions about the location of the following capital cities. Consult the map on page 329. Remember to use the preposition **en** with the name of a state. Follow the model.

MODELO: Guadalajara
—¿En qué estado está Guadalajara?
—Guadalajara está en Jalisco.

1. Mazatlán
2. Mérida
3. San Luis Potosí
4. Puebla
5. Nogales
6. Cuernavaca
7. León
8. Monterrey
9. Palenque
10. Oaxaca
11. Mexicali

Repaso

B. **¿Dónde está...?** Look at the map on p. 329 and indicate where the following places and geographical features are located.

MODELO: Mérida
Mérida está en el sur de México, en el estado de Yucatán, cerca del Golfo de México.

1. la ciudad de México
2. Acapulco
3. Ciudad Juárez
4. Puerto Vallarta
5. Guadalajara
6. Oaxaca
7. el Río Bravo del Norte
8. Tampico
9. el Golfo de México
10. Tijuana
11. la isla de Cozumel

C. **Nuestras vacaciones** Use the cues to talk about what you did on your vacation.

MODELO: el año pasado / nosotros / ir de vacaciones a México
El año pasado nosotros fuimos de vacaciones a México.

Un clavadista, Acapulco

1. nosotros / divertirse mucho
2. mis padres / decidir / ir a Acapulco
3. mi padre / reservar dos cuartos en el Hotel Presidente
4. el 5 de julio / nosotros / llegar al hotel
5. la familia / pasar dos semanas en Acapulco
6. yo / dar un paseo / todos los días
7. mis hermanos / ir a la playa / mucho
8. una tarde / mi papá / decir "¡Vamos a La Quebrada!"
9. en La Quebrada / nosotros / ver el espectáculo de los clavadistas *(cliff divers)*
10. un experto valiente / clavarse (*to dive*) al mar desde una altura *(height)* de 55 m
11. esa noche / todos nosotros / acostarse muy tarde por la emoción
12. el último día / yo / levantarse temprano / para ir a la playa
13. nosotros / volver a los Estados Unidos / el 29 de julio
14. mi familia y yo / divertirse mucho / durante nuestras vacaciones

Other verbs in the preterite: ***poder, saber, poner***

Traté de hacerlo, pero no **pude.**	I tried to do it, but *I could* not.
Cuando llamó José, **supimos** lo que pasó.	When José called, *we found out* what happened.
Los niños **pusieron** los paquetes en la cocina.	The children *put* the packages in the kitchen.

These verbs are conjugated in a similar way. Note that the vowel in the stem of each verb changes to **u**. Here are the forms:

poder
pod- → **pud-**

yo	**pude**	nosotros	**pudimos**
tú	**pudiste**	vosotros	**pudisteis**
él / ella / Ud.	**pudo**	ellos / ellas / Uds.	**pudieron**

saber
sab- → **sup-**

yo	**supe**	nosotros	**supimos**
tú	**supiste**	vosotros	**supisteis**
él / ella / Ud.	**supo**	ellos / ellas / Uds.	**supieron**

poner
pon- → **pus-**

yo	**puse**	nosotros	**pusimos**
tú	**pusiste**	vosotros	**pusisteis**
él / ella / Ud.	**puso**	ellos / ellas / Uds.	**pusieron**

Aquí practicamos

D. Replace the italicized words with those in parentheses and make the necessary changes.

1. *Carlos* pudo comprar las bebidas. (nosotros / Ud. / tú / mis amigas / vosotros)
2. ¿Cuándo supieron *tus padres* la verdad? (Maricarmen / él / Uds. / ellas / tú)
3. *Ella* no puso la comida en el refrigerador. (nosotros / tú / yo / Uds. / él / vosotros)
4. ¿Cómo supiste *tú* que se canceló el concierto? (Mariano / Uds. / ella / Ud. / ellas)
5. *Yo* no pude llegar a la fiesta hasta las 10:00. (ellos / nosotros / tú / Cecilia / vosotras)
6. ¿*Uds.* pusieron la mesa? (Marta y Carmen / tú / Ud. / Cristóbal / ellas)

E. **Un examen sobre México** Imagine that your class has just had a quiz on the geography of Mexico. Tell how you and the class did by answering the questions below with complete sentences.

1. ¿Pudiste encontrar la capital de México en el mapa?
2. ¿Supieron ustedes que México tiene 31 estados?
3. ¿Quién puso en el examen que México no tiene estados?
4. ¿Tu amigo pudo escribir los nombres de cinco de los estados?
5. ¿Por qué no pudiste terminar el examen?
6. ¿Dónde pusieron ustedes la capital del país en el mapa?
7. ¿Cuándo supiste que saliste bien en el examen?
8. ¿Pudiste encontrar algunas de las ciudades más importantes?

Estudiantes delante del Museo de Antropología, México, D.F.

F. **Dime...** Create questions by combining the items in the left column with those in the right column, using the preterite of the verbs in the middle column. A classmate will give answers to your questions.

MODELO: dónde / poner / los discos
Estudiante A: *¿Dónde pusiste los discos?*
Estudiante B: *Los puse en el coche.*

por qué (no)	poder	la bicicleta
cuándo	conducir	los discos
quién	saber	salir de la casa
qué	dar	la propina *(tip)* a José
cuánto	poner	los precios del restaurante
dónde	decir	ir a la playa
	traer	el coche de su padre
		la verdad
		las bebidas
		el número de teléfono del hotel
		la silla
		lo que dijo el presidente

NOTA GRAMATICAL

The verb ***ponerse***

When the verb **poner** is used with *a reflexive pronoun*, it has two very different meanings:

1. to put on (an article of clothing)

Me puse el abrigo.	*I put on* my coat.

2. to get or become (an emotion, a state)

Jorge **se puso** furioso cuando perdió el partido de tenis.	Jorge *became* furious when he lost the tennis match.
Mis amigos siempre **se ponen** nerviosos cuando viajan por avión.	My friends always *get* nervous when they travel by plane.

G. **Preguntas** Using the cues, ask a classmate questions. Be careful of the tense you use. Work with a partner and follow the model.

MODELO: cuándo / ponerse nervioso
—¿Cuándo te pones nervioso(a)?
—Me pongo nervioso(a) cuando tengo un examen.

1. cuándo / ponerse el suéter
2. dónde / poner las bebidas para la fiesta mañana
3. por qué / ponerse nervioso(a) cuando jugar al golf
4. a qué hora / poner la mesa esta noche
5. cuándo / ponerse su ropa favorita
6. cuándo / ponerse furioso(a)
7. cómo / ponerse cuando su equipo favorito perder un partido de fútbol

Lectura: *Las regiones culturales de México*

Excavación de un templo maya, México, D. F.

Los treinta y un estados de México en realidad forman seis diversas regiones culturales. Cada región tiene sus *costumbres*[1], su folklore y su identidad bien definida. Por ejemplo, la antigua civilización maya ocupó los estados de Yucatán, Quintana Roo, Campeche, Tabasco y Chiapas. La gente de esta región sabía usar el número cero antes de la llegada de los españoles. Su precisión matemática y sus conocimientos de la astronomía eran tan avanzados que ya tenían un calendario más preciso que el europeo.

Otro ejemplo de una región importante es el Altiplano Central. Varias civilizaciones *construyeron*[2] aquí una de las ciudades más importantes del *mundo*[3] antiguo, Tenochtitlán, hoy la gran ciudad de México. Aquí fue donde vivieron los grupos de mayor *poder*[4] en la historia mexicana, como los toltecas y los aztecas. Eran arquitectos de gran imaginación que construyeron maravillosas pirámides y templos. También eran *guerreros feroces*[5] que dominaban a todos los pueblos de la región. Practicaban el sacrificio humano para mantener la continuidad del tiempo y el movimiento del sol. Los estados que ahora están en esta región son Querétaro, México, Morelos, Puebla, Hidalgo y Tlaxcala.

Todavía hay una fuerte identificación con las tradiciones de esas antiguas culturas, inclusive con las lenguas maya-quiché y náhuatl, entre otras lenguas, que mucha gente de las regiones todavía habla — en algunos lugares más que el español.

[1]customs [2]constructed [3]world [4]power [5]ferocious warriors

Cuando llegaron los españoles en 1516 empezó una larga época en que México era colonia de un vasto imperio europeo. Hubo muchos conflictos entre las *creencias*[6] de los pueblos *indígenas*[7] y las ideas de los representantes de la España imperial. *Sin embargo*[8], *se mezclaron las razas*[9] y las generaciones siguientes vieron una nueva combinación de elementos positivos y negativos. Esto resultó de la turbulenta interacción de grupos muy diferentes durante el comienzo de la colonización europea del "Nuevo Mundo".

En fin, México tiene una diversidad geográfica, lingüística y cultural. La identidad del mexicano tiene su base, en gran parte, en la suma de varias culturas que le da a la nación un carácter contrastante y creativo.

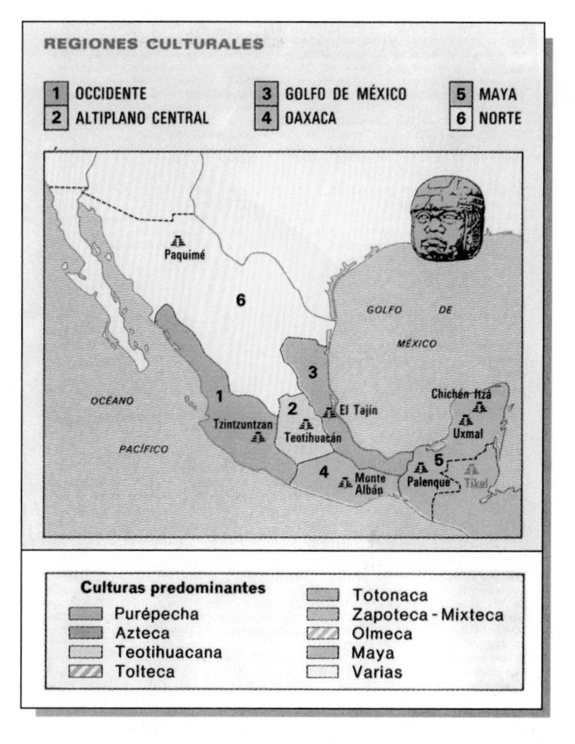

[6]beliefs [7]indigenous [8]Nevertheless [9]the races were mixed

Ejercicios de comprensión

H. **Comprensión del texto**: **¿cierto o falso?**
Decide if the following statements about the cultural heritage of Mexico are true or false. If a statement is false, correct it.

1. En total, los 31 estados de México ocupan ocho regiones culturales diferentes.
2. Los mayas tienen fama porque eran grandes matemáticos.
3. Los grupos de mayor poder en la historia mexicana son los toltecas y los aztecas.
4. Hoy, muy poca gente habla lenguas indígenas en México.
5. Las razas indígenas y europeas se mezclaron con el tiempo.
6. La llegada de los españoles en el siglo XVI fue bastante pacífica *(peaceful)* y muy positiva.
7. En general, es evidente que hay muchas diferencias culturales en México.

El dios Xipe Totec y la serpiente emplumada

Jalapa, México

I. **¿Dónde está el estado...?** Look again at the map of the states of Mexico on p. 329. You and a classmate take turns pointing out where certain states are located in general on the map, as well as in relation to other states. Work with a partner and follow the model.

MODELO: Yucatán
—¿Dónde está el estado de Yucatán?
—El estado de Yucatán está en el sur de México, al noreste del estado de Campeche.

1. Durango
2. Veracruz
3. Puebla
4. Michoacán
5. Guerrero
6. Nuevo León
7. México
8. Jalisco
9. Oaxaca
10. Baja California del Sur
11. Querétaro
12. Tabasco

¡Adelante!

J. **¿Qué hiciste la semana pasada?** Use the cues as a starting point to describe at least five things you did last summer in each category. Report facts, or make up the information if you like, using a different verb for each activity you add after the cue. Make sure to relate the activities to the context of that particular cue. Follow the model.

MODELO: reunirse en la playa / mis amigos y yo
Mis amigos y yo nos reunimos en la playa. Nadamos, tomamos el sol, comimos mariscos, jugamos al vólibol y, por la noche, salimos a bailar.

1. ir al cine / mi familia y yo
2. viajar en coche / con mi papá
3. ir de campamento / con unos amigos
4. visitar a mis abuelos / mi familia
5. pasar una semana en la ciudad de México / yo

K. **El estado donde vivo** A foreign exchange student from Mexico has just arrived at your school, and it is your responsibility to tell him or her something about the state in which you live. Name some of its major cities and important geographical features, and talk about some of the places of interest that you've visited in your state. Work with a partner. The student will ask follow-up questions, based on the information you provide.

Tercera etapa

La herencia mexicana

The following brief summary of Mexico's overall growth in the twentieth century is adapted from Michelin's *Guía turística: México.* Try to get as much information from it as you can without looking up the words that you do not know. It has a large number of cognates that should be of help to you, particularly in the context in which they are presented.

Vida activa en México

Durante las primeras décadas del siglo *actual*, México era un país predominantemente rural. Había algunas ciudades cerca de los centros *mineros*. Varias otras se convirtieron en centros de comercio, servicios y administración para las áreas rurales.

present
mining

Los años cuarenta vieron la transformación del país. La política económica hizo de la industrialización uno de sus objetivos principales. El *crecimiento* de industrias y ciudades pronto cambió la vida de muchos mexicanos. Ahora la industria, el comercio y los servicios son las actividades más importantes para la nación.

growth

Zona Rosa, México, D.F.

A este dinámico proceso de industrialización y urbanización lo acompañó un crecimiento demográfico rápido. El resultado es una población en que la mayoría es bastante joven (menor de 18 años). Los habitantes de México (98 millones en 1990) generalmente prefieren vivir en las ciudades del centro y del norte del país, como la ciudad de México, Monterrey y Guadalajara. Pero una gran parte de la población rural todavía vive en miles de pequeños pueblos en casi todas partes del territorio nacional.

Ejercicios de familiarización

A. **Comprensión del texto** Answer the questions in English according to what you learned from Michelin's *Guía turística.* You may be surprised at how much you have grasped without resorting to the dictionary! Answer in English.

1. Where did most of the people live in Mexico during the early part of this century?
2. In what decade did the country begin to undergo substantial change?
3. Why did this change come about and what was its result?
4. How does the guidebook characterize the age of the population today?
5. Where do the majority of Mexicans tend to live today?
6. Where does the substantial remainder of the population live today?

B. **Sobre las palabras** Now that you understand the information in the *Guía turística*, think about the form and meaning of some of the words themselves.

1. Read aloud all the verbs that appear in the preterite tense and give their meanings in English.
2. Make a list of all the cognates you can find in the passage.
3. Make a list of as many adjectives as you can find in the description and give their meanings in English.

Repaso

C. **La carta misteriosa** Read the following brief passage, changing the present tense into the **preterite** tense. Then work with a group of three or four classmates to decide what happened next, creating your own ending to report back to the entire class.

A las 11:00 de la noche más o menos, Carolina *llega* a su casa después de un día muy ocupado. Cansada, *se sienta* por unos momentos. *Abre* su cartera y *saca* una carta. La *pone* sobre la mesita, al lado del sofá, pero luego la *mira* varias veces y, por fin, *decide* abrirla. Al principio, no lo *puede* hacer. *Se pone* nerviosa pero, por fin, *rompe* el sobre y *mira* la carta. Poco después, confundida *(confused)*, *pone* la carta en el sobre y *se levanta* muy despacio del sofá. *Se da* cuenta del silencio total de la casa. Cuando *pone* el pie en el primer escalón *(step)* para subir a su cuarto, una voz *grita (shouts)* desde allí. No *puede* moverse. *Se queda* paralizada de terror, sin saber qué hacer.

Other verbs in the preterite: ***leer, caer(se), creer, ver,*** *and* ***oír***

Leíste la carta ayer.	*You read* the letter yesterday.
El niño llora porque **se cayó.**	The boy is crying because *he fell down.*
Creímos el cuento de Pablo.	*We believed* Paul's story.
Vi la película el sábado.	*I saw* the movie on Saturday.
Ellos **oyeron** las noticias.	They *heard* the news.

The verbs **leer, caer(se), creer,** and **oír** are conjugated similarly in the preterite. They have in common a **y**, instead of an **i**, in the **él / ella / Ud.** and **ellos / ellas / Uds**. forms.

The other forms follow the normal pattern of **-er** / **-ir** verbs in the preterite tense.

leer			
yo	**leí**	nosotros	**leímos**
tú	**leíste**	vosotros	**leísteis**
él / ella / Ud.	**leyó**	ellos / ellas / Uds.	**leyeron**

caer(se)

yo	**caí**	nosotros	**caímos**
tú	**caíste**	vosotros	**caísteis**
él / ella / Ud.	**cayó**	ellos / ellas / Uds.	**cayeron**

oír

yo	**oí**	nosotros	**oímos**
tú	**oíste**	vosotros	**oísteis**
él / ella / Ud.	**oyó**	ellos / ellas / Uds.	**oyeron**

creer

yo	**creí**	nosotros	**creímos**
tú	**creíste**	vosotros	**creísteis**
él / ella / Ud.	**creyó**	ellos / ellas / Uds.	**creyeron**

The verb **ver** is conjugated similarly to the verb **dar** in the preterite. Its endings are exactly like those of **-er** and **-ir** verbs.

ver

yo	**vi**	nosotros	**vimos**
tú	**viste**	vosotros	**visteis**
él / ella / Ud.	**vio**	ellos / ellas / Uds.	**vieron**

Caer(se) and **oír** also have a special **yo** form in the present tense. **Oír** also changes its stem in the present tense.

caerse → me ca**ig**o, te caes, se cae, nos caemos, os caéis, se caen
oír → o**ig**o, oyes, oye, oímos, oís, oyen

Aquí practicamos

D. **Un espectáculo en Acapulco** Replace the words in italics with those in parentheses and make the necessary changes.

1. *Yo* leí sobre los clavadistas de Acapulco en la guía. (nosotros / ella / tú / mis amigos / vosotras)
2. *Mis padres* no creyeron lo que dije sobre La Quebrada. (Uds. / él / mis hermanos / tú)
3. *Nosotros* vimos, por fin, el espectáculo a la orilla del mar. (yo / ellos / tú / ella / vosotros)
4. *Un clavadista* se cayó de la roca. (Uds. / mi hermano / yo / tú / nosotros)
5. *Yo* oí que no se lastimó. (nosotros / ella / tú / Uds. / vosotros)
6. *Mi papá* les dio una propina (*tip*) a los clavadistas. (ellos / nosotros / yo / tú / Uds. / el Sr. Fuentes)

E. **México** Use the drawings to explain what different people saw, see, and will see during their stay in Mexico. Use **ver** in the appropriate tenses.

MODELO: ayer... nosotros
Ayer nosotros vimos las pirámides.
hoy... nosotros
Hoy vemos las pirámides.
mañana... nosotros
Mañana vamos a ver las pirámides.

las pirámides

los volcanes

1. yo

el monumento

2. ella

el clavadista

3. ellos

El Palacio de Bellas Artes

4. *nosotros*

La Catedral Nacional

5. *ustedes*

el centro

6. *tú*

El Museo Nacional de Antropología

7. *nosotros*

el zoológico Bosque de Chapultepec

8. *yo*

el mercado

9. *ellos*

F. **El accidente** Restate the following sentences in the preterite tense by changing each Spanish verb in italics.

1. Hoy *veo* un accidente en el lago.
2. *Puedo* ver el velero *(sailboat)* claramente desde el balcón del hotel.
3. El hombre *se cae* del velero y *grita (shouts)* "¡Auxilio!" *("Help!")*
4. El velero *da* una vuelta *(turns)* sin el hombre.
5. El hombre *puede* subir al velero cuando *pasa* cerca de él.
6. Al día siguiente *leo* del accidente en el periódico.
7. El hombre *dice* en el artículo que nunca *tiene* miedo durante el accidente.
8. ¡Me *río* cuando *leo* eso!
9. No *creo* al hombre porque lo *oigo* gritar tanto en el agua.

Lectura: *La leyenda sobre la fundación de México*

Fue en el principio del principio cuando el cruel Huitzilopochtli, dios de la *guerra*, viajó lejos para *fundar un reino* para su gente. Con el paso del tiempo, una banda de fugitivos salieron *en busca de* Huitzilopochtli y un lugar en donde vivir. Se llamaban "aztecas" y decían que eran el pueblo especial del violento Huitzilopochtli. Creían que a su dios le gustaba el *corazón* y la *sangre* de los seres humanos y por eso le ofrecían sacrificios humanos. Sólo así, pensaban, podían continuar el tiempo y la salida del sol cada día.

war / to establish a kingdom
in search of
heart / blood

Después de caminar por muchas tierras, estos *guerreros* aztecas llegaron al fértil valle de Anáhuac donde vivían los mexicas cerca del gran *lago* de Texcoco. Cuando los aztecas se acercaron al lago, vieron *un islote* en el agua. En ese islote había un hermoso *nopal* de grandes hojas ovaladas y flores coloradas. Encima del nopal, ante los ojos *asombrados* de los aztecas, una *poderosa águila luchaba* con una enorme serpiente. Todos miraron *callados* y luego oyeron a sus *sacerdotes* proclamar que ése era el lugar preparado para ellos por Huitzilopochtli.

warriors
lake
small island
cactus
astonished
powerful eagle was fighting
silently / priests

Tal es la *leyenda*. El *hecho* es que en el siglo XIV, sobre ese mismo lago de Texcoco, los aztecas construyeron la gran ciudad de Tenochtitlán, que hoy en día es la ciudad de México, la capital de la república. El nopal con el águila y la serpiente, el símbolo azteca, ahora es el símbolo nacional de México. Aparece en la *moneda* nacional, en los *sellos* oficiales, — y en el centro de la *bandera* verde, blanca y colorada.

legend / fact
coin / stamps
flag

Ejercicios de comprensión

G. **Comprensión del texto** Answer the questions in English according to what you learned from the **Lectura.**

1. Who is Huitzilopochtli?
2. What did the Aztecs believe about Huitzilopochtli?
3. Who lived in the valley of Anáhuac?
4. What did the Aztecs see when they got to Lake Texcoco?
5. What did their priests tell them?
6. What is Tenochtitlán?
7. What is the national symbol of Mexico today?

H. **Sobre las palabras** Work with a partner to complete the following tasks.

1. Make a list of all the cognates you recognize in the passage.
2. Read aloud as many adjectives as you can find.
3. Name any living creatures and plants that are mentioned.
4. Read aloud the names of the people and places in the reading. How do they sound to you? Similar to English? Different?
5. Draw a small representation of Mexico's national symbol and then describe it in Spanish.

¡Adelante!

I. **Un viaje interesante** Tell a classmate about the last trip you took. Where did you go, how did you get there, what did you see and do, what was the weather like, etc.? Try to use the preterite correctly throughout your narration.

Pintura típica, Limón, Costa Rica

El puerto de Guaymas, México

Vocabulario 

Para charlar

Para hacer una narración en el pasado, usando el pretérito:

caer(se)
conducir
creer
decir
leer
oír
poder
poner(se)
saber
traer
ver

Para hablar de la geografía

la cordillera
el este
una frontera
la geografía
la naturaleza
el norte
el oeste
el paisaje
un río
el sur
un volcán

Temas y contextos

Los países

Argentina
Belice
Brasil
Canadá
Costa Rica
China
Ecuador
los Estados Unidos
Gran Bretaña
Guatemala
Honduras
Japón
México
Nicaragua
Panamá
Paraguay
Perú
El Salvador
la Unión Soviética
Uruguay

Vocabulario general

Sustantivos

la capital
el clavadista
el espectáculo
un estado
el gobierno
el país
el precio
el pueblo
un(a) vecino(a)

Verbos

caer(se)
clavar(se)
conducir
creer
dar
dividir
leer
poder (ue, u)
poner(se)
traer

Adjetivos

contento(a)
costoso(a)
feroz
furioso(a)
nervioso(a)
triste

Adverbios

al principio
por fin

CAPÍTULO CATORCE

Un viaje a Centroamérica

Aproximadamente 600.000 personas viven en el área metropolitana de San José, la capital de Costa Rica. En la Avenida Central está el Teatro Nacional, réplica del Teatro de la Ópera de París.

Primera etapa

Costa Rica y sus vecinos

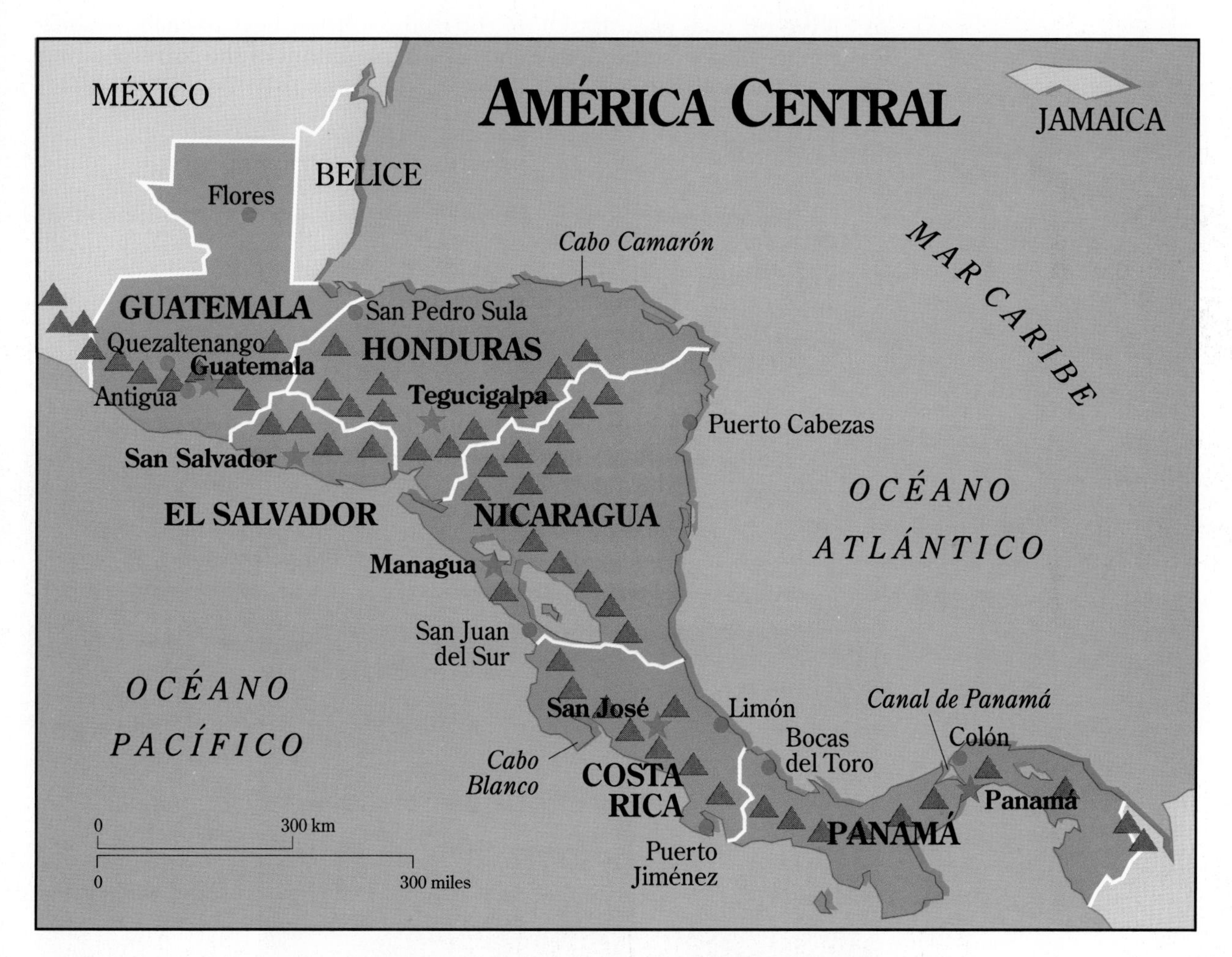

Los países de Centroamérica se extienden desde el sur de México hasta la *frontera* con Colombia. Después de su independencia en 1821, Guatemala, Honduras, El Salvador, Nicaragua y Costa Rica estuvieron unidos por unos años hasta que cada país decidió seguir su *propio camino*. Panamá se incluye tradicionalmente en el estudio histórico de Centroamérica, aunque nunca fue parte de la breve unificación de la región.

border

own way

forests / deep

El paisaje de estos países es muy bello. Hay altas montañas volcánicas, *bosques* densos y muchos ríos que forman cañones *profundos*. El clima es muy variable por la altitud, aunque en general es muy húmedo. Centroamérica tiene una increíble variedad de plantas y animales que no existen en ninguna otra parte del mundo.

Ejercicios de familiarización

A. **Vive en... y es...** Based on the country listed next to each person's name below, identify him or her as an inhabitant of the corresponding country. Follow the model.

MODELO: Luis / Costa Rica / costarricense
Luis vive en Costa Rica. Es costarricense.

1. Angelina / Guatemala / guatemalteca
2. Rafael / Honduras / hondureño
3. Cristina / El Salvador / salvadoreña
4. Ernesto / Nicaragua / nicaragüense
5. Hilda / Costa Rica / costarricense
6. Raúl / Panamá / panameño

B. **Las capitales centroamericanas** Looking at the map on page 353, name the capital city of each Central American country listed below, indicating in which part of the country the city is located.

MODELO: Honduras
Tegucigalpa es la capital de Honduras y está en el sur del país.

1. Guatemala
2. Costa Rica
3. Nicaragua
4. El Salvador
5. Panamá

Iglesia de Suyapa, Tegucigalpa

Repaso

C. Change the sentences to the past, using the preterite of the verbs in italics.

1. En la escuela mi hermano y yo *leemos* sobre los volcanes de Centroamérica.
2. Poco después, *oímos* en la televisión de un accidente en un parque nacional costarricense.
3. Según las noticias, un turista *se cae* en un cráter.
4. *Sabemos* que un hombre *puede* ayudar al turista.
5. Lo *pone* sobre los hombros para salvarlo.
6. Yo *creo* que ese hombre *es* muy valiente.

D. **Nuestras vacaciones en Costa Rica** Put the sentences into the past, changing the present tense of the underlined verbs to the preterite.

1. Nosotros pasamos una semana de vacaciones en Costa Rica. (Begin with **El año pasado...**)
2. Nuestro viaje comienza en San José, donde mi padre hace reservaciones en el famoso Hotel Cariari.
3. El primer día, damos un paseo por el mercado, donde compramos mucho café para llevar a nuestros amigos. También visitamos el Museo de Arte Costarricense, una fábrica de joyas *(jewel factory)* y el enorme Monumento a la Guerra de 1856.
4. El segundo día, salimos para Puntarenas. Conducimos a la costa en un coche que mi padre alquila para el viaje. En camino (*On the way*), conocemos varios pueblos interesantes.
5. Por fin, llegamos a una hermosa playa de arenas *(sands)* blancas en el Pacífico. Pedimos ceviche *(marinated fish)* fresco y mariscos. Yo como un pescado grande.
6. Después de pasar unos días en la playa, toda la familia va a visitar el Parque Nacional Volcán Poás. A pesar de que (*Even though)* empieza a llover, podemos subir al enorme cráter de un volcán activo. Por suerte *(Luckily)*, vemos una pequeña erupción de vapores y gases.
7. Después, volvemos a San José, donde vamos a un concierto en el famoso Teatro Nacional en el centro de la ciudad.
8. Al día siguiente, salimos para los Estados Unidos. Todos estamos de acuerdo que el viaje a Costa Rica es muy interesante y que aprendemos mucho.

SERVICIO DE PARQUES NACIONALES
SERVICIO DE PARQUES
NACIONALES

*The **imperfect** and the **preterite**: Past actions*

Antes, yo **iba** a México cada año.	In the past, I *used to go* to Mexico every year.
Pero el año pasado, yo **fui** a Costa Rica.	But last year, I *went* to Costa Rica.

In previous units you learned two past tenses, the preterite and the imperfect. Each tense is used in different contexts, although both tenses are used to report past actions and conditions. The use of these two tenses has to do with the *concept* or *meaning* that the speaker wishes to communicate.

It helps to keep in mind that all actions have three different stages that can be focused on: a beginning, a middle, and an end. The preterite is used to report only the beginning and the ending of an action in the past. The middle stage or continued process of an action — and nothing more — is always described by the imperfect.

The main distinction between the use of the preterite and the imperfect has to do with certain *aspects* of actions in the past:

1. If an action is viewed as having been either begun or completed within any definite time period, occurs only once, or is repeated a specific number of times, the verb will be in the *preterite*.
   La semana pasada, yo **fui** a la casa de mis abuelos. *(single occurrence)*
   El sábado y el domingo pasado **fuimos** al cine juntos. *(specified number of repetitions)*
   Mi abuelo **jugó** al tenis tres veces en su vida. *(specified number of repetitions in a definite time period)*
2. If a past action is habitual, repeated an unspecified number of times, or performed in an indefinite time period, the verb will be in the *imperfect*.
   De joven, **iba** a la casa de mis abuelos todos los fines de semana. (*habitual occurrence)*
   Íbamos al cine juntos. *(unspecified number of repetitions)*
   Mi abuelo **jugaba** a menudo al tenis. (*indefinite time period)*
3. If an action is considered ongoing, or already in progress, the verb will be in the imperfect, whether or not the action takes place in *either* a definite or an indefinite period of time.
   Mi abuelo **jugaba** a las 5:00. *(in progress at definite time)*
4. As a general rule, the preterite moves a story's action forward in past time while the imperfect tends to be more descriptive.

Aquí practicamos

E. Replace the words in italics with those in parentheses and make all necessary changes.

1. ¿Qué hiciste *tú* ayer? (Uds. / ella / ellos / el profesor / él / vosotros)
2. Cuando *yo* era niño/a, esquiaba mucho. (ella / nosotras / Marilú / ellos / Ud. / tú)
3. *Ella* fue a Guatemala el año pasado. (Uds. / ellas / la familia / tú / yo / tus amigos)
4. *Nosotros* íbamos a los parques nacionales todos los fines de semana. (Ud. / yo / tú / ellos / Uds. / él / vosotras)
5. ¿Vieron *Uds.* el enorme monumento? (tú / ellas / Ud. / tus padres / vosotros)
6. ¿A qué hora salieron *ellos* de casa? (tú / ellas / él / Ud. / tus amigos)
7. Ayer hacía buen tiempo y *nosotros* estábamos muy contentos. (Carmen / ellos / yo / él / tú / vosotros)
8. En San José *ellos* fueron al Teatro Nacional tres veces. (yo / nosotras / ella / Uds. / tú / mis amigos)
9. *Ella* dijo que no quería ir al cine el sábado. (ellos / nosotros / mi hermano / Uds. / yo / vosotros)
10. ¿Dónde vivías *tú* en esa época? (Ud. / Uds. / él / ellas / Maricarmen)

F. **¿Tú lo hiciste?** Each time your parent asks you if you've done something you were supposed to do, you answer *Not yet* (**Todavía no**). Then you say what you *were doing* instead. Use both the preterite and the imperfect to give your excuses.

MODELO: ¿Lavaste la ropa? (hablar por teléfono)
Todavía no. No lavé la ropa porque hablaba por teléfono.

1. ¿Hiciste tu tarea? (jugar al tenis)
2. ¿Hablaste con tu padre? (estar en casa de mis amigos)
3. ¿Comiste? (escuchar cintas)
4. ¿Te duchaste? (mirar la televisión)
5. ¿Hiciste los mandados? (tocar la guitarra)
6. ¿Acompañaste a tu hermana al centro? (escribir una carta)
7. ¿Compraste el pan? (dar un paseo)
8. ¿Arreglaste tu cuarto? (echar una siesta)

Mercado, Chichicastenango, Guatemala

Lectura: *Costa Rica*

Costa Rica es una nación de un poco más de dos millones y medio de habitantes. Los "ticos", como *cariñosamente*[1] se llama a los costarricenses, viven en un bello país que tiene una *superficie*[2] de 51.000 km cuadrados, o aproximadamente 31.600 millas. La mayoría de la gente vive en la *meseta*[3] central donde está San José, la capital. Esta ciudad combina el *estilo*[4] tradicional español con las tendencias modernas de la arquitectura.

Muy pocos indígenas vivían en la región cuando los españoles comenzaron a colonizarla en el año 1502. Es un país donde generalmente la vida del *campesino*[5] es bastante buena porque muchos son propietarios de *tierra.*[6] El *cafetalero*[7] típico tiene casi una hectárea (cerca de dos acres y medio) de terreno para cultivar su exquisito café.

El *nivel*[8] de vida es más alto en Costa Rica que en los otros países de Centroamérica. Además, su sistema de educación es moderno y eficaz. Es interesante notar que esta república decidió en 1948 no tener un *ejército.*[9] Gracias a los gobiernos progresivos de Costa Rica, hay numerosos parques nacionales para la gente que *ama*[10] la naturaleza.

Uno de los parques más famosos es el Parque Nacional de Cahuita, que está sobre la costa del Caribe. Allí hay una gran variedad de plantas exóticas, pájaros de muchos colores y animales raros que no existen en otras partes del mundo. Desde el punto de vista de la ecología, Cahuita, entre otros lugares *protegidos*[11] del país, es una *verdadera maravilla.*[12]

En fin, en cuanto a las bellezas de su naturaleza, el nombre del país *le queda bien*[13] a Costa Rica. Además, es una nación pacífica que quiere mantener su tradición democrática y su posición progresista en una región de muchas *presiones*[14] políticas.

[1]fondly [2]area [3]high plains
[4]style [5]farmer [6]land
[7]coffee grower [8]standard
[9]army [10]love [11]protected
[12]true marvel [13]fits well
[14]pressures

Ejercicios de comprensión

G. **¿Qué aprendiste?** Answer the questions in English according to what you learned in the **Lectura.**

1. What is the nickname for people from Costa Rica?
2. Where does most of the population live?
3. Were there a lot of Indians living in the region when the Spanish arrived?
4. How much land does a typical coffee grower have?
5. What is the country's school system like?
6. Does Costa Rica have an army?
7. How has the government encouraged conservation?
8. Describe some of the animal and plant life in the country.
9. What does the name **Costa Rica** mean in English?

H. **Cierto / falso** Decide if the following statements about Costa Rica are true or false. If a statement is false, correct it.

1. La República de Costa Rica está situada en Centroamérica, entre el Golfo de México y el Océano Pacífico.
2. Hay doce millones de habitantes en Costa Rica.
3. Los mexicanos fueron colonizadores de Costa Rica.
4. Costa Rica tiene muchos parques nacionales protegidos por el gobierno.
5. El ejército de Costa Rica es grande porque tiene problemas con sus vecinos.
6. Los costarricenses tienen un nivel de vida bastante alto.
7. La tradición democrática es muy importante en Costa Rica.

¡Adelante!

I. **Nuestro viaje a Costa Rica** Based on what you've learned about the country, tell about a trip to Costa Rica (whether real or imagined). Tell when it took place, how old you were, with whom you went, where you went, what you did, and what the weather was like. Use the preterite and imperfect tenses appropriately.

Segunda etapa

Nicaragua y El Salvador

cotton
bunches

Nicaragua depende principalmente de sus productos agrícolas, especialmente el *algodón*, el café y los plátanos. Los trabajadores preparan los *racimos* de plátanos para la exportación. Muchas de las compañías bananeras están en la costa del país.

ash
flavor / harvest
beans
dry

El café es el principal producto de exportación de El Salvador. La tierra volcánica del país es ideal para el cultivo del café porque la *ceniza* en la tierra le da al café un *sabor* muy especial. Los cafetaleros *cosechan* los *granos* de las plantas del café a mano, casi uno por uno. Luego antes de lavarlos, tostarlos y empacarlos *secan* los granos bajo el sol.

El monumento a la Guerra de 1856, situado en San José, Costa Rica, representa la victoria de los cinco países centroamericanos sobre William

Monumento a la Guerra de 1856

Cafetal, San Isidro, El Salvador

Walker. Conmemora la Guerra de 1856 en la que tropas centroamericanas, con la ayuda de los ingleses, combatieron contra un aventurero norteamericano de Tennessee, agente de intereses económicos y políticos muy *poderosos*. Durante una *guerra* civil en Nicaragua, Walker pudo *hacerse* presidente de Nicaragua por unos meses. Tenía la idea de formar un imperio en Centroamérica basado en la *esclavitud*. Los centroamericanos *fusilaron* a Walker en el año 1860.

powerful / war / make himself
slavery
shot

Ejercicio de familiarización

A. **Hechos** *(Facts)* **sobre unos vecinos** *(neighbors)* **centroamericanos** Use your knowledge of the information that accompanies the photographs on page 360 to answer the following questions.

1. ¿Cuál es una de las exportaciones más importantes de Nicaragua?
2. ¿Dónde están las compañías bananeras en Nicaragua?
3. ¿Por qué tiene el café de El Salvador un sabor excepcional?
4. ¿Cómo cosechan el café?
5. ¿En qué país está el Monumento a la Guerra de 1856?
6. ¿Quién era William Walker?
7. ¿Qué hizo este hombre?
8. ¿Cuál era una de las ideas de Walker sobre Centroamérica?
9. ¿Qué representa el Monumento a la Guerra de 1856?

Repaso

B. **El descubrimiento** *(discovery)* **de América** Put the following sentences into the past, changing the underlined verbs to the imperfect or the preterite according to the context and intended meaning.

1. Cristóbal Colón sale del puerto español de Palos el 3 de agosto de 1492.
2. En esa época, mucha gente cree que el mundo es plano *(flat)*.
3. Colón quiere probar *(to prove)* que es redondo y encontrar una ruta a las Indias.
4. Colón cruza el Atlántico en tres pequeñas carabelas *(sailing ships)*.
5. Muchos de sus hombres tienen miedo y quieren volver a España.
6. Pero Colón insiste en seguir adelante.
7. Por fin, después de diez semanas de viaje, desembarcan *(they step ashore)* en una isla del Caribe el 12 de octubre.
8. Colón ahora está en América, pero todavía piensa que el territorio es las Indias.
9. Hace otros tres viajes a América.
10. En su último viaje (1502–1504), Colón explora la costa de Centroamérica.

11. Vuelve a España donde se enferma, muriendo *(dying)* dos años después sin saber que América es un nuevo continente.

*The **imperfect** and the **preterite**: Descriptions*

Ayer **fui** al centro. Allí **me encontré** con Juan y **fuimos** al Café Topo en la Avenida Central. **Conversamos** por tres horas. **Estábamos** muy contentos de estar juntos. **Hacía** mucho sol y yo **llevaba** un vestido ligero *(light)* y unas sandalias. Juan **llevaba** un sombrero amarillo y una chaqueta marrón muy bonita. **Estábamos** muy a la moda *(fashionable)* los dos.

Note that the preceding paragraph contains verbs in both the preterite and the imperfect. The first four verbs are in the preterite because they indicate actions that occurred at a very specific time in the past (yesterday). The remaining verbs are in the imperfect because they describe a state or a condition in the past.

The imperfect is generally used in four types of descriptions in the past:

1. Physical	La casa **era** grande. Nuestra casa **era** blanca.
2. Feelings	Nosotros **estábamos** contentos. Él **estaba** triste.
3. Attitudes and beliefs	Yo **creía** que ustedes **tenían razón.**
4. State of health	Mi hermano **estaba** enfermo.

Aquí practicamos

C. **Los testigos** *(Witnesses)* You and your classmates were witnesses to a crime. You're now asked by the police to describe what you saw. Change the sentences into the imperfect tense.

MODELO: Dos hombres y una mujer están en el banco.
Dos hombres y una mujer estaban en el banco.

1. Un hombre es muy alto, tiene el pelo negro, tiene barba, lleva una camisa verde, es delgado, habla en voz *(voice)* muy alta, parece contento y lleva una pistola grande.

2. El segundo hombre no es tan alto, es gordo, tiene bigote, lleva una camiseta sucia, no habla, tiene el pelo rojo, lleva una mochila y camina muy rápido.
3. La mujer es alta y es delgada, tiene el pelo rubio, tiene la cara redonda *(round),* lleva pantalones y una camiseta, también lleva sandalias amarillas, tiene una bolsa y es la conductora *(driver)* del coche.
4. El coche es un Fiat, es gris y es bastante nuevo.
5. Nosotros estamos muy nerviosos y tenemos miedo.
6. Los empleados del banco son muy valientes. Están bastante tranquilos.

Unas ruinas, Panamá

NOTA GRAMATICAL

The ***imperfect*** *and the* ***preterite:*** *Interrupted actions*

El Sr. Sosa trabajaba en Panamá cuando **nació** su hijo.	*Mr. Sosa was working* in Panamá when his son *was born.*
Estaba en su oficina cuando su esposa **llamó** por teléfono.	*He was* in his office when his wife *called.*
Hablaba con un amigo cuando **supo** la noticia.	*He was talking* with a friend when *he found out* the news.

Each model sentence contains a verb in the *imperfect* and another in the *preterite*. The imperfect describes what *was going on* when something else *happened.* The preterite is used to tell *what happened* to interrupt an action already going on. Note that in Spanish the imperfect often corresponds to the progressive forms *was doing* or *were doing* in English.

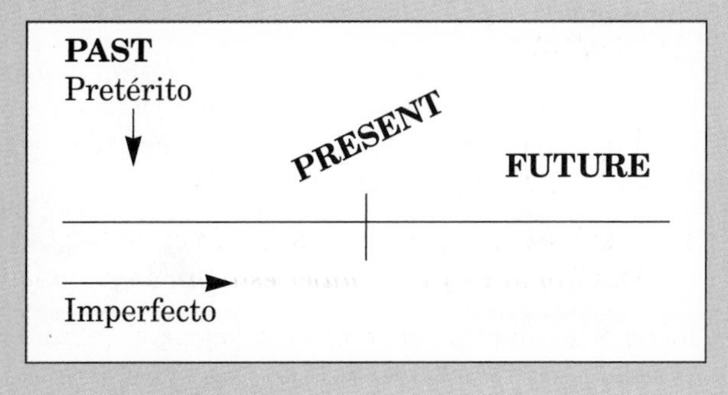

D. **Las interrupciones** The following people didn't get anything done because something always happened to interrupt them. Describe what happened in each case by putting together the elements provided to create a sentence in the past. Remember that the action in progress must be in the imperfect and the interrupting action must be in the preterite.

MODELO: yo / hacer / mi tarea / cuando / oír el teléfono.
Yo hacía mi tarea cuando oí el teléfono.

1. mi mamá / desayunarse / cuando / llegar la carta
2. nosotros / dar una vuelta en el coche / cuando / ella / tener el accidente
3. cuando / Jorge / llegar / yo / quitar la mesa
4. Pablo y Marcos / jugar al vólibol / cuando / comenzar a llover
5. cuando / Luis / ponerse mal / Sergio / preparar la comida
6. nosotros / mirar / la televisión / cuando / llegar mis tíos
7. yo / hacer / los mandados / cuando / yo / ver a mis amigos
8. cuando / tú / saber / la noticia / tus padres / estar en el teatro

E. **Una fiesta** The following is a drawing of a party. Use the imperfect to describe the guests.

MODELO: *El muchacho tenía el pelo castaño, era delgado y llevaba una camiseta.*

F. **¿Qué hacían ellos cuando...?** Use the preterite and the imperfect to describe what the people in the drawings were doing when something else happened.

MODELO: *María Luisa tocaba la guitarra cuando Pedro se cayó.*

tocar / caerse

1. *comer / llegar*

2. *jugar / empezar a llover*

3. *empezar a bailar / charlar*

4. *hablar / decir*

5. *jugar / llegar*

6. *dar un paseo / encontrarse con*

Lectura: *El Zorro es más sabio*

The following "modern fable" is from a collection written by Augusto Monterroso. Originally from Guatemala, the author has lived in Mexico for most of his life. He writes humorous essays and short stories, but is probably best known for his amusing parodies of human hope and failure in the form of the fable. This fable from *La oveja negra y demás fábulas* is based on the idea that animals are so much like human beings that it is sometimes impossible to tell one from the other!

Like all fables, the one you are about to read has a moral. Read through it once for content, and try to decide what that main lesson is. Notice the informal story-telling style that Monterroso uses. Then go back over the text to pick out the uses of the preterite and imperfect, paying special attention to the way they work in this brief narrative.

to become / something to which / he hated

Un día que el Zorro estaba muy aburrido y hasta cierto punto melancólico y sin dinero, decidió *convertirse en* escritor, *cosa a la cual* se dedicó inmediatamente, pues *odiaba* ese tipo de personas que dicen: "voy a hacer esto o lo otro", y nunca lo hacen.

success
was translated

Su primer libro resultó muy bueno, un *éxito*; todo el mundo lo aplaudió, y pronto *fue traducido* (a veces no muy bien) a los más diversos idiomas.

the most acclaimed

El segundo fue todavía mejor que el primero, y varios profesores norteamericanos *de lo más engranado* del mundo académico de aquellos remotos días lo comentaron con entusiasmo y aún escribieron libros sobre los libros que hablaban de los libros del Zorro.

had reason to feel satisfied with himself

Desde ese momento el Zorro *se dio con razón por satisfecho,* y pasaron los años y no publicaba otra cosa.

Pero *los demás* empezaron a murmurar y a repetir, "¿Qué pasa con el Zorro?", y cuando lo encontraban en los cócteles puntualmente *se le acercaban* a decirle tiene usted que publicar más.

the others
they approached him

—Pero si ya he publicado dos libros — respondía él con *cansancio*.

fatigue

—Y muy buenos — le contestaban — *por eso mismo* tiene usted que publicar otro.

for that very reason

El Zorro no lo decía, pero pensaba, "En realidad lo que éstos quieren es que yo publique un libro malo; pero como soy el Zorro, no lo voy a hacer."

Y no lo hizo.

Ejercicios de comprensión

G. **Análisis de palabras** Answer the following questions about language in the reading.

1. What is the effect of the frequent use of the conjunction **y** in the fable?
2. What is humorous about the remark **y aún escribieron libros sobre los libros que hablaban de los libros del Zorro**? At whom is the author poking fun?
3. Note the instances in which the preterite and the imperfect tenses are used. Discuss why one tense, and not the other, is used in four of these cases.

H. **Análisis de texto** Answer the following questions about the reading.

1. What do you think the moral behind this fable is? Are there several possibilities?
2. What kind of person do you think el Zorro is intended to represent? Make a list of adjectives you would use to describe el Zorro in Spanish, based on what is suggested about him.
3. Now that you know something about his nature, what kind of books would you guess el Zorro would write? What would they be about?

¡Adelante!

I. **Mis diapositivas** *(slides)* You've just returned from a trip to Central America and have lots of slides to show your friends. Imagine the scene on each slide, and tell your classmates what they're seeing and what you did in each place. Use the photographs, city names, and sites in this chapter as references for your descriptions.

MODELO: *Aquí me ven a mí con Mario en León, Nicaragua, delante del cráter de Cerro Negro. Es un volcán muy grande y caminamos hasta...*

Vocabulario

Para charlar

Para hablar más de la geografía

el bosque
el cañón
la meseta
la superficie
el territorio
la tierra

Vocabulario general

Verbos

acercarse
cosechar
cultivar
empacar
fusilar

Otros sustantivos

el algodón
el café
la ceniza
los granos
los plátanos
el sabor
el vecino

Otras expresiones

convertirse en
darse por satisfecho
por eso mismo

CAPÍTULO QUINCE

Un viaje a Sudamérica

Un arroyo de la Pampa cerca de Buenos Aires. La Pampa es la región del famoso gaucho — vaquero argentino. En esta región se cría un ganado que produce una carne de alta calidad bien conocida en el mundo.

Primera etapa

Argentina, Chile, Uruguay y Paraguay

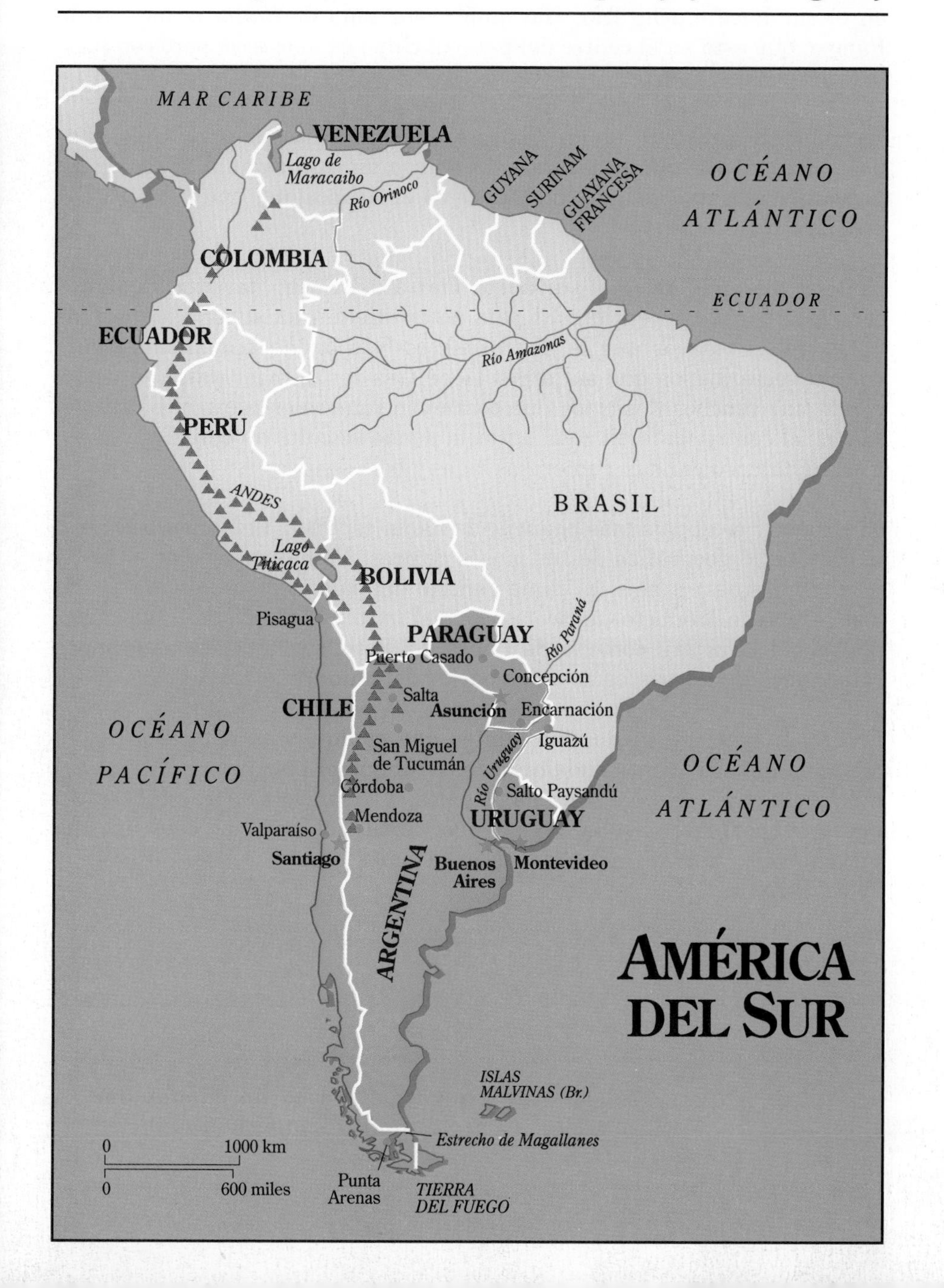

are located

La Argentina, Chile, el Uruguay y el Paraguay *están situados* en la región al extremo sur del continente.

borders
while
plains
dry

La mayor parte de la Argentina está en la zona templada, pero el país es tan grande que hay una variedad de climas dentro de sus *fronteras*. El norte y noreste son regiones tropicales, *mientras que* en las montañas y en el sur hace mucho frío. Hay una vasta zona de *llanuras* fértiles, la Pampa, que está en el centro del país. El clima es más *seco*, pero con fuertes variaciones.

mountain range

La inmensa *cordillera* de los Andes separa a la Argentina de Chile. Los dos países tienen una larga frontera en común. Allí están algunos de los picos más elevados del continente, como el Aconcagua, que tiene 22.835 pies de altura.

surface
width
length
copper
saltpeter
countrysides

Chile se extiende hacia el sur hasta Tierra del Fuego, territorio que hoy comparte con la Argentina. El país entero tiene una *superficie* de unas 2.900 millas (mayor que la de Texas), con un *ancho* aproximadamente treinta veces menos que su *largo*. Tiene tres zonas principales: el norte, donde hay muchos desiertos que contienen minerales como el *cobre* y el *salitre*; el centro, la fértil zona agrícola donde se cultivan cereales y uvas; y el sur, famoso por sus numerosos lagos y bellos *paisajes*.

neighboring
livestock
wheat

El Uruguay es el país más pequeño de habla española de Sudamérica, sin la diversidad geográfica de sus países *vecinos*. No hay montañas altas, ni muchos ríos navegables. El clima general del país es favorable al *ganado* y al cultivo de productos agrícolas como el *trigo* y el arroz. Las magníficas playas del Uruguay, como la de Punta del Este, son una de sus grandes atracciones para turistas de todas partes del mundo.

cotton
lumber

El Paraguay, tiene menos habitantes que cualquier otro país de habla española del continente sudamericano. Aunque el país no tiene acceso al mar, tiene tres grandes ríos navegables, y Asunción, la capital, es un puerto importante. En la región más fértil del país, al este del Río Paraguay, los cultivos comerciales principales son el *algodón*, el trigo y las *maderas*.

Ejercicios de familiarización

A. **¿Dónde queda...?** Situate each of the following cities on the map on p. 371 and give a short explanation of its location.

MODELO: Valparaíso
Valparaíso *queda en la parte central de Chile, sobre la costa.*

1. Córdoba
2. Asunción
3. Concepción
4. Montevideo
5. Pisagua
6. Mendoza
7. Encarnación
8. San Miguel de Tucumán

B. **La tierra y sus productos** Answer the following questions about the land and export products of the area of South America described on p. 372 by providing the name(s) of the country or countries that best fit, according to the information you have learned.

1. Which country is smallest in terms of territory?
2. What are pampas and where are they located?
3. For which countries does the Andes mountain range serve as a border?
4. Where are copper and grapes produced for export?
5. Which country is known for its magnificent beaches?
6. In which country are there no high mountains?
7. Which country has the smallest population?
8. Which country does not have direct access to the sea?
9. Which country produces cotton and lumber as industries?

Punta del Este, Uruguay

Repaso

C. **La historia de un crimen** Read the following account of a bank holdup from Chapter 14. As you read, change the present tense to the imperfect or the preterite according to the context.

Hay dos hombres y una mujer en un banco. *Llegan* a las 14:00. Yo *estoy* a la ventanilla. Uno de los hombres *es* muy alto, *tiene* el pelo negro, *tiene* barba y *es* muy delgado. *Habla* en una voz *(voice)* muy alta y *parece* impaciente. *Lleva* una pistola.

El otro hombre no *es* alto. *Es* gordo y tiene bigote. *Lleva* una camiseta con "Malibu" escrito en la espalda. Les *pide* a los clientes las carteras. *Toma* también nuestros relojes.

La mujer *es* alta. *Tiene* el pelo rubio. *Lleva* unos pantalones y una camiseta. *Tiene* una bolsa de mano. *Pone* nuestras cosas en una bolsa blanca. En seguida *sale* del banco. *Es* la conductora del coche.

El coche *es* un Fiat. *Es* gris y *es* bastante nuevo.

Hay muchos clientes en el banco. Nosotros *estamos* muy nerviosos. *Tenemos* miedo.

Los empleados del banco *son* muy valientes. *Están* tranquilos. Un empleado *toca* la alarma y los hombres *corren* del banco rápidamente. Afortunadamente, la policía *llega* unos pocos minutos después, pero los ladrones *(robbers)* ya no *están* allí.

The **imperfect** *and the* **preterite:** *Changes of meaning and translation*

As you have already learned, the decision to use one of the two past tenses with certain verbs in Spanish sometimes has a distinct effect on the overall message conveyed.

Carlos **estuvo** enfermo ayer.	Carlos *was* sick yesterday. *(He got sick and has recovered by now.)*
Carlos **estaba** enfermo ayer.	Carlos *was* sick yesterday. *(That was his condition at the time with no indication of the outcome.)*

Some verbs have different meanings in the preterite and the imperfect.

querer	
Mi papá **quería** ayudarnos.	My dad *wanted* to help us. *(mental state; intention)*
Mi papá **quiso** ayudarnos.	My dad *tried* to help us. *(He actually did something about it, even if he didn't succeed.)*

no querer	
Alicia **no quería** ver la película.	Alicia *didn't want* to see the movie. *(mental state; lack of desire)*
Alicia **no quiso** ver la película.	Alicia *refused* to see the movie. *(She absolutely refused.)*

poder	
Él **podía** arreglar el coche.	He was *capable* of fixing the car.
Él **pudo** arreglar el coche.	He *succeeded* in fixing the car.

tener (que)	
El diplomático **tenía** que aceptar la invitación a la ceremonia.	The diplomat *had* to accept the invitation to the ceremony. *(He was under obligation to do so.)*
El diplomático **tuvo** que aceptar la invitación a la ceremonia.	The diplomat *was compelled* to accept the invitation to the ceremony. *(He accepted it.)*

saber	
¿**Sabías** que el avión llegaba tarde?	*Were you aware* that the plane was arriving late? *(Did you already know this?)*
Supe esta mañana que llegaba tarde.	*I found out* this morning that it was arriving late. *(first knowledge of this fact)*

conocer	
¿**Conocías** a Carolina cuando eras niño?	*Did you know* Carolina when you were a kid? *(Were you acquainted with her back then?)*
No, la **conocí** el año pasado.	No, *I met* her last year. (I *became acquainted with her for the first time.)*

Aquí practicamos

D. **¿Qué pasó? ¿Qué pasaba?** Choose one of the verb forms in italics, in either the imperfect or the preterite tense, according to the meaning provided by the context in parentheses.

MODELO: Ramón y yo *nos conocimos* / *nos conocíamos* / en Montevideo. (for the first time)
Ramón y yo nos conocimos en Montevideo.

1. ¿Cómo *supiste*/*sabías* lo que pasó en el aeropuerto? (you found out right away)
2. Sus hermanas *decían*/*dijeron* que no les gustaban las películas de horror. (they would always say this)
3. El padre de Carlos *no quería*/*quiso* prestarle su coche. (that's why Carlos had to take a taxi)
4. ¿Cuándo *conociste*/*conocías* a Emilio Estévez? (for the first time)
5. *Tenía que ir* /*Tuve que ir* a la reunión porque soy presidente del grupo. (and that's why I finally went after all)
6. Ustedes no *supieron*/*sabían* cuánto dinero llevaron del banco los criminales. (you weren't able to get this information)
7. El profesor de matemáticas *pudo*/*podía* resolver el problema. (but he didn't do it because it was my homework assignment)
8. El perro *quería*/*quiso* salir de la casa mientras tú dormías. (he tried three times)
9. Roberto y yo *nos conocimos* / *conocíamos* en la escuela secundaria. (we were already friends back then)
10. La abuela *quiso*/*quería* besar al niño, pero él se fue corriendo. (so she didn't get to kiss him)

E. **Entre amigos** Using the cues in parentheses, answer your friend's questions with the appropriate use of the imperfect or the preterite. Use the verb(s) in each question in your response.

MODELO: ¿Tú me llamaste por teléfono? (sí / hace media hora)
Sí, te llamé hace media hora.

1. ¿Me viste esta mañana? (sí / en el centro)
2. ¿Dónde estaba yo cuando me viste? (en una librería)
3. ¿Me buscabas? (no)
4. ¿Querías hablar conmigo? (sí / para invitarte al Café Topo)
5. ¿Por qué no entraste en la librería? (estar en el autobús)
6. ¿Me llamaste anoche? (sí / a las 8:00)
7. ¿Sabías que hoy es el cumpleaños de Eduardo Bolaños? (sí / ayer)
8. ¿Le compraste un regalo? (sí / esta mañana)
9. ¿Ya se lo diste? (no)
10. ¿Cuándo pensabas dárselo? (esta noche / en el Café Topo)
11. ¿Dijo Eduardo que podía salir esta noche? (sí / después de las 7:30)

12. ¿Pudiste reservar una mesa en el Café Topo? (sí / para las 8:00)
13. ¿A quién más invitaste? (Silvia y Marisol)
14. ¿Ah sí? ¿Dónde conociste a Marisol? (en la fiesta de Eduardo / el año pasado)
15. ¿A quién le pediste el coche? (a mi papá)
16. ¿Tuviste suerte? (sí / mucha)

F. **Las noticias del día** Working with two classmates, take turns adding some information to the part of the sentence that is provided. Invent the necessary details. Follow the model.

MODELO: Ayer, a las 10:00 de la mañana, un criminal...
Ayer, a las 10:00 de la mañana, un criminal entró en el banco. Afortunadamente, la policía llegó inmediatamente...

1. El presidente dice que cuando era niño, siempre...
2. La semana pasada, el famoso actor Fernando Rey...
3. Hoy supimos por primera vez que...
4. El representante de Nueva York dijo que él no era responsable, que él no...
5. El embajador *(ambassador)* conoció a la reina *(queen)* de Gran Bretaña cuando...
6. El miércoles pasado la tenista argentina Gabriela Sabatini...
7. Ayer hizo tanto calor que todos nosotros...
8. Durante su visita a Chile, el senador *(senator)*...
9. Cuando oyeron las noticias, los pobres muchachos...
10. Nadie sabe por qué, pero el sábado pasado, dos hombres...

La Casa Rosada, sede del gobierno de Argentina

Una viña chilena

Lectura: *Argentina, Chile, Uruguay y Paraguay*

Argentina

Argentina se declaró independiente de España en 1816. Pudo *desarrollar* (develop) su economía rápidamente con la *ayuda* (help) de Gran Bretaña, que compartió su tecnología con los argentinos. Aumentaron la exportación de carne y productos agrícolas como cereales. Los millones de inmigrantes europeos que llegaron a Argentina a fines del *siglo* (century) XIX y durante la primera *mitad* (half) del siglo XX transformaron el país en una *potencia* (power) comercial. En las últimas décadas, *sin embargo* (nevertheless), los desastres económicos internacionales afectaron mucho la situación socioeconómica y política de Argentina. *Hoy en día* (Nowadays) el país todavía pasa por una época muy difícil pero con la *esperanza* (hope) de progresar en el futuro.

Uruguay

Uruguay formó parte de la Argentina hasta 1828, cuando *puso fin* (ended) a las disputas territoriales con ella y el Brasil. Se formó la República de Uruguay dos años después. Durante muchas décadas fue una nación próspera con una serie de gobiernos progresistas, un sistema de educación excelente y muchos servicios para todos los uruguayos. En los años sesenta se intensificó una crisis económica en toda la región y la sociedad pasó por una época de desorden y violencia. Los uruguayos votaron en los últimos años por un presidente con ideas de *cambio* (change) positivo.

Chile

Después de su independencia en 1818, Chile tuvo un largo período tranquilo de representación democrática durante el siglo XIX y buena parte del siglo XX. El *crecimiento* demográfico del país se basó en grandes números de inmigrantes europeos que contribuyeron mucho a su sólido desarrollo económico y a su admirable sistema de educación. En la década de los setenta, sin embargo, *llegó al poder* una *dictadura* militar, la única de su historia, que duró hasta fines de la década de los ochenta, cuando los chilenos volvieron a su tradición democrática de elecciones libres.

growth

came to power / dictatorship

Paraguay

Paraguay es el único país de América Latina que tiene dos lenguas oficiales. Se habla español para el comercio y en las escuelas, pero en muchas situaciones sociales se habla guaraní. Ésta es la lengua de los indígenas que vivían en la región antes de la llegada de los españoles. La historia de Paraguay es de varias guerras que llevaron a dictaduras militares. Muchos paraguayos viven en el exilio, en Argentina, por ejemplo. Otros vuelven ahora a su país con la esperanza de participar en un sistema de gobierno más representativo.

Ejercicio de comprensión

G. **¿Qué país es?** Your friends are helping you prepare for a television quiz show with the countries of Argentina, Chile, Uruguay, and Paraguay as a category. When your friends describe certain historical characteristics of a particular country, you name the country as quickly as you can. Ask for help if you need it during this review!

MODELO: For a few years after independence from Spain, it was part of Argentina.
Uruguay

1. Its turbulent history is mostly marked by wars and military dictatorships.
2. Great Britain had a lot to do with its international trade and contributed to its rapid economic development.
3. Both countries are known for establishing very successful school systems early on.
4. It is the only Latin American country that has two official national languages.
5. A large percentage of the population of these two countries is of European immigrant origin.
6. A large number of its citizens live in exile in Argentina.

¡Adelante!

H. **Nuestro itinerario sudamericano** You and your group have just returned from a trip to Argentina, Chile, Uruguay, and Paraguay. As you and your fellow travelers look at the map on p. 371 you remember where you went, what you saw, how long you stayed in each place, and what you learned about the region. Begin your conversation with "**Primero, fuimos a... donde vimos...**" Each group member will make suggestions, and the others may agree (**de acuerdo; sí, como no; es verdad; tienes razón,** etc.) or disagree (**creo que no; no es verdad; no vimos...; no, antes fuimos a...; después vimos...** etc.), each adding some comment of his or her own about the trip.

Segunda etapa

El imperio inca: Bolivia, Ecuador y Perú

Lago Titicaca, Bolivia

Cuzco, la capital del antiguo imperio inca, se fundó *alrededor*[1] *del* año 1100. En la lengua quechua significa "*ombligo*[2] del mundo." Desde aquí, los incas controlaron un vasto imperio. Eran famosos por su admirable sistema de producción agrícola y una fuerte organización social y política, pero una larga guerra civil en el siglo XVI ayudó a los españoles a intervenir e *imponer*[3] su control.

Según[4] la leyenda, Manco Capac y Mama Ocllo, hijos del Sol, salieron de este lago y fundaron la ciudad de Cuzco. Hoy millones de los habitantes de los territorios del antiguo imperio inca todavía hablan quechua o aymará, las lenguas de sus *antepasados*.[5] Hoy en día construyen barcos de *caña*[6] exactamente como los indígenas los hacían hace siglos en este mismo Lago Titicaca.

[1]around [2]navel [3]to impose [4]According to [5]ancestors [6]reeds

A pocos kilómetros de Cuzco, a unos 2.430 m de altura, está la gran ciudad fortificada de los incas. Construyeron aquí magníficos palacios y templos con inmensos bloques de *piedra*[7] que *cortaban*[8] con increíble precisión. Estas piedras están tan bien unidas una sobre otra, sin el uso de ningún material, que es imposible *meter*[9] un cuchillo entre ellas. Abandonada por muchos siglos, fue desconocida hasta 1911, cuando unos indios peruanos *ayudaron*[10] al arqueólogo norteamericano Hiram Bingham a encontrarla.

Machu Picchu, Perú

La Paz, la ciudad principal de Bolivia, *funciona*[11] como la más importante de sus dos capitales. (Sucre es la otra.) Está a 11.098 pies sobre el *nivel del mar*[12] y es la capital más alta del mundo. El país depende mucho de la minería, más que nada del *estaño*.[13] La mayor parte de la población se dedica a la producción agrícola, pero con métodos de cultivo que se usaban en la época colonial.

[7]stone [8]they cut [9]to insert [10]helped [11]serves [12]sea level [13]tin

La Paz, Bolivia

picturesque
tiled roofs
narrow / luxuriously

Todavía se conserva el aspecto de la época colonial en Quito, la capital del Ecuador. Es una de las ciudades más hermosas y *pintorescas* de Sudamérica. Los edificios tienen *techos de tejas* y balcones. Las calles *angostas* están construidas de piedra. Sus iglesias, *lujosamente* ornamentadas, se consideran entre las más bellas del continente. Su rival es Guayaquil, el puerto principal del país y su centro urbano más grande.

Ejercicio de familiarización

A. **Los países de origen incaico** Answer the questions in English according to the photographs and the information provided in the captions.

1. What city was once the capital of the Incan empire? In what country is it today?
2. According to legend how was Cuzco founded?
3. What were some of the admirable accomplishments of the early Incas?
4. What made it relatively easy for the Spanish to successfully take over Incan territory in the 16th century?
5. Who was Hiram Bingham and what did he do?
6. What is so unusual about the stone buildings in Machu Picchu?
7. Which capital city is at the highest altitude in the world?
8. What are the two principal industries of Bolivia?
9. What are some of the attractions of Quito, Ecuador?
10. Where is Guayaquil and why is it important?

Repaso

B. **Los turistas** Pair up with a classmate and comment on an imaginary trip you took last year to the former Incan empire. Discuss which parts you visited (Bolivia, Peru, or Ecuador), using some of what you learned from the photographs and captions to describe what you saw. Use the preterite and the imperfect as accurately as you can when you give the class your brief report.

MODELO: *El año pasado visitamos el Perú. Fuimos a Machu Picchu, donde vi los edificios de los incas. Los incas los construían de piedras enormes. No usaban ningún material para unir las piedras. Mucha gente no sabía que la ciudad existía. Un arqueólogo la descubrió este siglo. Se llamaba Hiram Bingham.*, etc.

Una mujer y su bebé, Colombe, Ecuador

*The **preterite** and the **imperfect**: Summary*

The following table outlines the various uses of the preterite and the imperfect. As you study it, keep in mind the following basic principles:

1. Both the preterite and the imperfect are past tenses.
2. Most Spanish verbs can be put into either tense, depending upon the aspect of the activity that is reported and the meaning that is to be conveyed.
3. As a general rule, the preterite narrates and moves a story's action forward in past time:
   Me levanté, tomé un café y **salí** de la casa.
4. As a general rule, the imperfect tends to be more descriptive:
   Hacía buen tiempo, los niños **jugaban** en el parque mientras yo **descansaba** tranquilamente sobre un banco.

Preterite	**Imperfect**
Actions that are begun or completed as single events: Ella **corrió** hacia el parque. Ellos **llegaron** a las 7:00.	*Actions repeated habitually:* Ella **desayunaba** conmigo todos los días. Siempre **salíamos** a bailar.
Actions that are repeated a specified number of times or that have a time limit: Ayer **jugamos** al tenis tres veces. **Vivió** allí por diez años.	*Actions that occur simultaneously over an indefinite period of time:* Todas las noches papá **leía** el periódico mientras mamá **preparaba** la cena.
Actions that describe a chain of events: **Compré** una limonada, **me senté** en un banco en el parque y **descansé** un poco.	*Ongoing activities, scenes, and conditions not regarding length of time involved or outcome:* **Corría** por el parque central de la ciudad. La noche de la fiesta, **llevaba** un traje elegante. **Hacía** buen tiempo. *Telling time and age:* **Eran** las 5:00 de la tarde. El actor **tenía** diez años.
Sudden changes in mental states or conditions seen as completed (moods, feelings, opinions, illnesses or other physical complaints): En ese momento, **tuve** miedo de subir al avión. Hasta ese día, **creí** que podía hacerlo. **Estuve** preparado para subir hasta que **me puse** tan nervioso que **fue** imposible seguir.	*General mental states:* En esos días, **tenía** miedo de subir al avión. **Creía** que podía hacerlo. **Estaba** tan preparado para subir que **me sentía** valiente. *Descriptions of characteristics of people, things or physical conditions:* **Era** un muchacho fuerte y sano. El jardín **estaba** lleno de flores. Las sillas **estaban** pintadas de amarillo.

Aquí practicamos

C. **Un mal día** Based on the drawings and the cues, tell the story of Catalina's day. Use the imperfect or the preterite according to the context.

MODELO: despertarse
Catalina se despertó a las 7:00.

1. *despertarse a las 7:00*
   quedarse en cama quince minutos

2. *levantarse*
   estar cansada
   vestirse
   no estar bien vestida

3. *salir de la casa*
   llover
   darse prisa para llegar a la escuela

4. *esperar*
   subir
   no poder sentarse

5. *entrar en*
   llegar tarde
   no saber las respuestas
   recibir una mala nota
   estar descontenta

6. *regresar a su casa*
   acostarse

D. **Ayer...** Now tell a partner the story of *your* day yesterday. Use appropriate verbs from the following list or any other verbs you've learned. Use the imperfect or the preterite according to the context. Then your partner will tell you about his or her day.

despertarse	estar contento(a)	estar cansado(a)
levantarse	estar de mal humor	tener mucho trabajo
tener hambre	salir	comer
preparar	reunirse	practicar deportes
llegar	tener sed	acostarse
ir	llegar a tiempo / tarde	hablar con
hacer buen tiempo, etc.		
vestirse		

E. **Otro descubridor** *(discoverer)* Read the following historical account, changing the present tense in italics into either the preterite or the imperfect according to the context.

En 1513, Vasco Núñez de Balboa *es* el primer europeo que *ve* el Océano Pacífico desde el este. Muchas personas creen que el escudo *(coat of arms)* de su familia representa el descubrimiento del Océano Pacífico, pero en realidad es mucho más antiguo. La historia dice que un señor de la familia de Balboa, que *está* perdido *(lost)* en las montañas de Francia, *ve* allí un león que *lucha* contra una serpiente muy grande. Después de que el hombre *ayuda* al león, éste *es* su amigo hasta la muerte. El hombre le *da* el león al rey de Francia, pero el noble animal *está* triste y no *puede* olvidar a su amigo. Un día, *sale* del palacio para buscarlo. *Va* al mar, al mismo punto donde había llegado con el hombre a la costa de Francia, y *entra* en el agua, donde *muere.* Después de esto, la familia Balboa *manda* hacer un escudo con el cuadro de un león entrando en el mar.

Lectura: *La leyenda de El Dorado*

La leyenda de El Dorado: The legend of the Golden Man

Los primeros exploradores europeos de América tenían una visión del Nuevo Mundo basada en gran parte en la imaginación y en el *miedo* de *lo desconocido.* Colón, Ponce de León, De Soto, Balboa, Cortés y Pizarro, entre otros, tenían en la cabeza imágenes de las historias tradicionales que leían y oían en Europa. Estudiaban manuscritos y mapas de épocas remotas, del siglo primero, por ejemplo, que no tenían nada que ver con América.

fear / the unknown

Las lecturas antiguas preferidas por los exploradores europeos describían un mundo fantástico donde vivían *extraños seres* monstruosos a la vez. Por ejemplo, *había* hombres que tenían una sola pierna con la que *saltaban* grandes distancias, *gigantes* que veían por un solo ojo en la frente, *feroces* mujeres guerreras que usaban *el arco y la flecha* con gran habilidad,

strange beings
there were / leaped
giants / ferocious
bow and arrow

hombres con *patas de caballo*, o con *hocico* de perro, etc. En este *paraíso terrenal* la naturaleza era rica en oro, plata y piedras preciosas. Había ríos y *fuentes* con agua que mantenía la *juventud* de la persona que la bebía. Muchos exploradores creían que se ofrecía esto y mucho más en el oeste.

horses' hooves / snout / earthly paradise
fountains / youth

Estas visiones, *junto* con las creencias y tradiciones transmitadas por los indígenas, contribuyeron a las interpretaciones que muchos europeos le dieron a la realidad americana. El caso de El Dorado es un buen ejemplo de cómo algunos exploradores se obsesionaron con las leyendas de los indígenas. Sólo la mención del nombre "El Dorado" *animaba* a los españoles a salir *en busca de* él. Cuando querían saber por dónde ir, los indios decían "*¡Más allá!* ¡Más allá!". Y allá iban los aventureros sin *darse cuenta de que* los indios sabían que así podían *engañar* a los europeos.

together
inspired
in search of
Further along! / realizing that
to deceive

La leyenda de El Dorado comunicaba la visión de una fabulosa ciudad de oro a orillas de un lago, una ciudad tan *resplandeciente* que parecía estar *incendiada*. Se decía que los habitantes de la región observaban de vez en cuando una ceremonia en que *pintaban* a uno de sus jefes con un bálsamo y luego *lo cubrían* con *oro en polvo*. Después, El Dorado se bañaba en el lago en un acto ritual de *homenaje* a los dioses.

dazzling
on fire
painted
covered him / gold dust
homage

Aunque se cree que la leyenda está basada en la realidad, es decir, que sí se practicaban estos *ritos* en alguna región de Sudamérica, los españoles nunca encontraron a El Dorado. De todas maneras, leyendas como ésta tuvieron mucho impacto en la mentalidad impresionable de la época del descubrimiento.

rites

El Lago de Guatavita en Colombia inspiró la leyenda de El Dorado. Los españoles trataron de secar (dry up) *el lago para ver si contenía oro, pero no encontraron ni un grano. En el siglo veinte el gobierno colombiano decidió convertir el lago en una enorme represa* (reservoir) *para la ciudad de Bogotá. La gente de Guatavita se mudó a una réplica exacta del pueblo original que el gobierno construyó cerca de allí. La inundación del antiguo pueblo tuvo lugar a fines de los sesenta y la gente todavía habla del extraordinario proyecto.*

Ejercicio de comprensión

F. **Cierto / falso** Decide if the following statements are true or false according to what you have learned in the **Lectura.** If a statement is false, correct it.

1. Por lo general, los primeros exploradores de América eran hombres que tenían una idea poco realista del Nuevo Mundo.
2. Muchos de los libros que leían los europeos contenían descripciones de un paraíso aquí en la tierra *(earth).*
3. En realidad había un pueblo de hombres que tenían una sola pierna con que saltaban leguas *(jumped leagues).*
4. Los indígenas a veces usaban sus leyendas para engañar a los españoles.
5. Cuando oían la leyenda de El Dorado, los españoles siempre se cubrían *(covered themselves)* de oro.
6. El Dorado era una gran ciudad construida totalmente de oro.
7. Se cree que la leyenda de El Dorado tiene su base en una ceremonia que realmente se practicaba en una época.
8. Los españoles, bajo el mando *(under the command)* de Pizarro, por fin encontraron a El Dorado y se hicieron muy ricos.

¡Adelante!

G. **Una leyenda** Work with a classmate and look back at the information provided in the **Lectura.** Take a few notes or make a list of the vocabulary you will need to retell the legend of "El Dorado" to the classmate. Then, using your outline, he or she will help you as you go along. Remember to use the preterite and the imperfect correctly.

Para charlar

Para hablar de acciones recientes en el pretérito y el imperfecto

(no) conocer	querer	tener (que)
poder	saber	

Vocabulario general

Otras palabras y expresiones

tener miedo

Aquí leemos

El cóndor

The following description of the huge condors of Peru is adapted from *Comentarios reales*, the literary masterpiece of El Inca Garcilaso de la Vega (1539–1616). The son of a Spanish captain and an Incan princess, El Inca Garcilaso was born in Cuzco, Peru, a few years after the Spanish conquest of the Inca empire. He is known for writing with first-hand knowledge about life in Peru, the history of his people, and the native Inca and Quechua traditions. He also had a clear understanding of his Spanish heritage. He was proud to be a **mestizo**, a representative of two great cultures. Read through the text once for general meaning. Don't expect to understand each and every word. Then read it again, paying attention to the words you aren't certain about, before answering the questions provided on page 391.

Plaza de Armas, Cuzco, Perú

Hay otras *aves de rapiña* que son muy grandes. Los indios del Perú las llamaban **cuntur** en quechua y los españoles **cóndor** en castellano. Los españoles *mataron* muchas de estas aves, por eso hay pocas ahora. Después las *midieron* para poder hablar con precisión del *tamaño* de ellas. Descubrieron que medían dieciséis pies de una punta de *las alas* a otra, que en *varas de medir* son cinco varas y *tercia.*

birds of prey
killed
measured / size
the wings
measuring rods / one-third

Los cóndores no tienen *garras* como las *águilas*; no se las dio la naturaleza porque ya tenían demasiada ferocidad. Tienen pies como las *gallinas*, pero *les basta el pico*, que es tan fuerte que *rompe el pellejo* de una *vaca*. Dos cóndores pueden atacar una vaca y un *toro* y después se los comen. A veces uno solo ataca a muchachos de diez, doce años y se los come.

claws / eagles
chickens
the beak is enough / breaks the hide / cow / bull

Estas aves son de inmensa grandeza, y de mucha *fuerza*. Son blancos y negros. En la frente tienen una cresta parecida a una *navaja,* no con puntas como la del *gallo*. Cuando *bajan*, los cóndores caen de lo alto y hacen un gran *zumbido* que *asombra* a la gente.

strength
knifeblade
rooster / descend
zooming sound / amazes

Ejercicios de comprensión

A. **Análisis de las palabras** Answer the questions about specific word use in the text.

1. Which two words does the author use to indicate knowledge of two languages? What languages do they represent?
2. Find the four verbs that are used in the preterite tense and give their meanings.
3. Read out loud at least four cognates that you recognize with no difficulty.
4. Mention four adjectives that are used to describe some characteristics of the condor.

B. Now that you understand most of the words in the passage, answer the following questions about it.

1. According to measurements taken, how big does a condor get?
2. What explanation does the author give for the fact that there were already only a few condors left back in the sixteenth century?
3. How do condors differ from eagles?
4. Why were condors considered dangerous by the author?
5. What is distinctive about the condor's head?
6. What does the author say about a condor coming in for a landing?

Repaso

C. **Una anécdota histórica** Read the following historical anecdote about a Spanish soldier who did not want to be rescued from the Mayans. After you have a sense of the narration, change the verbs in italics into either the preterite or the imperfect according to the context.

En el siglo XVI, un barco español *sale* de Darién, hoy parte de Venezuela, con destino a la isla Española, o Santo Domingo. Pero, por una tempestad, nunca *llega. Tiene* que entrar en la bahía de Campeche, hoy el Yucatán. Los indios mayas que *viven* en aquella región siempre *toman* prisioneros a los españoles. Generalmente los *maltratan (mistreat)* tanto que casi siempre *mueren (they die)*. Pero en una ocasión, dos españoles *pueden* salvarse. *Se llaman* Gonzalo Guerrero y Jerónimo de Aguilar. Ocho años después, Cortés y sus hombres *vuelven* a esa región para buscarlos, pero Gonzalo Guerrero no *quiere* volver a España. Su esposa *es* una bella mujer maya, y Guerrero *tiene* tres hijos con ella. El hombre ya no *habla* español, sino maya, y *tiene* la cara pintada *(painted)* y las orejas y el labio inferior perforados. Su compañero De Aguilar *regresa* a España con Cortés. Pero Guerrero *está* tan contento con su vida que *decide* quedarse en Yucatán. *Vive* allí hasta su muerte *(death)* años después.

D. **La Revolución Mexicana** Put the sentences into the past, using either the imperfect or the preterite, according to the context.

1. La Revolución comienza el 20 de noviembre de 1910.
2. El dictador Porfirio Díaz no escucha a los mexicanos.
3. La gente quiere a Francisco Madero como su nuevo presidente.
4. Pancho Villa, Emiliano Zapata y Pascual Orozco atacan a las tropas (*troops*) de Díaz.
5. Después de seis meses de lucha los revolucionarios declaran su victoria.
6. Madero toma el poder (*power*) como presidente después de las elecciones de 1911.
7. Los problemas nacionales son muy graves.
8. Madero cree en la importancia de la ley *(law)*.
9. Es muy difícil mantener la paz *(peace)* y la seguridad *(safety)* en el país.
10. Los enemigos de Madero lo matan *(kill)*.
11. La época violenta de la Revolución continúa por unos años más.
12. Por fin, los varios grupos aceptan la Constitución de 1917 con sus ideales para la formación de una nueva nación.

Aquí repasamos

In this section, you will review:

- the verbs **conducir**, **traer**, **decir**, **poder**, **saber**, and **poner** in the preterite;
- other verbs in the preterite: **leer**, **caer(se)**, **oír**, **creer**, and **ver**;
- the imperfect and the preterite.

Vendedores, Perú

The verbs *conducir*, *traer*, *decir*, *poder*, *saber*, and *poner* in the preterite

conducir (*to drive*)

yo **conduje**	nosotros **condujimos**
tú **condujiste**	vosotros **condujisteis**
él, ella, Ud. **condujo**	ellos(as), Uds. **condujeron**

traer (*to bring*)

yo **traje**	nosotros **trajimos**
tú **trajiste**	vosotros **trajisteis**
él, ella, Ud. **trajo**	ellos(as), Uds. **trajeron**

decir (*to say*)

yo **dije**	nosotros **dijimos**
tú **dijiste**	vosotros **dijisteis**
él, ella, Ud. **dijo**	ellos(as), Uds. **dijeron**

poder (*to be able to*)

yo **pude**	nosotros **pudimos**
tú **pudiste**	vosotros **pudisteis**
él, ella, Ud. **pudo**	ellos(as), Uds. **pudieron**

saber (*to know*)

yo **supe**	nosotros **supimos**
tú **supiste**	vosotros **supisteis**
él, ella, Ud. **supo**	ellos(as), Uds. **supieron**

poner (*to put*)

yo **puse**	nosotros **pusimos**
tú **pusiste**	vosotros **pusisteis**
él, ella, Ud. **puso**	ellos(as), Uds. **pusieron**

A. **¿Qué pasó?** Decide what happened in the following situation. Use the verbs **conducir**, **traer**, **decir**, **poder**, **saber**, or **poner** as appropriate to each context.

MODELO: tú y tu hermano / el coche de su papá anoche
Tú y tu hermano condujeron el coche de su papá anoche.

1. mis padres / muchos refrescos a la fiesta
2. yo / ir al cine anoche
3. el ladrón *(the robber)* / un coche gris para escaparse del policía
4. el profesor / que no entiende la situación política
5. el presidente / del accidente por la radio

6. nosotros / las noticias el sábado pasado
7. ustedes / los discos encima de la mesa
8. mi amigo / su traje de baño pero no quiere nadar

Other verbs in the preterite: *leer, caer(se), oír, creer, ver*

leer (*to read*)

yo **leí**	nosotros **leímos**
tú **leíste**	vosotros **leísteis**
él, ella, Ud. **leyó**	ellos(as), Uds. **leyeron**

caer(se) (*to fall, to fall down*)

yo (me) **caí**	nosotros (nos) **caímos**
tú (te) **caíste**	vosotros (os) **caísteis**
él, ella, Ud. (se) **cayó**	ellos(as), Uds. (se) **cayeron**

oír (*to hear*)

yo **oí**	nosotros **oímos**
tú **oíste**	vosotros **oísteis**
él, ella, Ud. **oyó**	ellos(as), Uds. **oyeron**

creer (*to believe*)

yo **creí**	nosotros **creímos**
tú **creíste**	vosotros **creísteis**
él, ella, Ud. **creyó**	ellos(as), Uds. **creyeron**

ver (*to see*)

yo **vi**	nosotros **vimos**
tú **viste**	vosotros **visteis**
él, ella, Ud. **vio**	ellos(as), Uds. **vieron**

B. **Lo que hice** Explain to a classmate what you did in the following circumstances. Use the verbs **leer**, **caer(se)**, **oír**, **creer**, or **ver** as appropriate to each context.

MODELO: Explain how many hours it took you to read a certain novel.
Leí la novela Doña Bárbara *en diez horas.*

1. Explain that you suddenly fell down while you were running through the park.
2. Explain what you believed when you heard a shout (**un grito**).
3. Explain what you heard on the evening news last night.
4. Explain what you saw from your room yesterday.
5. Explain that you read an interesting book about Latin America for homework last week.

The imperfect and the preterite: Past actions

Imperfect	**Preterite**
De joven, **iba** a la casa de mis abuelos todos los fines de semana. *(habitual occurrence)*	La semana pasada, yo **fui** a la casa de mi abuelo. *(single occurrence at definite time)*
Íbamos al cine juntos. *(unspecified number of repetitions)*	El sábado y el domingo pasado **fuimos** al cine juntos. *(specified number of repetitions)*
Mi abuelo **jugaba** a menudo al tenis. *(indefinite time period)*	Mi abuelo **jugó** al tenis tres veces en su vida. *(specified number of repetitions in a definite time period)*

C. **¿Qué hacías cuando eras niño(a)?** Tell your group what you used to do when you were very young (between the ages of 6 and 10). Where did you spend your vacation? What did you do with your friends? How did you spend your free time?, etc. Use the preterite or the imperfect as necessary in your summary.

D. **Intercambio** Find out the following information in Spanish about a classmate. He or she will then ask you for the same information. Use either the imperfect or the preterite, according to the context. Ask...

1. how he or she spent winter vacations in the past.
2. if he or she had a cold this past spring.
3. what he or she did regularly on weekends last summer.
4. if he or she liked the first year of Spanish.
5. if he or she had a lot of homework in elementary school.
6. if he or she had a birthday last fall.
7. what courses he or she took last year.
8. what sports he or she used to enjoy when he or she was younger.
9. if he or she ever visited a country in Latin America at some point.
10. if he or she saw a movie last weekend with friends.

The imperfect and the preterite: Descriptions

The imperfect is generally used in four types of descriptions in the past:

1. Physical	La casa **era** grande. Nuestra casa **era** blanca.
2. Feelings	Nosotros **estábamos** contentos. Él **estaba** triste.
3. Attitudes and beliefs	Yo **creía** que ustedes **tenían** razón.
4. State of health	Mi hermano **estaba** mal del estómago.

E. **Un día** Tell a classmate about your activities on a particular day in the past. Be very detailed in your description, starting with when you woke up. Explain how you felt, your state of health, the people you met or saw, what they looked like, etc. Use the imperfect or the preterite according to the context.

The imperfect and the preterite: Interrupted actions

El Sr. González **trabajaba** en Panamá cuando **nació** su hijo.	Mr. González *was working* in Panama when his son *was born.*
Estaba en su oficina cuando su esposa **llamó** por teléfono.	*He was* in his office when his wife *called.*
Hablaba con sus colegas cuando **supo** las noticias.	*He was talking* with his colleagues when *he found out* the news.

The imperfect describes what *was going on* when something else *happened.* The preterite is used to tell what happened to interrupt the action already in progress. Note that in Spanish the imperfect often corresponds to the progressive forms *was doing* or *were doing* in English.

F. **¿Dónde estabas tú cuando...? ¿Qué hacías tú cuando...?** Use the cues to ask your classmates questions. Be sure to use the imperfect in the first part and the preterite in the second part.

MODELO: tú / el transbordador "Challenger" / explotar
—¿Dónde estabas tú cuando el transbordador "Challenger" explotó?
— Estaba en mi clase de inglés.
—¿Qué hacías?
—Hablábamos de Shakespeare.

1. tú / tu madre / llamarte a cenar ayer
2. ustedes / el transbordador "Challenger" / explotar
3. tú / ponerte enfermo(a) la última vez
4. tú / tu amigo llamarte por teléfono la última vez
5. tú / oír del gran terremoto *(earthquake)* de San Francisco

---

The preterite and the imperfect: Summary

1. Both the preterite and the imperfect are past tenses.
2. Most Spanish verbs can be put into either tense, depending upon the aspect of the activity that is reported and the meaning that is to be conveyed.
3. As a general rule, the preterite narrates and moves a story's action forward in past time:
   Me levanté, tomé un café y **salí** de la casa.
4. As a general rule, the imperfect tends to be more descriptive:
   Hacía buen tiempo, y los niños **jugaban** en el parque mientras yo **descansaba** tranquilamente sobre un banco.

Preterite	**Imperfect**
Actions that are begun or completed as single events:	*Actions repeated habitually:*
Ella **corrió** hacia el parque. Ellos **llegaron** a las 7:00.	Ella **desayunaba** conmigo todos los días. Siempre **salíamos** a bailar.
Actions that are repeated a specified number of times or that have a time limit:	*Actions that occur simultaneously over an indefinite period of time:*
Ayer **jugamos** al tenis tres veces. **Vivió** allí por diez años.	Todas las noches papá **leía** el periódico mientras mamá **preparaba** la cena.

Preterite	Imperfect
Actions that describe a chain of events: **Compré** una limonada, **me senté** en un banco en el parque y **descansé** un poco.	*Ongoing activities, scenes, and conditions (such as the weather) without consideration of length of time involved or outcome:* **Corría** por el parque central de la ciudad. La noche de la fiesta, **llevaba** un traje elegante. **Hacía** buen tiempo, aunque un poco fresco.
Sudden changes in mental states or conditions seen as completed (moods, feelings, opinions, illnesses or other physical complaints): En ese momento, **tuve** miedo de subir al avión. Hasta ese día, **creí** que podía hacerlo. **Estuve** preparado para subir hasta que **me puse** tan nervioso que **fue** imposible seguir.	*General mental states:* En esos días, **tenía** miedo de subir al avión. **Creía** que podía hacerlo. **Estaba** tan preparado para subir que **me sentía** valiente.
	Descriptions of characteristics of people, things or physical conditions: **Era** un muchacho fuerte y sano. El jardín **estaba** lleno de flores. Las sillas **estaban** pintadas de amarillo.
	Telling time and age: **Eran** las 5:00 de la tarde. El actor **tenía** diez años.

G. **Una historia** Work in a small group to create a story in the past. One of you will start, and each of you will add a sentence. Go around the group several times until you have a number of sentences that develop a story line. One of you should write the story down so that you can read it to the class. Use the imperfect and the preterite.

H. **Un viaje** Tell a classmate about a trip you took. Where did you go? With whom did you go? How long did you stay? What did you see? What did you do? What did you buy?, etc. Then reverse roles, and your classmate will tell you about his or her trip.

Aquí llegamos

A. **Ahora conocemos el país.** Choose a country described in this unit. Then, referring to a map in this unit that shows that country, say as much as you can about the country. For example, talk about its geography, rivers, mountains, cities, states, etc. Work with a partner, who will try to guess what country you are describing. Then, your partner will choose a country and describe it to you.

B. **Hablamos de nuestra niñez** *(childhood)***.** Tell the others in your group what you used to do when you were a child. Then find the experiences that you all have in common and report them to the rest of the class.

C. **Una aventura** Tell the others in your group about an interesting, strange, funny, or terrible experience you had in the past.

D. **Un país centroamericano** Go to the library and find out some more details about one of the Central American countries presented in this unit. Then tell your group what you found out. You may do this in English. Be sure to give some details that add to the information already in this unit, or report some interesting information that you discovered on your own about the country.

E. **Un viaje sudamericano** With your group, plan a trip to the countries of Argentina, Chile, Uruguay, and Paraguay. Decide what your itinerary will be (look at the map on p. 371), how long you are going to stay in each country, what you want to see, etc. When you're finished, share your itinerary with another group or with the rest of the class.

Glossary of functions

The numbers in parentheses refer to the chapter in which the word or phrase may be found.

Describing weather / climate

¿Qué tiempo hace? (1)
Hace buen tiempo. (1)
mal tiempo. (1)
sol. (1)
calor. (1)
frío. (1)
viento. (1)
fresco. (1)
Está despejado. (1)
nublado. (1)
resbaloso. (1)
Llueve. (1)
Llovizna (1)
Nieva. (1)
Truena. (1)
Hay nubes. (1)
niebla. (1)
neblina. (1)
hielo. (1)
tormenta. (1)
La temperatura está en cinco grados. (1)

Talking about the date

¿Cuál es la fecha de hoy? (1)
¿Cuál es la fecha de...? (1)
¿Qué fecha es hoy? (1)
¿A cuántos estamos? (1)
Hoy es el 5 de octubre. (1)
Yo nací el 5 de febrero. (1)

Describing people

Él / Ella tiene el pelo moreno. (3)
los ojos azules. (3)
la nariz pequeña. (3)
Él tiene bigote y barba. (3)
Él / Ella es fuerte. (3)
alto(a). (3)
alegre. (3)
simpático(a). (3)
impaciente. (3)
serio(a). (3)
generoso(a). (3)
independiente. (3)
optimista. (3)
perezoso(a). (3)
trabajador(a). (3)
¿Cuánto mides? (12)
Mido un metro. (12)
¿Cuánto pesas? (12)
Peso... kilos. (12)
Él / Ella se guarda la línea. (12)

Getting / Paying for a hotel room

Yo quisiera... (4)
Buscamos... (4)
Necesitamos una habitación...
para dos personas. (4)
por tres noches. (4)
con una cama matrimonial. (4)
con dos camas sencillas. (4)
con (sin) baño. (4)
en el primer piso. (4)
con televisor. (4)
con teléfono. (4)
Tenemos una reservación. (4)
¿Puede usted arreglar la cuenta? (4)
¿Tiene usted la cuenta para la habitación...? (4)
Voy a pagar en efectivo. (4)
con cheques de viajero. (4)
con una tarjeta de crédito. (4)

Expressing time relationships
Yo llego a tiempo. (5)
tarde. (5)
temprano. (5)
En (veinte minutos, etc.). (5)
Por (una hora, etc.). (5)
Hace (un año, dos días, etc.). (5)

To talk about missing someone
Te extraño. (5)
Me extrañas. (5)
Los extrañan. (5)

Thanking someone
Les agradezco con todo el corazón su hospitalidad. (5)
Mil gracias por... (5)
Muchas gracias por... (5)

Asking for and making clarifications
¿Cómo se dice...? (6)
¿Qué quiere decir... (6)
¿Qué dijiste? (6)
No sé como se dice... (6)

Finding an apartment
Yo prefiero un apartamento...
pequeño. (6)
amueblado. (6)
cerca de la universidad. (6)
con dos dormitorios. (6)

Talking about daily routines
Yo me despierto a... (7)
me levanto a... (7)
me baño a... (7)
me cepillo los dientes. (7)
me lavo (el pelo, las manos, etc.). (7)
me maquillo. (7)
me peino. (7)
me afeito. (7)
me ducho. (7)
me acuesto a... (7)
me duermo. (7)
me visto. (7)

Inviting someone
Nos daría mucho gusto... (8)
Tenga la bondad de... (8)
Nos vemos a / en... (8)
¿Te parece bien? (8)
Contéstame cuanto antes. (8)

Talking about films
Es una comedia. (8)
un drama psicológico. (8)
un documental. (8)
una película policíaca. (8)
de terror. (8)
de ciencia-ficción. (8)
de aventura. (8)
¿A qué hora dan la película?
Dan la película a... (8)

Preparing for a party
Yo compro las bebidas. (7)
Yo lavo los platos. (7)
Yo pongo la mesa. (7)
Yo traigo los discos. (8)
Yo me encargo de la comida. (8)
los refrescos. (8)
las invitaciones. (8)
Yo invito a los amigos. (8)
La fiesta comienza a... (8)
Vamos a echar la casa por la ventana. (9)

Making plans for vacation
¿Qué vamos a hacer para las vacaciones? (9)
Vamos a visitar... (9)
acampar. (9)
esquiar. (9)
Vamos de viaje a... (9)
¿Por qué no acampamos? (9)
dormimos en una tienda de campaña? (9)
pasamos las vacaciones en...? (9)
tomamos el sol? (9)
vamos a la costa? (9)
a la orilla del mar? (9)
a las montañas? (9)
visitamos un centro ecuestre? (9)

Talking about health and fitness

Quiero bajar (subir) de peso. (10)
Ella se cayó. (10)
se lastimó. (10)
se cortó. (10)
Él se rompió (el brazo, la pierna, etc.). (10)
se torció (la muñeca, el tobillo, etc.). (10)
se lastimó (la mano, el dedo, etc.). (10)
se cortó (la frente, el pie, etc.). (10)
¿Estás en forma? (10)
Yo me pongo en forma. (10)
Nosotros (no) nos sentimos bien (mal). (10)
Tengo dolor de cabeza. (10)
garganta. (10)
estómago. (10)
Él tuvo un accidente. (10)
¿Cómo te sientes? (10)
¿Te sientes bien (mal)? (10)
No te ves muy bien. (10)
¿Qué te pasa? (10)
¿Qué te pasó? (10)
¿Te lastimaste? (10)
¿Tuviste un accidente? (10)
Él tiene fiebre. (10)
escalofríos. (10)
catarro. (10)
Ella tiene la gripe. (10)
una alergia. (10)
un virus. (10)
la tos. (10)
una infección. (10)
Él tose. (11)
Ella estornuda. (11)
Me duele la cabeza. (11)
la garganta. (11)
el brazo. (11)
el estómago. (11)
Estoy mareado(a). (11)
¿Cuánto tiempo hace que te sientes así? (11)

Identifying medicines

Quisiera algo para la garganta. (11)
los ojos. (11)
la tos. (11)
la alergia. (11)
la fiebre. (11)
la gripe. (11)
Quisiera unas aspirinas. (11)
un antihistamínico. (11)
un antibiótico. (11)
unas pastillas para la garganta. (11)
unas gotas para los ojos. (11)
un jarabe para la tos. (11)
El médico me dio la receta. (11)
Tengo la medicina. (11)

Talking about the past

¿Desde cuándo? (12)
¿Cuánto tiempo hace? (12)
Desde (que)... (12)
Hace... (12)

Glossary

Spanish-English

The numbers in parentheses refer to the chapter in which the word or phrase may be found. Entries without chapter numbers were presented in Book 1.

A

a to, at (A)
abogado(a) *m.(f.)* lawyer
abrazo *m.* hug (5)
abrigo *m.* coat
abril April (1)
¡No, en absoluto! Absolutely not! (9)
abuela *f.* grandmother (A)
abuelo *m.* grandfather (A)
aburrido(a) bored, boring (2)
acabar de... to have just...
acampar to camp (9)
accidente *m.* accident (10)
acción *f.* action
aceite *m.* oil
aceituna *f.* olive (C)
acercarse to approach (14)
acostarse (ue) to go to bed (7)
activo(a) active (3)
de acuerdo okay (C)
además besides
adicional additional (12)
adiós good-bye (A)
admitir to admit (12)
¿adónde? where?
adorar to adore (3)
aeropuerto *m.* airport (B)
afeitarse to shave (7)
afortunadamente fortunately (7)
agosto August (1)
agradable pleasant (10)
Les agradezco. I thank you. (5)
el agua *f.* water
  agua mineral (sin gas) mineral water (without carbonation) (C)
ahora now
  ahora mismo right now
ahorrar to save (2)
aire acondicionado air-conditioned (6)
al to the
alcanzar to reach, achieve (11)
alegre happy (2)
alemán(ana) German (A)
Alemania Germany
alergia *f.* allergy (11)
alfombra *f.* rug, carpet (A)
algo something
algodón *m.* cotton (14)
algún día someday
alimento *m.* food
almidón *m.* starch (12)
alquilar to rent (8)
alquiler *m.* rent (6)
alto(a) tall
alumno(a) *m.(f.)* student
allá over there
allí there
amable friendly (5)
amarillo(a) yellow (2)
ambicioso(a) ambitious (3)
americano(a) American (A)
amigo(a) *m.(f.)* friend (A)
(completamente) amueblado (fully) furnished (6)
anaranjado(a) orange (color) (2)
andar to go along, walk
animal *m.* animal (A)
anoche last night (C)
ansiedad *f.* anxiety (12)
anterior previous (9)
antibiótico *m.* antibiotic (11)
antihistamínico *m.* antihistamine (11)
antipático(a) disagreeable
anual annual (11)
anunciar to announce
año *m.* year (C)
aparentemente apparently (12)
apartamento *m.* apartment (A)
apellido *m.* last name (A)
aprender to learn (A)
aprovechar to take advantage of (8)
aquel(la) that
aquél(la) *m.(f.)* that one
aquí here
  Aquí tiene... Here you have... (C)
área de acampar *f.* campground (9)
Argentina Argentina (13)
argentino(a) Argentine (A)
arquitecto(a) *m.(f.)* architect
arreglar to arrange, fix (6)
arroz *m.* rice
arte *m.* or *f.* art (A)
artículo *m.* article (12)
ascensor *m.* elevator (4)
asegurar to assure (10)
¿Así es? Is that it? (8)
asistir a to attend (A)
aspirina *f.* aspirin (11)
un atado de a bunch of (C)
atlético(a) athletic (3)
atún *m.* tuna
ausencia *f.* absence (8)
autobús *m.* bus (B)
  estación de autobuses *f.* bus terminal
¡Ave María! Good heavens! (7)
avenida *f.* avenue (B)
avión *m.* airplane
ayer yesterday (C)
azúcar *m.* sugar
azul blue (2)

B

bailar to dance (A)
baile *m.* dance
  baile folklórico folk dance
  baile popular popular dance
bajar to go down, lower
  bajar de peso to lose weight (10)
bajo(a) short (height)
balanceado(a) balanced (12)
banana *f.* banana (C)
banco *m.* bank (B)
bañarse to bathe oneself (7)
baño *m.* bath (4)
bar de tapas *m.* tapas restaurant (C)
barato(a) cheap

barba *f.* beard (3)
barrio *m.* neighborhood
básquetbol *m.* basketball
bastante rather, enough (B)
bebé *m.* or *f.* baby (12)
bebida *f.* drink
béisbol *m.* baseball
Belice Belize (13)
beneficiarse to benefit (5)
beso *m.* kiss
biblioteca *f.* library (B)
bicicleta *f.* bicycle (A)
bidé *m.* bidet (4)
bien well, fine, very (A)
bigote *m.* mustache (3)
billete *m.* ticket
billete de diez viajes ten-trip ticket
billete de ida y vuelta roundtrip ticket
billete sencillo one-way ticket
biología *f.* biology
blanco(a) white (2)
blusa *f.* blouse
boca *f.* mouth (10)
bocadillo *m.* sandwich (French bread) (C)
boda *f.* wedding (8)
bolígrafo *m.* ball-point pen (A)
Bolivia Bolivia
boliviano(a) Bolivian
bolsa *f.* purse
bonito(a) pretty (2)
borrador *m.* eraser (A)
bosque *m.* forest (14)
bota *f.* boot
una botella de a bottle of (C)
boutique *f.* boutique
Brasil Brazil (13)
brazo *m.* arm (10)
brindis *m.* toast (salutation) (8)
bronceado(a) tan (3)
bueno(a) good (2)
¡Bueno! Hello! (telephone)
Buenos días. Good morning. (A)
Buenas noches. Good evening., Good night.
Buenas tardes. Good afternoon.
buscar to look for (4)

C

cabeza *f.* head (10)
cabina de teléfono *f.* telephone booth (4)
cacahuete *m.* peanut
cada every, each (10)
caerse to fall (10)
café *m.* café, coffee
café *adj.* dark brown (2)
café (con leche) coffee (with milk) (C)
cajón *m.* drawer (5)
calamares *m.* squid (C)
calcetín *m.* sock
calcio *m.* calcium (12)
calculadora *f.* calculator (A)
calidad *f.* quality (4)
caliente warm, hot (7)
¡Cálmate! Calm down! (9)
calor *m.* heat (1)
caloría *f.* calorie (12)
calle *f.* street (B)
cama *f.* bed (A)
cama (matrimonial / sencilla) (double / single) bed (4)
cámara *f.* camera
camarero(a) *m.(f.)* waiter (waitress)
cambiar to change
cambio *m.* change, alteration
caminar to walk
camisa *f.* shirt
camiseta *f.* T-shirt
Canadá Canada (13)
canadiense Canadian
cansado(a) tired
cantar to sing (A)
cantidad *f.* quantity
cañón *m.* canyon (14)
capacidad *f.* capacity (10)
capital *f.* capital city (13)
cara *f.* face (10)
carne *f.* meat, beef (C)
carnicería *f.* butcher shop
caro(a) expensive (2)
carrito *m.* shopping cart
cartera *f.* wallet (A)
casa *f.* house (A)
casado(a) married (A)
casi almost (7)
castaño(a) hazel (eyes), medium-brown (hair) (3)
catarro *m.* a cold (11)
catedral *f.* cathedral (B)
categoría *f.* category (4)
causa *f.* cause (12)
cebolla *f.* onion (C)
celebrar to celebrate
cenar to have supper
ceniza *f.* ash (14)
centro *m.* downtown, the center (A)
centro comercial shopping center
cepillarse (el pelo / los dientes) to brush (one's hair / teeth) (7)
cerca de near (B)
cereal *m.* cereal (12)
cien(to) one hundred
ciencia *f.* science (A)
cincuenta fifty
cine *m.* movie theater (C)
cinta *f.* tape (recording) (A)
cinturón *m.* belt
cita *f.* date, appointment
ciudad *f.* city (A)
¡Claro! Of course!
¡Claro que no! Of course not! (4)
¡Claro que sí! Of course!! (reaffirmed)
clásico(a) classic(al) (2)
clasificar to classify (4)
clavadista *m.* or *f.* diver (13)
clavarse to dive (Mexico) (13)
clóset *m.* closet (5)
club *m.* club
cocina *f.* kitchen (6)
cocinar to cook (6)
coche *m.* car (A)
coche-caravana *m.* camper (9)
codo *m.* elbow (10)
colegio *m.* school
Colombia Colombia
colombiano(a) Colombian
color *m.* color
¿De qué color es...? What color is ...? (2)
comedor *m.* dining room (6)
comentar to comment
comenzar (ie) to begin (7)
comer to eat (C)
cómico(a) comical, funny (3)
comida *f.* meal, food
comida mexicana Mexican food
como how, as, like
como a around, about (7)
como de costumbre as usual
¿cómo? how?, what? (A)
¿Cómo se dice...? How do you say ...? (6)
¿Cómo es / son? How is it / are they?
¿Cómo está(s)? How are you?

¿Cómo te llamas? What's your name? (A)
¿Cómo te sientes? How do you feel? (10)
cómoda *f.* dresser (A)
cómodo(a) comfortable (4)
compañía *f.* company
comparación *f.* comparison
compartir to share
completo(a) complete (2)
comprar to buy (A)
comprender to understand
computadora *f.* computer (A)
con with (A)
con frecuencia frequently (10)
con regularidad regularly (10)
con todo el corazón with all my heart (5)
concierto *m.* concert (A)
concurso de poesía *m.* poetry contest
conducir to drive (13)
confort *m.* comfort (4)
confortable comfortable (4)
congelado(a) frozen
conmigo with me
conocer to know (person, place) (3), met (15)
consecutivo(a) consecutive (10)
conserva *f.* preserve
constantemente constantly (11)
contador(a) *m.(f.)* accountant
contento(a) content (13)
contestar to answer, respond
Contéstame cuanto antes. Answer me as soon as possible. (8)
continuar to continue
continuo(a) continuous (10)
contra la pared against the wall (6)
conveniente convenient (7)
conversación telefónica *f.* telephone conversation
convertirse en to become (14)
corazón *m.* heart (5)
cordillera *f.* mountain range (13)
corredor *m.* corridor, hallway (4)
correo *m.* post office
correr to run (A)
cortar(se) to cut (oneself) (10)
cortina *f.* curtain (6)
corto(a) short (length) (3)
cosa *f.* thing
cosechar to harvest (14)
costa *f.* coast (9)
Costa Rica Costa Rica (13)
costar (ue) to cost (9)
costarricense Costa Rican
costoso(a) costly (13)
de costumbre customarily (C)
coyuntura *f.* joint (10)
creer to believe (13)
crema *f.* cream
croissant *m.* croissant
cruzar to cross (B)
cuaderno *m.* notebook (A)
cuadro *m.* painting (2)
¿cuál? which?
¿Cuál es la fecha de hoy? What is the date today? (1)
cualquier any, whichever
cuando when (A)
¿cuánto(a)? how much / many?
¿Cuánto cuesta? How much does it cost? (C)
¿Cuánto tiempo hace? How long ago? (12)
¿Cuánto tiempo hace que te sientes así? How long have you felt this way? (11)
¿Cuántos años tienes? How old are you? (A)
¿A cuántos estamos? What is the date? (1)
¿Cuántos hay? How many are there?
cuarenta forty
cuarto *m.* room (A), quarter (B)
... cuarto(s) de hora ... quarter(s) of an hour (5)
cuarto(a) fourth (4)
cuatrocientos(as) four hundred
Cuba Cuba
cubano(a) Cuban
cuchara *f.* spoon (6)
cuchillo *m.* knife (6)
cuello *m.* neck (10)
cuenta *f.* bill (4)
cuento contigo I'm counting on you (8)
cuero *m.* leather
cuesta it costs (C)
¡Cuidado! Careful! Watch out! (3)
cuidar to care for (11)
Cuídese. (Cuídate.) Take care of yourself. (A)
culpa *f.* fault (7)
cultivar to cultivate (14)
cumpleaños *m.* birthday (C)

CH

Chao. Good-bye. (A)
chaqueta *f.* jacket
charlar to chat (7)
cheque de viajero *m.* traveler's check (4)
chile *m.* hot pepper
Chile Chile
chileno(a) Chilean
China China (13)
chino(a) Chinese (A)
chocolate *m.* chocolate (C)
chorizo *m.* Spanish sausage (C)

D

dar to give (11)
dar una caminata to take a hike (9)
dar un paseo to take a walk (A)
dar una película to show a movie (8)
dar una vuelta to turn over (2)
darles la despedida to say good-bye, give a going-away party (8)
darse prisa to hurry (7)
darse por satisfecho to have reason to feel satisfied with oneself (14)
Nos daría mucho gusto... It would give us great pleasure... (8)
de of (B)
de la / del of the
de nada you're welcome
¿De qué color es...? What color is ...? (2)
¿De veras? Really? (12)
deber to owe, must, should
débil weak (3)
décimo(a) tenth (4)
decir to say, tell (6)
decir que sí (no) to say yes (no) (6)
es decir that is to say (7)
para decir la verdad to tell the truth (6)

querer decir to mean (6)
¿Cómo se dice...? How do you say ...? (6)
lo que dice... what ... says (4)
dedicarse to devote oneself to (9)
dedo (de la mano) *m.* finger (10)
dedo del pie toe (10)
delante de in front of (B)
delgado(a) thin
delicioso(a) delicious (2)
demandar to demand (10)
demasiado too (much) (1)
¡Dense prisa! Hurry up! (7)
dentista *m.* or *f.* dentist
dentro de within (8)
depender de to depend on (1)
deporte *m.* sport (A)
derecha right (B)
a la derecha to the right (B)
desarrollar to develop (12)
desayunarse to eat breakfast (7)
desayuno *m.* breakfast (4)
descansar to rest (A)
describir to describe
le describe describes to him, her, you (3)
Descríbeme... Describe ... for me. (2)
desde (que) since (12)
¿Desde cuándo? Since when? (12)
desear to want, wish for
desearles to wish them (8)
desfile *m.* parade
deshonesto(a) dishonest (3)
despacio slowly, slow
despedirse (i, i) de to say good-bye to (5)
despejado cloudy (1)
despertarse (ie) to wake up (7)
después after
detrás de behind, in back of (B)
día *m.* day (B)
el Día de la Independencia Independence Day
el Día de las Madres Mother's Day (C)
el Día de los Padres Father's Day (C)
diciembre December (1)
diente *m.* tooth (10)
dificultad *f.* difficulty (12)
¡Diga / Dígame! Hello! (answering the phone)
¡No me digas! You don't say! (10)
digestión *f.* digestion (12)
Dime. Tell me. (9)
dinero *m.* money
¿en qué dirección? in which direction?
directamente directly (7)
disco *m.* record (A)
disco compacto compact disk
discoteca *f.* discotheque (B)
discreto(a) discreet (3)
disculparse to apologize
discutir to argue
disfrutar de to enjoy (8)
divertido(a) enjoyable (2)
divertirse (ie,i) to have a good time (7)
dividir to divide (13)
divorciado(a) divorced (A)
doblar to turn (B)
una docena de a dozen (C)
doctor(a) *m.(f.)* doctor
doler (ue) to hurt (11)
dolor de (cabeza / espalda / estómago) *m.* (head / back / stomach)ache (11)
domingo *m.* Sunday (B)
dominicano(a) Dominican
¿dónde? where?
¿De dónde es / eres? Where are you from?
¿Dónde está...? Where is ...?
¿Dónde hay...? Where is / are there ...?
dormilón(ona) *m.(f.)* sleepyhead (7)
dormir (ue,u) (la siesta) to sleep (take a nap) (4)
dormirse to fall asleep (7)
dormitorio *m.* bedroom (6)
dos two (C)
los(las) dos the two, both (7)
doscientos(as) two hundred
dosis *f.* dose (10)
ducha *f.* shower (4)
ducharse to take a shower (7)
duda *f.* doubt (12)
Me duele(n)... My ... hurt(s). (11)
dulce *m.* sweet, candy (5)
durante during (5)
durar to last (7)

E

económico(a) economical (2)
Ecuador Ecuador (13)
ecuatoriano(a) Ecuadorian
echar una siesta to take a nap (1)
edad *f.* age (5)
edificio *m.* building
en efectivo in cash (4)
eficiente efficient (10)
ejemplo *m.* example (7)
el *m.* the (A)
él he
El Salvador El Salvador (13)
elegante elegant (2)
ella she
ellos(as) *m.(f.)* they
empacar to pack (14)
empleado(a) *m.(f.)* employee (4)
en in, on (A)
En (el mes de)... In (the month of)... (1)
en... minutos in ... minutes (5)
Encantado(a). Delighted. (A)
encargarse de to take charge of (7)
encerrarse (ie) to lock oneself in (7)
encontrar (ue) to find
encuesta *f.* survey
enchilada *f.* enchilada (C)
energía *f.* energy (12)
enero January (1)
enfermero(a) *m.(f.)* nurse
enfermo(a) sick
enojado(a) angry, mad
ensalada *f.* salad (C)
ensalada de frutas fruit salad
ensalada de guacamole guacamole (C)
ensalada de vegetales (verduras) vegetable salad
entero(a) whole
entonces then
entrada *f.* entrance ticket
entre... y... between ... and ... (B)
epidemia *f.* epidemic (11)
equitación *f.* horseback riding (9)
es is
Es de... Is from..., It belongs to...
Es la una. It's one o'clock. (B)

escalofríos *m.* chills (11)
escaparate *m.* shop window
escribir to write
escribir a máquina to type (C)
escritorio *m.* desk (A)
escuchar to listen (to)
escuela *f.* school (A)
escuela secundaria high school
escultura *f.* sculpture (A)
ese(a) that
ése(a) *m.(f.)* that one
a eso de at about, around (7)
espacio *m.* space (6)
espalda *f.* back (10)
España Spain
español(a) Spanish (A)
especial special
espectáculo *m.* spectacle, show (13)
espejo *m.* mirror (4)
esperar to wait, hope (5)
los espera waits for them (7)
espero que Uds. puedan visitar I hope that you can visit (5)
Espero que no sea... I hope it's not... (8)
esposa *f.* wife
esposo *m.* husband
esquí *m.* ski
esquí acuático *m.* water-skiing (9)
esquiar to ski (A)
esquiar en agua to waterski (9)
en la esquina de... y... on the corner of ... and ... (B)
establecer to establish
estación *f.* station
estación de autobuses bus terminal
estación de metro subway station
estación de trenes railroad station
estacionamiento parking (6)
estadio *m.* stadium (B)
estado *m.* state (5)
los Estados Unidos United States (B)
estadounidense American, from the United States
estante *m.* bookshelf (5)
estar to be (A)
estar de mal humor to be in a bad mood (1)
estar de visita to be visiting (12)
Está bien. Okay. (8)
Está (despejado / nublado / resbaloso). It's a (clear / cloudy / slippery) day. (1)
¿Estás en forma? Are you in shape? (10)
¿Cómo está(s)? How are you? (A)
este *m.* east (B)
este(a) (mes / tarde) this (month / afternoon) (C)
éste(a) *m.(f.)* this one
estéreo *m.* stereo (A)
estilo *m.* style (2)
estómago *m.* stomach (10)
estornudar to sneeze (11)
estrella *f.* star (1)
estudiante *m.* or *f.* student
estudiar to study (A)
estufa *f.* stove (6)
evento social *m.* social event (10)
exactamente exactly (12)
Exacto. Exactly. (8)
exagerar to exaggerate (7)
¡No te excites! Don't get excited! (9)
experto(a) expert (10)
expresar to express
expresión *f.* expression
extrañar to miss (5)
Te (Los) extraño. I miss you (plural). (5)
extraño(a) strange (2)

F

facilitar to facilitate (12)
falda *f.* skirt
falta *f.* lack (12)
familia *f.* family (A)
famoso(a) famous
farmacia *f.* pharmacy, drugstore (B)
favorito(a) favorite
febrero February (1)
fecha *f.* date
¿Cuál es la fecha de hoy? What is the date today? (1)
feo(a) ugly (2)
feria *f.* fair
feroz ferocious (13)
fibra *f.* fiber (12)
fiebre *f.* fever (11)
fiebre del heno hay fever (11)
fiesta *f.* party
Fiesta del pueblo religious festival honoring a town's patron saint
fin de semana *m.* weekend
al final de at the end of (B)
finalmente finally
flan *m.* caramel custard
flauta *f.* flute (A)
florería *f.* flower shop
flotar to float (10)
al fondo de at the end of (4)
formal formal (2)
formar to form (12)
formidable wonderful (2)
francés(esa) French (A)
Francia France
con frecuencia frequently (10)
frecuentemente frequently (B)
frente *f.* forehead (10)
frente a across from, facing
en frente de across from, facing (B)
fresa *f.* strawberry (C)
fresco(a) cool (1)
frijoles *m.* beans (C)
frío(a) cold (1)
frontera *f.* border (11)
fruta *f.* fruit (12)
fuegos artificiales *m.* fireworks
fuerte strong (3)
funcionar to function, work (2)
furioso(a) furious (13)
fusilar to shoot (14)
fútbol *m.* soccer
fútbol americano football
futuro *m.* future

G

galleta *f.* biscuit, cookie
ganar to earn
garaje (para dos coches) *m.* (two-car) garage (6)
garganta *f.* throat (10)
gato *m.* cat
por lo general in general (C)
generoso(a) generous (3)
geografía *f.* geography (13)
gimnasio *m.* gym(nasium) (10)

globo *m.* globe, sphere, balloon
gobierno *m.* government (13)
gordo(a) fat
gotas para los ojos *f.* eyedrops (11)
grabadora *f.* tape recorder (A)
gracias thank you (A)
mil gracias por... thanks a million for... (5)
muchas gracias por... thank you very much (many thanks) for... (5)
grado *m.* degree (1)
(50) gramos de (50) grams of (C)
Gran Bretaña Great Britain (13)
granadina *f.* grenadine
grande big, large (A)
grano *m.* bean (14)
grasa *f.* fat (12)
grave grievous, grave (10)
gripe *f.* flu (11)
gris gray (2)
grupo *m.* group
guapo(a) handsome
guardar la línea to watch one's weight (12)
Guatemala Guatemala (13)
guatemalteco(a) Guatemalan
guisante *m.* pea (C)
guitarra *f.* guitar (A)
gustar to like (A)
(No) (Me) gusta(n) (mucho)... (I) (don't) like ... (very much). (A)
gusto *m.* taste
con mucho gusto with pleasure
Mucho gusto. Nice to meet you. (A)

H

habitación *f.* room (4)
hablar to talk
hacer to do, make
hacer alpinismo to go mountain climbing (9)
hacer la cama to make the bed
hacer ejercicios aeróbicos to do aerobics (10)
hacer la equitación to go horseback riding (9)
hacer gimnasia to do exercises, gymnastics (10)
hacer las maletas to pack suitcases
hacer un mandado to do an errand (C)
hacer un viaje to take a trip
hace... ... ago, it has been... (C)
Hace (buen tiempo / calor / sol / viento). It's (nice / hot / sunny / windy) out. (1)
¿Cuánto tiempo hace? How long ago? (12)
¿Cuánto tiempo hace que te sientes así? How long have you felt this way? (11)
hamburguesa (con queso) *f.* hamburger (cheeseburger) (C)
harina *f.* flour
hasta until
Hasta luego. See you later. (A)
hay there is / are (B)
Hay (hielo / niebla / tormenta). It's (icy / foggy / stormy). (1)
hay que pasar por... one must go through... (4)
Hay que ser razonables. Let's be reasonable. (1)
helado *m.* ice cream
hermana *f.* sister (A)
hermano *m.* brother (A)
hermoso(a) beautiful
hielo *m.* ice (1)
hierro *m.* iron (12)
hija *f.* daughter (A)
hijo *m.* son (A)
hijo(a) único(a) *m.(f.)* only child (A)
hispano(a) Hispanic
historia *f.* history (A)
histórico(a) historical (2)
hoja (de papel) *f.* sheet (of paper) (C)
Hola. Hello. (A)
hombre *m.* man
hombro *m.* shoulder (10)
Honduras Honduras (13)
hondureño(a) Honduran
honesto(a) honest (3)
hora *f.* hour (B)
horario *m.* schedule
horno (de microondas) *m.* (microwave) oven (6)
horóscopo *m.* horoscope (2)
horrible horrible
hospital *m.* hospital (B)
hospitalidad *f.* hospitality (5)
hotel *m.* hotel (B)
hoy today (B)
Hoy es el (día) de (mes). Today is the (day) of (month). (1)
hueso *m.* bone (12)

I

idealista idealist(ic) (3)
iglesia *f.* church (B)
igualdad *f.* equality
Igualmente. Same here. (A)
impaciente impatient (3)
impermeable *m.* raincoat
incluido(a) included (4)
increíble incredible (6)
independiente independent (3)
indicación *f.* indication (12)
indiscreto(a) indiscreet (3)
infantil infantile, childish (2)
infección *f.* infection (11)
ingeniero(a) *m.(f.)* engineer
Inglaterra England
inglés(esa) English (A)
intelectual intellectual (3)
inteligente intelligent
interesante interesting (2)
invierno *m.* winter (1)
invitación *f.* invitation
ir to go (A)
ir a... to be going to...
ir de compras to go shopping
irse to leave, go away (7)
Italia Italy
italiano(a) Italian (A)
izquierda left (B)
a la izquierda to the left (B)

J

jabón *m.* soap (5)
jamón *m.* ham (C)
Japón Japan (13)
japonés(esa) Japanese (A)
jarabe *m.* cough syrup (11)
jardín *m.* garden (6)
jazz *m.* jazz (A)
joven young
jueves *m.* Thursday (B)
jugar (ue) to play (1)
jugar al (tenis / vólibol) to play (tennis / volleyball) (9)
jugo *m.* juice
julio July (1)
junio June (1)
junto(a) together

K

un kilo de a kilo(gram) of (C)
  medio kilo de half a kilo(gram) of (C)
kilómetro *m.* kilometer

L

la *f.* the (A)
lácteo dairy (12)
  producto lácteo *m.* dairy product (12)
lado *m.* side
  al lado de beside (B)
  del lado de mi padre (madre) on my father's (mother's) side (A)
lámpara *f.* lamp (4)
lápiz *m.* pencil (A)
largo(a) long (2)
las *f. pl.* the (A)
lastimarse to hurt oneself (10)
  ¿Te lastimaste? Did you hurt yourself? (10)
una lata de a can of (C)
latín *m.* Latin (7)
lavabo *m.* sink (4)
lavadora *f.* washing machine (9)
lavar to wash (5)
  lavar los platos to wash dishes (7)
  lavar la ropa to wash clothes (7)
  lavarse (las manos, el pelo, los dientes) to wash (one's hands, hair, brush one's teeth) (7)
leche *f.* milk (C)
lechuga *f.* lettuce (C)
leer to read (A)
lejos de far from (B)
lengua *f.* language, tongue (A)
levantarse to get up (7)
  levantar pesas to lift weights (10)
una libra de a pound of (C)
librería *f.* bookstore (B)
libro *m.* book (A)
licuado (de mango) *m.* (mango) milkshake (C)
ligero(a) light (2)
limón *m.* lemon (C)
limonada *f.* lemonade (C)
línea *f.* line
lípidos *m.* lipids (12)
listo(a) ready
literatura *f.* literature (A)
un litro de a liter of (C)
los *m. pl.* the (A)
luego later, afterwards
lugar *m.* place, location
  en primer lugar in the first place (7)
lujo *m.* luxury (4)
lunes *m.* Monday (B)

LL

llamarse to be named (A)
  (Yo) me llamo... My name is...
llave *f.* key (A)
llegar (a / de) to arrive (at / from) (4)
lleno(a) full
llevar to carry, take (A)
  llevar a cabo to carry out (12)
  lo lleva takes him (5)
llover (ue) a cántaros to rain cats and dogs (1)
Llovizna. It's drizzling. (1)
Llueve. It's raining. (1)

M

m² (metros cuadrados) square meters (6)
madrastra *f.* stepmother (A)
madre *f.* mother (A)
¡Magnífico! Magnificent! (9)
maíz *m.* corn (C)
mal poorly
malo(a) bad (2)
mandado *m.* errand (C)
mandar to give an order (11)
manera *f.* way, manner (10)
  de esa manera in that way (8)
mano *f.* hand (10)
mantenerse en condiciones óptimas to stay in top condition (10)
mantequilla *f.* butter
manzana *f.* apple (C)
mañana tomorrow (C)
  mañana (por la mañana / noche) tomorrow (morning / night) (C)
mañana *f.* morning (B)
  de la mañana in the morning
  por la mañana in the morning (C)
maquillarse to put on makeup (7)
máquina *f.* machine
  máquina de escribir typewriter (A)
mar *m.* sea (1)
marisco *m.* shellfish (9)
martes *m.* Tuesday (B)
marzo March (1)
más more
  más o menos so-so
  más... que more ... than
matemáticas *f.* mathematics (A)
máximo(a) maximum (10)
mayo May (1)
mayonesa *f.* mayonnaise
mayor older
mayoría *f.* majority (12)
mecánico(a) *m.(f.)* mechanic
media *f.* stocking
medianoche *f.* midnight
médico *m.* or *f.* doctor
medio *m.* middle, means
  medio de transporte means of transportation
medio(a) half
  media hora half hour (5)
  medio kilo de half a kilo of (C)
mediodía *m.* noon
medir (i, i) to measure (12)
mejor better
mejorar to improve (12)
melocotón *m.* peach
melón *m.* melon (C)
menor younger
menos less
  al menos at least (4)
  menos... que... less ... than
  por lo menos at least (1)
a menudo often (10)
mercado *m.* market (C)
  mercado al aire libre open-air market
merienda *f.* snack
mermelada *f.* jam, jelly
mes *m.* month (C)
meseta *f.* high plain (14)
mesita de noche *f.* night table (4)
metro *m.* subway (B)
mexicano(a) Mexican (A)
México Mexico (13)
mi my (A)
mí me
microbio *m.* microbe (11)
Mido... I am ... tall. (12)

miedo *m.* fear (15)
miércoles *m.* Wednesday (B)
mil thousand
milla *f.* mile
millón million
mineral *m.* mineral (12)
minuto *m.* minute (B)
mirar to look at, watch
  mirar la televisión to watch television (A)
  mirarse to look at oneself (7)
  ¡Mira! Look!
misa de Acción de Gracias *f.* Thanksgiving mass
mismo(a) same (7)
  lo mismo the same (12)
mochila *f.* backpack (A)
moda *f.* style
moderno(a) modern (2)
de todos modos at any rate (11)
en este momento at this moment
montaña *f.* mountain (1)
montar a caballo to ride a horse (9)
morado(a) purple (2)
moreno(a) dark-haired, brunet(te)
motocicleta *f.* motorcycle, moped (A)
moverse (ue) to move (7)
movimiento *m.* movement (10)
  movimiento muscular muscle movement (12)
muchísimo very much
mucho(a) a lot
  muchas veces a lot of, many times (10)
muerto(a) dead (A)
lo muestra shows it (5)
mujer *f.* woman
muñeca *f.* wrist (10)
músculo *m.* muscle (12)
museo *m.* museum (B)
música *f.* music
  música clásica classical music (A)
muslo *m.* thigh (10)
muy very (A)
  Muy bien, gracias. Very well, thank you.

N

(Él / Ella) nació... (He / She) was born... (1)
nacionalidad *f.* nationality
nada nothing
nadar to swim (A)
naranja *f.* orange (C)
nariz *f.* nose (10)
naturaleza *f.* nature (A)
navegación a vela *f.* sailing (9)
navegar en velero (una tabla vela) to sail (to sailboard) (9)
neblina *f.* fog (1)
necesitar to need (4)
negocio *m.* business
  hombre (mujer) de negocios *m.(f.)* businessman(woman)
negro(a) black (2)
nervio *m.* nerve (12)
nervioso(a) nervous (13)
Nicaragua Nicaragua (13)
nicaragüense Nicaraguan
niebla *f.* fog (1)
nieto(a) *m.(f.)* grandson (daughter) (3)
Nieva. It's snowing. (1)
nieve *f.* snow (1)
no no
noche *f.* night (B)
  de la noche at night (B)
  por la noche at night (C)
nombre *m.* name (A)
normalmente normally (C)
norte *m.* north (B)
norteamericano(a) North American
nosotros(as) *m.(f.)* we
novecientos(as) nine hundred
noveno(a) ninth (4)
noventa ninety
noviembre November (1)
novio(a) *m.(f.)* boy(girl)friend, fiance(é) (3)
nube *f.* cloud (1)
nublado cloudy (1)
nuestro(a) our
nuevo(a) new
  de nuevo again (7)
número *m.* number
nunca never (B)

O

o or
octavo(a) eighth (4)
octubre October (1)
ocuparse de to take care of (7)
ochenta eighty
ochocientos(as) eight hundred
odiar to hate (8)
oeste *m.* west (B)
oferta *f.* sale
  ¿No está en oferta? It's not on sale?
ofrecer to offer
oír to hear (13)
ojo *m.* eye (3)
optimista optimist(ic) (2)
orden *m.* order
  a sus órdenes at your service
oreja *f.* ear (10)
orilla del mar *f.* seashore (9)
otoño *m.* autumn, fall (1)
otro(a) other
  otra cosa another thing
  en otra oportunidad at some other time
oxígeno *m.* oxygen (10)

P

paciente patient (3)
padrastro *m.* stepfather (A)
padre *m.* father (A)
  padres *m. pl.* parents
pagar to pay (4)
país *m.* country (A)
paisaje *m.* countryside, landscape (13)
pájaro *m.* bird
pálido(a) pale (3)
pan *m.* bread (C)
  pan dulce any sweet roll
  pan tostado toast
panadería *f.* bakery
Panamá Panama (13)
panameño(a) Panamanian
pantalones *m.* pants, slacks
papa *f.* potato (C)
papel *m.* paper (C)
  papel de avión air mail stationery (C)
  papel para escribir a máquina typing paper
papelería *f.* stationery store (C)
un paquete de a package of (C)
para for, in order to (B)
Paraguay Paraguay (13)
paraguayo(a) Paraguayan
sin parar without stopping (11)
pardo(a) brown (2)
parece it appears (3)
  ¿Te parece bien? Is that okay with you? (8)
parque *m.* park (B)
parte *f.* part

en parte al menos at least in part (12)
parte del cuerpo body part (11)
(el lunes / la semana) pasado(a) last (Monday / week) (C)
pasar to pass (9)
pasar tiempo to spend time (A)
Lo pasamos bien. We have a good time. (9)
paseo *m.* walk (A)
dar un paseo to take a walk (A)
pasta *f.* pasta
pastel *m.* pastry, pie
pastilla *f.* pill (11)
patata *f.* potato (Spain) (C)
patatas bravas potatoes in a spicy sauce (C)
pecho *m.* chest (10)
un pedazo de a piece of (C)
pedir (i) to ask for, request (C)
peinarse to comb (7)
película *f.* movie (A)
película de aventura adventure movie
película de ciencia ficción science fiction movie
película cómica comedy movie
película de horror horror movie
pelirrojo(a) redheaded
pelo *m.* hair (3)
pelota *f.* ball
pelota de tenis tennis ball
pensar (ie) to think
peor worse, worst
pepino *m.* cucumber (C)
pequeño(a) small (A)
pera *f.* pear (C)
perder (ie) to lose
Perdón. Excuse me. (C)
perezoso(a) lazy (3)
perfeccionar to perfect (5)
perfecto(a) perfect (3)
periódico *m.* newspaper (6)
periodista *m.* or *f.* journalist
período *m.* period (of time) (2)
no permiten do not permit, do not allow (4)
pero but
perro *m.* dog
persona *f.* person (4)
Perú Peru (13)
peruano(a) Peruvian
pesadilla *f.* nightmare (12)
pesado(a) heavy (2)
pesar to weigh (12)
Peso... kilos. I weigh ... kilos.
pescado *m.* fish
pesimista pessimist(ic) (2)
piano *m.* piano (A)
picante spicy (C)
pie *m.* foot (B)
a pie on foot (B)
pierna *f.* leg (10)
pimienta *f.* pepper (spice)
pintor(a) *m.(f.)* painter (2)
pintura *f.* painting (A)
piscina *f.* swimming pool
piso *m.* floor (4)
(en el primer) piso (on the first) floor (4)
pizza *f.* pizza (C)
plan *m.* floor plan (6)
planear to plan
plano del metro *m.* subway map
planta *f.* floor, plant (A)
planta baja ground floor (4)
plátano *m.* banana (14)
plato *m.* dish, plate (6)
playa *f.* beach
playa de estacionamiento *f.* parking lot
plaza *f.* square (B)
pluma *f.* fountain pen
poco(a) few, a little
poder to be able (to) (13), made an attempt (15)
policía *f.* police, *m.* police officer
estación de policía *f.* police station
política *f.* politics (A)
pollo *m.* chicken (C)
poner to put (6)
poner la mesa to set the table (7)
ponerse to put on (7)
ponerse en forma to get in shape (10)
por for, during (4)
por eso that is why
por eso mismo for that very reason (14)
por favor please (C)
por fin finally (13)
por ... horas for ... hours (5)
por lo general in general (C)
por lo menos at least (1)
por supuesto of course
¿por qué? why? (C)
¿por qué no? why not? (C)
porque because
portafolio *m.* briefcase (A)
posesión *f.* possession
póster *m.* poster (A)
practicar to practice (9)
práctico(a) practical (2)
precio *m.* price (4)
preferencia *f.* preference
preferir (ie, i) to prefer
preguntar to ask (a question)
premio *m.* prize
preocupado(a) worried, preoccupied (12)
No se preocupen. Don't worry. (8)
preparar to prepare
les voy a preparar... I'm going to prepare, make ... for you. (7)
prepararse to get ready, prepare oneself (7)
presentación *f.* presentation, introduction
presentar to present, introduce (12)
Le (Te) presento a... This is... (introduction) (A)
presión *f.* pressure (10)
prestar atención to pay attention (5)
primavera *f.* spring (1)
primer(o/a) first (4)
primo(a) *m.(f.)* cousin (A)
al principio in, at the beginning (13)
producto lácteo *m.* dairy product (12)
profesión *f.* profession
profesor(a) *m.(f.)* professor, teacher
programa de intercambio *m.* exchange program (5)
pronóstico *m.* forecast (1)
propina *f.* tip
proteína *f.* protein (12)
(el año / la semana) próximo(a) next (year / week) (C)
pudo he / she / it could (2)
pueblo *m.* town (9)
¿Puede Ud. arreglar la cuenta? Can you make up the bill? (4)
No puedo dormir. I can't sleep. (11)

puerco *m.* pork (C)
Puerto Rico Puerto Rico
puertorriqueño(a) Puerto Rican
pues then, well then
pulmón *m.* lung (10)
punto *m.* point (11)

Q

que that
¡Qué...! How...!
¡Qué bueno(a)! Great!
¡Qué comida más rica! What delicious food!
¡Qué cosa! Good grief! (7)
¡Qué envidia! I'm envious! (12)
¡Qué horrible! How awful!
¡Qué pena! What a pity!
¡Qué va! No way! (10)
¿qué? what? (B)
¿Qué día es hoy? What day is today?
¿Qué dijiste? What did you say? (6)
¿Qué fecha es hoy? What is the date today? (1)
¿Qué hora es? What time is it? (B)
¿A qué hora...? What time...? (B)
¿Qué te pasa? What's the matter with you? (10)
¿Qué te pasó? What happened to you? (10)
¿Qué tal? How are you? (A)
¿Qué tiempo hace? What's the weather like? (1)
quedarse en cama to stay in bed (7)
querer (ie) to want (C), tried (15)
no querer refused (15)
querer decir to mean (6)
querido(a) dear (5)
quesadilla *f.* quesadilla, Mexican cheese turnover (C)
queso *m.* cheese (C)
¿quién? who?
¿De quién es? Whose is it?
Quiero presentarle(te) a... I want to introduce you to... (A)
química *f.* chemistry
quinceañera *f.* fifteenth birthday party (8)
quinientos(as) five hundred
quinto(a) fifth (4)
quiosco de periódicos *m.* newspaper kiosk
... quisiera... ... would like... (C)
Quisiera algo (alguna cosa) para... I would like something for... (11)
Quisiera presentarle(te) a... I would like to introduce you to... (A)
(nosotros) quisiéramos... we would like... (C)
quitar la mesa to clear the table (7)

R

radio despertador *m.* clock radio (A)
raqueta *f.* racquet
rara vez rarely (B)
un buen rato a good while (7)
reacción *f.* reaction (2)
realista realist(ic) (3)
rebanada de pan *f.* slice of bread
recepción *f.* reception desk (4)
recibir to receive
lo recoge pick him / it up (5)
recuperar to recuperate (12)
refresco *m.* soft drink
refrigerador *m.* refrigerator (6)
regatear to bargain
regresar to return (7)
regular okay, regular, average (2), to regulate (12)
con regularidad regularly (10)
reírse (i,i) to laugh (10)
remedio *m.* remedy (11)
renovar (ue) to renew (12)
de repente suddenly (10)
repetir (i,i) to repeat (12)
la República Dominicana the Dominican Republic
res *m.* beef (C)
resbaloso(a) slippery (1)
reservación *f.* reservation (4)
respuesta *f.* answer, response (8)
restaurante *m.* restaurant (B)
resultado *m.* result (12)
reunirse to meet, get together (7)
revisar to review, check, look over (6)
río *m.* river (13)
riquísimo very delicious
ritmo cardíaco *m.* heart rate (12)
rock *m.* rock music (A)
rodilla *f.* knee (10)
rojo(a) red (2)
romántico(a) romantic (2)
romper(se) to break (a body part) (10)
roncar to snore (12)
ropa *f.* clothing (5)
rosado(a) pink (2)
rubio(a) blond(e) (3)
Rusia Russia
ruso(a) Russian (A)

S

sábado *m.* Saturday (B)
saber to know (a fact) (1), found out (15)
sabor *m.* flavor, taste (14)
sacapuntas *m.* pencil sharpener (A)
sacar to get out something, obtain
sal *f.* salt
sala *f.* room
sala de baño bathroom (4)
sala de estar living room (6)
salida *f.* exit (5)
salir (con / de / para) to leave (with / from / for) (4)
salsa *f.* type of music
salsa picante hot, spicy sauce (C)
salud *f.* health (12)
saludar to greet
saludo *m.* greeting
salvadoreño(a) Salvadorian
sandalia *f.* sandal
sandía *f.* watermelon (C)
sándwich (de jamón con queso) *m.* (ham and cheese) sandwich (C)
seco(a) dry (12)
secretario(a) *m.(f.)* secretary
en seguida right away, at once (9)
seguir (i, i) to continue, follow (B)
segundo(a) second (4)
seguro(a) sure
seiscientos(as) six hundred
semana *f.* week (C)
sencillo(a) simple (10)
sensacional sensational (2)
sentarse (ie) to sit down (7)
sentirse (ie,i) bien (mal) to feel good (bad) (10)

señal *f.* signal, sign (12)
señor *m.* Mr., sir (A)
señora *f.* Mrs., ma'am (A)
señorita *f.* Miss (A)
septiembre September (1)
séptimo(a) seventh (4)
ser to be (A)
Será una sorpresa; no les digas nada. It will be a surprise; don't say anything to them. (8)
serie *f.* series, sequence
serio(a) serious (2)
servicios sanitarios *m.* rest rooms (9)
servilleta *f.* napkin (6)
servirse (i,i) to prepare for oneself, to serve oneself (7)
¿En qué puedo servirle(s)? How can I help you?
sesenta sixty
setecientos(as) seven hundred
setenta seventy
sexto(a) sixth (4)
si if
sí yes
siempre always (C)
¡Siempre lo hacemos! We always do it! (8)
¿Cómo te sientes? How do you feel? (10)
¿Te sientes bien (mal)? Do you feel well (bad)? (10)
Lo siento. I'm sorry.
lo siguiente the following (4)
silla *f.* chair (A)
sillón *m.* armchair (5)
simpático(a) nice
simple simple (4)
sin without (4)
sin límite unlimited
sin parar without stopping (11)
sistema *m.* system
sistema cardiovascular cardiovascular system (10)
sistema de clasificación classification system (4)
situado(a) situated, located (B)
sobre *m.* envelope (C)
soda *f.* soda
sofá *m.* sofa, couch (6)
sol *m.* sun (1)
sólo only (7)
soltero(a) single (3)
solución *f.* solution (10)
Son de... They are from..., They belong to...
Son las... It's ... o'clock. (B)
sonreírse (i,i) to smile (12)
(Yo) (no) soy de... I am (not) from... (A)
(Yo) soy de origen... I am of ... origin. (A)
su his, her, your, their (5)
subir to go up, climb, rise (4)
subir de peso to gain weight (12)
sucio(a) dirty (5)
sudar to sweat (10)
suéter *m.* sweater
suficiente sufficient, enough
sufrir to suffer (11)
sugerir (ie,i) to suggest (12)
¡Super! Super!
superficie *f.* area (14)
sur *m.* south (B)

T

taco (de carne) *m.* (beef) taco (C)
tal vez perhaps (8)
también also, too (A)
tampoco neither
tan so
tan(to)... como... as much ... as...
tapa *f.* Spanish snack (C)
taquería *f.* taco stand (C)
taquilla *f.* booth
tardarse to take a long time (7)
tarda... minutos it takes ... minutes (B)
tarde late (5)
tarde *f.* afternoon
por la tarde in the afternoon (C)
tarea *f.* homework (7)
tarjeta *f.* card (C)
tarjeta de abono transportes commuter pass
tarjeta de crédito credit card (4)
tarjeta de cumpleaños birthday card (C)
tarjeta del Día de las Madres Mothers' Day card (C)
taxi *m.* taxi
taza *f.* cup (6)
té (helado) *m.* (iced) tea (C)
teatral theatrical (2)
teatro *m.* theater (A)
teléfono *m.* telephone (4)
televisor *m.* television set (A)
televisor a colores color television set
temperatura *f.* temperature (1)
La temperatura está en... grados (bajo cero). It's ... degrees (below zero). (1)
temprano early (5)
tenedor *m.* fork (6)
tener to have (A)
tener... años to be ... years old (A)
tener dolor de... to have a ...ache (10)
tener ganas de... to feel like...
tener hambre to be hungry
tener miedo to be afraid (15)
tener que to be obligated, was compelled to (15)
tener razón to be right (10)
tener sed to be thirsty
tener suerte to be lucky (10)
Tenga la bondad de responder tan pronto como sea posible. Please be kind enough to respond as soon as possible. (8)
tenis *m.* tennis
tercer(o/a) third (4)
terraza *f.* terrace, porch (6)
territorio *m.* territory (14)
tía *f.* aunt (A)
tiempo *m.* time, weather
a tiempo on time (5)
buen (mal) tiempo good (bad) weather (1)
¿Cuánto tiempo hace? How long ago? (12)
¿Cuánto tiempo hace que te sientes así? How long have you felt this way? (11)
tienda *f.* store
tienda de campaña tent (9)
tienda de deportes sporting goods store
tienda de discos record shop
tienda de ropa clothing store
tiene he / she / it has
¿Tiene Ud...? Do you have...? (C)
¿Tiene Ud. cambio de... pesetas? Do you have change for ... pesetas? (C)

¿Tiene Ud. la cuenta para...? Do you have the bill for...? (4)
¿Cuántos años tienes? How old are you? (A)
tierra *f.* land (14)
tímido(a) timid (3)
tío *m.* uncle (A)
tirarse to dive, throw oneself (10)
toalla *f.* towel (5)
tobillo *m.* ankle (10)
tocar to touch, play (instrument) (A)
todo(a) all
en todo caso in any event (5)
Es todo. That's all. (C)
todos los días every day (C)
de todos modos at any rate (11)
tomar to take (B)
tomar el sol to sunbathe (9)
tomar la temperatura to take a temperature (11)
tomate *m.* tomato (C)
tonificar to tone up (10)
tono muscular *m.* muscle tone (12)
tonto(a) silly, stupid, foolish
torcerse to twist (a body part) (10)
tormenta *f.* storm (1)
torpe clumsy (10)
tortilla *f.* cornmeal pancake (Mexico)
tortilla de patatas Spanish omelette (C)
tos *f.* cough (11)
toser to cough (11)
pan tostado *m.* toast
tostador *m.* toaster (6)
trabajador(a) *m.(f.)* worker, hard-working (3)
trabajar to work (A)
tradicional traditional (A)
traer to bring (8)
traígame... bring me... (C)
tratar de to try to (12)
tren *m.* train (B)
tres three (C)
trescientos(as) three hundred
triste sad (2)
trompeta *f.* trumpet (A)
trotar to jog (10)
Truena. There's thunder. (1)
tu your (1)
tú you (familiar) (A)
turista *m.* or *f.* tourist
¿Tuviste algún accidente? Did you have an accident? (10)

U

un(a) *m.(f.)* a, an (A)
Un(a)..., por favor. One ..., please. (C)
La Unión Soviética the Soviet Union (13)
universidad *f.* university (B)
uno one (C)
unos(as) some (C)
Uruguay Uruguay (13)
uruguayo(a) Uruguayan
usted/Ud. you (formal) (A)
usualmente usually
útil useful (4)
uva *f.* grape (C)

V

va a haber there is going to be (8)
vacaciones *f.* vacation (9)
vacío(a) vacant, empty (6)
valiente brave (3)
¡Vamos! Let's go! (C)
Vamos a... Let's go ...
Vamos a ver. Let's see. (4)
nos vamos we're leaving (7)
variado(a) varied (2)
varios(as) various, several
vaso *m.* glass (6)
a veces sometimes (B)
vecino(a) *m.(f.)* neighbor (3)
vegetal *m.* vegetable (12)
veinte twenty
nos vemos we'll see each other (7)
vendedor(a) *m.(f.)* salesman (woman)
vender to sell
venezolano(a) Venezuelan
Venezuela Venezuela
venir to come (B)
ventaja *f.* advantage (10)
ventana *f.* window (6)
ver to see (C)
A ver. Let's see.
verano *m.* summer (1)
¿De veras? Really? (12)
¿verdad? right?
verdaderamente truly (10)
verde green (2)
No te ves muy bien. You don't look very well. (10)
vestido *m.* dress
vestirse (i,i) to get dressed (7)
vez *f.* time, instance
una vez once
una vez al año once a year
de vez en cuando from time to time (B)
viajar to travel (A)
viaje *m.* trip
agencia de viajes *f.* travel agency
vida *f.* life
vídeo *m.* videocassette, VCR (A)
viejo(a) old (2)
viento *m.* wind (1)
viernes *m.* Friday (B)
violeta violet (2)
violín *m.* violin (A)
virus *m.* virus (11)
visitar to visit (5)
vista nocturna *f.* night vision (12)
vitamina *f.* vitamin (12)
vivir to live
(Yo) vivo en... I live in... (A)
volcán *m.* volcano (13)
vólibol *m.* volleyball
volver (ue) to return (1)
vosotros(as) *m.(f.)* you (familiar plural)
voy I go (A)
yo voy a hacerlo I'm going to do it (7)

W

WC *m.* toilet (4)

Y

y and (A)
ya already (7)
ya en casa once home (7)
¡Ya es hora! It's about time! (7)
yo I (A)
yogur *m.* yogurt

Z

zanahoria *f.* carrot (C)
zapatería *f.* shoe store
zapato *m.* shoe
zapato de tacón high-heeled shoe
zapato de tenis tennis shoe

Glossary

English-Spanish

The numbers in parentheses refer to the chapter in which the word or phrase may be found. Entries without chapter numbers were presented in Book 1.

A

a / an **un(a)** *m.(f.)* (A)
(to) be able to **poder** (13, 15)
about **como a** (7)
at about **a eso de** (7)
absence **ausencia** *f.* (8)
Absolutely not! **¡No, en absoluto!** (9)
accident **accidente** *m.* (10)
Did you have an accident? **¿Tuviste algún accidente?** (10)
accountant **contador(a)** *m.(f.)*
(head / back / stomach)ache **dolor de (cabeza / espalda / estómago)** *m.* (11)
(to) achieve **alcanzar** (11)
across from **frente a, en frente de** (B)
action **acción** *f.*
active **activo(a)** (3)
additional **adicional** (12)
(to) admit **admitir** (12)
(to) adore **adorar** (3)
advantage **ventaja** *f.* (10)
(to) take advantage of **aprovechar** (8)
adventure movie **película de aventura** *f.*
(to) do aerobics **hacer ejercicios aeróbicos** (10)
(to) be afraid **tener miedo** (15)
after **después**
afternoon **tarde** *f.*
in the afternoon **por la tarde** (C)
afterwards **luego**
again **de nuevo** (7)
against the wall **contra la pared** (6)
age **edad** *f.* (5)
...ago **hace...** (C)
air-conditioned **aire acondicionado** (6)
airplane **avión** *m.*
airport **aeropuerto** *m.* (B)
all **todo(a)**
allergy **alergia** *f.* (11)
do not allow **no permiten** (4)
almost **casi** (7)
already **ya** (7)
also **también** (A)
alteration **cambio** *m.*
always **siempre** (C)
ambitious **ambicioso(a)** (3)
American **americano(a)** (A)
American, from the United States **estadounidense**
and **y** (A)
angry **enojado(a)**
animal **animal** *m.* (A)
ankle **tobillo** *m.* (10)
(to) announce **anunciar**
annual **anual** (11)
another thing **otra cosa**
(to) answer **contestar**
answer **respuesta** *f.* (8)
Answer me as soon as possible. **Contéstame cuanto antes.** (8)
antibiotic **antibiótico** *m.* (11)
antihistamine **antihistamínico** *m.* (11)
anxiety **ansiedad** *f.* (12)
any **cualquier**
apartment **apartamento** *m.* (A)
(to) apologize **disculparse**
apparently **aparentemente** (12)
it appears **parece** (3)
apple **manzana** *f.* (C)
appointment **cita** *f.*
(to) approach **acercarse** (14)
April **abril** (1)
architect **arquitecto(a)** *m.(f.)*
area **superficie** *f.* (14)
Argentina **Argentina** (13)
Argentine **argentino(a)** (A)
(to) argue **discutir**
arm **brazo** *m.* (10)
armchair **sillón** *m.* (5)
around **como a, a eso de** (7)
(to) arrange **arreglar** (6)
(to) arrive (at / from) **llegar (a / de)** (4)
art **arte** *m.* or *f.* (A)
article **artículo** *m.* (12)
as **como**
ash **ceniza** *f.* (14)
(to) ask (a question) **preguntar**
(to) ask for **pedir (i)** (C)
(to) fall asleep **dormirse (ue)** (7)
aspirin **aspirina** *f.* (11)
(to) assure **asegurar** (10)
at **a** (A)
athletic **atlético(a)** (3)
(to) attend **asistir a** (A)
August **agosto** (1)
aunt **tía** *f.* (A)
autumn **otoño** *m.* (1)
avenue **avenida** *f.* (B)
average **regular** (2)

B

baby **bebé** *m.* or *f.* (12)
back **espalda** *f.* (10)
in back of **detrás de** (B)
backpack **mochila** *f.* (A)
bad **malo(a)** (2)
bakery **panadería** *f.*
balanced **balanceado(a)** (12)
ball **pelota** *f.*
balloon **globo** *m.*
ball-point pen **bolígrafo** *m.* (A)
banana **banana** *f.* (C), **plátano** *m.* (14)
bank **banco** *m.* (B)
(to) bargain **regatear**
baseball **béisbol** *m.*
basketball **básquetbol** *m.*
bath **baño** *m.* (4)
(to) bathe oneself **bañarse** (7)
bathroom **sala de baño** *f.* (4)

(to) be **estar** (A), **ser** (A)
(to) be in a bad mood **estar de mal humor** (1)
(to) be ... years old **tener... años** (A)
beach **playa** *f.*
bean **grano** *m.* (14)
beans **frijoles** *m.* (C)
beard **barba** *f.* (3)
beautiful **hermoso(a)**
because **porque**
(to) become **convertirse en** (14)
bed **cama** *f.* (A)
(double / single) bed **cama (matrimonial / sencilla)** (4)
bedroom **dormitorio** *m.* (6)
beef **carne de res, carne** *f.* (C)
(to) begin **comenzar (ie)** (7)
in / at the beginning **al principio** (13)
behind **detrás de** (B)
(to) believe **creer** (13)
Belize **Belice** (13)
It belongs to... **Es de...**
They belong to... **Son de...**
belt **cinturón** *m.*
(to) benefit **beneficiarse** (5)
beside **al lado de** (B)
besides **además**
better **mejor**
between ... and ... **entre... y...** (B)
bicycle **bicicleta** *f.* (A)
bidet **bidé** *m.* (4)
big **grande** (A)
bill **cuenta** *f.* (4)
Can you make up the bill? **¿Puede Ud. arreglar la cuenta?** (4)
Do you have the bill for...? **¿Tiene Ud. la cuenta para...?** (4)
biology **biología** *f.*
bird **pájaro** *m.*
birthday **cumpleaños** *m.* (C)
birthday card **tarjeta de cumpleaños** *f.* (C)
biscuit **galleta** *f.*
black **negro(a)** (2)
blond(e) **rubio(a)** (3)
blouse **blusa** *f.*
blue **azul** (2)
body part **parte del cuerpo** *f.* (11)
Bolivia **Bolivia**
Bolivian **boliviano(a)**
bone **hueso** *m.* (12)
book **libro** *m.* (A)
bookshelf **estante** *m.* (5)
bookstore **librería** *f.* (B)
boot **bota** *f.*
booth **taquilla** *f.*
border **frontera** *f.* (11)
bored, boring **aburrido(a)** (2)
(He / She) was born... **(Él / Ella) nació...** (1)
both **los(las) dos** (7)
a bottle of **una botella de** (C)
boutique **boutique** *f.*
boyfriend **novio** *m.* (3)
brave **valiente** (3)
Brazil **Brasil** (13)
bread **pan** *m.* (C)
(to) break (a body part) **romper(se)** (10)
breakfast **desayuno** *m.* (4)
briefcase **portafolio** *m.* (A)
(to) bring **traer** (8)
bring me... **traígame...** (C)
brother **hermano** *m.* (A)
brown **pardo(a)** (2)
brown, dark **café** (2)
medium-brown hair **castaño(a)** (3)
brunet(te) **moreno(a)**
(to) brush (one's hair / teeth) **cepillarse (el pelo / los dientes)** (7)
building **edificio** *m.*
a bunch of **un atado de** (C)
bus **autobús** *m.* (B)
bus terminal **estación de autobuses** *f.*
business **negocio** *m.*
businessman(woman) **hombre (mujer) de negocios** *m.(f.)*
but **pero**
butcher shop **carnicería** *f.*
butter **mantequilla** *f.*
(to) buy **comprar** (A)

C

café **café** *m.* (2)
calcium **calcio** *m.* (12)
calculator **calculadora** *f.* (A)
Calm down! **¡Cálmate!** (9)
calorie **caloría** *f.* (12)
camera **cámara** *f.*
(to) camp **acampar** (9)
camper **coche-caravana** *m.* (9)
campground **área de acampar** *f.* (9)
a can of **una lata de** (C)
Canada **Canadá** (13)
Canadian **canadiense**
candy **dulce** *m.* (5)
canyon **cañón** *m.* (14)
capacity **capacidad** *f.* (10)
capital city **capital** *f.* (13)
car **coche** *m.* (A)
card **tarjeta** *f.* (C)
cardiovascular system **sistema cardiovascular** (10)
(to) care for **cuidar** (11)
(to) take care of **ocuparse de** (7)
Take care of yourself. **Cuídese. (Cuídate.)** (A)
Careful! **¡Cuidado!** (3)
carpet **alfombra** *f.* (A)
carrot **zanahoria** *f.* (C)
(to) carry **llevar** (A)
(to) carry out **llevar a cabo** (12)
in cash **en efectivo** (4)
cat **gato** *m.*
category **categoría** *f.* (4)
cathedral **catedral** *f.* (B)
cause **causa** *f.* (12)
(to) celebrate **celebrar**
center **centro** *m.* (A)
cereal **cereal** *m.* (12)
chair **silla** *f.* (A)
armchair **sillón** *m.* (5)
(to) change **cambiar**
change **cambio** *m.*
Do you have change for ... pesetas? **¿Tiene Ud. cambio de... pesetas?** (C)
(to) take charge of **encargarse de** (7)
(to) chat **charlar** (7)
cheap **barato(a)**
(to) check **revisar** (6)
cheese **queso** *m.* (C)
cheeseburger **hamburguesa con queso** *f.* (C)
chemistry **química** *f.*
chest **pecho** *m.* (10)
chicken **pollo** *m.* (C)
childish **infantil** (2)
Chile **Chile**
Chilean **chileno(a)**
chills **escalofríos** *m.* (11)
China **China** (13)
Chinese **chino(a)** (A)
chocolate **chocolate** *m.* (C)

church **iglesia** *f.* (B)
city **ciudad** *f.* (A)
classic(al) **clásico(a)** (2)
classification system **sistema de clasificación** (4)
(to) classify **clasificar** (4)
(to) clear the table **quitar la mesa** (7)
It's a clear day. **Está despejado.** (1)
(to) climb **subir**
clock radio **radio despertador** *m.* (A)
closet **clóset** *m.* (5)
clothing **ropa** *f.* (5)
clothing store **tienda de ropa** *f.*
cloud **nube** *f.* (1)
cloudy **despejado, nublado** (1)
It's a cloudy day. **Está nublado.** (1)
club **club** *m.*
clumsy **torpe** (10)
coast **costa** *f.* (9)
coat **abrigo** *m.*
coffee (with milk) **café (con leche)** *m.* (C)
a cold **catarro** *m.* (11)
cold **frío(a)** (1)
Colombia **Colombia**
Colombian **colombiano(a)**
color **color** *m.*
What color is ...? **¿De qué color es...?** (2)
(to) comb **peinarse** (7)
(to) come **venir** (B)
comedy movie **película cómica** *f.*
comfort **confort** *m.* (4)
comfortable **cómodo(a), confortable** (4)
comical **cómico(a)** (3)
(to) comment **comentar**
commuter pass **tarjeta de abono transportes** *m.*
compact disk **disco compacto** *m.*
company **compañía** *f.*
comparison **comparación** *f.*
complete **completo(a)** (2)
computer **computadora** *f.* (A)
concert **concierto** *m.* (A)
consecutive **consecutivo(a)** (10)
constantly **constantemente** (11)
content **contento(a)** (13)
contest **concurso** *m.*
(to) continue **continuar, seguir (i, i)** (B)
continuous **continuo(a)** (10)
convenient **conveniente** (7)
(to) cook **cocinar** (6)
cookie **galleta** *f.*
cool **fresco(a)** (1)
corn **maíz** *m.* (C)
on the corner of ... and ... **en la esquina de... y...** (B)
cornmeal pancake (Mexico) **tortilla** *f.*
corridor **corredor** *m.* (4)
(to) cost **costar (ue)** (9)
Costa Rica **Costa Rica** (13)
Costa Rican **costarricense**
costly **costoso(a)** (13)
(it) costs **cuesta** (C)
cotton **algodón** *m.* (14)
couch **sofá** *m.* (6)
cough **tos** *f.* (11)
cough syrup **jarabe** *m.* (11)
(to) cough **toser** (11)
(he / she / it) could **pudo** (2)
I'm counting on you **cuento contigo** (8)
country **país** *m.* (A)
countryside **paisaje** *m.* (13)
cousin **primo(a)** *m.(f.)* (A)
cream **crema** *f.*
credit card **tarjeta de crédito** *f.* (4)
croissant **croissant** *m.*
(to) cross **cruzar** (B)
Cuba **Cuba**
Cuban **cubano(a)**
cucumber **pepino** *m.* (C)
(to) cultivate **cultivar** (14)
cup **taza** *f.* (6)
curtain **cortina** *f.* (6)
caramel custard **flan** *m.*
customarily **de costumbre** (C)
(to) cut (oneself) **cortar(se)** (10)

D

dairy **lácteo** (12)
dairy product **producto lácteo** *m.* (12)
dance **baile** *m.*
popular dance **baile popular**
(to) dance **bailar** (A)
dark-haired **moreno(a)**
date **fecha** *f.*, (appointment) **cita** *f.*
What is the date? **¿A cuántos estamos?** (1)
What is the date today? **¿Qué fecha es hoy?, ¿Cuál es la fecha de hoy?** (1)
daughter **hija** *f.* (A)
day **día** *m.* (B)
What day is today? **¿Qué día es hoy?**
dead **muerto(a)** (A)
dear **querido(a)** (5)
December **diciembre** (1)
degree **grado** *m.* (1)
It's ... degrees (below zero). **La temperatura está en... grados (bajo cero).** (1)
delicious **delicioso(a)** (2)
very delicious **riquísimo**
What delicious food! **¡Qué comida más rica!**
Delighted. **Encantado(a).** (A)
(to) demand **demandar** (10)
dentist **dentista** *m.* or *f.*
(to) depend on **depender de** (1)
(to) describe **describir**
Describe ... for me. **Descríbeme...**
describes to him, her, you **le describe** (3)
desk **escritorio** *m.* (A)
(to) develop **desarrollar** (12)
(to) devote oneself to **dedicarse** (9)
difficulty **dificultad** *f.* (12)
digestion **digestión** *f.* (12)
dining room **comedor** *m.* (6)
in which direction? **¿en qué dirección?**
directly **directamente** (7)
dirty **sucio(a)** (5)
disagreeable **antipático(a)**
discotheque **discoteca** *f.* (B)
discreet **discreto(a)** (3)
dish **plato** *m.* (6)
dishonest **deshonesto(a)** (3)
(to) dive **tirarse** (10), **clavarse** (Mexico) (13)
diver **clavadista** *m.* or *f.* (13)
(to) divide **dividir** (13)
divorced **divorciado(a)** (A)
(to) do **hacer**
I'm going to do it **yo voy a hacerlo** (7)
We always do it! **¡Siempre lo hacemos!** (8)

doctor **doctor(a)** *m.(f.)*, **médico(a)** *m.(f.)*
dog **perro** *m.*
Dominican **dominicano(a)**
the Dominican Republic **la República Dominicana**
dose **dosis** *f.* (10)
doubt **duda** *f.* (12)
(to) go down **bajar**
downtown **centro** *m.* (A)
a dozen **una docena de** (C)
drawer **cajón** *m.* (5)
dress **vestido** *m.*
(to) get dressed **vestirse (i,i)** (7)
dresser **cómoda** *f.* (A)
drink **bebida** *f.*
(to) drive **conducir** (13)
It's drizzling. **Llovizna.** (1)
drugstore **farmacia** *f.* (B)
dry **seco(a)** (12)
during **durante** (5), **por** (4)

E

each **cada** (10)
ear **oreja** *f.* (10)
early **temprano** (5)
(to) earn **ganar**
east **este** *m.* (B)
(to) eat **comer** (C)
(to) eat breakfast **desayunarse** (7)
(to) eat supper **cenar**
economical **económico(a)** (2)
Ecuador **Ecuador** (13)
Ecuadorian **ecuatoriano(a)**
efficient **eficiente** (10)
eight hundred **ochocientos(as)**
eighth **octavo(a)** (4)
eighty **ochenta**
El Salvador **El Salvador** (13)
elbow **codo** *m.* (10)
elegant **elegante** (2)
elevator **ascensor** *m.* (4)
employee **empleado(a)** *m.(f.)* (4)
empty **vacío(a)** (6)
enchilada **enchilada** *f.* (C)
at the end of **al final de** (B), **al fondo de** (4)
energy **energía** *f.* (12)
engineer **ingeniero(a)** *m.(f.)*
England **Inglaterra**
English **inglés(esa)** (A)
(to) enjoy **disfrutar de** (8)
enjoyable **divertido(a)** (2)
enough **bastante, suficiente** (B)
entrance ticket **entrada** *f.*
envelope **sobre** *m.* (C)
I'm envious! **¡Qué envidia!** (12)
epidemic **epidemia** *f.* (11)
equality **igualdad** *f.*
eraser **borrador** *m.* (A)
errand **mandado** *m.* (C)
(to) do an errand **hacer un mandado** (C)
(to) establish **establecer**
in any event **en todo caso** (5)
every **cada** (10)
every day **todos los días** (C)
exactly **exactamente** (12), **exacto** (8)
(to) exaggerate **exagerar** (7)
example **ejemplo** *m.* (7)
exchange program **programa de intercambio** *m.* (5)
Don't get excited! **¡No te excites!** (9)
Excuse me. **Perdón.** (C)
(to) do exercises **hacer gimnasia** (10)
exit **salida** *f.* (5)
expensive **caro(a)** (2)
expert **experto(a)** (10)
(to) express **expresar**
expression **expresión** *f.*
eye **ojo** *m.* (3)
eyedrops **gotas para los ojos** *f.* (11)

F

face **cara** *f.* (10)
(to) facilitate **facilitar** (12)
facing **frente a, en frente de** (B)
fair **feria** *f.*
fall **otoño** *m.* (1)
(to) fall **caerse** (10)
family **familia** *f.* (A)
famous **famoso(a)**
far from **lejos de** (B)
fat **gordo(a)** *adj.*
fat **grasa** *f.* (12)
father **padre** *m.* (A)
Father's Day **el Día de los Padres** (C)
fault **culpa** *f.* (7)
favorite **favorito(a)**
fear **miedo** *m.* (15)
February **febrero** (1)
(to) feel good (bad) **sentirse (ie,i) bien (mal)** (10)
Do you feel well (bad)? **¿Te sientes bien (mal)?** (10)
(to) feel like... **tener ganas de...**
ferocious **feroz** (13)
festival (religious) honoring a town's patron saint **Fiesta del pueblo**
fever **fiebre** *f.* (11)
few **poco(a)**
fiance(é) **novio(a)** *m.(f.)* (3)
fiber **fibra** *f.* (12)
fifteenth birthday party **quinceañera** *f.* (8)
fifth **quinto(a)** (4)
fifty **cincuenta**
finally **finalmente, por fin** (13)
(to) find **encontrar (ue)**
fine **bien** (A)
finger **dedo (de la mano)** *m.* (10)
fireworks **fuegos artificiales** *m.*
first **primer(o/a)** (4)
in the first place **en primer lugar** (7)
fish **pescado** *m.*
five hundred **quinientos(as)**
(to) fix **arreglar** (6)
flavor **sabor** *m.* (14)
(to) float **flotar** (10)
floor **planta** *f.* (A), **piso** *m.* (4)
(on the first) floor **(en el primer) piso** (4)
floor plan **plan** *m.* (6)
ground floor **planta baja** (4)
flour **harina** *f.*
flower shop **florería** *f.*
flu **gripe** *f.* (11)
flute **flauta** *f.* (A)
fog **neblina** *f.*, **niebla** *f.* (1)
It's foggy. **Hay niebla.** (1)
folk dance **baile folklórico** *m.*
(to) follow **seguir (i, i)** (B)
the following **lo siguiente** (4)
food **alimento** *m.*, **comida** *f.*
foolish **tonto(a)**
foot **pie** *m.* (B)
on foot **a pie** (B)
football **fútbol americano** *m.*
for **por** (4), **para** (B)
for ... hours **por... horas** (5)
forecast **pronóstico** *m.* (1)
forehead **frente** *f.* (10)
forest **bosque** *m.* (14)
fork **tenedor** *m.* (6)

(to) form **formar** (12)
formal **formal** (2)
fortunately **afortunadamente** (7)
forty **cuarenta**
found out **saber** (preterite) (15)
fountain pen **pluma** *f.*
four hundred **cuatrocientos(as)**
fourth **cuarto(a)** (4)
France **Francia**
French **francés(esa)** (A)
frequently **con frecuencia** (10), **frecuentemente** (B)
Friday **viernes** *m.* (B)
friend **amigo(a)** *m.(f.)* (A)
friendly **amable** (5)
Is from… **Es de…**
in front of **delante de** (B)
frozen **congelado(a)**
fruit **fruta** *f.* (12)
  fruit salad **ensalada de frutas** *f.*
full **lleno(a)**
(to) function **funcionar** (2)
funny **cómico(a)** (3)
furious **furioso(a)** (13)
(fully) furnished **(completamente) amueblado** (6)
future **futuro** *m.*

G

(to) gain weight **subir de peso** (12)
(two-car) garage **garaje (para dos coches)** *m.* (6)
garden **jardín** *m.* (6)
in general **por lo general** (C)
generous **generoso(a)** (3)
geography **geografía** *f.* (13)
German **alemán(ana)** (A)
Germany **Alemania**
(to) get out something **sacar**
(to) get together **reunirse** (7)
(to) get up **levantarse** (7)
girlfriend **novia** *f.* (3)
(to) give **dar** (11)
(drinking) glass **vaso** *m.* (6)
globe **globo** *m.*
(to) go **ir** (A)
  I go **voy** (A)
  (to) go along **andar**
  (to) go away **irse** (7)
  (to) go to bed **acostarse (ue)** (7)
  (to) go down **bajar**
  (to) go up **subir** (4)
  (to) give a going-away party **darles la despedida** (8)
  (to) be going to… **ir a…**
golf **golf** *m.* (9)
good **bueno(a)** (2)
  Good afternoon. **Buenas tardes.**
  Good evening. **Buenas noches.**
  Good grief! **¡Qué cosa!** (7)
  Good heavens! **¡Ave María!** (7)
  Good morning. **Buenos días.** (A)
  Good night. **Buenas noches.**
good-bye **adiós, chao** (A)
  (to) say good-bye **darles la despedida** (8)
  (to) say good-bye to **despedirse (i, i) de** (5)
government **gobierno** *m.* (13)
(50) grams of **(50) gramos de** (C)
grandaughter **nieta** *f.* (3)
grandfather **abuelo** *m.* (A)
grandmother **abuela** *f.* (A)
grandson **nieto** *m.* (3)
grape **uva** *f.* (C)
grave **grave** *adj.* (10)
gray **gris** (2)
Great! **¡Qué bueno(a)!**
Great Britain **Gran Bretaña** (13)
green **verde** (2)
(to) greet **saludar**
greeting **saludo** *m.*
grenadine **granadina** *f.*
grievous **grave** (10)
ground floor **planta baja** (4)
group **grupo** *m.*
guacamole **ensalada de guacamole** *f.* (C)
Guatemala **Guatemala** (13)
Guatemalan **guatemalteco(a)**
guitar **guitarra** *f.* (A)
gym(nasium) **gimnasio** *m.* (10)

H

hair **pelo** *m.* (3)
half **medio(a)**
hallway **corredor** *m.* (4)
ham **jamón** *m.* (C)
hamburger **hamburguesa** *f.* (C)
hand **mano** *f.* (10)
handsome **guapo(a)**
What happened to you? **¿Qué te pasó?** (10)
happy **alegre** (2)
hard-working **trabajador(a)** (3)
(to) harvest **cosechar** (14)
(he / she / it) has **tiene**
  it has been… **hace…** (C)
(to) hate **odiar** (8)
(to) have **tener** (A)
  (to) have a …ache **tener dolor de…** (10)
  (to) have a good time **divertirse (ie,i)** (7)
  (to) have just… **acabar de…**
  Do you have…? **¿Tiene Ud…?** (C)
  We have a good time. **Lo pasamos bien.** (9)
hay fever **fiebre del heno** (11)
hazel (eyes) **castaño(a)** (3)
he **él**
head **cabeza** *f.* (10)
health **salud** *f.* (12)
(to) hear **oír** (13)
heart **corazón** *m.* (5)
  heart rate **ritmo cardíaco** *m.* (12)
  with all my heart **con todo el corazón** (5)
heat **calor** *m.* (1)
heavy **pesado(a)** (2)
Hello. **Hola.** (A)
  Hello! (answering the phone) **¡Bueno!, ¡Diga / Dígame!**
her **su** (5)
here **aquí**
  Here you have… **Aquí tiene…** (C)
high school **escuela secundaria**
high-heeled shoe **zapato de tacón**
(to) take a hike **dar una caminata** (9)
his **su** (5)
Hispanic **hispano(a)**
historical **histórico(a)** (2)
history **historia** *f.* (A)
homework **tarea** *f.* (7)
Honduran **hondureño(a)**
Honduras **Honduras** (13)
honest **honesto(a)** (3)
(to) hope **esperar** (5)
  I hope it's not… **Espero que no sea…** (8)
  I hope that you can visit **espero que Uds. puedan visitar** (5)
horoscope **horóscopo** *m.* (2)
horrible **horrible**
horror movie **película de horror**

horseback riding **equitación** *f.* (9)
(to) go horseback riding **hacer la equitación** (9)
hospital **hospital** *m.* (B)
hospitality **hospitalidad** *f.* (5)
hot **caliente** (7)
It's hot out. **Hace calor.** (1)
hot, spicy sauce **salsa picante** *f.* (C)
hotel **hotel** *m.* (B)
hour **hora** *f.* (B)
half hour **media hora** (5)
house **casa** *f.* (A)
how **como**
how? **¿cómo?**
How...! **¡Qué...!**
How are you? **¿Cómo está(s)?, ¿Qué tal?** (A)
How awful! **¡Qué horrible!**
How can I help you? **¿En qué puedo servirle(s)?**
How do you feel? **¿Cómo te sientes?** (10)
How do you say ...? **¿Cómo se dice...?** (6)
How is it / are they? **¿Cómo es / son?**
How long ago? **¿Cuánto tiempo hace?** (12)
How long have you felt this way? **¿Cuánto tiempo hace que te sientes así?** (11)
how much / many? **¿cuánto(a)?**
How many are there? **¿Cuántos hay?**
How much does it cost? **¿Cuánto cuesta?** (C)
How old are you? **¿Cuántos años tienes?** (A)
hug **abrazo** *m.* (5)
(to) be hungry **tener hambre**
(to) hurry **darse prisa** (7)
Hurry up! **¡Dense prisa!** (7)
(to) hurt **doler (ue)** (11)
(to) hurt oneself **lastimarse** (10)
Did you hurt yourself? **¿Te lastimaste?** (10)
My ... hurt(s). **Me duele(n)...** (11)
husband **esposo** *m.*

I

I **yo** (A)
I am (not) from... **(Yo) (no) soy de...** (A)
I am of ... origin. **(Yo) soy de origen...** (A)
I am ... tall. **Mido...** (12)
ice **hielo** *m.* (1)
ice cream **helado** *m.*
It's icy. **Hay.** (1)
idealist(ic) **idealista** (3)
if **si**
impatient **impaciente** (3)
impossible **imposible**
(to) improve **mejorar** (12)
in **en** (A)
In (the month of)... **En (el mes de)...** (1)
included **incluido(a)** (4)
incredible **increíble** (6)
Independence Day **el Día de la Independencia**
independent **independiente** (3)
indication **indicación** *f.* (12)
indiscreet **indiscreto(a)** (3)
infantile **infantil** (2)
infection **infección** *f.* (11)
instance **vez** *f.*
intellectual **intelectual** (3)
intelligent **inteligente**
interesting **interesante** (2)
(to) introduce **presentar** (12)
I want to introduce you to... **Quiero presentarle(te) a...** (A)
I would like to introduce you to... **Quisiera presentarle(te) a...** (A)
introduction **presentación** *f.*
invitation **invitación** *f.*
iron **hierro** *m.* (12)
is **es**
Italian **italiano(a)** (A)
Italy **Italia**

J

jacket **chaqueta** *f.*
jam **mermelada** *f.*
January **enero** (1)
Japan **Japón** (13)
Japanese **japonés(esa)** (A)
jazz **jazz** *m.* (A)
jelly **mermelada** *f.*
(to) jog **trotar** (10)
joint **coyuntura** *f.* (10)
journalist **periodista** *m.* or *f.*
juice **jugo** *m.*
July **julio** (1)
June **junio** (1)
(to) have just ... **acabar de...**

K

key **llave** *f.* (A)
a kilo(gram) of **un kilo de** (C)
half a kilo(gram) of **medio kilo de** (C)
kilometer **kilómetro** *m.*
kiss **beso** *m.*
kitchen **cocina** *f.* (6)
knee **rodilla** *f.* (10)
knife **cuchillo** *m.* (6)
(to) know (a fact) **saber** (1), (a person, place) **conocer** (3)

L

lack **falta** *f.* (12)
lamp **lámpara** *f.* (4)
land **tierra** *f.* (14)
landscape **paisaje** *m.* (13)
language **lengua** *f.* (A)
large **grande** (A)
(to) last **durar** (7)
last (Monday / week) **(el lunes / la semana) pasado(a)** (C)
last night **anoche** (C)
late **tarde** (5)
later **luego**
Latin **latín** *m.* (7)
(to) laugh **reírse (i,i)** (10)
lawyer **abogado(a)** *m.(f.)*
lazy **perezoso(a)** (3)
(to) learn **aprender** (A)
at least **al menos** (4), **por lo menos** (1)
at least in part **en parte al menos** (12)
leather **cuero** *m.*
(to) leave **irse** (7)
(to) leave (with / from / for) **salir (con / de / para)** (4)
we're leaving **nos vamos** (7)
left **izquierda** (B)
to the left **a la izquierda** (B)
leg **pierna** *f.* (10)
lemon **limón** *m.* (C)
lemonade **limonada** *f.* (C)
less **menos**
less ... than **menos... que...**
Let's be reasonable. **Hay que ser razonables.** (1)

Let's go! **¡Vamos!** (C)
Let's go ... **Vamos a...**
Let's see. **Vamos a ver.** (4), **A ver.**
lettuce **lechuga** *f.* (C)
library **biblioteca** *f.* (B)
life **vida** *f.*
(to) lift weights **levantar pesas** (10)
light **ligero(a)** (2)
like **como**
(to) like **gustar** (A)
(I) (don't) like ... (very much). **(No) (Me) gusta(n) (mucho)...** (A)
line **línea** *f.*
lipids **lípidos** *m.* (12)
(to) listen (to) **escuchar**
a liter of **un litro de** (C)
literature **literatura** *f.* (A)
a little **poco(a)**
(to) live **vivir**
I live in... **(Yo) vivo en...** (A)
living room **sala de estar** *f.* (6)
located **situado(a)** (B)
location **lugar** *m.*
(to) lock oneself in **encerrarse (ie)** (7)
long **largo(a)** (2)
(to) look at **mirar**
(to) look at oneself **mirarse** (7)
Look! **¡Mira!**
You don't look very well. **No te ves muy bien.** (10)
(to) look for **buscar** (4)
(to) look over **revisar** (6)
(to) lose **perder (ie)**
(to) lose weight **bajar de peso** (10)
a lot **mucho(a)**
a lot of times **muchas veces** (10)
(to) lower **bajar**
(to) be lucky **tener suerte** (10)
lung **pulmón** *m.* (10)
luxury **lujo** *m.* (4)

M

ma'am **señora** *f.* (A)
machine **máquina** *f.*
mad **enojado(a)**
Magnificent! **¡Magnífico!** (9)
majority **mayoría** *f.* (12)
(to) make **hacer**
I'm going to make... for you. **les voy a preparar...** (7)
(to) make the bed **hacer la cama**
man **hombre** *m.*
manner **manera** *f.* (10)
subway map **plano del metro** *m.*
March **marzo** (1)
market **mercado** *m.* (C)
married **casado(a)** (A)
mathematics **matemáticas** *f.* (A)
What's the matter with you? **¿Qué te pasa?** (10)
maximum **máximo(a)** (10)
May **mayo** (1)
mayonnaise **mayonesa** *f.*
me **mí**
meal **comida** *f.*
(to) mean **querer decir** (6)
means **medio** *m.*
means of transportation **medio de transporte**
(to) measure **medir (i, i)** (12)
meat **carne** *f.* (C)
mechanic **mecánico(a)** *m.(f.)*
(to) meet **reunirse** (7)
melon **melón** *m.* (C)
square meters **m² (metros cuadrados)** (6)
Mexican **mexicano(a)** (A)
Mexican food **comida mexicana** *f.*
Mexico **México** (13)
microbe **microbio** *m.* (11)
microwave oven **horno de microondas** *m.* (6)
middle **medio** *m.*
midnight **medianoche** *f.*
mile **milla** *f.*
milk **leche** *f.* (C)
(mango) milkshake **licuado (de mango)** *m.* (C)
million **millón**
mineral **mineral** *m.* (12)
mineral water (without carbonation) **agua mineral (sin gas)** *f.* (C)
minute **minuto** *m.* (B)
in ... minutes **en... minutos** (5)
mirror **espejo** *m.* (4)
Miss **señorita** *f.* (A)
(to) miss **extrañar** (5)
I miss you (plural). **Te (Los) extraño.** (5)
modern **moderno(a)** (2)
at this moment **en este momento**
Monday **lunes** *m.* (B)
money **dinero** *m.*
month **mes** *m.* (C)
moped **motocicleta** *f.* (A)
more **más**
more ... than **más... que**
morning **mañana** *f.* (B)
in the morning **de la mañana** (B)
in the morning **por la mañana** (C)
mother **madre** *f.* (A)
Mother's Day **el Día de las Madres** *m.* (C)
Mothers' Day card **tarjeta del Día de las Madres** *f.* (C)
motorcycle **motocicleta** *f.* (A)
mountain **montaña** *f.* (1)
mountain range **cordillera** *f.* (13)
(to) go mountain climbing **hacer alpinismo** (9)
mouth **boca** *f.* (10)
(to) move **moverse (ue)** (7)
movement **movimiento** *m.* (10)
movie **película** *f.* (A)
movie theater **cine** *m.* (C)
Mr. **señor** *m.* (A)
Mrs. **señora** *f.* (A)
much **mucho(a)**
as much ... as... **tan(to)... como...**
very much **muchísimo**
muscle **músculo** *m.* (12)
muscle movement **movimiento muscular** *m.* (12)
muscle tone **tono muscular** *m.* (12)
museum **museo** *m.* (B)
music **música** *f.*
classical music **música clásica** (A)
must **deber**
mustache **bigote** *m.* (3)
my **mi** (A)

N

name **nombre** *m.* (A)
last name **apellido** *m.* (A)
My name is... **(Yo) me llamo...** (A)
What's your name? **¿Cómo te llamas?** (A)
(to) be named **llamarse** (A)
(to) take a nap **dormir la siesta** (4)
napkin **servilleta** *f.* (6)

nationality **nacionalidad** *f.*
nature **naturaleza** *f.* (A)
near **cerca de** (B)
neck **cuello** *m.* (10)
(to) need **necesitar** (4)
neighbor **vecino(a)** *m.(f.)* (3)
neighborhood **barrio** *m.*
neither **tampoco**
nerve **nervio** *m.* (12)
nervous **nervioso(a)** (13)
never **nunca** (B)
new **nuevo(a)**
newspaper **periódico** *m.* (6)
newspaper kiosk... **quiosco de periódicos** *m.*
next (year / week) **(el año / la semana) próximo(a)** (C)
Nicaragua **Nicaragua** (13)
Nicaraguan **nicaragüense**
nice **simpático(a)**
Nice to meet you. **Mucho gusto.** (A)
It's nice out. **Hace buen tiempo.** (1)
night **noche** *f.* (B)
at night **de la noche** (B), **por la noche** (C)
last night **anoche** (C)
night table **mesita de noche** *f.* (4)
night vision **vista nocturna** *f.* (12)
nightmare **pesadilla** *f.* (12)
nine hundred **novecientos(as)**
ninety **noventa**
ninth **noveno(a)** (4)
no **no**
No way! **¡Qué va!** (10)
noon **mediodía** *m.*
normally **normalmente** (C)
north **norte** *m.* (B)
North American **norteamericano(a)**
nose **nariz** *f.* (10)
notebook **cuaderno** *m.* (A)
nothing **nada**
November **noviembre** (1)
now **ahora**
right now **ahora mismo**
number **número** *m.*
nurse **enfermero(a)** *m.(f.)*

O

(to) be obligated **tener que** (15)
(to) obtain **sacar**
It's ... o'clock. **Son las...** (B)
It's one o'clock. **Es la una.** (B)
October **octubre** (1)
of **de** (B)
of course **por supuesto**
Of course! **¡Claro!**
Of course!! (reaffirmed) **¡Claro que sí!**
Of course not! **¡Claro que no!** (4)
of the **de la / del**
(to) offer **ofrecer**
often **a menudo** (10)
oil **aceite** *m.*
okay **de acuerdo** (C), **regular** (2)
Okay. **Está bien.** (8)
Is that okay with you? **¿Te parece bien?** (8)
old **viejo(a)** (2)
older **mayor**
olive **aceituna** *f.* (C)
Spanish omelette **tortilla de patatas** (C)
on **en** (A)
on foot **a pie** (B)
on time **a tiempo** (5)
once **una vez**
at once **en seguida** (9)
once home **ya en casa** (7)
once a year **una vez al año**
one **uno** (C)
One ..., please. **Un(a)..., por favor.** (C)
one hundred **cien(to)**
one-way ticket **billete sencillo**
onion **cebolla** *f.* (C)
only **sólo** (7)
only child **hijo(a) único(a)** *m.(f.)* (A)
open-air market **mercado al aire libre**
optimist(ic) **optimista** (2)
or **o**
orange (color) **anaranjado(a)** (2)
orange (fruit) **naranja** *f.* (C)
order **orden** *m.*
(to) give an order **mandar** (11)
in order to **para** (B)
other **otro(a)**
our **nuestro(a)**
(microwave) oven **horno (de microondas)** *m.* (6)
(to) owe **deber**
oxygen **oxígeno** *m.* (10)

P

(to) pack **empacar** (14)
(to) pack suitcases **hacer las maletas**
a package of **un paquete de** (C)
painter **pintor(a)** *m.(f.)* (2)
painting **cuadro** *m.* (2), **pintura** *f.* (A)
pale **pálido(a)** (3)
Panama **Panamá** (13)
Panamanian **panameño(a)**
pants **pantalones** *m.*
paper **papel** *m.* (C)
air mail stationery paper **papel de avión** (C)
typing paper **papel para escribir a máquina** *m.*
parade **desfile** *m.*
Paraguay **Paraguay** (13)
Paraguayan **paraguayo(a)**
parents **padres** *m. (pl.)*
park **parque** *m.* (B)
parking **estacionamiento** *m.* (6)
parking lot **playa de estacionamiento** *f.*
part **parte** *f.*
party **fiesta** *f.*
(to) pass **pasar** (9)
pasta **pasta** *f.*
pastry **pastel** *m.*
patient **paciente** (3)
(to) pay **pagar** (4)
(to) pay attention **prestar atención** (5)
pea **guisante** *m.* (C)
peach **melocotón** *m.*
peanut **cacahuete** *m.*
pear **pera** *f.* (C)
pen, ball-point **bolígrafo** *m.*, fountain **pluma** *f.*
pencil **lápiz** *m.* (A)
pencil sharpener **sacapuntas** *m.* (A)
pepper (spice) **pimienta** *f.*
hot pepper **chile** *m.*
perfect **perfecto(a)** (3)
(to) perfect **perfeccionar** (5)
perhaps **tal vez** (8)
period (of time) **período** *m.* (2)
do not permit **no permiten** (4)
person **persona** *f.* (4)
Peru **Perú** (13)
Peruvian **peruano(a)**

pessimist(ic) **pesimista** (2)
pharmacy **farmacia** *f.* (B)
piano **piano** *m.* (A)
pick him / it up **lo recoge** (5)
pie **pastel** *m.*
a piece of **un pedazo de** (C)
pill **pastilla** *f.* (11)
pink **rosado(a)** (2)
pizza **pizza** *f.* (C)
place **lugar** *m.*
high plain **meseta** *f.* (14)
(to) plan **planear**
plant **planta** *f.* (A)
plate **plato** *m.* (6)
(to) play **jugar (ue)** (1)
 (to) play (golf / tennis / volleyball) **jugar al (golf / tenis / vólibol)** (9)
 (to) play (instrument) **tocar** (A)
pleasant **agradable** (10)
please **por favor** (C)
 Please be kind enough to respond as soon as possible. **Tenga la bondad de responder tan pronto como sea posible.** (8)
with pleasure **con mucho gusto**
 It would give us great pleasure... **Nos daría mucho gusto...** (8)
poetry contest **concurso de poesía** *m.*
point **punto** *m.* (11)
police **policía** *f.*
 police officer **policía** *m.*
 police station **estación de policía** *f.*
politics **política** *f.* (A)
poorly **mal**
porch **terraza** *f.* (6)
pork **carne de puerco** *m.* (C)
possession **posesión** *f.*
post office **correo** *m.*
poster **póster** *m.* (A)
potato **papa** *f.*, **patata** (Spain) *f.* (C)
 potatoes in a spicy sauce **patatas bravas** (C)
a pound of **una libra de** (C)
practical **práctico(a)** (2)
(to) practice **practicar** (9)
(to) prefer **preferir (ie, i)**
preference **preferencia** *f.*
preoccupied **preocupado(a)** (12)
(to) prepare **preparar**
 (to) prepare oneself **prepararse** (7)
 (to) prepare for oneself **servirse (i,i)** (7)
 I'm going to prepare... **les voy a preparar...** (7)
(to) present **presentar** (12)
presentation **presentación** *f.*
preserve **conserva** *f.*
pressure **presión** *f.* (10)
pretty **bonito(a)** (2)
previous **anterior** (9)
price **precio** *m.* (4)
prize **premio** *m.*
profession **profesión** *f.*
professor **profesor(a)** *m.(f.)*
protein **proteína** *f.* (12)
Puerto Rican **puertorriqueño(a)**
Puerto Rico **Puerto Rico**
purple **morado(a)** (2)
purse **bolsa** *f.*
(to) put **poner** (6)
(to) put on **ponerse** (7)
(to) put on makeup **maquillarse** (7)

Q

quality **calidad** *f.* (4)
quantity **cantidad** *f.*
quarter **cuarto** *m.* (B)
 ...quarter(s) of an hour **... cuarto(s) de hora** (5)
quesadilla **quesadilla** *f.* (C)

R

racquet **raqueta** *f.*
railroad station **estación de trenes**
(to) rain cats and dogs **llover (ue) a cántaros** (1)
raincoat **impermeable** *m.*
It's raining. **Llueve.** (1)
rarely **rara vez** (B)
at any rate **de todos modos** (11)
rather **bastante** (B)
(to) reach **alcanzar** (11)
reaction **reacción** *f.* (2)
(to) read **leer** (A)
ready **listo(a)**
 (to) get ready **prepararse** (7)
realist(ic) **realista** (3)
Really? **¿De veras?** (12)
for that very reason **por eso mismo** (14)
Let's be reasonable **Hay que ser razonables.** (1)
(to) receive **recibir**
reception desk **recepción** *f.* (4)
record **disco** *m.* (A)
 record shop **tienda de discos** *f.*
(to) recuperate **recuperar** (12)
red **rojo(a)** (2)
redheaded **pelirrojo(a)**
refrigerator **refrigerador** *m.* (6)
(to) refuse **no querer** (preterite) (15)
regular **regular** (2)
regularly **con regularidad** (10)
(to) regulate **regular** (12)
remedy **remedio** *m.* (11)
(to) renew **renovar (ue)** (12)
rent **alquiler** *m.* (6)
(to) rent **alquilar** (8)
(to) repeat **repetir (i,i)** (12)
(to) request **pedir (i)** (C)
reservation **reservación** *f.* (4)
(to) respond **contestar**
response **respuesta** *f.* (8)
(to) rest **descansar** (A)
rest rooms **servicios sanitarios** *m.* (9)
restaurant **restaurante** *m.* (B)
result **resultado** *m.* (12)
(to) return **regresar** (7), **volver (ue)** (1)
(to) review **revisar** (6)
rice **arroz** *m.*
(to) ride a horse **montar a caballo** (9)
right **derecha** (B)
 right? **¿verdad?**
 (to) be right **tener razón** (10)
 to the right **a la derecha** (B)
 right away **en seguida** (9)
 right now **ahora mismo**
(to) rise **subir**
river **río** *m.* (13)
rock music **rock** *m.* (A)
romantic **romántico(a)** (2)
room **cuarto** *m.* (A), **habitación** *f.* (4), **sala** *f.*
roundtrip ticket **billete de ida y vuelta**
rug **alfombra** *f.* (A)
(to) run **correr** (A)
Russia **Rusia**
Russian **ruso(a)** (A)

S

sad **triste** (2)
(to) sail (to sailboard) **navegar en velero (una tabla vela)** (9)
sailing **navegación a vela** *f.* (9)
salad **ensalada** *f.* (C)
vegetable salad **ensalada de vegetales (verduras)** *f.*
sale **oferta** *f.*
It's not on sale? **¿No está en oferta?**
salesman(woman) **vendedor(a)** *m.(f.)*
salsa (type of music) **salsa** *f.*
salt **sal** *f.*
Salvadorian **salvadoreño(a)**
same **mismo(a)** (7)
Same here. **Igualmente.** (A)
the same **lo mismo** (12)
sandal **sandalia** *f.*
sandwich (French bread) **bocadillo** *m.* (C)
(ham and cheese) sandwich **sándwich (de jamón con queso)** *m.* (C)
(to) have reason to feel satisfied with oneself **darse por satisfecho** (14)
Saturday **sábado** *m.* (B)
sauce **salsa** *f.* (C)
Spanish sausage **chorizo** *m.* (C)
(to) save **ahorrar** (2)
(to) say **decir** (6)
(to) say yes (no) **decir que sí (no)** (6)
what ... says **lo que dice...** (4)
What did you say? **¿Qué dijiste?** (6)
You don't say! **¡No me digas!** (10)
schedule **horario** *m.*
school **colegio** *m.*, **escuela** *f.* (A)
science **ciencia** *f.* (A)
science fiction movie **película de ciencia-ficción** *f.*
sculpture **escultura** *f.* (A)
sea **mar** *m.* (1)
seashore **orilla del mar** *f.* (9)
second **segundo(a)** (4)
secretary **secretário(a)** *m.(f.)*
(to) see **ver** (C)
See you later. **Hasta luego.** (A)
we'll see each other **nos vemos** (7)
(to) sell **vender**
sensational **sensacional** (2)
September **septiembre** (1)
sequence, series **serie** *f.*
serious **serio(a)** (2)
(to) serve oneself **servirse (i,i)** (7)
at your service **a sus órdenes**
(to) set the table **poner la mesa** (7)
seven hundred **setecientos(as)**
seventh **séptimo(a)** (4)
seventy **setenta**
several **varios(as)**
(to) get in shape **ponerse en forma** (10)
Are you in shape? **¿Estás en forma?** (10)
(to) share **compartir**
(to) shave **afeitarse** (7)
she **ella**
sheet (of paper) **hoja (de papel)** *f.* (C)
shellfish **marisco** *m.* (9)
shirt **camisa** *f.*
shoe **zapato** *m.*
shoe store **zapatería** *f.*
(to) shoot **fusilar** (14)
(to) go shopping **ir de compras** (A)
shopping cart **carrito** *m.*
shopping center **centro comercial**
short (height) **bajo(a)**
short (length) **corto(a)** (3)
should **deber**
shoulder **hombro** *m.* (10)
show **espectáculo** *m.* (13)
(to) show a movie **dar una película** (8)
shower **ducha** *f.* (4)
(to) take a shower **ducharse** (7)
shows it **lo muestra** (5)
sick **enfermo(a)**
side **lado** *m.*
on my father's (mother's) side **del lado de mi padre (madre)** (A)
sign, signal **señal** *f.* (12)
silly **tonto(a)**
simple **sencillo(a)** (10), **simple** (4)
since **desde (que)** (12)
Since when? **¿Desde cuándo?** (12)
(to) sing **cantar** (A)
single **soltero(a)** (3)
sink **lavabo** *m.* (4)
sir **señor** *m.* (A)
sister **hermana** *f.* (A)
(to) sit down **sentarse (ie)** (7)
situated **situado(a)** (B)
six hundred **seiscientos(as)**
sixth **sexto(a)** (4)
sixty **sesenta**
ski **esquí** *m.*
(to) ski **esquiar** (A)
skirt **falda** *f.*
slacks **pantalones** *m.*
(to) sleep **dormir (ue,u)** (4)}
I can't sleep. **No puedo dormir.** (11)
sleepyhead **dormilón(ona)** *m.(f.)* (7)
slice of bread **rebanada de pan** *f.*
slippery **resbaloso(a)** (1)
It's a slippery day. **Está resbaloso.** (1)
slow, slowly **despacio**
small **pequeño(a)** (A)
(to) smile **sonreírse (i,i)** (12)
snack **merienda** *f.*
Spanish snack **tapa** *f.* (C)
(to) sneeze **estornudar** (11)
(to) snore **roncar** (12)
snow **nieve** *f.* (1)
It's snowing. **Nieva.** (1)
so **tan**
so-so **más o menos**
soap **jabón** *m.* (5)
soccer **fútbol** *m.*
social event **evento social** *m.* (10)
sock **calcetín** *m.*
soda **soda** *f.*
sofa **sofá** *m.* (6)
soft drink **refresco** *m.*
solution **solución** *f.* (10)
some **unos(as)** (C)
someday **algún día**
something **algo**
sometimes **a veces** (B)
son **hijo** *m.* (A)
I'm sorry. **Lo siento.**
south **sur** *m.* (B)
the Soviet Union **La Unión Soviética** (13)
space **espacio** *m.* (6)
Spain **España**
Spanish **español(a)** (A)
special **especial**

spectacle **espectáculo** *m.* (13)
(to) spend time **pasar tiempo** (A)
sphere **globo** *m.*
spicy **picante** (C)
  spicy sauce **salsa picante** *f.* (C)
spoon **cuchara** *f.* (6)
sport **deporte** *m.* (A)
sporting goods store **tienda de deportes**
spring **primavera** *f.* (1)
square **plaza** *f.* (B)
  square meters **m² (metros cuadrados)** (6)
squid **calamares** *m.* (C)
stadium **estadio** *m.* (B)
star **estrella** *f.* (1)
starch **almidón** *m.* (12)
state **estado** *m.* (5)
station **estación** *f.*
stationery store **papelería** *f.* (C)
(to) stay in bed **quedarse en cama** (7)
(to) stay in top condition **mantenerse en condiciones óptimas** (10)
stepfather **padrastro** *m.* (A)
stepmother **madrastra** *f.* (A)
stereo **estéreo** *m.* (A)
stocking **media** *f.*
stomach **estómago** *m.* (10)
without stopping **sin parar** (11)
store **tienda** *f.*
storm **tormenta** *f.* (1)
It's stormy. **Hay tormenta.** (1)
stove **estufa** *f.* (6)
strange **extraño(a)** (2)
strawberry **fresa** *f.* (C)
street **calle** *f.* (B)
strong **fuerte** (3)
student **alumno(a)** *m.(f.)*, **estudiante** *m.* or *f.*
(to) study **estudiar** (A)
stupid **tonto(a)**
style **estilo** *m.* (2), **moda** *f.*
subway **metro** *m.* (B)
  subway station **estación de metro**
suddenly **de repente** (10)
(to) suffer **sufrir** (11)
sufficient **suficiente**
sugar **azúcar** *m.*
(to) suggest **sugerir (ie,i)** (12)
summer **verano** *m.* (1)
sun **sol** *m.* (1)
(to) sunbathe **tomar el sol** (9)
Sunday **domingo** *m.* (B)
It's sunny out. **Hace sol.** (1)
Super! **¡Super!**
sure **seguro(a)**
It will be a surprise; don't say anything to them. **Será una sorpresa; no les digas nada.** (8)
survey **encuesta** *f.*
(to) sweat **sudar** (10)
sweater **suéter** *m.*
sweet **dulce** *m.* (5)
  sweet roll, any **pan dulce**
(to) swim **nadar** (A)
swimming pool **piscina** *f.*
system **sistema** *m.*

T

T-shirt **camiseta** *f.*
(beef) taco **taco (de carne)** *m.* (C)
  taco stand **taquería** *f.* (C)
(to) take **tomar** (B)
  (to) take a long time **tardarse** (7)
  takes him **lo lleva** (5)
  (it) takes ... minutes **tarda... minutos** (B)
(to) talk **hablar**
tall **alto(a)**
tan **bronceado(a)** (3)
tapas restaurant **bar de tapas** *m.* (C)
tape (recording) **cinta** *f.* (A)
  tape recorder **grabadora** *f.* (A)
taste **gusto** *m.*
taxi **taxi** *m.*
(iced) tea **té (helado)** *m.* (C)
teacher **profesor(a)** *m.(f.)*
telephone **teléfono** *m.* (4)
  telephone booth **cabina de teléfono** *f.* (4)
  telephone conversation **conversación telefónica** *f.*
television set **televisor** *m.* (A)
  color television set **televisor a colores** *m.*
(to) tell **decir** (6)
  (to) tell the truth **para decir la verdad** (6)
  Tell me. **Dime.** (9)
temperature **temperatura** *f.* (1)
  (to) take a temperature **tomar la temperatura** (11)
ten-trip ticket **billete de diez viajes**
tennis **tenis** *m.*
  tennis ball **pelota de tenis**
  tennis shoe **zapato de tenis**
tent **tienda de campaña** (9)
tenth **décimo(a)** (4)
terrace **terraza** *f.* (6)
territory **territorio** *m.* (14)
thank you **gracias** (A)
  thank you very much (many thanks) for... **muchas gracias por...** (5)
  I thank you. **Les agradezco.** (5)
  thanks a million for... **mil gracias por...** (5)
Thanksgiving mass **misa de Acción de Gracias** *f.*
that **aquel(la), ese(a), que**
  Is that it? **¿Así es?** (8)
  that is to say **es decir** (7)
  that is why **por eso**
  that one **aquél(la)** *m.(f.)*, **ése(a)** *m.(f.)*
  That's all. **Es todo.** (C)
the **el** *m.*, **la** *f.*, **las** *f. pl.*, **los** *m. pl.* (A)
theater **teatro** *m.* (A)
theatrical **teatral** (2)
their **su** (5)
then **entonces, pues**
there **allí**
  there is / are **hay** (B)
  there is going to be **va a haber** (8)
  over there **allá**
they **ellos(as)** *m.(f.)*
  They are from... **Son de...**
thigh **muslo** *m.* (10)
thin **delgado(a)**
thing **cosa** *f.*
(to) think **pensar (ie)**
third **tercer(o/a)** (4)
(to) be thirsty **tener sed**
this (month / afternoon) **este(a) (mes / tarde)** (C)
  This is... (introduction) **Le (Te) presento a...** (A)
  this one **éste(a)** *m.(f.)*
thousand **mil**
three **tres** (C)

three hundred **trescientos(as)**
throat **garganta** *f.* (10)
one must go through… **hay que pasar por...** (4)
(to) throw oneself **tirarse** (10)
There's thunder. **Truena.** (1)
Thursday **jueves** *m.* (B)
ticket **billete** *m.*
time **tiempo** *m.*, **vez** *f.*
  at some other time **en otra oportunidad**
  on time **a tiempo** (5)
  from time to time **de vez en cuando** (B)
  It's about time! **¡Ya es hora!** (7)
  What time…? **¿A qué hora...?** (B)
  What time is it? **¿Qué hora es?** (B)
  many times **muchas veces** (10)
timid **tímido(a)** (3)
tip **propina** *f.*
tired **cansado(a)**
to **a** (A)
  to the **al**
toast (salutation) **brindis** *m.* (8)
toast (food) **pan tostado** *m.*
toaster **tostador** *m.* (6)
today **hoy** (B)
  Today is the (day) of (month). **Hoy es el (día) de (mes).** (1)
toe **dedo del pie** *m.* (10)
together **junto(a)**
toilet **WC** *m.* (4)
tomato **tomate** *m.* (C)
tomorrow **mañana** (C)
tomorrow (morning / night) **mañana (por la mañana / noche)** (C)
(to) tone up **tonificar** (10)
tongue **lengua** *f.* (A)
too **también** (A)
  too (much) **demasiado** (1)
tooth **diente** *m.* (10)
(to) touch **tocar** (A)
tourist **turista** *m.* or *f.*
towel **toalla** *f.* (5)
town **pueblo** *m.* (9)
traditional **tradicional** (A)
train **tren** *m.* (B)
(to) travel **viajar** (A)
  travel agency **agencia de viajes** *f.*
traveler's check **cheque de viajero** *m.* (4)
trip **viaje** *m.*
  (to) take a trip **hacer un viaje**
truly **verdaderamente** (10)
trumpet **trompeta** *f.* (A)
(to) try to **tratar de** (12)
Tuesday **martes** *m.* (B)
tuna **atún** *m.*
(to) turn **doblar** (B)
(to) turn over **dar una vuelta** (2)
twenty **veinte**
(to) twist (a body part) **torcerse** (10)
two **dos** (C)
  the two **los(las) dos** (7)
two hundred **doscientos(as)**
(to) type **escribir a máquina** (C)
typewriter **máquina de escribir** *f.* (A)

U

ugly **feo(a)** (2)
uncle **tío** *m.* (A)
(to) understand **comprender**
United States **los Estados Unidos** (B)
university **universidad** *f.* (B)
unlimited **sin límite**
until **hasta**
(to) go up **subir**
Uruguay **Uruguay** (13)
Uruguayan **uruguayo(a)**
useful **útil** (4)
as usual **como de costumbre**
usually **usualmente**

V

VCR **vídeo** *m.* (A)
vacant **vacío(a)** (6)
vacation **vacaciones** *f.* (9)
varied **variado(a)** (2)
various **varios(as)**
vegetable **vegetal** *m.* (12)
Venezuela **Venezuela**
Venezuelan **venezolano(a)**
very **muy, bien** (A)
  Very well, thank you. **Muy bien, gracias.**
videocassette **vídeo** *m.* (A)
violet **violeta** (2)
violin **violín** *m.* (A)
virus **virus** *m.* (11)
(to) visit **visitar** (5)
(to) be visiting **estar de visita** (12)
vitamin **vitamina** *f.* (12)
volcano **volcán** *m.* (13)
volleyball **vólibol** *m.*

W

(to) wait **esperar** (5)
  waits for them **los espera** (7)
waiter (waitress) **camarero(a)** *m.(f.)*
(to) wake up **despertarse (ie)** (7)
walk **paseo** *m.* (A)
  (to) take a walk **dar un paseo** (A)
(to) walk **caminar**
wallet **cartera** *f.* (A)
(to) want **desear, querer(ie)** (C, 15)
warm **caliente** (7)
(to) wash **lavar** (5)
  (to) wash (one's hands, hair, brush one's teeth) **lavarse (las manos, el pelo, los dientes)** (7)
  (to) wash clothes **lavar la ropa** (7)
  (to) wash dishes **lavar los platos** (7)
washing machine **lavadora** *f.* (9)
(to) watch **mirar**
  (to) watch one's weight **guardar la línea** (12)
  Watch out! **¡Ciudado!** (3)
  (to) watch television **mirar la televisión** (A)
water **el agua** *f.*
watermelon **sandía** *f.* (C)
(to) waterski **esquiar en agua** (9)
waterskiing **esquí acuático** *m.* (9)
way **manera** *f.* (10)
in that way **de esa manera** (8)
we **nosotros(as)** *m.(f.)*
weak **débil** (3)
weather **tiempo** (1)
  What's the weather like? **¿Qué tiempo hace?** (1)
wedding **boda** *f.* (8)
Wednesday **miércoles** *m.* (B)
week **semana** *f.* (C)
weekend **fin de semana** *m.*
(to) weigh **pesar** (12)
  I weigh … kilos. **Peso... kilos.** (12)

you're welcome **de nada**
well **bien** (A)
 well then **pues**
west **oeste** *m.* (B)
what? **¿qué?, ¿cómo?** (B)
 What a pity! **¡Qué pena!**
when **cuando** (A)
where? **¿adónde?, ¿dónde?**
 Where are you from? **¿De dónde es / eres?**
 Where is ...? **¿Dónde está...?**
 Where is / are there ...? **¿Dónde hay...?**
which? **¿cuál?**
whichever **cualquier**
a good while **un buen rato** (7)
white **blanco(a)** (2)
who? **¿quién?**
whole **entero(a)**
Whose is it? **¿De quién es?**
why? **¿por qué?** (C)
 why not? **¿por qué no?** (C)
wife **esposa** *f.*
wind **viento** *m.* (1)
window **ventana** *f.* (6)
 shop window **escaparate** *m.*
It's windy out. **Hace viento.** (1)
winter **invierno** *m.* (1)
(to) wish for **desear**
 (to) wish them **desearles** (8)
with **con** (A)
 with all my heart **con todo el corazón** (5)
 with me **conmigo**
 with pleasure **con mucho gusto**
within **dentro de** (8)
without **sin** (4)
 without stopping **sin parar** (11)
woman **mujer** *f.*
wonderful **formidable** (2)
(to) work **trabajar, funcionar** (A)
worker **trabajador(a)** *m.(f.)* (3)
worried **preocupado(a)** (12)
Don't worry. **No se preocupen.** (8)
worse, worst **peor**
... would like... **quisiera...** (C)
 I would like something for... **Quisiera algo (alguna cosa) para...** (11)
 we would like... **(nosotros) quisiéramos...** (C)
wrist **muñeca** *f.* (10)
(to) write **escribir**

Y

year **año** *m.* (C)
yellow **amarillo(a)** (2)
yes **sí**
yesterday **ayer** (C)
yogurt **yogur** *m.*
you (familiar) **tú** (A), (familiar plural) **vosotros(as)** *m.(f.)*, (formal) **usted/Ud.**, (formal plural) **ustedes/Uds.** (A)
young **joven**
younger **menor**
your **tu, su** (5)

Index